D1059929

Ancrées dans le Nouvel-Ontario, les Éditions Prise de parole appuient les auteurs et les créateurs d'expression et de culture françaises au Canada, en privilégiant des œuvres de facture contemporaine.
La collection «Agora» publie des études en sciences humaines sur la francophonie, en privilégiant une perspective canadienne.

Prise deparole

Éditions Prise de parole
C.P. 550, Sudbury (Ontario)
Canada P3E 4R2
www.prisedeparole.ca

Nous reconnaissons l'aide financière du gouvernement du Canada par l'entremise du Fonds du livre du Canada (FLC) et du programme Développement des communautés de langue officielle de Patrimoine canadien, ainsi que du Conseil des Arts du Canada, pour nos activités d'édition. La maison d'édition remercie le Conseil des Arts de l'Ontario et la Ville du Grand Sudbury de leur appui financier.

Conseil des Arts du Canada · Canada Council for the Arts

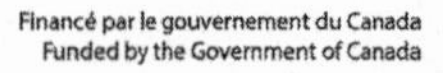

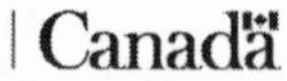

Le siècle du Règlement 17

Des mêmes auteurs

Michel Bock

Entre lieux et mémoire. L'inscription de la francophonie canadienne dans la durée, Ottawa, Presses de l'Université d'Ottawa, 2009. Avec Anne Gilbert et Joseph Yvon Thériault.

La jeunesse au Canada français : formation, mouvements et identité, Ottawa, Presses de l'Université d'Ottawa, 2007.

Quand la nation débordait les frontières. Les minorités françaises dans la pensée de Lionel Groulx, Montréal, Hurtubise HMH, 2004, prix du Gouverneur général.

L'Ontario français. Des Pays-d'en-haut à nos jours, Ottawa, Centre franco-ontarien de ressources pédagogiques, 2004. Avec Gaétan Gervais

Comment un peuple oublie son nom. La crise identitaire franco-ontarienne et la presse française de Sudbury (1960-1975), Sudbury, Institut franco-ontarien / Éditions Prise de parole, 2001.

François Charbonneau

Figures de pensée. Vingt-cinq portraits de lucidité et de courage, Montréal, Liber, 2014.

Une part égale de liberté. Le patriotisme anglais et la révolution américaine, Montréal, Liber, 2013.

et Martin Nadeau (dir.), *L'histoire à l'épreuve de la diversité culturelle*, Bruxelles, P.I.E. Peter Lang, 2008.

Le siècle du Règlement 17

Sous la direction de Michel Bock
et François Charbonneau

COLLECTION AGORA
Éditions Prise de parole
Sudbury 2015

Photographie en page de couverture : Manifestation contre la persécution des Canadiens français par Mgr Fallon. Damien St-Pierre harangue la foule, Belle Rivière (Ontario), 12 novembre 1917. Université d'Ottawa, CRCCF, Fonds Association canadienne-française de l'Ontario (C2), Ph2-110.
Conception de la première de couverture : Olivier Lasser

Diffusion au Canada : Dimedia

Catalogage avant publication de Bibliothèque et Archives Canada
Le siècle du Règlement 17 / Michel Bock et François Charbonneau, directeurs de la publication.
(Agora) Comprend des références bibliographiques.
Publié en formats imprimé(s) et électronique(s).
ISBN 978-2-89423-937-7. – ISBN 978-2-89423-775-5 (pdf). –
ISBN 978-2-89744-031-2 (epub)
1. Canadiens français – Éducation – Ontario – Histoire. 2. Canadiens français – Ontario – Identité ethnique. 3. Canada francophone – Politique et gouvernement.
I. Bock, Michel, 1971-, éditeur intellectuel II. Charbonneau, François, 1974-, éditeur intellectuel III. Titre : Siècle du Règlement 17. IV. Collection : Collection Agora (Sudbury, Ont.)
LC3734.2.O6S54 2015 371.829'1140713 C2015-900508-6
C2015-900509-4

ISBN 978-2-89423-937-7 (Papier)
ISBN 978-2-89423-775-5 (PDF)
ISBN 978-2-89744-031-2 (ePub)

REMERCIEMENTS

Les responsables de cet ouvrage tiennent à remercier l'ensemble des auteurs qui ont accepté de contribuer à son succès en y signant un chapitre. Ils tiennent également à remercier les partenaires qui ont contribué financièrement au succès du colloque qui a eu lieu les 16 et 17 novembre 2012 à l'Université d'Ottawa, lequel est à l'origine de cet ouvrage.

“ Le Centre interdisciplinaire de recherche sur la citoyenneté et les minorités de l'Université d'Ottawa (CIRCEM) et son directeur, E.-Martin Meunier ;

• La Chaire de recherche sur l'histoire de la francophonie canadienne de l'Université d'Ottawa et son titulaire, Michel Bock ;

• La Faculté des sciences sociales de l'Université d'Ottawa et son doyen, Marcel Mérette ;

• Le Centre de recherche en civilisation canadienne-française de l'Université d'Ottawa (CRCCF) et sa directrice, Anne Gilbert ;

• La Chaire de recherche « Québec, francophonie canadienne et mutations culturelles » de l'Université d'Ottawa et son titulaire E.-Martin Meunier ;

• La maison d'édition Prise de parole et sa directrice, Denise Truax ;

• Le journal *Le Droit* ;

• Vincent Jolette, responsable logistique du colloque, et Kema Joseph, bénévole ; et

• Le Conseil de recherche en sciences humaines du Canada (CRSH) qui appuie financièrement la publication de ce livre par l'intermédiaire de son programme Connexion.

INTRODUCTION. LE SIÈCLE DU RÈGLEMENT 17

Michel Bock et François Charbonneau

Dans la mémoire collective de l'Ontario français, la crise du Règlement 17 (1912-1927) occupe une place privilégiée. Souvent considérée comme le moment fondateur de l'identité franco-ontarienne, la lutte scolaire aurait permis à la collectivité de prendre conscience de sa spécificité et de se donner une conscience politique autonome. À l'autre bout du XXe siècle, en 1997, les défenseurs de l'hôpital Montfort d'Ottawa, que menaçait de fermeture le gouvernement ontarien, n'hésitèrent pas à mobiliser le souvenir du Règlement 17 pour galvaniser les troupes et inscrire leur cause dans la conscience historique de l'Ontario français, ainsi que l'a montré Marcel Martel[1]. Il est d'ailleurs révélateur que la crise scolaire ait été le seul événement antérieur à l'adoption de la *Loi sur les langues officielles*, en 1969, à figurer dans le précis historique des dirigeants de S.O.S. Montfort[2], comme si elle avait constitué l'acte de naissance de la collectivité franco-ontarienne, désormais incapable de se concevoir dans le temps long du Canada français. La « franco-ontarianisation » de la lutte scolaire, si le lecteur nous passe ce néologisme un peu barbare, serait-elle le résultat de l'autonomisation de la conscience historique de l'Ontario français,

---

[1] Marcel Martel, « Usage du passé et mémoire collective franco-ontarienne : le souvenir du Règlement 17 dans la bataille pour sauver l'hôpital Montfort », *Mens : revue d'histoire intellectuelle de l'Amérique française*, vol. 6, n° 1, automne 2005, p. 69-94.

[2] *Ibid.*, p. 73.

laquelle ne s'inscrirait plus dans celle, plus large, de la « nation française d'Amérique », pour emprunter à Fernand Dumont[3] ? Le Règlement 17 jouerait-il auprès des Franco-Ontariens un rôle semblable à celui que joue la Déportation auprès des Acadiens, qui choisirent, dès la « Renaissance acadienne » de la seconde moitié du XIXe siècle, de se donner une conscience historique et nationale distincte de celle du Canada français[4] ?

Prenons garde de ne pas tirer trop hâtivement nos conclusions. En réalité, on a peu étudié la représentation de la crise du Règlement 17 dans la conscience historique de l'Ontario français, de sorte qu'on en saisit encore mal les enjeux mémoriels, d'autant plus que les quelques chercheurs s'étant penchés, de près ou de loin, sur la question ne partagent pas tous le même avis. Yolande Grisé, par exemple, laisse entendre que la crise scolaire a provoqué une « rupture psychologique[5] » entre Canadiens français du Québec et de l'Ontario, sentiment que partage son collègue littéraire René Dionne, selon qui les événements ayant mené au déclenchement de la crise scolaire auraient favorisé l'émergence d'une « conscience franco-ontarienne[6] » autonome ou, à tout le moins, en voie de le devenir. Aux yeux de Fernand Dumont, la lutte scolaire aurait, à l'inverse, permis l'avènement d'une « référence » canadienne-française parmi les Franco-Ontariens, bien que celle-ci se serait surtout démarquée par sa très grande fragilité[7]. L'avis de l'historien Pierre Savard est toutefois plus ferme : la crise scolaire fait clairement partie de la grande histoire du Canada français et serait allée jusqu'à provoquer ce qu'il considère comme un « spectaculaire mouvement de solidarité » entre le Québec et l'Ontario français, qui se voyaient unis dans un même projet national, religieux et

---

[3] Fernand Dumont, *Raisons communes*, Montréal, Boréal, 1995, p. 63-68.

[4] Léon Thériault, « L'Acadie du Nouveau-Brunswick et le Québec (1880-1960) : froideur ou méfiance ? », dans Fernand Harvey et Gérard Beaulieu (dir.), *Les relations entre le Québec et l'Acadie de la tradition à la modernité*, Québec, Presses de l'Université Laval, 2000, p. 49-71.

[5] Yolande Grisé, « Ontarois : une prise de parole », *Revue du Nouvel-Ontario*, n° 4, 1982, p. 85.

[6] René Dionne, « 1910. Une première prise de parole collective en Ontario français », *Cahiers Charlevoix*, n° 1, 1995, p. 29.

[7] Fernand Dumont, « Essor et déclin du Canada français », *Recherches sociographiques*, vol. 38, n° 3, 1997, p. 429-437.

politique[8]. Les travaux de Marcel Martel montrent, de leur côté, que les efforts de rapprochement national entrepris par l'élite canadienne-française réussirent à endiguer le développement, parmi les minorités de langue française, d'une conscience identitaire autonome, laquelle semblait déjà exister à l'état embryonnaire au tournant du XXe siècle.

La crise scolaire a-t-elle contribué à l'unité ou à la désagrégation du projet national canadien-français ? La réponse à cette question variera selon le point de vue adopté. Ces quelques exemples tirés de l'historiographie suffisent toutefois à montrer que, même s'il est possible que le Règlement 17 tienne lieu, aujourd'hui, de mythe fondateur de l'identité franco-ontarienne, du moins dans certains milieux, il est impossible de le considérer, d'un point de vue historique, en marge du cadre intellectuel et institutionnel canadien-français dans lequel il s'insérait. La crise du Règlement 17, la dernière des grandes crises scolaires postconfédérales, s'inscrivait en effet dans un long débat sur la reconnaissance à accorder à la population franco-catholique à l'extérieur du Québec. Les crises scolaires du Nouveau-Brunswick (1871), du Manitoba (1890), de la Saskatchewan et de l'Alberta (1905), sans oublier les rébellions métisses de la rivière Rouge (1869-1870) et du Nord-Ouest (1885), conduisirent le mouvement nationaliste canadien-français alors en pleine ascension à voir dans l'Acte de l'Amérique du nord britannique le résultat d'un « pacte » solennel entre deux « peuples fondateurs », égaux en droits et en privilèges d'un bout à l'autre du pays. Si, au moment du déclenchement de la crise du Règlement 17, peu de gens, au Canada français, auraient contesté cette interprétation de l'entente confédérale, dans les milieux canadiens-anglais, où l'idéologie impérialiste britannique avait fait de profondes incursions, il en allait tout autrement. La présence franco-catholique devait, dans ce cas, se limiter strictement à la « réserve » du Québec, le Canada étant un pays anglo-protestant, membre à part entière de l'Empire britannique. Là-dessus, les impérialistes

---

[8] Pierre Savard, « Relations avec le Québec », dans Cornelius J. Jaenen (dir.), *Les Franco-Ontariens*, Ottawa, Presses de l'Université d'Ottawa, 1993, p. 231-263. Voir aussi Michel Bock, *Quand la nation débordait les frontières. Les minorités françaises dans la pensée de Lionel Groulx*, Montréal, Hurtubise HMH, 2004, 456 p.

canadiens-anglais ne permettraient aucune méprise[9]. Il n'est guère étonnant qu'au cœur de l'affrontement entre ces deux conceptions opposées de la Confédération se trouvait la question de l'école, devenue l'outil par excellence de construction et d'homogénéisation nationales dans les sociétés occidentales depuis le XIXe siècle[10]. La crise franco-ontarienne avait toutefois ceci de particulier que, pour la première fois, on s'en prenait directement à la langue d'instruction utilisée dans les écoles de la province plutôt qu'à leur caractère confessionnel (c'est-à-dire catholique), signe, peut-être, que le centre de gravité du grand débat public canadien s'éloignait graduellement des questions religieuses pour faire une place toujours plus grande aux questions linguistiques et culturelles[11].

Il ne nous appartient pas de faire dans ces pages un bilan exhaustif de l'historiographie du Règlement 17, laquelle s'avère étonnamment abondante, comme en témoigne la bibliographie qui figure à la fin de cet ouvrage. Il semble toutefois clair que l'intérêt pour la lutte scolaire, tant chez les historiens francophones que chez leurs collègues anglophones, augmenta en flèche à partir des années 1960 et 1970. Bien entendu, l'expansion générale du système universitaire canadien et la croissance que connut la gent historienne pendant ces années y furent pour beaucoup, mais l'explication du phénomène ne saurait se limiter à ces seuls facteurs. La crise constitutionnelle qui secoua le pays pendant et après la Révolution tranquille eut aussi pour conséquence un regain d'intérêt tout à fait exceptionnel pour l'histoire des conflits linguistiques et culturels du pays, en particulier au Canada anglais, où de nombreux chercheurs firent de la « question » francophone, y compris à l'extérieur du Québec, un thème de recherche important. Le positionnement épistémologique de ces historiens s'inscrivait souvent, par ailleurs,

---

[9] Arthur I. Silver, *The French Canadian Idea of Confederation, 1864-1900*, Toronto, University of Toronto Press, 1982, 257 p. ; Carl Berger, *The Sense of Power: Studies in the Ideas of Canadian Imperialism, 1867-1914*, Toronto, University of Toronto Press, 1970, 277 p. ; Sylvie Lacombe, *La rencontre de deux peuples élus: comparaison des ambitions nationale et impériale au Canada entre 1896 et 1920*, Québec, Presses de l'Université Laval, 2002, 291 p.

[10] Bruce Curtis, *Building the Educational State: Canada West, 1836-1871*, London, Althouse Press, 1988, 450 p.

[11] Marcel Martel et Martin Pâquet, *Langue et politique au Canada et au Québec. Une synthèse historique*, Montréal, Boréal, 2010, 340 p.

dans le paradigme de l'histoire sociale, alors en pleine ascension, qui s'intéressait de plus en plus à l'expérience historique des minorités «ethniques», parmi lesquelles ils incluaient les Franco-Ontariens. Enfin, en redéfinissant la nature et la qualité des relations qu'entretenait l'Ontario français avec le Québec, la transformation du projet national canadien-français pendant les années 1960 plongea le premier, comme chacun sait, dans un important questionnement sur son identité et son rapport au passé. Dans le champ universitaire, le phénomène se traduisit par la manifestation des premiers balbutiements d'une historiographie véritablement franco-ontarienne qui, très rapidement, fit de la crise du Règlement 17 l'un de ses thèmes de prédilection[12]. Dans ce cas, l'«objet» franco-ontarien n'était pas simplement imputable à un fait «ethnique» et demeurait, fondamentalement, une réalité nationalitaire.

En dernière analyse, le Règlement 17 représente bien des choses pour bien des gens, comme le rappelait en 1996 Gaétan Gervais dans un article important qui demeure, avec les travaux de Robert Choquette, l'une des synthèses les plus complètes de l'histoire de la crise scolaire:

> Selon le point de vue, le conflit a l'apparence d'un affrontement scolaire, ethnique, politique, idéologique ou religieux. Cette diversité des interprétations traduit bien la complexité de la question. Car justement, la lutte scolaire autour du Règlement [17] s'explique par la convergence de plusieurs antagonismes: l'opposition idéologique entre nationalistes et impérialistes; la crainte des Ontariens anglo-protestants devant l'immigration franco-catholique; les vieilles rivalités entre les orangistes (Irlandais protestants) et les catholiques; les luttes cléricales entre catholiques français et irlandais; la divergence d'intérêts politiques partisans[13].

À cette liste pourraient s'ajouter les disparités interrégionales qui se manifestèrent à l'intérieur même de l'Ontario français, les

---

[12] Gaétan Gervais, «L'historiographie franco-ontarienne: à l'image de l'Ontario français», dans Jacques Cotnam *et al.* (dir.), *La francophonie ontarienne. Bilan et perspectives de recherche*, Ottawa, Le Nordir, 1995, p. 123-134.

[13] Gaétan Gervais, «Le Règlement XVII (1912-1927)», *Revue du Nouvel-Ontario*, n° 18, 1996, p. 123.

diverses communautés francophones de la province n'ayant pu toujours fournir au Règlement 17 le même effort de résistance que le chef-lieu du mouvement de contestation situé à Ottawa et dans son arrière-pays immédiat[14]. Il n'en demeure pas moins que, pour la collectivité franco-ontarienne, la crise scolaire représente sans conteste un moment de mobilisation politique déterminant, comme le souligne encore Gervais: « [L]es événements réussirent à galvaniser les énergies, à asseoir la crédibilité de l'ACFÉO [l'Association canadienne-française d'éducation d'Ontario, fondée en 1910], à favoriser la création d'un journal [*Le Droit*, 1913], l'ouverture d'une école normale [à Ottawa en 1923] et la création d'un réseau politique franco-ontarien. [...] En somme, le Règlement a forcé la communauté à s'organiser pour se défendre[15]. » Les retombées de cet important moment de mobilisation et de contestation se font sentir encore aujourd'hui, un siècle plus tard.

Le centenaire de l'adoption du Règlement 17 paraissait donc, aux yeux des nombreux contributeurs de cet ouvrage, un excellent prétexte pour faire le point sur la place qu'occupe la crise scolaire dans l'historiographie franco-ontarienne, canadienne-française et canadienne, et pour proposer de nouvelles pistes de recherche destinées à en éclairer des aspects demeurés jusqu'ici inconnus. Que pensait la population anglophone du Règlement 17? Pourquoi les catholiques irlandais ont-ils été les parmi premiers défenseurs de l'interdiction de l'utilisation de la langue française dans les écoles séparées de l'Ontario? Est-ce que les anglophones ont tous été favorables au Règlement 17 ou, au contraire, trouve-t-on des alliés dans cette population? C'est à répondre à ces questions qu'est consacrée la première partie de l'ouvrage, intitulée « L'école franco-ontarienne et l'opinion anglo-canadienne». La seconde partie porte quant à elle sur les « multiples voies de la résistance». On y découvrira les stratégies retenues par l'ACFÉO, les difficultés rencontrées par celle-ci dans certaines régions ainsi que l'appui que le mouvement de résistance obtint dans divers organisations et

---

[14] Victor Simon, *Le Règlement XVII. Sa mise en vigueur à travers l'Ontario 1912-1927*, Sudbury, Société historique du Nouvel-Ontario, 1983, 58 p.

[15] Gaétan Gervais, « Le Règlement XVII (1912-1927) », *loc. cit.*, p. 185-186.

journaux, de la province et d'ailleurs. La troisième partie couvre à la fois le volet politique de la crise scolaire et les enjeux juridiques et constitutionnels de cet événement phare des rapports de tension entre la majorité et la minorité au pays. La quatrième partie de l'ouvrage présente un portrait d'ensemble de la postérité artistique de cet événement qui viendra s'inscrire de manière marquante dans la mémoire franco-ontarienne, alors que la dernière traite de sa postérité intellectuelle. Le lecteur non initié trouvera en annexe à la page 437 une chronologie complète des événements, qui pourra l'orienter dans sa lecture des articles contenus dans le recueil. De même, les jeunes chercheurs qui voudront poursuivre la réflexion amorcée par les auteurs du présent ouvrage se référeront avec profit à la bibliographie exhaustive de la page 445.

Les prochaines pages offrent une vue d'ensemble des textes contenus dans cet ouvrage, mais le lecteur ne mesurera toute la richesse des contributions qu'en les lisant dans leur intégralité. Nous espérons que ces résumés le mettront en appétit.

L'école franco-ontarienne et l'opinion anglo-canadienne

Pour des raisons tout à fait compréhensibles, l'historiographie a jusqu'ici fait grand cas de l'antagonisme entre les catholiques irlandais et canadiens-français pendant ce conflit. Les catholiques irlandais se rangeant farouchement dans le camp des défenseurs du Règlement 17, les Canadiens français de l'époque se sont sentis trahis par leurs coreligionnaires et cela s'est fait sentir lourdement dans leurs écrits. Par un long travail archivistique, Jean-Philippe Croteau a tenté de comprendre les raisons derrière la prise de position des Irlandais catholiques, chauds partisans du Règlement 17. Il démontre de manière convaincante que la principale préoccupation des Irlandais avait peu de chose à voir avec la question linguistique. Ils souhaitaient avant tout préserver le système des écoles séparées, notamment en lui assurant un financement adéquat. Croteau rappelle que, dans les années qui menèrent à l'adoption du Règlement 17, la population ontarienne jugeait généralement illégitime que de l'ensemble des confessions religieuses, seule la catholique profite du privilège de voir ses écoles financées par les deniers publics. Les Irlandais catholiques voulaient donc avant tout assurer la pérennité du système qui profitait aux catholiques et regardèrent ainsi d'un mauvais œil la cabale canadienne-française qui semblait placer les intérêts «de race» avant les intérêts religieux. En d'autres termes, tant du côté irlandais que du côté canadien-français, l'on assista à un combat mené auprès des autorités provinciales et dont l'objectif était de faire reconnaître la légitimité (et donc implicitement un financement adéquat) soit de l'enseignement catholique, soit de l'enseignement en français à l'intérieur des provinces. L'ampleur de la hargne, d'un côté comme de l'autre de la barrière linguistique, s'explique essentiellement par le fait que chacun interpréta le conflit comme un jeu à somme nulle.

Sylvie Lacombe s'est pour sa part intéressée à la manière dont l'opinion publique anglo-canadienne a compris les enjeux du Règlement 17 en 1912, année de sa promulgation. Lacombe rappelle que le Canada de l'époque était bien différent du Canada d'aujourd'hui. Le dominion n'était pas conçu comme un pays indépendant, mais comme un territoire important d'un empire qui s'étendait sur la surface du globe. La langue de cet empire étant l'anglais, il allait de soi pour cette opinion publique que le système scolaire de la plus importante province du pays le soit tout autant. On comprendra, comme le montre avec force détails Sylvie Lacombe, que l'opinion publique anglo-canadienne ne pouvait regarder qu'avec scepticisme, sinon carrément avec mépris, le nationalisme canadien-français. L'opinion publique canadienne-anglaise se convainquit ainsi que la responsabilité du conflit devait être imputée principalement à la mauvaise influence des leaders nationalistes, qui maintenaient volontairement les masses canadiennes-françaises dans l'ignorance. Si le Canada français pouvait être toléré à l'intérieur de la province de Québec, conçue par l'opinion publique anglo-canadienne comme une réserve dont il fallait s'accommoder, les Canadiens français vivant à l'extérieur de cette province devaient être traités de la même manière que les immigrants provenant d'ailleurs dans le monde, c'est-à-dire comme des populations en voie d'assimilation vers la langue de l'Empire.

Le Canada anglais n'était certainement pas un bloc monolithique: certains anglophones se sont distingués dans la manière dont ils se sont portés à la défense d'une autre conception du

Canada. Hans-Jürgen Lüsebrink montre que c'est très certainement le cas de William Henry Moore, avocat, politicien, mais surtout auteur de véritables *succès de librairie* portant sur le Règlement 17. Moore est en effet l'auteur d'un essai célèbre, *The Clash! A Study on Nationalities,* et d'un roman, *Polly Masson*, qui, bien que dans des styles très différents, tentent tous deux de montrer la validité des demandes canadiennes-françaises pour la reconnaissance de leurs droits. Qu'on ne s'y trompe pas : Moore restait un défenseur de l'Empire britannique, mais sa conception de celui-ci n'avait rien à voir avec la défense de la supériorité de la race et de la langue anglaises. Au contraire, pour lui, l'Empire britannique était plutôt un espace de « diversité dans l'harmonie », la multiplicité humaine profitant des bienfaits de la démocratie parlementaire britannique. Pour Hans-Jürgen Lüsebrink, Moore deviendrait ainsi un défenseur du Canada français à une époque où il en comptait très peu. Moore fit beaucoup pour rallier une partie de l'opinion publique anglo-canadienne à la cause des francophones de l'Ontario, et contribua grandement à préparer le terrain pour que la population anglo-canadienne accepte l'abrogation des aspects les plus vexatoires du Règlement, en 1927.

Coiffant la première partie de cet ouvrage, Geneviève Richer s'intéresse à la campagne menée par Napoléon-Antoine Belcourt pour convaincre l'opinion publique anglo-canadienne du caractère malavisé du Règlement 17. Belcourt participa à la création de l'ACFÉO en 1910 et en assuma les fonctions de président pour un premier mandat entre 1910 et 1912, soit avant le déclenchement de la crise. C'est lors de son second mandat à la présidence, à partir de 1921, que Belcourt imposera un changement de stratégie dans un contexte où la population anglo-canadienne était plus réceptive à un éventuel dialogue avec la minorité française de l'Ontario qu'elle ne l'avait été pendant la Grande Guerre. L'ancien sénateur comprit l'importance d'identifier et de gagner à sa cause l'élite anglo-canadienne de bonne volonté (rassemblée autour de la Unity League), ce qu'il ferait sans relâche pendant toute la période où il serait à la tête de l'ACFÉO. Travailleur de l'ombre, c'est donc, en dernière analyse, par la voie diplomatique et les jeux de coulisses auprès des décideurs publics ou alors par l'éducation et la conscientisation lente et patiente de l'opinion publique anglophone (notamment en achetant et en distribuant le fameux livre de William Henry Moore) que Belcourt contribua à faire revenir au moins partiellement le gouvernement ontarien sur sa décision, en 1927.

Les voies multiples de la résistance

La manière dont les francophones en Ontario et leurs alliés ont combattu le Règlement 17 est l'objet de la deuxième partie de cet ouvrage. Jack Cécillon nous fait découvrir une réalité moins bien connue de cette période critique de l'histoire de l'Ontario, soit la manière dont le Règlement 17 a été reçu dans le Sud-Ouest de la province. La région du Sud-Ouest possède des attributs qui la distinguaient nettement des autres régions où se trouvaient les francophones en Ontario. Une partie significative de sa population française était présente de très longue date, pouvant faire remonter son origine à l'époque de la Nouvelle-France. Habitant depuis plus d'un siècle parmi une population majoritairement anglophone, ces francophones n'étaient pas aussi sensibles au discours d'opposition tous azimuts promu par les nationalistes canadiens-français. C'est surtout parmi les populations canadiennes-françaises arrivées plus récemment dans la région que se manifesterait, et là encore souvent avec tiédeur, une volonté de combattre le règlement honni ailleurs en Ontario français. Par une fine analyse des archives de l'époque, Jack Cécillon montre que le Règlement 17 a même trouvé des appuis parmi la communauté francophone du Sud-Ouest de la province. En ce sens, les efforts – néanmoins nombreux et parfois dramatiques – de résistance dans cette région de l'Ontario ont connu moins de succès et ont sans doute davantage divisé la communauté.

L'historien Gratien Allaire s'intéresse à un aspect parfois négligé de la crise du Règlement 17, soit le fait que les Canadiens français étaient eux-mêmes soucieux d'améliorer la qualité des écoles dites bilingues. On se souviendra que le rapport Merchant qui avait mené à l'adoption du Règlement 17 jugeait que les écoles bilingues de l'Ontario comportaient d'énormes lacunes en matière de pédagogie, notamment en ce qui avait trait à la non-qualification des enseignants, lacunes qui rendaient les écoles bilingues bien moins performantes que les écoles publiques. Ce que montre de manière convaincante Gratien Allaire, c'est que, dès sa fondation, l'ACFÉO se donna comme mandat d'améliorer la qualité des écoles bilingues. D'une certaine manière, l'adoption du Règlement 17 vint retarder la réalisation de cet objectif, car, en choisissant d'interdire l'usage de la langue française dans les écoles séparées, le gouvernement de l'Ontario avait en quelque sorte détourné l'ACFÉO de sa mission première et l'obligea à faire de la question linguistique sa priorité. Pourtant, la question de la qualité pédagogique des écoles dites bilingues jouerait un rôle dans la résolution du conflit. L'ACFÉO ferait de l'amélioration de la qualité des écoles une priorité, à telle enseigne que dans le contexte apaisé de l'après-guerre, le gouvernement ontarien put commander une nouvelle étude, se dire satisfait des progrès réalisés et abroger certains des éléments les plus vexatoires du Règlement en 1927.

Si la résistance au Règlement 17 a été forte en Ontario, il ne faut pas oublier qu'à l'époque, c'est le Canada français en entier qui se sentit interpellé par les mesures adoptées alors par le gouvernement provincial. De multiples façons, la province de Québec se fera solidaire du sort réservé aux « frères » canadiens-français outre-Outaouais. La chose est encore plus vraie de l'élite nationaliste de la province. Aucun organe de presse n'a été aussi interpellé par cet enjeu que le journal *Le Devoir* du nationaliste Henri Bourassa. Pierre Anctil nous fait découvrir dans sa contribution l'ampleur de l'appui de ce journal à la cause franco-ontarienne. L'engagement du journal serait indéfectible pendant toutes ces années de crise et plusieurs de ses animateurs développeraient des liens privilégiés avec les leaders canadiens-français de l'Ontario, dont le plus important fut sans doute Omer Héroux, qui multiplia éditoriaux et voyages en Ontario en appui aux Canadiens français de la province voisine. Comme nous le rappelle Pierre Anctil, la prise de position du *Devoir* s'explique évidemment par l'empathie qu'éprouvait ce quotidien pour les Franco-Ontariens, par sa haine de l'impérialisme, mais aussi, et peut-être surtout, par le fait que le nationalisme canadien-français de l'époque avait des ambitions continentales. Le Canada français n'avait pas à être limité à la province de Québec, il devait au contraire se penser comme un réseau de solidarité qui s'étendait partout où les Canadiens français avaient choisi d'élire domicile. Avec le Règlement 17, c'était l'avenir de la francophonie canadienne qui se jouait en Ontario dans la perspective des animateurs du *Devoir*, d'où la nécessité pour l'ensemble des Canadiens français de faire front commun. Pourtant, Pierre Anctil suggère qu'en dernière analyse, la crise du Règlement 17 a peut-être semé les germes d'une césure dans cette conception d'un Canada français s'étendant d'un océan à l'autre. Car ce qu'a démontré la crise, c'est que la meilleure protection contre la tyrannie potentielle de la majorité consistait à être soi-même majoritaire, ce qu'étaient indéniablement les Canadiens français de la seule province francophone du Canada.

On mesure toute l'ampleur de la crise scolaire à la manière dont se sont multipliés les lieux de résistance, bien au-delà des associations comme l'ACFÉO. A priori, on aurait du mal à voir pourquoi une compagnie d'assurance se sentirait interpellée par un conflit scolaire. Comme nous le montre pourtant Pierrick Labbé dans sa contribution, l'Union Saint-Joseph d'Ottawa, société de secours mutuel canadienne-française qui, lors de sa fondation en 1863, s'était dotée d'une stricte politique de neutralité en matière politique, s'est sentie obligée de rompre avec cette pratique pour encourager ses membres à la résistance. La mutuelle publiait à l'époque un journal, *Le Prévoyant*, dont Pierrick Labbé a finement analysé le contenu pour montrer à quel point le message nationaliste a été un temps dominant au sein de cette institution, qui comptait près de vingt-sept mille adhérents et six cents succursales. L'Union Saint-Joseph s'engagea ainsi dans la lutte, l'interprétant comme une extension logique de sa mission fondatrice de secours mutuel entre Canadiens français catholiques. Mais l'accroissement du domaine des activités de la mutuelle ne se fit pas sans causer certaines frictions, d'abord avec l'ACFÉO, mais surtout au sein même de l'organisme, où plusieurs voix s'élèveraient bientôt pour rappeler l'importance pour lui de se concentrer sur sa mission première, celle d'offrir des services d'assurance aux Canadiens français.

C'est à Serge Dupuis que revient la tâche de clore cette deuxième section portant sur les diverses formes que prendra la résistance au Règlement 17. L'auteur a choisi de faire porter son texte sur les diverses stratégies adoptées par l'ACFÉO pour faire reculer le gouvernement ontarien sur la question de l'enseignement en langue française dans les écoles dites bilingues. Sans doute parce que la mémoire populaire a gardé de cet événement le souvenir d'une lutte acharnée, épingles à chapeau à la main, on conclura spontanément que c'est la mobilisation active des populations qui aura eu raison du Règlement. En ce sens, on pourra conclure que le gouvernement a reculé devant la pression de la rue canadienne-française. Selon Serge Dupuis, la vérité est beaucoup plus complexe et l'ACFÉO aura recours à un éventail de stratégies, n'hésitant pas à préférer les unes aux autres, lorsque nécessaire. Ainsi, l'ACFÉO eut recours tantôt à la résistance directe en appelant les enseignants à ignorer le Règlement et en privilégiant la mobilisation par les marches et les pétitions, tantôt à la voie de la persuasion en menant une vaste campagne pour amener l'élite anglo-canadienne à changer de perspective sur la question. En dernière analyse, selon Dupuis, qui fait ainsi écho au texte de Geneviève Richer, c'était sans doute la stratégie patiente de la persuasion, dont le principal maître d'œuvre était Napoléon-A. Belcourt, qui finirait par convaincre le gouvernement de l'Ontario de revenir au moins partiellement sur sa décision en 1927.

Échos politiques et constitutionnels

La troisième partie de cet ouvrage porte sur les échos plus spécifiquement politiques et constitutionnels de la crise scolaire. François Charbonneau se penche sur le débat portant directement sur la question du Règlement 17 qui eut lieu pendant trois jours à la Chambre des communes en 1916. Ernest Lapointe, député québécois de Kamouraska, déposa en effet une motion visant à inciter la province de l'Ontario à rendre justice aux Canadiens français de cette province en abrogeant le règlement litigieux. Cette motion provoqua un débat absolument passionnant à la Chambre des communes, lors duquel près d'une vingtaine de députés prirent la parole. Si ce débat est digne d'intérêt, c'est qu'il fut l'occasion d'une discussion plus large sur l'Empire britannique, sur le fédéralisme canadien et sur le rôle du Parlement fédéral dans la protection des minorités. François Charbonneau montre que les Canadiens français qui sont intervenus dans le débat pour déplorer l'adoption du Règlement 17 ne référèrent à peu près jamais à la notion de pacte entre peuples fondateurs, une idée pourtant constamment réitérée dans la presse nationaliste de l'époque. Au contraire, ce que ce débat révèle, c'est que les députés canadiens-français se voyaient et agissaient (ou du moins étaient amenés par le contexte parlementaire à se voir et à agir) comme des sujets britanniques et tentèrent donc de convaincre leurs collègues anglophones en défendant une conception alternative, plurielle et diversifiée de l'Empire britannique. Le débat révèle qu'ils maîtrisaient à la perfection la grammaire politique britannique, multipliant les références à la jurisprudence, à l'idée de *fair-play* et à la conception de la liberté propres à cette tradition. Ils présentèrent par exemple l'enseignement en langue française dans les écoles de l'Ontario non pas principalement comme un droit, mais comme un privilège accordé par la couronne à des sujets loyaux. Bien que la motion ait été rejetée, elle permit de dévoiler aux contemporains, et à la postérité, l'opinion sur la question d'acteurs politiques de premier plan, qu'il s'agisse de Sir Robert Borden, de R. B. Bennett ou de Sir Wilfrid Laurier.

Cette stratégie, qui consistait à réclamer des *privilèges* pour la minorité française de l'Ontario, ne fut pas jugée fructueuse par tous. C'est l'une des nombreuses choses que l'on découvre à la lecture du texte de Damien-Claude Bélanger, qui fait porter son texte sur un acteur québécois incontournable de cette crise, l'historien et homme politique Thomas Chapais, lequel jugeait préférable de faire reconnaître des *droits* aux minorités françaises du pays. Thomas Chapais faisait partie de ces forces de l'ombre qui exerçaient discrètement leur influence pour tenter de faire comprendre au gouvernement de l'Ontario l'importance de faire marche arrière. Conservateur militant, Chapais se méfiait de l'agitation tumultueuse, privilégiant plutôt la recherche patiente d'un compromis. Il croyait que la confrontation hargneuse et la désobéissance ne pouvaient que donner des munitions aux orangistes, partisans de la ligne dure à l'encontre des Canadiens français, amplifiant ainsi l'oppression dont ils étaient indéniablement victimes. Mais le corollaire est aussi vrai. Loyaliste, il s'opposerait aux thèses nationalistes de Lionel Groulx, pour qui la Confédération canadienne avait jusque-là été délétère aux minorités canadiennes-françaises. Pour Chapais, même si l'oppression dont étaient victimes les minorités était malheureusement bien réelle, la voix de la patience et du dialogue avait été possible *justement* parce que la Confédération canadienne avait permis de régler ce type de différend. Sans l'union confédérale, les minorités françaises hors Québec auraient été abandonnées à leur sort et l'influence de l'élite canadienne-française du Québec n'aurait pas eu de lieu pour s'exprimer.

Si les deux premiers textes de cette section s'intéressent à des enjeux de nature politique, c'est davantage l'étude des enjeux juridiques de la crise scolaire qui retient l'attention de Pierre Foucher dans le chapitre suivant. Proposant un vaste tableau des enjeux qui relèvent du droit constitutionnel et de la crise du Règlement 17, l'auteur montre bien les limites des garanties constitutionnelles offertes aux minorités par l'*Acte de l'Amérique du Nord britannique* (AANB) de 1867. Foucher s'intéresse de même à la pérennité jurisprudentielle de cette crise et constate l'influence qu'elle a pu avoir sur la manière dont on réfléchira, dans les années précédant et suivant l'adoption de la Charte canadienne des droits et libertés, aux moyens de garantir l'accès à l'éducation dans la langue de la minorité partout au pays. Dans cette perspective, la crise du Règlement 17 exemplifie de manière paroxystique les insuffisances de l'AANB et la difficulté inhérente à tenter de régler les enjeux ethnolinguistiques par la voie politique dans un tel contexte. Même si Foucher constate qu'il y a eu à l'époque, et qu'il y a toujours, une interaction entre le droit et la politique, le résultat de ce dialogue a été plus heureux pour les minorités lorsqu'il s'est fait dans un contexte d'encadrement constitutionnel explicitement favorable à leurs droits, comme c'est généralement le cas depuis le rapatriement de la Constitution.

Les représentations du Règlement 17 dans la sphère littéraire et artistique

Les textes de la quatrième partie de cet ouvrage montrent que le milieu des arts et de la culture de l'Ontario français a entretenu un rapport d'amour-haine avec la crise scolaire. Si les artistes se sont faits porteurs de la mémoire de cet événement, ils ont aussi pu vouloir, à certains moments, s'émanciper de son poids symbolique. Lucie Hotte s'intéresse ainsi à ce qu'elle nomme «la fortune et les infortunes» littéraires du Règlement 17. L'auteure se livre à une analyse exhaustive de l'ensemble du corpus littéraire canadien-français qui porte directement ou indirectement sur la crise scolaire. Elle identifie ainsi trois périodes dignes d'attention, soit la période immédiate de la crise, la période de prise de parole collective entre les années 1970 et 1990 et, enfin, la période contemporaine. Elle constate qu'au moment même de la crise, la production littéraire avait essentiellement un objectif: rallier les lecteurs à la cause de la minorité française de l'Ontario. Lucie Hotte observe, ce qui surprendra peut-être le lecteur contemporain, que le thème du Règlement 17 disparut à peu près complètement de la littérature entre 1927 et les années 1970. Ce n'est qu'à cette dernière époque, alors que l'Ontario français était de nouveau plongé dans les crises scolaires, que serait réactivée la mémoire de cet événement. L'auteure constate enfin qu'à partir des années 1990 s'amorce une seconde période lors de laquelle les auteurs francophones de l'Ontario choisissent de délaisser ce thème qu'ils estiment trop ressassé. Et, conclut Hotte, c'est peut-être un mal pour un bien, car la qualité littéraire des œuvres portant sur cet événement, à son avis, n'a pas toujours été au rendez-vous.

Hélène Beauchamp s'est pour sa part intéressée à la salle Sainte-Anne, haut lieu de manifestations culturelles en français dans la région de la capitale du Canada. Cette salle, qui présente des revues musicales, des pièces de théâtre, des soirées de poésie, a été un lieu central d'animation et de conscientisation de la population canadienne-française dans le contexte de la crise scolaire. Par un tableau intimiste, Hélène Beauchamp réussit à nous faire revivre l'atmosphère unique de cette salle où l'on retrouvait à la fois l'élite et le peuple canadien-français. On apprend notamment que cette salle recevait des troupes théâtrales provenant du Québec et de la France, tout en permettant la création, par des cercles dramatiques locaux, d'œuvres originales. L'auteure a fait un travail de longue haleine dans les archives du journal *Le Droit* pour nous tracer un tableau inoubliable de cet espace artistique central pour la communauté canadienne-française de la basse-ville d'Ottawa à l'époque de la crise scolaire.

Dans le dernier texte de cette partie, Johanne Melançon se penche sur la postérité théâtrale du Règlement 17 en insistant sur deux pièces du répertoire franco-ontarien, soit *La parole et la loi* et *Jeanne*. Par l'analyse de ces deux pièces créées par le Théâtre de la Corvée, Johanne Melançon cherche à comprendre comment fut présenté et interprété le Règlement 17. Ces pièces, qui n'ont pas comme ambition de représenter fidèlement l'histoire, montrent plutôt comment la crise scolaire ontarienne a nourri l'imaginaire des créateurs qui entretiennent un rapport trouble avec ce moment fondateur de la mémoire franco-ontarienne. *La parole et la loi*, représentée plus de 150 fois, participait de la contre-culture franco-ontarienne. Sur un ton ironique que ne saisirent pas nécessairement tous les spectateurs, cette pièce cherchait à déboulonner ce qui était tenu par ses créateurs comme le « mythe » du Règlement 17. Dans le cas de *Jeanne*, le récit était plus proche de la trame historique, mais l'échec de la pièce semble suggérer qu'après *La parole et la loi*, il n'était plus possible de raconter l'histoire du Règlement 17 comme on l'avait fait jadis.

La crise scolaire et la reconfiguration du champ intellectuel canadien-français

La dernière partie du recueil ne contient qu'un texte, celui de Michel Bock, qui se propose de situer la crise du Règlement 17 dans l'évolution globale du champ intellectuel canadien-français, dont les années de l'entre-deux-guerres devaient provoquer une reconfiguration partielle. L'auteur soutient que la crise scolaire posa le premier grand défi au nationalisme catholique d'inspiration groulxiste, qui faisait de la langue la « gardienne » de la foi. L'intervention dans la crise franco-ontarienne de la hiérarchie vaticane, qui ne tolérait pas que l'unité de l'Église canadienne fût menacée par l'affrontement entre catholiques irlandais et canadiens-français, fut décisive. En cherchant à dissocier le catholicisme de toutes considérations politiques et « nationales » et en enjoignant la résistance franco-ontarienne à respecter l'ordre établi, le Saint-Siège poussa cette dernière à abandonner la désobéissance civile comme stratégie de combat et à adopter des méthodes moins radicales. Les nationalistes « groulxistes », à

Montréal comme à Ottawa, reçurent comme une douche froide les directives pontificales, qui les contraignirent à faire preuve de plus de retenue dans leurs revendications au cours des années 1920, d'autant plus que le pape prit la parole à plusieurs reprises, pendant cette période, pour condamner le nationalisme « immodéré » et « outrancier », lequel risquait, à ses yeux, d'instrumentaliser le catholicisme à des fins politiques. Au tournant des années 1930, la position de Rome introduisit un coin au sein de l'élite intellectuelle : tantôt en conduisant une partie du clergé à « dénationaliser » le catholicisme canadien-français, tantôt en provoquant une partie du mouvement nationaliste à ne plus subordonner le destin du Canada français à celui de l'Église, quitte à envisager plus franchement l'indépendance du Québec. En Ontario, les nationalistes demeurés fidèles à l'orthodoxie groulxiste choisirent de se terrer, pour ainsi dire, dans une société secrète, l'Ordre de Jacques-Cartier, qui agirait désormais dans l'ombre pour favoriser la réalisation de ses objectifs nationaux et religieux. La crise franco-ontarienne participait donc d'un ensemble de phénomènes qui, bien avant la Révolution tranquille des années 1960, contribuèrent à remettre en cause l'unité des questions nationale et religieuse au Canada français.

En somme, les articles contenus dans ce recueil proposent de nouvelles pistes d'analyse qui permettent de prendre la mesure de la très grande complexité de la crise du Règlement 17, qu'il s'agisse des divers aspects de son déroulement ou encore du sens qu'il convient de lui attribuer dans la grande trame historique de l'Ontario français, du Canada français, voire du Canada dans son ensemble. Nous espérons que la lecture de ces études incite les chercheurs à concevoir de nouvelles problématiques de recherche qui enrichiront encore davantage notre compréhension de ce qui demeure un moment déterminant de l'expérience collective des Franco-Ontariens.

L'ÉCOLE FRANCO-ONTARIENNE ET L'OPINION ANGLO-CANADIENNE

POURQUOI LE RÈGLEMENT 17 PARAISSAIT-IL NÉCESSAIRE AUX IRLANDAIS ?

JEAN-PHILIPPE CROTEAU
UNIVERSITÉ DE SICHUAN

Les relations entre les Irlandais catholiques et les Canadiens français en matière d'instruction en Ontario ont souvent été dépeintes sous l'angle de l'antagonisme linguistique qui atteint son point culminant pendant l'existence du Règlement 17. Nos recherches dans les archives de l'archevêché de Toronto (ARCAT), les Archives publiques de l'Ontario (APO) et celles du Toronto Catholic District School Board (TCDSBA) révèlent cependant que cette perspective tend à négliger un autre débat, celui engagé par les Irlandais, dès les années 1890, pour faire reconnaître par le gouvernement provincial le caractère public des écoles séparées et mettre fin au financement scolaire, jugé discriminatoire vis-à-vis des catholiques.

Ce texte n'a pas l'intention d'écarter ou d'invalider les interprétations politiques et culturelles sur le conflit du Règlement 17 pour les remplacer par des thèses exclusivement à caractère financier ou éducatif. La crise du Règlement 17 a eu une composante ethnoculturelle indéniable caractérisée notamment par des manifestations de chauvinisme linguistique et des tentatives d'hégémonie politique entre les groupes irlandais et canadiens-français au sein de l'Église catholique.

Néanmoins, cette perspective a porté peu d'attention à d'autres avenues interprétatives pouvant diversifier les explications sur les racines du conflit, ses causes immédiates et ses enjeux. Pour l'historiographie francophone, la crise du Règlement 17 revêt un caractère politique et prend parfois la forme d'un récit patriotique qui relate un événement marqueur de sens et fondateur de l'identité franco-ontarienne née d'une lutte mobilisatrice contre une menace d'assimilation appréhendée[1]. Du côté de l'historiographie de langue anglaise, le conflit scolaire lié au Règlement 17 apparaît un enjeu mineur par rapport aux nombreuses crises et épreuves qui allaient secouer le système scolaire catholique en Ontario pendant plus d'un siècle. Ainsi, la crise du Règlement 17 se classe en importance derrière les luttes pour la création des écoles séparées dans la deuxième moitié du XIXe siècle, le partage des revenus de la taxe scolaire, l'extension du financement public aux institutions

[1] Au sujet du contexte sociopolitique du Règlement 17, voir l'œuvre de Robert Choquette : *Langue et religion. Histoire des conflits anglo-français en Ontario*, Ottawa, Presses de l'Université d'Ottawa, 1977, 268 p. ; *L'Ontario français, historique*, Montréal, Études vivantes, 1980, 272 p. ; *L'Église catholique dans l'Ontario français du dix-neuvième siècle*, Ottawa, Presses de l'Université d'Ottawa, 1984, 365 p. et *La foi gardienne de la langue en Ontario : 1900-1950*, Montréal, Bellarmin, 1987, 282 p. Au sujet des écoles françaises, voir Arthur Godbout, *L'origine des écoles françaises en Ontario*, Ottawa, Presses de l'Université d'Ottawa, 1972, 183 p. et *Nos écoles franco-ontariennes : histoire des écoles de langue française dans l'Ontario des origines du système scolaire (1841) jusqu'à nos jours*, Ottawa, Presses de l'Université d'Ottawa, 1980, 144 p. Au sujet du Règlement 17, voir Gaétan Gervais, « Le Règlement XVII (1912-1927) », *Revue du Nouvel Ontario*, n° 18, 1996, p. 123-192. Voir aussi Michel Bock, Gaétan Gervais et Suzanne Arseneault (dir.), *L'Ontario français. Des Pays-d'en-Haut à nos jours*, Ottawa, Centre franco-ontarien des ressources pédagogiques, 2004, 271 p.

secondaires catholiques, et enfin, les débats sur la compétence professionnelle des congrégations religieuses[2].

Pourtant, la question du financement des écoles séparées, indépendante à première vue de celle de la langue d'enseignement, semble avoir joué un rôle déterminant dans l'escalade et le déroulement du conflit. En effet, nous postulons que les classes dirigeantes irlandaises, engagées dans une quête de respectabilité, sont devenues des alliées objectives du gouvernement provincial dans le dossier linguistique, au cours de la première décennie du XXe siècle, pour obtenir une reconnaissance politique des écoles séparées et surtout une redistribution des ressources financières. De plus, elles craignaient que les revendications scolaires des francophones ruinent leurs efforts entrepris pendant les décennies antérieures pour négocier avec le gouvernement provincial une nouvelle entente financière, et menacent même l'existence des écoles séparées en faisant des francophones l'objet de représailles de la majorité protestante.

Ce texte cherche donc à lever le voile sur un aspect méconnu des débats entourant le Règlement 17, soit le rapport de la langue d'enseignement au financement des écoles séparées, qui selon nous

---

[2] À propos de l'histoire des écoles séparées en Ontario, voir l'œuvre de Franklin Walker: *Catholic Education and Politics in Upper Canada*, Toronto, Dent & Sons, 1954, 331 p.; *Catholic Education and Politics in Ontario*, Toronto, Thomas Nelson & Sons [Canada] Ltd., 1964, 514 p. et *Catholic Education and Politics in Ontario: From the Hope Commission to the Promise of Completion (1945-1985)*, Toronto, Catholic Education Foundation of Ontario, 1986, 514 p. Voir aussi Margaret Prang, «Clerics, Politicians, and the Bilingual Schools Issue in Ontario, 1910-1917», *Canadian Historical Review*, vol. 41, n° 4, décembre 1960, p. 281-307; Marilyn Barber, «Ontario Bilingual Schools Issue: Sources of Conflict», *Canadian Historical Review*, vol. 47, n° 3, septembre 1966, p. 227-248; Peter Oliver, «The Ontario Bilingual Schools Crisis, 1919-29», *Journal of Canadian Studies/Revue d'études canadiennes*, vol. 7, n° 1, février 1972, p. 22-45; Robert M. Stamp, *The Historical Background of Separate Schools in Ontario*, Toronto, ministère de l'Éducation de l'Ontario, 1985, 35 p.; Michael Power, *A Promise Fulfilled, Highlights in the Political History of Catholic Separate Schools in Ontario*, Toronto, Ontario Catholic School Trustee's Association, 2002, 525 p. et Robert T. Dixon, *We Remember, We Believe, A History of Toronto's Catholic Separate School Boards, 1841 to 1997*, Toronto, Toronto Catholic District School Board, 2007, 481 p. Toutefois, certains auteurs anglophones s'inscrivent dans une approche liée davantage à l'histoire sociale et culturelle comme Chad Gaffield, *Language, Schooling and Cultural Conflict: The Origins of the French-Language Controversy in Ontario*, Montréal/Kingston, McGill-Queen's University Press, 1987, 272 p. et Jack Cécillon, «Turbulent Times in the Diocese of London: Bishop Fallon and the French Language Controversy», *Ontario History*, vol. 87, n° 4 (décembre 1995), p. 369-395.

a servi de vase communicant dans l'éclatement du conflit entre anglophones et catholiques francophones dans l'Ontario des premières décennies du XXe siècle.

Les origines d'un litige scolaire

La question du financement des écoles séparées remonte bien avant l'époque du Règlement 17 et renvoie au contexte sociopolitique et religieux qui a présidé à la fondation du système scolaire ontarien dans les années 1840 et 1850. Dès le départ, les écoles publiques constituent une réponse formulée au Canada-Ouest par les élites politiques et sociales de l'époque au radicalisme politique, aux conflits interreligieux et aux bouleversements sociaux générés par l'industrialisation. Egerton Ryerson, surintendant de l'éducation du Canada-Ouest à partir de 1844, pose les jalons du système scolaire public, dont la mission principale consiste à offrir une instruction patriotique et morale inspirée du loyalisme britannique et des principes généraux du christianisme, sur lesquels repose l'ordre politique, social et culturel[3]. Le projet éducatif de Ryerson s'adresse à toute la population indépendamment de sa classe sociale, de son origine ethnique ou de sa croyance religieuse et vise à restaurer l'harmonie et la cohésion de la société en formant des citoyens moraux et respectueux de l'ordre établi[4].

La vision de Ryerson suscite l'opposition de l'épiscopat catholique, des sociétés nationalistes et de la presse irlandaise, qui partent en croisade pour obtenir l'établissement d'écoles catholiques. À leurs yeux, l'école publique constitue une école protestante déguisée qui sert d'instrument d'assimilation culturelle et de prosélytisme religieux aux mains de la majorité protestante[5]. La

---

[3] À propos de la vie et de la carrière d'Egerton Ryerson, voir J. Harold Putnam, *Egerton Ryerson and Education in Upper Canada*, Toronto, William Briggs, 1912, 111 p.; C. B. Sissons, *Egerton Ryerson: His Life and Letters*, 2 volumes, Toronto, Clark, Irwin, 1937, 601 p. et Neil McDonald et Alf Chaiton (dir.), *Egerton Ryerson and His Times*, Toronto, Macmillan, 1978, 319 p.

[4] Voir R. D. Gidney, « Egerton Ryerson », *Dictionnaire biographique du Canada*, 1881-1890, vol. XI, Toronto / Québec, University of Toronto Press / Presses de l'Université Laval, 1982, p. 783-795.

[5] Voir John S. Moir, *Church and State in Canada West: Three Studies in the Relation of Denominationalism and Nationalism, 1841-1867*, Toronto, University of Toronto Press, 1959, 274 p.

création d'écoles catholiques s'inscrit aussi dans un projet de refondation d'une société catholique, incarnée par une Église nationale qui cherche à contrer les menaces de sécularisation associées au protestantisme et à assurer la préservation d'une identité irlandaise façonnée par l'histoire, la culture et la religion[6].

Les conflits scolaires au Canada-Ouest résultent en grande partie de la montée de l'ultramontanisme catholique et du mouvement évangélique protestant, qui s'affrontent dans un contexte de réveil religieux dans les années 1840. L'Église catholique et les diverses Églises protestantes tentent d'occuper l'espace public pour inculquer à la population un conformisme religieux fondé sur de nouvelles pratiques sociales et culturelles, en s'appuyant notamment sur un encadrement institutionnel et des manifestations de dévotion et de piété populaires. Cette rivalité confessionnelle destinée à imposer l'hégémonie des Églises au sein de la société civile est exacerbée par l'immigration irlandaise, qui fait éclater le consensus d'une société, particulièrement à Toronto, laquelle se percevait comme un bastion britannique et protestant[7].

Dans ce contexte, la question des écoles catholiques – ou séparées – apparaît hautement politique. Les protestants défendent toute altération du caractère britannique et protestant de la société menacée par le « papisme » et entendent bien refuser des concessions aux catholiques dans le champ scolaire. Les écoles séparées en Ontario représentent pour la majorité protestante une porte ouverte à l'ingérence papale, qui menace les libertés civiles, encourage le sectarisme religieux et affaiblit l'unité nationale. Pour les catholiques, la création d'écoles séparées constitue un enjeu vital pour soustraire leurs enfants à l'influence du conformisme

[6] Au sujet du nationalisme irlandais à Toronto, voir Brian P. Clarke, « Lay Nationalism in Victorian Toronto », dans Brian P. Clarke et Mark G. McGowan (dir.), *Catholics at the Gathering Place, Historical Essays on the Archdiocese of Toronto, 1841-1991*, Toronto, Canadian Catholic Historical Association, Dundurn Press Ltd, 1993, p. 41-52.

[7] Voir Terrence Murphy et Roberto Perin (dir.), *A Concise History of Christianity in Canada*, Toronto / Oxford / New York, Oxford University Press, 1996, p. 173-179. Voir aussi Terence J. Fay, *A History of Canadian Catholics*. Montréal / Kingston, McGill-Queen's University Press, 2002, 392 p.

anglo-saxon et protestant afin de protéger leur foi et leur identité culturelle[8].

Au terme de longues luttes politiques survenues à l'aube de la Confédération, les catholiques obtiennent à l'arraché trois concessions primordiales, étendues au nouveau régime constitutionnel grâce à l'article 93 de l'*Acte de l'Amérique du Nord britannique*, qui reconnaît la législation scolaire adoptée sous le régime de l'Union. Désormais, les catholiques disposent du droit d'établir et d'administrer leurs propres écoles, les taxes scolaires des propriétaires catholiques sont versées aux écoles séparées et ces dernières sont admissibles aux subventions gouvernementales. Cependant, jusqu'aux années 1960, les écoles séparées seront considérées comme un mal nécessaire par les élites politiques et éducatives ontariennes, qui feront une interprétation prudente, même limitative, de l'article 93 lors de l'adoption de la législation scolaire, posture qui traduit l'opposition tenace de la majorité protestante au principe des écoles séparées.

Les fondements d'un pacte financier

Le gouvernement provincial et la majorité protestante n'ont jamais caché leur préférence pour le système scolaire public. Les écoles séparées sont considérées par les législateurs et les élites dirigeantes comme un moindre mal pour conserver l'harmonie de la société et elles seront bon gré mal gré tolérées dans le paysage politique ontarien malgré leur croissance continue (voir tableau 1). Egerton Ryerson lui-même avait reconnu l'école séparée à contrecœur. Il ne s'est jamais caché qu'il entrevoyait le caractère temporaire de ces écoles séparées qui, tôt ou tard, « *die out, not by force of legislative enactment, but under the influence of increasingly enlightened and enlarged views of Christian relations, rights and duties between different classes of community*[9] ».

---

[8] John S. Moir, « Toronto's Protestants and Their Perceptions of Their Roman Catholic Neighbours », dans Brian P. Clark et Mark G. McGowan (dir.), *Catholics at the Gathering Place, Historical Essays on the Archdiocese of Toronto, 1841-1991*, Canadian Catholic Historical Association, Toronto, Dundurn Press Ltd, 1993, p. 313-327.

[9] Cité dans C. B. Sissons, *Church and State in Canadian Education*, Toronto, Ryerson Press, 1959, p. 20.

Fidèles à la pensée de Ryerson, les législateurs ontariens renforcent le statut « officiel » de l'école publique, qui se concrétise par un accès étendu aux ressources financières, alors que le champ d'intervention des écoles séparées demeure contenu dans le cadre des lois adoptées avant la Confédération et soumis à un certain nombre de contraintes sans qu'il y ait de changements importants apportés avant les années 1960. Les politiciens ontariens pour la plupart s'engagent à ne pas remettre en question les acquis des écoles séparées, mais ils se montrent tout à fait opposés à accorder de nouvelles concessions financières aux catholiques[10].

Ainsi, les écoles séparées se butent à quatre difficultés majeures. La part de l'assiette fiscale des écoles séparées reflète le faible niveau de richesse des catholiques, qui sont, dans l'ensemble, moins fortunés que les protestants. La population catholique est surtout constituée, pendant la dernière moitié du XIXe siècle, d'immigrants irlandais ou de leurs descendants, fortement prolétarisés, qui peuvent difficilement prétendre au titre de propriétaire. Il faut rappeler que l'essentiel des revenus des commissions scolaires à cette époque repose sur la valeur des propriétés foncières. Ainsi, tout au long de la période étudiée, le montant disponible par élève dans les écoles séparées demeure toujours inférieur à celui des écoles publiques. Par exemple, à Toronto, en 1913, chaque élève du TSSB reçoit 18,53 $ contre 37,48 $ pour celui du TBE[11] (voir graphique 1). Dans ces conditions, les écoles séparées sont très redevables au dévouement et à la générosité des congrégations religieuses, qui acceptent des salaires dérisoires et aménagent des classes dans leurs bâtiments, faisant épargner aux commissions

[10] En fait, deux interprétations s'affronteront sur la portée de l'article 93 et ses implications juridiques. Un premier point de vue, « *restrictionist* », postule qu'aucune forme de concession supplémentaire ne devrait être accordée aux écoles séparées hormis celles prévues par l'article 93 et acquises avant l'entrée en vigueur de l'*Acte de l'Amérique du Nord britannique*. À l'autre bout de la lorgnette, il y a l'avis des « *extensionists* », qui considère que les droits scolaires des catholiques devraient être revus périodiquement pour être adaptés aux transformations de la société. Voir Robert M. Stamp, *The Historical Background to Separate Schools in Ontario*..., p. 5-6. Voir aussi Robert T. Dixon, « The Ontario Separate School System and Section 93 of the British North America Act », thèse de doctorat (éducation), Université de Toronto, 1976, 854 p.

[11] *Minutes du 18 août 1913*, Archives of Toronto Catholic District School Board (ATCDSB).

scolaires des sommes d'argent très importantes. Par ailleurs, les enseignants laïcs doivent aussi se contenter d'une rémunération inférieure à celle de leurs collègues des écoles publiques.

La question des taxes des « corporations » constitue un enjeu de taille. Les revenus des taxes scolaires prélevés sur les sociétés et les compagnies commerciales reviennent presque exclusivement aux écoles publiques et constituent pour ces dernières une véritable manne financière, surtout au tournant du XXe siècle avec l'essor industriel de la province. La loi, adoptée en 1886, permet aux directeurs de compagnies, sans que ce soit obligatoire, d'accorder aux écoles séparées une partie des revenus de la taxe scolaire correspondant à la proportion des propriétaires ou des actionnaires catholiques. Pourtant, dans les faits, les écoles séparées reçoivent une fraction infime des taxes des compagnies et des sociétés (environ un pour cent). Grâce aux bénéfices tirés des taxes des sociétés et des compagnies commerciales, les écoles publiques de Toronto (et d'ailleurs dans la province) peuvent maintenir le taux de la taxe scolaire plus bas que les écoles séparées et dépenser plus d'argent par élève (voir tableau 2)[12].

De plus, l'État provincial accorde ses subventions en fonction de critères qui désavantagent les écoles séparées, comme la qualité des bâtiments, les salaires, la compétence professionnelle des enseignants et, à partir du XXe siècle, les besoins des commissions scolaires calculés d'après leurs dépenses plutôt que selon leurs revenus ou la valeur des propriétés foncières imposables[13]. Ainsi, les écoles séparées reçoivent proportionnellement moins d'argent des octrois gouvernementaux que le poids des catholiques au sein de la population ontarienne devrait leur conférer (voir tableau 3)[14].

Enfin, le gouvernement provincial accorde des subventions

---

[12] Voir Robert T. Dixon, *We Remember, We Believe…*, *op. cit.*, p. 181. Voir aussi les documents suivants : *The Roman Catholic Separate Schools of Ontario, Brief Submitted to the Royal Commission on Education by the Ontario Catholic Education Council (1945)*, p. 1-12 ; *Separate Schools*, documents présentés à la Commission royale sur l'éducation en Ontario, The English Catholic Education Association of Ontario, Toronto, 1946, p. 1-79 ; dossiers du Dr J. M. Bennett (vers 1919-1968), boîte n° 4, TCDSBA.

[13] Voir Dixon, *We Remember, We Believe…*, *op. cit.*, p. 206-210.

[14] *Confidential Memorial Regarding the Government Grant to Primary Schools in Urban Municipalities, Ottawa, December 14th, 1907*, p. 1-9, ME AE01.78, Archives of the Roman Catholic Archdiocese of Toronto (ARCAT).

seulement aux *high schools* publics fondés en 1871. À partir du XXe siècle, les écoles séparées sont admissibles à des subventions pour mettre sur pied des classes de 9e et 10e année. Néanmoins, les enfants catholiques doivent poursuivre leurs études secondaires (11e et 12e années) dans des institutions privées catholiques administrées et financées par le diocèse et les congrégations religieuses. Les droits de scolarité de ces institutions sont plus onéreux pour les familles catholiques que dans les *high schools* publics financés par l'État[15].

La quête de la respectabilité

À ses débuts, l'école séparée constitue une institution nationale, dont le programme d'éducation est fondé sur deux piliers : l'enseignement de la doctrine et des traditions de l'Église catholique et la préservation de l'héritage culturel irlandais. Cependant, au tournant des années 1890, les élites catholiques entreprennent une quête de respectabilité auprès du gouvernement et de l'opinion publique protestante pour faire reconnaître l'égalité entre les écoles publiques et séparées, en invoquant le principe de l'« école publique catholique ». L'école publique catholique, pour reprendre une appellation courante de l'époque, renvoie au jugement prononcé en 1915 par la Cour d'appel de l'Ontario à l'endroit de la Commission des écoles séparées d'Ottawa, qui arguait que les écoles séparées n'étaient pas soumises aux décisions du gouvernement et donc pas tenues de respecter le Règlement 17. Le juge R. W. Meredith avait donné raison au gouvernement en rappelant que les écoles séparées, créées par l'État, étaient vouées à l'intérêt général et au bien commun, et revêtaient un caractère public[16].

Cette notion de caractère public est reprise dès le début des années 1920 par les défenseurs d'un mode de financement équitable pour les écoles séparées. C'est l'argument retenu par Mgr Neil McNeil, archevêque de Toronto de 1912 à 1934, qui fera de la

---

[15] Voir Mgr Neil McNeil, *School Question of Ontario by the Archbishop of Toronto*, Toronto, 1930, 28 p., EDSP02.02 (e), ARCAT.

[16] Mgr Neil McNeil, *School Question of Ontario by the Archbishop of Toronto*, Toronto, 1931, p. 28-30, EDSP02.02 (a), ARCAT.

question du financement de l'éducation secondaire catholique l'un de ses principaux chevaux de bataille :

> *Perhaps I should emphasize the fact that [separate schools] are public schools. They are not private schools at all. They are a part of the machinery of public education in the Province of Ontario. Any laws that are made for the betterment of these schools are made by the Legislature of Ontario. Any regulations under which they operate are regulations passed by the Cabinet of Ontario. Their daily administration is under the Department of Education in Queen's Park.* [...] *I am pointing out to you that you have every possible safeguard as regards the general administration of the separate schools of Ontario in the fact that they are subject to the control and the daily administration of the Department of Education as it exists to-day. It is they who formulate the regulations. It is they who appoint the inspectors, who draw up courses of study, who prescribe text books, who lay down conditions under which teachers may be employed, who examine the accounts of all school boards, whether you call them public or separate. By the way, the public school as used in Ontario is a localism. If the official reports had preserved the word "public" in the Separate School nomenclature, there would not be the confusion in the minds of many people that exists to-day. They should have been called "Public Separate Schools", and not simply Roman Catholic Separate Schools as we find it in reports. I mean that they are a part of the public school system of the Province of Ontario*[17].

L'émergence du concept d'école catholique publique s'inscrit aussi dans un processus d'enracinement et de mobilité sociale qui caractérise les Irlandais de la deuxième et de la troisième génération. Entre les années 1890 et 1920, les catholiques quittent les emplois non qualifiés ou semi-qualifiés pour ceux des professions libérales et des services, et ainsi accèdent à la classe moyenne. Ils désertent aussi les quartiers ouvriers pour des parties de la ville plus cossues et généralement habitées par les protestants. Cette mobilité sociale et résidentielle multiplie les contacts avec les protestants et favorise les mariages mixtes[18]. Enfin, les sociétés

---

[17] Mgr Neil McNeil, « The Separate School Question », 24 octobre 1921, dans *Addresses Delivered before The Canadian Club of Toronto Season of 1921-22*, Toronto, Warwick, Bros. & Rutter, 1923, p. 53-54, cité dans Power, *A Promise Fulfilled...*, *op. cit.*, p. 275-276.

[18] Voir Mark G. McGowan, *The Waning of the Green : Catholics, the Irish and Identity in Toronto, 1887-1922*, Montréal / Kingston, McGill-Queen's University Press, 1999, 432 p.

nationalistes irlandaises sont supplantées par les associations laïques et religieuses, parrainées par l'archevêché, qui encourage à travers l'action sociale la participation des catholiques aux différentes sphères de la société canadienne-anglaise[19]. En raison de ce brassage social et de ce décloisonnement confessionnel de l'espace public entre les protestants et les catholiques, ces derniers tendent à adopter graduellement le champ de vision de la majorité canadienne-anglaise et à épouser ses idéaux politiques et nationalistes, ainsi que ses valeurs sociales et sa culture[20].

L'archevêché de Toronto jouera un rôle déterminant dans la construction et la diffusion d'une nouvelle identité, en grande partie instrumentalisée par les classes dirigeantes irlandaises pour répondre aux aspirations de leurs concitoyens, qui souhaitent intégrer la société canadienne-anglaise riche en promesses d'ascension sociale. En s'appuyant notamment sur la presse cléricale, les écoles séparées, le réseau institutionnel diocésain et l'activité des associations laïques et religieuses, l'Église catholique irlandaise fait la promotion d'un catholicisme dit civique qui prend la forme d'une citoyenneté politique, culturelle et religieuse[21].

Le catholicisme civique repose sur l'appartenance à l'Église catholique, l'adoption d'un nationalisme et d'une culture anglo-canadiens, ainsi que l'usage d'une langue véhiculaire, celle de la majorité, l'anglais. Cette nouvelle conception identitaire vise, d'après ses promoteurs, à cimenter l'unité culturelle et la cohésion sociale de l'Église catholique, à favoriser la participation des catholiques et de leurs institutions à la construction nationale du Canada

---

[19] Au sujet de l'émergence d'une identité canadienne-anglaise catholique, voir Terrence Murphy et Gerald Stortz (dir.), *Creed and Culture: The Place of English-Speaking Catholics in Canadian Society, 1750-1930*, Montréal / Kingston, McGill-Queen's Studies in the History of Religion, 1993, 253 p. À propos du rôle des associations religieuses et laïques dans la diffusion d'une identité canadienne-anglaise à Toronto, voir Brian P. Clarke, *Piety and Nationalism: Lay Voluntary Associations and the Creation of an Irish-Catholic Community in Toronto, 1850-1895*, Montréal / Kingston, McGill-Queen's University Press, McGill-Queen's Studies in the History of Religion, 1993, 352 p.

[20] Mark G. McGowan, « The De-Greening of the Irish: Toronto Irish-Catholic Press, Imperialism and the Forging of A New Identity, 1887-1914 », *Historical Papers / Communications historiques*, vol. 24, nº 1, 1989, p. 118-145.

[21] Voir Laurent Batut, « Les écoles catholiques torontoises et l'intégration des "nouveaux Canadiens" au XXe siècle », dans Jean-Michel Lacroix et Paul-André Linteau (dir.), *Vers la construction d'une citoyenneté canadienne*, Paris, Presses Sorbonne Nouvelle, 2006, p. 87-100.

anglais et à les mobiliser sur des enjeux sociaux et politiques dont dépend l'avenir du catholicisme au pays. Pour l'historien Mark G. McGowan, la participation des catholiques anglophones à la Première Guerre mondiale, qui répondent en masse à l'appel aux armes lancé par les prélats et la presse catholique pour défendre leur patrie et la cause de l'Empire britannique, constitue le parachèvement de cette mutation identitaire, alors que l'héritage irlandais apparaît déjà obsolète[22].

L'école publique catholique ou la métamorphose de l'école séparée

Les débats entourant l'école publique catholique, beaucoup plus qu'une simple question de revenu, se trouvent au cœur d'un projet politique qui vise à faire des catholiques des citoyens à part entière de la société ontarienne et canadienne-anglaise. Or, les restrictions financières persistantes pesant sur les écoles séparées sont perçues par les catholiques comme une négation du principe de l'égalité des chances, laquelle fait obstacle à leurs aspirations sociales et consacre leur statut de citoyens de seconde classe. Enjeu politique de première importance, la question du financement se trouve donc au cœur d'une démarche politique des élites laïques et religieuses irlandaises. Ces dernières tentent, à partir des années 1890, de mettre sur un pied d'égalité les écoles séparées avec les écoles publiques pour les conformer aux normes et aux exigences du ministère de l'Éducation et délégitimer les pratiques discriminatoires du gouvernement concernant l'attribution des fonds publics et le partage de l'assiette fiscale.

Le premier acte de cette entreprise de conversion survient en 1882 quand, pour la première fois, un catholique, James Francis White, est nommé par le ministre de l'Éducation pour inspecter les écoles séparées. Ce dernier, reconnu pour ses compétences à la suite d'une carrière fructueuse en éducation à titre de professeur,

---

[22] Catholic Register, 10 septembre 1914, cité dans Mark G. McGowan, « "To Share in the Burdens of Empire" : Toronto's Catholics and the Great War, 1914-1918 », dans Mark G. McGowan et Brian P. Clark (dir.), *Catholics at the Gathering Place : Historical Essays on the Archdiocese of Toronto, 1841-1991*, Toronto, Canadian Catholic Historical Association, Dundurn Press Ltd, 1993, p. 177-207.

de directeur d'école et de représentant au sein des associations professionnelles enseignantes, apparaît la personne toute désignée pour exercer cette fonction. Les élites religieuses et politiques irlandaises avaient réclamé à plusieurs reprises la nomination d'un inspecteur catholique, considérant qu'un protestant n'était pas nécessairement outillé pour comprendre pleinement le fonctionnement d'un système scolaire catholique et pouvait nourrir des préjugés religieux à l'égard des écoles séparées. Relevant directement du ministère de l'Éducation, White devient sans aucun doute le catholique le plus influent auprès du gouvernement provincial et représente la voix laïque au sein du système scolaire séparé[23].

White exprime des idées très arrêtées sur l'avenir des écoles séparées en Ontario, qui ne plaisent pas toujours à l'épiscopat catholique. Pour lui, les écoles séparées doivent tenir compte des transformations sociales et culturelles de la société et s'harmoniser avec les écoles publiques, le modèle scolaire obligé, pour mieux s'intégrer au système d'éducation ontarien ou disparaître. Ses rapports, souvent très critiques, révèlent les préoccupations de White pour la qualité pédagogique de l'éducation offerte dans les écoles séparées, laquelle doit selon lui pouvoir se comparer avec celle des écoles publiques. Ces rapports serviront de plateforme et même de programme politique aux élites éducatives catholiques pour une refonte en profondeur du système scolaire séparé[24].

L'une des questions les plus épineuses qui se posent aux élites religieuses et éducatives irlandaises est justement celle de la compétence professionnelle des congrégations religieuses. Dès la fin des années 1880, les campagnes orangistes, au cri de « *No Popery!* », pointent du doigt l'absence de formation des ordres religieux dans les écoles normales et confirment, d'après une partie de la presse et l'opinion publique protestante, l'infériorité des écoles séparées. Les

---

[23] Au sujet de la fonction d'inspecteur catholique, voir *Education Department, Toronto, March 22nd, 1895*, WAD0115, ARCAT.

[24] Au sujet de James Francis White, voir Michael Power, *A Promise Fulfilled…*, *op. cit.*, p. 130-137, et Michael Power, « James Francis White », *Dictionnaire biographique du Canada*, vol. XV (1921-1930), Toronto / Québec, University of Toronto Press / Presses de l'Université Laval, 2005, p. 1187-1190.

écoles séparées d'Ottawa, qui embauchent des enseignants religieux canadiens-français et diplômés de la province de Québec, sont particulièrement visées.

Un rapport confidentiel de White peu élogieux sur l'administration et les méthodes d'enseignement des Frères des écoles chrétiennes dans les écoles séparées d'Ottawa, dont la presse a obtenu copie, met le feu aux poudres en 1892. Trois ans plus tard, soumis aux pressions populaires, le gouvernement provincial, auparavant plus conciliant sur la question, institue une commission provinciale sur les écoles séparées d'Ottawa, qui recommande que les enseignants religieux obtiennent leur brevet d'enseignement dans les écoles normales ontariennes[25]. Une décennie plus tard, diverses cours de justice, dont le Conseil privé de Londres, la plus haute instance judiciaire de l'Empire britannique, donnent raison au gouvernement, qui souhaite forcer les congrégations religieuses à obtenir leur brevet d'enseignement dans les écoles normales[26]. Au début de l'année 1907, le gouvernement conservateur de Sir James Pliny Whitney s'apprête à déposer un projet de loi[27].

White a toujours accordé une grande importance à la compétence professionnelle des enseignants, dont il entrevoyait un lien direct avec la valeur pédagogique de l'enseignement offert dans les écoles séparées : « *Trustees, supported by parents, should insist that they whose delicate and difficult task [it] is to develop the intelligence and mould the character of the children, shall have the special training* absolutely

[25] Au sujet de la question de la compétence professionnelle des congrégations enseignantes en Ontario, voir Walker, *Catholic Education and Politics in Ontario…*, *op. cit.*, p. 192-222 ; Power, *A Promise Fulfilled…*, *op. cit.*, p. 186-195 ; et Dixon, *We Remember, We Believe…*, *op. cit.*, p. 119-124.

[26] En 1904, le citoyen J. D. Grattan intente une poursuite devant les tribunaux contre la Commission des écoles séparées d'Ottawa pour contester l'aptitude des Frères des écoles chrétiennes à enseigner, invoquant qu'ils ne détiennent pas de brevets de l'Ontario. Après que les tribunaux ontariens eurent donné raison à Grattan, la cause est portée par les évêques devant le Conseil privé de Londres, qui confirme la décision des cours de justice de l'Ontario, ouvrant ainsi la voie à une législation sur la compétence professionnelle des congrégations religieuses. Voir *Grattan v. Ottawa Separate School Trustees*, 1904, 8 O. L. R., p. 135 ; *Grattan v. Ottawa Separate School Trustees*, 1904, 9 O. L. R., p. 433 et *Brothers of the Christian Schools v. Minister of Education for Ontario*, 1907, A. C., p. 69.

[27] John Seath, copie du *Report Made to the Minister of Education*, 22 janvier 1907. « Draft of Provisions in the Case of Certain Roman Catholic Separate School Teachers Belonging to Religious and Educational Communities », ME. AE01.78, ARCAT.

indispensable *for its proper performance*[28].» Dès les années 1890, White presse les évêques d'approuver la formation des enseignants religieux dans les écoles normales et de les soumettre à des examens. Les évêques et les congrégations religieuses s'y opposent, considérant que ce serait désavouer leur formation enseignante et que la fréquentation des écoles normales contreviendrait à leurs règlements en les exposant à un enseignement protestant. Certains prélats entendent bien résister, avec à leur tête l'archevêque d'Ottawa, Joseph-Thomas Duhamel et l'archevêque de Kingston, Charles Hugh Gauthier, qui craignent de voir les congrégations religieuses quitter leur diocèse, tandis que l'archevêque de Toronto, Mgr Dennis T. O'Connor, et l'évêque de London, Mgr Fergus Patrick McEvay, partagent davantage les vues de White et se montrent disposés à un compromis avec le gouvernement.

Le premier ministre de l'époque, Sir James Pliny Whitney, possède un allié de taille en la personne de White. Celui-ci écrit personnellement au premier ministre pour lui faire savoir son appui et désavouer la position des évêques encore réfractaires à une législation sur la question, rappelant qu'« *at least nine-tenths of the Catholics of the province wish to have only qualified and capable teachers placed in charge in their schools*[29] ». En 1907, le gouvernement s'inspire des suggestions que White a fait parvenir au premier ministre et vote un projet de loi qui permet aux congrégations religieuses de suivre les cours d'été des écoles normales au sein de leurs établissements et de passer leur examen en vue d'obtenir un brevet d'enseignement. Grâce à l'adoption de cette loi conciliante pour le clergé catholique, qui finit par s'y rallier, la question de la compétence professionnelle du personnel enseignant des écoles séparées est pratiquement résolue[30].

L'autre débat qui soulève de nombreuses tensions parmi les élites éducatives catholiques est celui du choix des manuels

---

[28] *Report of the Minister of Education (Ontario) for the Year 1883*, Toronto, C. Blackett Robinson, 1884, p. 137, cité dans Power, *A Promise Fulfilled...*, *op. cit.*, p. 136. Nous soulignons.

[29] *James F. White to Premier James P. Whitney, March 13th, 1907*, Sir James Pliny Papers, dossier 5-1, B273268, Archives publiques de l'Ontario (APO).

[30] 7 Edw. VII 1907, chap. 52.

scolaires. Pendant la période précédant la Confédération, les congrégations religieuses faisaient usage de différents manuels catholiques en provenance d'Irlande et des États-Unis. Ces *Catholic Readers* abordaient principalement la littérature anglaise, l'histoire des Îles britanniques et un contenu religieux fondé sur l'apprentissage du catéchisme, de l'histoire biblique et de l'Église catholique, ainsi que de la vie des saints, de Jésus-Christ et de la Vierge Marie[31].

Dès son entrée en fonction, White dénonce la variété des manuels utilisés, qui n'offrent pas à tous les enfants la même formation au sein des écoles séparées et qui rend ardue la tâche d'évaluer leur rendement. En 1891, White critique le choix de l'épiscopat pour l'un de ces *Catholic Readers,* le *Sadlier's Series*, dont il met en doute la qualité pédagogique, et prône l'adoption des manuels utilisés dans les écoles publiques. Il rappelle dans ses rapports que « *while all are agreed that the reading books for Separate Schools should be Catholic in tone it is no less essential that they be well adapted to teaching purposes*[32] ». À défaut d'accepter des manuels scolaires des écoles publiques, comme White le souhaitait, l'archevêque de Toronto, Mgr John Walsh, et l'évêque de London, Mgr McEvay, lui demandent à plusieurs reprises de réviser les contenus des *Readers* et de faire des suggestions pour les améliorer[33].

En 1909, l'épiscopat de Toronto accepte finalement d'adopter les manuels des écoles publiques, notamment pour les cours d'histoire. Plusieurs raisons militent en faveur de ce choix. Tout d'abord, le coût de ces manuels est beaucoup moins élevé que ceux de la maison d'édition *Copp Clark Readers*, adoptés par l'épiscopat catholique en 1899[34]. De plus, le contenu pédagogique des manuels des écoles publiques est réputé supérieur à celui des manuels publiés par *Copp Clark Readers*. Pour l'archevêque de Kingston, Charles Hugh Gauthier, il ne fait pas de doute, dans une lettre à son homologue de Toronto, Mgr McEvay (auparavant

---

[31] J. F. White, « Inspector Report, 1901 », TCDSBA, cité dans Dixon, *We Remember, We Believe…*, *op. cit.*, p. 426.

[32] J. F. White, Inspector of Separate Schools to Archbishop Walsh Regarding the Unsatisfactory Aspects of Sadlier's Reading Books, October 3rd, 1891, A. A. T. Walsh Papers-Education, WAD01.11, ARCAT.

[33] J. F. White, February 23rd, 1895, WAB0425, ARCAT.

[34] Dominion Readers. Changes Required, AB 1317, ARCAT.

évêque de London), que « *the Public School Readers are really so much in advance of our Readers* pedagogically *as to justify us in adopting them to the exclusion of our own* [...][35] ».

Toutefois, c'est surtout le pragmatisme politique qui dicte le choix des prélats irlandais d'accepter l'usage des manuels des écoles publiques dans les écoles séparées. En effet, comme nous le verrons plus loin, les évêques déposent un mémoire au gouvernement en 1909 pour réclamer une meilleure distribution des taxes scolaires des sociétés et des compagnies commerciales et étendre les octrois gouvernementaux aux institutions d'enseignement secondaire catholiques. Mgr Gauthier y voit une occasion inespérée : « *adoption by us would be looked upon as a concession which would incline the Government to consider more favourably the petition set forth*[36] ». Ainsi, les évêques nomment un comité chargé d'étudier les manuels des écoles publiques afin d'évaluer la présence d'un contenu protestant, anticatholique ou trop doctrinaire. Déjà, le gouvernement provincial, souhaitant que les écoles séparées adoptent les manuels prescrits par le ministère de l'Éducation, en avait révisé le contenu pour faire en sorte qu'il ne puisse pas offenser les enfants catholiques qui les utiliseraient[37].

Pour les enfants catholiques qui fréquentent les écoles séparées, l'usage des manuels scolaires des écoles publiques ouvre la porte à un nouvel imaginaire national : celui de la majorité protestante. Ainsi, les programmes d'études des écoles séparées, calqués sur ceux des écoles publiques, sont remaniés, délaissant l'héritage culturel et national irlandais. Ils valorisent la loyauté à la Grande-Bretagne et aux institutions politiques britanniques ; exaltent la participation canadienne aux guerres de l'Empire pour la sauvegarde de la liberté et de la démocratie ; initient à la littérature canadienne ; font l'apologie de la géographie du Canada et de ses

---

[35] Archbishop Gauthier to Archbishop McEvay, January 29th, 1909, ME. AE 01.84, ARCAT. Souligné dans l'original.

[36] *Ibid.*

[37] Brien to Seath, January 5th, 1909, MEAE 0.1.81, ARCAT; Archbishop Gauthier to Archbishop McEvay, February 5th, 1909, ME. AE 01.14, ARCAT; Bishop Fallon to Archbishop McEvay, December 22nd, 1910, MEAE 01.101, ARCAT.

ressources inépuisables et révèlent la contribution des catholiques à l'édification du pays.

Au début des années 1910, hormis l'enseignement religieux, les programmes d'études des écoles séparées, porteurs d'un projet national, diffèrent peu de ceux des écoles publiques. À l'instar des écoles publiques, les écoles séparées deviennent un bastion du loyalisme britannique et du nationalisme canadien-anglais où est exalté un patriotisme à la fois impérial et national à travers diverses cérémonies et manifestations. Tous les jours, les élèves assistent au lever du drapeau de l'Union royale (Union Jack) en chantant *God Save the King*. De plus, dans les classes, les portraits des monarques sont omniprésents, tandis que les *Remembrance Day*, *King Day* et *Victoria Day* sont autant d'événements servant à célébrer l'appartenance à l'Empire britannique et à la nation canadienne[38].

De la coexistence pacifique à l'implosion

La question de la compétence professionnelle des enseignants religieux a été vécue douloureusement par le clergé catholique, qui a essuyé un échec cuisant face au gouvernement, à la presse protestante et aux éducateurs laïques catholiques qui ont soutenu l'intervention de l'État dans ce dossier. Cependant, pour les élites éducatives irlandaises, les écoles séparées pourraient tirer profit de la loi qui relance la polémique du financement discriminatoire des écoles séparées, puisque, à compétence égale, le gouvernement devrait garantir un salaire égal aux enseignants catholiques. Le *Catholic Register*, porte-parole de l'archevêché de Toronto, estime que cette problématique ne peut se régler que par une refonte du mode de distribution de la taxe scolaire et propose « *the institution of a common educational fund, from which all schools complying with government regulations regarding the standards of teachers, curriculum of studies, examinations, would draw in proportion to their attendance*[39] ».

En février 1909, le fruit semble mûr et des pourparlers sont

[38] Voir McGowan, *Waning of the Green...*, *op. cit.*, p. 118-148.

[39] *Catholic Register*, 26 septembre 1907, cité dans Walker, *Catholic Education and Politics in Ontario...*, *op. cit.*, p. 222-223.

entrepris entre les évêques irlandais et le gouvernement provincial concernant la répartition des taxes scolaires des compagnies commerciales et des sociétés entre les écoles publiques et séparées, et l'attribution de fonds aux écoles secondaires catholiques. De plus, deux députés catholiques, Damase Racine et T. W. Garry, ont l'intention de présenter des projets de loi inspirés des demandes des prélats ontariens. Le premier ministre Sir James P. Whitney souhaite à tout prix éviter un débat public qui se transformerait en tempête politique et s'engage confidentiellement auprès de Mgr Gauthier à accorder l'année suivante « *the fullest consideration* » aux demandes de l'épiscopat catholique, pourvu que les deux projets de loi soient retirés[40].

Confiant dans la parole du premier ministre, Mgr McEvay lui rédige tout de même une lettre dans laquelle il livre un vibrant plaidoyer pour le rassurer sur les intentions des catholiques, qui cherchent seulement à obtenir équité et justice en matière de financement :

> *Catholics have no desire to get Protestant money for Separate Schools, but they do want all their own, and a fair share of taxes from Public Utilities. Surely the Protestants in this Province are able and for the most part willing to pay for the education of their own children. Why should Catholics pay their share of taxes to a bonused Industry and have all the School taxes of such Industry go to the rich Public School? Such a thing is unjust on the face of it. Now, that such questions can be properly adjusted under our Constitution is clear from the Province of Quebec. Why should the minority there be more justly and generously treated than the minority in this Province*[41] *?*

Cependant, la question du financement des écoles séparées ne tardera pas à être éclipsée par une autre problématique encore plus épineuse, celle de la langue d'enseignement, qui causera l'implosion de la coexistence pacifique mais fragile établie au sein de la sphère scolaire depuis la fin du XIXe siècle entre catholiques de

---

[40] Archbishop Gauthier to Premier Whitney, February 26th, 1909, Whitney Papers, F 5-1. B273272; Archbishop Gauthier to Premier Whitney, March 22nd, 1909, Whitney Papers, F 5-1. B273273, APO.

[41] Archbishop McEvay to Hon. Sir James P. Whitney, February 15th, 1910, MEAEO148, ARCAT.

langue anglaise et de langue française. De plus, la question de la langue d'enseignement fait éclater un consensus qui régnait à propos de la mission de l'école séparée, engagée surtout dans la préservation de la foi des catholiques confrontés à un environnement protestant. Or, les mutations culturelles et sociales de la minorité irlandaise l'amènent à s'identifier davantage à la majorité canadienne-anglaise du pays, à ses valeurs, à ses aspirations et à son nationalisme. À ce titre, l'évolution de l'école séparée au cours de la période étudiée reflète avec éloquence les transformations identitaires des Irlandais de l'Ontario.

Au tournant du XXe siècle, l'école séparée ontarienne se définit comme une institution catholique, certes, mais qui affiche son appartenance canadienne-anglaise, probritannique ou impérialiste et qui se pose en championne de l'anglo-conformité, notamment en ce qui a trait à l'assimilation des immigrants. Ses prétentions à constituer une institution canadienne-anglaise ne pouvaient que la conduire sur le chemin de l'affrontement avec l'école bilingue francophone, qui se considérait comme l'expression et la manifestation d'une autre réalité nationale, celle du Canada français. Les écoles bilingues, dont la langue de fonctionnement et de communication est le français, apparaissent dans le paysage scolaire ontarien en nombre grandissant à partir des années 1880 et ne tardent pas à constituer une question fort épineuse pour les élites irlandaises, qui souhaitent être reconnues par leurs homologues protestants comme des partenaires dans l'édification d'une nation canadienne[42].

Les écoles bilingues en viennent peu à peu à représenter une forme de menace pour l'élite irlandaise, qui les perçoit comme le maillon faible du système scolaire séparé. Leur existence même risque aux yeux de celle-ci de mettre en péril l'acquisition de cette respectabilité tant convoitée auprès de l'opinion publique protestante. Dès son entrée en fonction au début des années 1880, l'inspecteur White dénonce le manque de formation des congrégations religieuses, le choix des manuels scolaires en provenance du Québec, la faible qualité de l'enseignement et des méthodes

---

[42] *The English-French School Question*, 1917, 25 p., EDB101.15 (b), ARCAT.

pédagogiques, ainsi que le peu d'attention accordé à l'enseignement de l'anglais dans les écoles bilingues[43].

Les critiques visant les écoles bilingues et les tentatives du gouvernement de limiter l'enseignement du français à partir des années 1890 ne sont pas sans inquiéter les élites canadiennes-françaises. En 1910, l'Association canadienne-française d'éducation d'Ontario (ACFÉO) est fondée et tient son premier congrès. Cette organisation cherche, d'une part, à défendre les acquis scolaires des Canadiens français en Ontario et, d'autre part, à rehausser la qualité de l'éducation en français en conformant davantage les écoles bilingues aux normes et exigences de l'État ontarien. D'une certaine manière, les élites canadiennes-françaises de l'époque entreprennent à leur tour une quête de respectabilité pour que leurs écoles puissent disposer d'une reconnaissance officielle de l'État et des instances éducatives ontariennes. Les mille deux cents membres présents lors de ce congrès votent une série de résolutions destinées à mettre sur pied un régime scolaire pour les francophones de l'Ontario comprenant des écoles primaires et secondaires, la nomination d'inspecteurs bilingues et la création d'une école normale pour former des enseignants qualifiés[44].

Le premier ministre Whitney réserve un très mauvais accueil à ces demandes et suspend les négociations avec les évêques anglophones, prétextant que le congrès de l'ACFÉO est l'objet de «*so complicated matters that we find it quite out of the question to deal with the subject thoroughly during the stress of the Session*[45]». La crainte du premier ministre d'une «*creation of a new, additional statutory class of schools organized upon a racial basis*» le rapproche du plus fervent opposant aux écoles bilingues, l'évêque de London, Mgr Fallon[46]. Au mois

---

[43] *Report of the Minister of Education (Ontario) for the Year 1882*, Toronto, C. Blackett Robinson, 1883, p. 131, et *Report of the Minister of Education (Ontario) for the Year 1886*, Toronto, Warwick & Sons, 1887, p. 88-89, cités dans Power, *A Promise Fulfilled...*, *op. cit.*, p. 213-215.

[44] *Mémoire de l'ACFÉO* [sans date], EDB.101, «Documents», dossier ARCAT.

[45] Premier Whitney to Archbishop McEvay, March 9th, 1910, Whitney Papers, cité dans Walker, *Catholic Education and Politics in Ontario...*, p. 227.

[46] Premier Whitney to Belcourt, August 12th, 1910, Whitney Papers, F 5-1. B273276, APO. Au sujet de Mgr Michael F. Fallon, voir John K. Farrell, «Michael Francis Fallon Bishop of London – Ontario – Canada, 1909-1931. The Man and His Controversies», Canadian Catholic Historical Association (CCHA), *Study Sessions*, vol. 35, 1968, p. 73-90.

d'août 1910, Mgr Fallon obtient une audience avec le premier ministre, lors de laquelle il présente la position des archevêques de Toronto et de Kingston, opposés aux demandes de l'ACFÉO. Par ailleurs, il réitère au premier ministre son opposition aux écoles bilingues: «*A bi-lingual system would necessarily injuriously affect the education of our children, would prevent our school from obtaining satisfactory results in the public examinations and thereby tend to discredit them, and would give an inferiority educated body of Catholic citizens to the province and to the country*[47].»

Fort de cet appui, le premier ministre crée la même année une commission d'enquête, présidée par F. W. Merchant et chargée d'étudier la question de la langue d'enseignement. Les recommandations du rapport Merchant sont reprises par le gouvernement Whitney, qui adopte en 1912 le Règlement 17, lequel vise ultimement à abolir l'enseignement du français en Ontario. Déjà, lors de l'enquête Merchant, les prélats irlandais s'étaient mis d'accord pour appuyer le futur projet de loi, mais sans se douter de la tempête politique qui se préparait. Le secrétaire de Mgr McEvay, John T. Kidd, écrit en ces termes à Mgr Gauthier, désormais archevêque d'Ottawa, pour lui faire part de l'opinion de l'archevêque de Toronto:

> *The matter re schools is being investigated by an official of the Government and nothing definite will be done until a report is made. In the meantime it was considered that the present regulations if properly conducted could be made fair to all concerned. English must be taught in every school and other languages used merely as a means to that end. Stampeding tactics will do more harm than good and if the Eastern friends had sense, instead of political tricks and gatherings, they would leave this very important matter in the hands of the Bishops, who would see as far as possible that justice would be done to all concerned*[48].

Force est de constater que les prélats irlandais nouent une alliance stratégique avec le gouvernement conservateur qui se caractérise par un front commun sur la question de la langue d'enseignement. La restauration du dialogue rompu, selon eux, par les revendications nationalistes des Canadiens français mènerait à la

---

[47] Bishop Fallon to Archbishop Gauthier, August 18th, 1910, MEAE 0155, ARCAT.
[48] John T. Kidd to Archbishop Gauthier, November 3rd, 1910, ME AE0156, ARCAT.

signature d'un nouveau concordat financier pour les écoles séparées. En fait, la rupture est presque consommée entre les élites irlandaises et canadiennes-françaises sur la question de la langue d'enseignement. Mgr McEvay, dans une lettre à l'archevêque de Québec, Mgr Bégin, constate l'ampleur du désastre, tant pour les Canadiens français que pour les catholiques anglophones de l'Ontario, désastre attribuable, selon lui, au nationalisme étroit de certains francophones :

> *Thus the English and French-speaking Catholics instead of being united as they should be, are driven further and further apart, and the future outlook is anything but favorable for the teaching of French in our schools at all, or for the effecting of the improvements so necessary for the proper working of the catholic Separate Schools of the Province. However, some French-Canadian priests, politicians and editors of the Province of Quebec, the men who worked up this whole unfortunate affair at Ottawa, now go on their way, rejoicing, satisfied that they have accomplished a great work in thwarting for the time being the programme successfully initiated and carried out for many years by the Bishops of the Province*[49].

Par ailleurs, l'alliance avec le gouvernement prévoit écarter la menace d'abolition qui pèse, selon les prélats irlandais, sur les écoles séparées. Une lettre confidentielle de Mgr Neil McNeil, le nouvel archevêque de Toronto qui a succédé à Mgr McEvay, traduit bien les inquiétudes de la hiérarchie irlandaise, qui craint que l'abolition des écoles catholiques au Manitoba, survenue vingt ans auparavant, ne se répète en Ontario :

> *This places the Catholics of Ontario in a very difficult position. They are convinced that if the agitation against Separate Schools in Manitoba had been based on opposition to Catholicism pure and simple, the Manitoba Separate School system would still be in existence; and that the turning point in its abolition was the fact that Catholicism was there clothed in the French language.* [...] *The real reason why the English-speaking Catholics of Ontario do not unite with their French brethren on the language question is the conviction that they would thereby expose their school system to dangerous attack*[50].

---

[49] Archbishop McEvay to Archbishop Bégin, December 27th, 1910, ME AE0158, ARCAT.
[50] Archbishop McNeil to R. Whalen, December 6th, 1913, EDB.101.01 (b), ARCAT.

La paix des braves

En fait, le calcul des stratèges irlandais s'avère erroné. Le Règlement 17, loin de faire avancer la cause des écoles séparées, les enlise dans un véritable bourbier politique en raison de la résistance acharnée des Canadiens français rassemblés autour du leadership de l'ACFÉO, et radicalise la position du gouvernement. À partir des années 1910, le gouvernement adopte la ligne dure vis-à-vis de la mise en place de classes postélémentaires dans les écoles séparées qu'il avait d'abord tolérée une décennie plus tôt.

La loi établissant les *high schools* en 1871 n'incluait pas le financement des établissements secondaires catholiques. Le coût de l'enseignement secondaire catholique était assumé par le diocèse, les congrégations religieuses et les familles. Cependant, en 1899, le gouvernement provincial cherche à encourager l'instruction en milieu rural en autorisant les commissions scolaires publiques et séparées à établir des «*continuation classes*» (de la 9e à la 12e année) dans les districts où il n'y a pas de *high schools*. Une décennie plus tard, le gouvernement Whitney intervient pour empêcher ce qui serait, selon lui, la création parallèle d'un secteur secondaire séparé. À partir de 1915, les écoles séparées sont admissibles à des subventions uniquement pour instaurer des classes de 9e et 10e années (*fifth form*), tandis que celles à l'intention des *continuation classes* (9e-12e années inclusivement) sont réservées aux écoles publiques[51].

La même année, les diverses organisations catholiques sous l'égide de l'archevêque de Toronto, Mgr Neil McNeil, fondent le *Catholic Educational Council*, qui lance une campagne de pression pour contrecarrer cette nouvelle législation[52]. Leur cause est portée devant les tribunaux et même jusqu'au Conseil privé de Londres, qui rend en 1928 un jugement dévastateur pour les catholiques en reconnaissant que le gouvernement de l'Ontario n'a aucune obligation de subventionner l'enseignement secondaire catholique[53].

Au cours des années 1920, les échecs cuisants essuyés par les élites

---

[51] Robert M. Stamp, *The Historical Background to Separate Schools in Ontario…*, p. 27-29.

[52] Voir le mémoire soumis au premier ministre Drury par le Catholic Educational Council : *The Catholic Educational Council to Premier Drury, December 20th, 1921*, ES005.08, ARCAT.

[53] Mgr Neil McNeil, *School Question of Ontario by the Archbishop of Toronto*, Toronto, 1931, p. 26-28, EDSP02.02 (a), ARCAT.

anglo-catholiques dans le dossier du financement des *high schools* les amènent à repenser leurs stratégies et, par le fait même, les relations avec leurs coreligionnaires francophones. Mgr McNeil se fait l'apôtre de la bonne entente et cherche à résoudre un conflit extrêmement dommageable pour l'unité des catholiques. La signature d'un nouveau pacte financier avec le gouvernement provincial lui apparaît impossible sans l'appui des Canadiens français, qui constituent un peu moins de la moitié des catholiques de l'Ontario (voir tableau 4).

Dès le début des années 1920, Mgr McNeil entretient des relations de courtoisie avec les dirigeants de l'ACFÉO, qui lui sont reconnaissants d'avoir ouvert des paroisses pour les Canadiens français dans son archidiocèse[54]. De plus, Mgr McNeil a joué le rôle d'un médiateur entre le gouvernement et l'ACFÉO pour trouver un règlement honorable au conflit scolaire entre Canadiens français et Irlandais à Ottawa. De son côté, Napoléon-A. Belcourt, président de l'ACFÉO, offre son appui au *Catholic Educational Council* à la suite du jugement du Conseil privé de Londres, pour approcher conjointement le gouvernement et infléchir sa politique sur les établissements d'enseignement secondaire catholiques[55].

La fin du Règlement 17, en 1927, coïncide pratiquement avec le jugement du Conseil privé de Londres. Dès lors, plus rien n'empêche Mgr McNeil d'entreprendre des discussions avec l'épiscopat canadien-français et l'ACFÉO pour fonder une association qui unirait tous les catholiques. Cette association voit le jour un an plus tard sous le nom d'*Ontario Separate Schools Trustees Association* (OSSTA). Celle-ci compte parmi ses membres fondateurs des anglophones et des francophones, dont Ernest Désormeaux, futur président de l'ACFÉO. Dans les décennies à venir, l'OSSTA travaillera étroitement avec l'ACFÉO pour établir un front commun entre francophones et anglophones afin de faire avancer la cause des écoles séparées.

Les bases de cette alliance sont jetées, cette fois-ci, avec les

---

[54] Napoléon Belcourt, président de l'ACFÉO, prie à plusieurs reprises le prélat de confier l'éducation des enfants canadiens-français à des communautés religieuses de leur nationalité. Une telle mesure, insiste-t-il, concourrait à la restauration de la concorde entre catholiques anglophones et francophones. Napoléon Belcourt à Mgr McNeil, 26 juin 1922, EDB 001.10. Voir aussi Napoléon Belcourt à Mgr McNeil, 16 juillet 1921, EDB 001.09, ARCAT.

[55] Belcourt to Archbishop McNeil, June 18th and 27th, 1928, cité dans Walker, *Catholic Education and Politics in Ontario…*, *op. cit.*, p. 349.

organisations et les associations franco-ontariennes qui dureront bon gré mal gré près de quarante ans. En vertu de cette entente de principe, les anglo-catholiques reconnaissent les écoles bilingues comme une composante essentielle du système scolaire séparé, tandis que les Canadiens français appuient les anglophones dans leur démarche politique auprès du gouvernement pour faire reconnaître l'égalité financière des écoles séparées et des écoles publiques. Dans une lettre à Mgr McNeil, Désormeaux définissait ainsi la mission de l'OSSTA:

> *An excellent channel of more rapid and effective propaganda in favour of a fairer apportionment of public taxes between Public and Separate schools; would assure the cohesion of the Catholic forces in support and defense of Catholic Schools; and would bring about closer co-operation between the English-speaking and the French-speaking elements of the Catholic Church in Ontario*[56].

Conclusion

L'histoire de l'éducation des catholiques de l'Ontario nous apprend qu'à partir de la fin du XIXe siècle et du début du XXe siècle, deux débats surviennent au sein de l'espace scolaire, qui prennent la forme d'une quête de respectabilité. En effet, les Irlandais et les Canadiens français, bien que ce ne soit pas formulé explicitement de cette manière, réclament simultanément, parallèlement et indépendamment les uns des autres que le gouvernement provincial accorde aux écoles séparées et aux écoles bilingues le même statut qu'aux écoles publiques, lesquelles disposent de privilèges, notamment financiers, reconnus par l'État.

Or, au tournant du XXe siècle, ces deux débats deviennent concurrents, plongeant les Irlandais et les Canadiens français dans une guerre fratricide qui laissera le catholicisme ontarien, au début des années 1920, meurtri et exsangue. Ainsi, à partir du début du XXe siècle, les classes dirigeantes irlandaises instaurent des réformes pour conformer les écoles séparées aux directives et règlements du ministère de l'Éducation, et se rapprochent du gouvernement pour appuyer leurs politiques linguistiques vis-à-vis des écoles bilingues

---

[56] Désormeaux to McNeil, May 1st, 1929, ED SO02.01, ARCAT, cité dans Power, *A Promise Fulfilled…*, *op. cit.*, p. 355.

afin d'obtenir un nouveau partage de l'assiette fiscale plus favorable à la minorité catholique.

Il nous apparaît que l'une des clés de la compréhension de la crise du Règlement 17, l'un des chaînons manquants interprétatifs, est lié au financement des écoles séparées. En empruntant la lorgnette de la solitude irlandaise, nous pouvons apercevoir la concurrence que se livrent les minorités catholiques anglophone et francophone pour faire reconnaître par l'État la légitimité de leur système scolaire en contractant des alliances qui n'apportèrent pas toujours les résultats escomptés. Force est de constater que l'alliance avec le gouvernement Whitney n'a pas permis aux élites irlandaises de faire des gains éducatifs substantiels. Au contraire, la question du financement des écoles secondaires catholiques ne fut résolue qu'en 1985, soit près de soixante-quinze ans après l'adoption du Règlement 17[57].

Dans les années 1920, les élites irlandaises changent de stratégie et s'allient avec leurs adversaires d'hier pour établir un front commun en vue de faire fléchir le gouvernement sur la question du financement des écoles séparées. Ce faisant, elles devaient reconnaître le principe des écoles bilingues autrefois tant honni. Cette alliance constitue sans doute l'héritage le plus paradoxal de la crise du Règlement 17.

[57] À ce sujet, voir Robert Dixon, « William Davis and the Road to Completion in Ontario's Catholic High Schools, 1971-1985 », Catholic Church Historical Association (CCHA), *Historical Studies*, vol. 69, 2003, p. 7-33.

ANNEXES : GRAPHIQUES ET TABLEAUX

TABLEAU 1 : L'EXPANSION DES ÉCOLES SÉPARÉES EN ONTARIO (1855-1929)

Année	Nombre d'écoles	Nombre d'enseignants	Nombre d'élèves
1855	41	57	4885
1860	115	162	14 708
1865	152	209	18 101
1871	160	249	21 206
1875	156	210	22 673
1880	196	344	25 311
1884	207	427	27 463
1890	259	569	34 571
1899	352	764	41 796
1902	391	870	45 964
1912	513	1237	61 297
1922	656	1958	88 456
1929	770	2528	105 518

Source : Michael Power, *A Promise Fulfilled : Highlights in the Political History of Catholic Separate Schools in Ontario*, Toronto, Ontario Catholic School Trustees' Association, p. 125-126 et p. 251.

TABLEAU 2 : TAUX DE L'ÉVALUATION FONCIÈRE PAR 1000 $ À TORONTO SELON LES LISTES DES PROPRIÉTÉS (1921-1933)

Année	Nombre d'écoles séparées	Nombre d'écoles publiques
1921	12,12	8,12
1925	12	7,25
1929	11,5	7,25
1933	11,5	6,95

Sources : *Minute Book (1920-1960)*, Toronto District Catholic School Board (TDCSBA) ; *Minute Book (1920-1960)*, Toronto District School Board Archives (TDSBA).

TABLEAU 3 : SUBVENTIONS GOUVERNEMENTALES ACCORDÉES AUX ÉCOLES PUBLIQUES ET AUX ÉCOLES SÉPARÉES EN ONTARIO (1901-1930)

Année	Montant total des subventions gouvernementales ($)	Montant des subventions aux écoles publiques ($)	Montant des subventions aux écoles séparées ($)	Pourcentage des subventions aux écoles séparées (%)	Pourcentage de personnes catholiques en Ontario (%)
1901	377 308	348 511	28 797	7,6	10,3
1905	414 404	380 463	33 541	8,1	12,1
1910	805 365	752 642	52 993	6,6	13
1915	849 872	807 740	42 132	5	13,6
1920	1 630 836	1 497 164	133 672	8,2	14,3
1925	3 401 863	3 162 518	239 345	7	16
1930	3 753 499	3 396 681	356 918	9,5	17

Source : Robert T. Dixon, *We Remember, We Believe : A History of Toronto's Catholic Separate School Boards, 1841 to 1997*, Toronto, Toronto Catholic District School Board, 2007, p. 208-209.

TABLEAU 4 : POPULATION CATHOLIQUE ET D'ORIGINE FRANÇAISE DE L'ONTARIO (1881-1931)

Année	Population totale de l'Ontario	Population catholique de l'Ontario	Pourcentage de la population catholique de l'Ontario	Population d'origine française	Pourcentage des individus catholiques d'origine française
1881	1 923 228	320 839	16,7	102 743	32
1891	2 182 947	390 304	17,9	158 671	40,5
1911	2 523 274	484 997	19,2	202 457	41,7
1921	2 933 662	576 178	19,6	248 275	43
1931	3 431 683	744 740	21,7	299 732	40,2

Source : Recensements du Canada. Cité dans Robert Choquette, *La foi gardienne de la langue en Ontario, 1900-1950*, Montréal, Bellarmin, 1987, p. 24.

GRAPHIQUE 1
REVENUS EN DOLLARS CONSACRÉS POUR CHAQUE ÉLÈVE DANS LES ÉCOLES SÉPARÉES ET LES ÉCOLES PUBLIQUES DE TORONTO (ANNÉES CHOISIES)

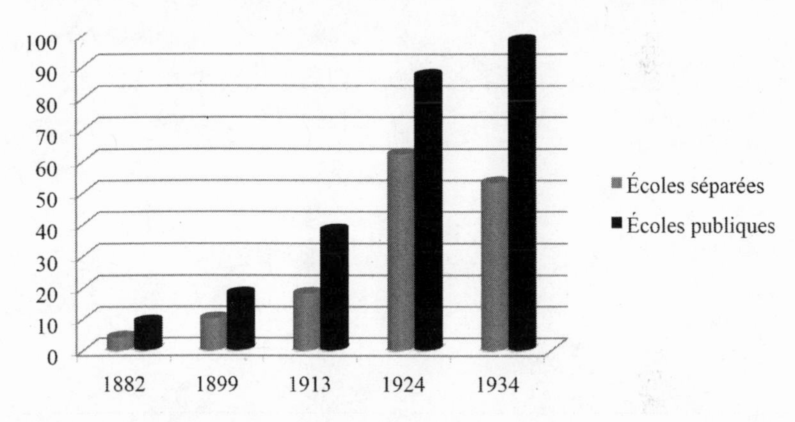

Sources : *Minute Book*, Toronto Catholic District School Board Archives (TCDSB) ; *Minute Book*, Toronto District School Board Archives (TDSBA).

LA PRESSE ANGLOPHONE ONTARIENNE ET LE RÈGLEMENT 17 EN 1912

Sylvie Lacombe
Université Laval

Automne 2012, un siècle après l'adoption du Règlement 17 par le gouvernement ontarien, le *Globe and Mail* se réjouit en éditorial des données démolinguistiques du dernier recensement, puis réprimande sèchement ceux qui souhaiteraient comparer le pourcentage des Canadiens qui parlent français avec les pourcentages combinés des Canadiens parlant toutes les autres langues, hormis le français et l'anglais, afin de bien souligner le poids désormais plus faible des francophones contre celui, croissant, des allophones. Pour le journal, ce genre de tactique trahit trop son sentiment anti-français, voire anti-Québec ; il préfère endosser le bilinguisme, affirmant que le Canada a décidément fait le bon choix en élisant l'anglais et le français en tant que ses deux langues officielles.

Il y a cent ans, qu'un journal anglais célèbre ainsi le caractère bilingue du Canada était tout sauf envisageable. Au tournant du XXe siècle[1], le paysage intellectuel anglo-canadien est en effet dominé par l'ambition impériale, une configuration d'idées et de

---

[1] La fourchette historique est relativement floue, de 1885 environ au lendemain de la Première Guerre mondiale, et pour certains jusqu'à la fin des années 1920 (voir Mary-Jane Vipond, « National Consciousness in English-Speaking Canada in the 1920's : Seven Studies », thèse de doctorat, Toronto, Université de Toronto, 1974).

valeurs exaltant l'esprit martial, la supériorité des institutions politiques britanniques, l'action bienveillante de l'Empire britannique dans le monde, et la prééminence de la « race » anglo-saxonne, le tout condensé dans une valeur suprême, la loyauté impériale[2]. Dans ce discours rempli d'enthousiasme lyrique, l'idée du pacte entre deux peuples fondateurs n'est qu'un grossier mensonge, un leurre que les démagogues nationalistes propagent indûment dans l'opinion publique canadienne-française. Non, le Canada est un pays britannique : première colonie autonome de cet empire, il est destiné à prendre le relais de la mère patrie dans la direction impériale pour peu qu'il réalise son unité nationale et accède au statut de nation. Selon la majorité anglo-canadienne, la Confédération fixe le partage des pouvoirs politiques entre deux niveaux de gouvernement, accordant aux provinces une certaine autonomie dans les domaines de législation qui sont les leurs, mais les subordonnant formellement au gouvernement fédéral dans toutes matières jugées d'intérêt national. Selon cette perspective, si les Canadiens français du Québec profitent d'un système d'éducation français, ce n'est pas en vertu d'un privilège conféré par une loi quelconque ni d'un droit constitutionnel, c'est uniquement parce que, l'éducation étant un domaine de juridiction provinciale, les Canadiens français sont majoritaires dans cette province. La protection constitutionnelle qui s'applique aux minorités confessionnelles ne s'étend pas aux minorités linguistiques. À la suite d'une série de compromis politiques, rendus nécessaires pour assurer le bon fonctionnement de la Confédération, la province de Québec s'est ainsi constituée en réserve française où, incidemment, religion catholique et langue française non seulement prédominent dans le système éducatif, mais recouvrent des réalités presque parfaitement superposées. Il n'en va cependant pas de même ailleurs au Canada, beaucoup s'en faut.

---

[2] Sylvie Lacombe, *La rencontre de deux peuples élus. Comparaison des ambitions nationale et impériale au Canada entre 1896 et 1920*, Québec, Presses de l'Université Laval, « Sociologie contemporaine », 2002 ; Colin Macmillan Coates (dir.), *Imperial Canada, 1867-1917*, Édimbourg (Écosse), Centre for Canadian Studies, Université d'Édimbourg, 1997 ; Carl Berger, *The Sense of Power : Studies in the Ideas of Canadian Imperialism, 1867-1914*, Toronto, University of Toronto Press, 1970.

Pour aller au-delà des lignes presque caricaturales qu'on vient de brosser et tenter de saisir spécifiquement la valeur et la légitimité du Règlement 17 dans l'opinion publique anglo-canadienne, nous analyserons la presse anglaise à grand tirage en Ontario durant l'année 1912, essentiellement. En nous penchant sur ce qui est dit des « écoles bilingues », nous serons inévitablement conduite à nous interroger sur la perception du fait français au Canada et sur la place symbolique octroyée aux Canadiens français de l'Ontario. Les quotidiens *Toronto Daily Star*[3] et *Daily Mail and Empire* du 1er janvier au 31 décembre 1912 ont été épluchés, ainsi que l'hebdomadaire *Saturday Night*, sur une plus longue période, du 1er janvier 1912 au 31 décembre 1914[4]. L'exploration des microfilms a permis de cibler environ soixante-quinze titres dans le *Toronto Daily Star*, près de cent vingt titres dans le *Daily Mail and Empire*, et une quarantaine dans le *Saturday Night*[5]. Tous ces articles traitent de l'un ou l'autre, ou de plusieurs des thèmes suivants : le système ontarien d'éducation, les écoles dites « bilingues », les Canadiens français, leurs leaders nationalistes, les catholiques canadiens et les tensions qui les divisent, enfin la place / valeur accordée au fait français au Canada. Notre analyse de contenu, de type analyse sémantique structurante, se concentre surtout sur les éditoriaux sans s'y réduire strictement. Elle vise à circonscrire les contours de la trame narrative, qu'on suppose commune à l'éditorialiste et à son lectorat[6], qui donne sens aux mots, aux images et aux formes employés. Une attention particulière à la structuration de l'ensemble discursif permet de décliner les associations et les distinctions fondamentales, ainsi que les catégories dont ces

---

[3] Pour ce journal, un abonnement à son service d'archives (*Pages of the past*) a permis de faire un premier repérage en retenant pour mots-clés *French*, *French Language*, *Bilingual Schools*, *School Question*, *French Schools*, *French Canadians*. Le microfilm de la Bibliothèque nationale consulté ne contenait pas le mois d'avril 1912.

[4] Pour une population ontarienne estimée à 2 519 902 habitants en 1912, le tirage du *Toronto Daily Star* est de 74 035, celui du *Daily Mail and Empire* de 45 878, et celui du *Saturday Night*, de 17 000. N. W. Ayer and Son, *Ayer and Son's American Newspaper Annual and Directory, 1880-1929*, Philadelphie, Ayer Press, 1912, p. 1094-1095.

[5] À la première page de ce journal, un article intitulé simplement *Front Page* présente un commentaire éditorial sur un aspect de l'actualité hebdomadaire.

[6] On postule qu'ils forment en quelque sorte une communauté communicationnelle.

discours journalistiques font état[7]. Elle permet en outre de dégager les liens souterrains, implicites, entre formes et idées, images et valeurs, etc., qui restent souvent inexprimés dans le communément partagé[8].

L'ordre de présentation des résultats croise deux logiques. Les journaux de l'époque étant largement partisans[9], les propos des deux quotidiens sont présentés séparément, sans que leur communauté d'idées en soit escamotée. Bien qu'explorée sur une plus longue période, le *Saturday Night* fournit moins d'articles traitant directement de notre sujet, mais il comprend beaucoup de jugements à l'emporte-pièce sur les Canadiens français ou leurs leaders nationalistes, par exemple. Nous y aurons recours pour expliciter des idées énoncées ailleurs dans notre corpus. Une logique thématique se greffe à la première. Nous commençons avec des propos sur les « écoles bilingues », et sur le système d'éducation ontarien ; nous enchaînons avec les tensions entre catholiques canadiens-français et irlandais, pour terminer avec la place du fait français au Canada, et les Canadiens français. De telle sorte que les positions affichées et les jugements portés dans le commentaire éditorial de la presse ontarienne permettent de dresser une sorte de portrait-robot de l'univers idéologique dans cette province juste avant et juste après l'adoption du Règlement 17[10] par le gouvernement conservateur de James Pliny Whitney.

---

[7] Paul Sabourin, « L'analyse de contenu », dans Benoît Gauthier, *Recherche sociale. De la problématique à la collecte des données*, Montréal, Presses de l'Université du Québec, 2009, p. 415-444.

[8] Louis Dumont, *Homo Aequalis I, Genèse et épanouissement de l'idéologie économique*, Paris, Gallimard, 1977.

[9] Une lecture même superficielle permet de reconnaître dans le *Toronto Daily Star* la voix du Parti libéral, bien qu'il soit catalogué indépendant dans Ayer and Son (*op. cit.*), et dans celui du *Daily Mail and Empire*, celle du Parti conservateur.

[10] Je n'ai pas relevé d'occurrence de l'expression « Regulation 17 » dans mes corpus : le *Toronto Daily Star* utilise plutôt les termes « règlementations bilingues » (*Bilingual regulations*), et le *Daily Mail and Empire* évoque les « nouvelles règlementations » (*new regulations*).

Les « écoles bilingues »

En mars 1912, quand le rapport de Francis Walter Merchant[11] est déposé à la législature ontarienne et rendu public, le *Toronto Daily Star* y consacre plusieurs articles pendant environ une semaine (jusqu'au 12 mars inclusivement). On y dénonce la sous-qualification des enseignants[12], le fait que l'étude du français empiète sur la préparation des examens d'entrée au secondaire[13] et le fait que dans quatre-vingt-deux écoles publiques bilingues, le catéchisme soit enseigné[14]. Le journal exprime une inquiétude à savoir si l'anglais demeurera la langue de l'Ontario[15].

Pas moins de cinq éditoriaux portent le même titre, « Écoles bilingues ». Dans celui de juin, le journal se demande comment le gouvernement peut annoncer un règlement concernant les écoles bilingues, qui non seulement n'existent pas dans cette province, mais ne peuvent légalement exister[16]. Le journal se moque ici du premier ministre Whitney, qui avait déclaré qu'il n'existe en Ontario que deux sortes d'écoles, les écoles publiques et les écoles confessionnelles séparées. Car ce qu'on désigne par « écoles bilingues », ou encore « écoles anglaises-françaises », dans nos matériaux, sont des écoles où l'on enseigne en français aux élèves qui ne comprennent pas suffisamment l'anglais ; elles peuvent être ou publiques ou séparées, mais n'ont officiellement pas de statut dis-

---

[11] Francis Walter Merchant, *Report on the Condition of English-French Schools in the Province of Ontario*, Toronto, L. K. Cameron, 1912. L'enquête a été commandée par le ministre de l'Éducation Robert Allan Pyne, après qu'un échange de communications entre le secrétaire provincial, William John Hanna, et l'évêque récemment nommé dans le diocèse de London, un Mgr Fallon alarmé par la mauvaise maîtrise de l'anglais des enfants de son diocèse, eut été rendue publique. L'enquête a débuté en novembre 1910 et s'est terminée le 24 février 1912. (John K. A. Farrell, « Michael Francis Fallon, Bishop of London, 1909-1931. The Man and His Controversies », *Canadian Catholic Historical Association, Study Sessions*, vol. 35, 1968, p. 73-90 ; Robert Craig Brown et Ramsay Cook, *Canada 1896-1921, A Nation Transformed*, Toronto, McClelland and Stewart, « The Canadian Centenary Series », 1974, p. 256 ; Gaétan Gervais, « Le Règlement XVII (1912-1927) », *Revue du Nouvel Ontario*, n° 18, 1996 – les pages 138 et suiv. décrivent le contenu du rapport.

[12] « Dr Merchant's Arraignment of the Bilingual Schools », *Toronto Daily Star*, 8 mars 1912, p. 3.

[13] « Bilingual Schools Are not Efficient », *Toronto Daily Star*, 7 mars 1912, p. 1 et 7.

[14] « Catechism taught in Public Schools, Says Merchant », *Toronto Daily Star*, 9 mars 1912, p. 11.

[15] « Dr Merchant's Arraignment... », *op. cit.*

[16] « Bilingual Schools », *Toronto Daily Star*, 24 juin 1912, p. 6.

tinct. Quand donc le rapport Merchant est rendu public au début mars, un éditorial s'émeut d'apprendre que dans quatre-vingt pour cent des écoles séparées et dans quatre-vingt-dix pour cent des écoles publiques de l'est de l'Ontario, la langue d'enseignement est le français dans toutes les matières sauf l'anglais, lequel n'est en définitive qu'une matière comme une autre. Qu'une telle situation ait pu se développer lui paraît aberrant : le journal exige le congédiement immédiat des inspecteurs bilingues qui, de toute évidence, n'ont pas fait leur travail[17]. Le lendemain, l'éditorialiste revient sur la question, admet que la venue en Ontario d'une large population canadienne-française a compliqué la question de l'éducation, mais trouve le gouvernement coupable d'avoir minimisé la difficulté[18] ; quelques jours plus tard, il lui reproche surtout d'être incapable de discuter de la question de manière franche et candide[19]. La véritable solution à l'inefficacité flagrante de ces écoles, nous dit le journal, est de rendre notre système d'éducation attrayant pour les enfants des Canadiens français, qu'il leur fournisse une excellente maîtrise de l'anglais afin qu'ils sachent aussi bien mener une conversation que des affaires en anglais, et qu'il leur apprenne la littérature. Le gouvernement ne doit absolument pas suivre les recommandations Merchant qui proposent de poursuivre l'enseignement bilingue pendant cinq ans, ce délai étant jugé beaucoup trop long étant entendu que peu d'élèves restent plus de cinq ans sur les bancs d'école[20].

En juin, après le dépôt des nouvelles règlementations en matière d'enseignement, le *Star* félicite le gouvernement pour la création d'un nouveau mécanisme d'inspection qui permettra de mieux assurer l'application de la loi, mais déplore vigoureusement que cette nouvelle règlementation officialise l'enseignement du français durant les deux premières années de l'école primaire. Le journal craint que ce droit acquis soit sous peu revendiqué comme un droit constitutionnel contre lequel la province ne pourra alors rien

---

[17] « Bilingual Schools », *Toronto Daily Star*, 7 mars 1912, p. 6.
[18] « Bilingual Schools », *Toronto Daily Star*, 8 mars 1912, p. 6.
[19] « Bilingual Schools », *Toronto Daily Star*, 28 mars 1912, p. 6.
[20] « Bilingual Schools », *Toronto Daily Star*, 8 mars 1912, p. 6.

faire[21]. Selon le *Star*, c'est pourtant dans l'intérêt vital des Canadiens français d'apprendre l'anglais, et s'ils ne le font pas, ce n'est pas par obstination, mais simplement parce qu'il est plus facile de suivre la pente naturelle du moindre effort[22]. Peut-être pense-t-on qu'il faut alors les aider à faire ce choix difficile, mais on ne le dit pas explicitement.

Quand on passe au *Daily Mail and Empire*, on trouve plus d'éditoriaux traitant du système scolaire en général, et des «écoles bilingues» en particulier. L'éditorialiste est ici globalement plus satisfait du gouvernement Whitney que celui du *Toronto Daily Star*; quant au ministre de l'Éducation Robert Allan Pyne (1905-1914), le journal ne tarit tout simplement pas d'éloges à son égard. Il le trouve extrêmement efficace[23] et se félicite des nombreuses réformes qu'il a mises en place: achat de nouveaux manuels scolaires parce que les vieux manuels pouvaient convoyer des microbes[24]; changements dans la formation des maîtres[25]; obligation des employeurs de fournir au Ministère le nom de leurs employés âgés de quatorze à dix-sept ans[26]; ouverture d'écoles secondaires dans des comtés ruraux[27]; création de classes spéciales pour enfants déficients[28]; mise en place d'un système de subventions aux écoles afin de les aider, qui à payer de meilleurs salaires aux instituteurs, qui à fournir de meilleurs équipements, qui à constituer une bibliothèque[29]. En septembre 1912, un éditorial synthétise la position du *Daily Mail and Empire* à l'égard du ministère de l'Éducation. On y affirme qu'au moment de l'élection du gouvernement Whitney (en 1905), le système d'éducation ontarien ne jouait pas encore le rôle qui lui revient dans la construction d'une province aussi richement dotée que l'Ontario en richesses naturelles. Les nombreuses mesures entreprises par le gouverne-

---

21 «Bilingual Schools», *Toronto Daily Star*, 17 juin 1912, p. 4.

22 «Bilingual Schools», *Toronto Daily Star*, 24 juin 1912, p. 6.

23 «Dr Pyne's Good Work», Daily Mail and Empire, 15 janvier 1912, p. 6; «Grants to Education», *Daily Mail and Empire*, 22 janvier 1912, p. 6.

24 «New School Books for Every Pupil», *Daily Mail and Empire*, 19 janvier 1912, p. 4.

25 «Supply of Teachers», *Daily Mail and Empire*, 29 janvier 1912, p. 6.

26 «Adolescent School Attendance», *Daily Mail and Empire*, 2 avril 1912, p. 6.

27 «Continuation Schools», *Daily Mail and Empire*, 6 février 1912, p. 6.

28 «The Defective Children Classes», *Daily Mail and Empire*, 25 avril 1912, p. 6.

29 «Grants to Education», *op. cit.*

ment en matière d'éducation sont du même ordre que celles qu'il a mises en place en matière d'énergie, par exemple, sur la rivière Niagara. En conséquence de quoi, le « courant du progrès » s'est mis en marche pour élever la vie des écoles au même niveau que celle des populations qu'elles servent. Avec un sens aigu de la véritable fonction que doit remplir l'éducation publique, le gouvernement Whitney « a branché » le système scolaire sur le système industriel[30]. Voilà donc pour l'appréciation générale du ministère de l'Éducation par le *Daily Mail and Empire.*

Pour ce qui est plus précisément du rapport Merchant, le journal y consacre, comme le *Star*, quelques articles, mais c'est plutôt la question de l'adoption de la loi consacrant l'annexion du Keewatin à la province du Manitoba[31] qui occupe sa une au moment du dépôt du rapport, car les milieux catholiques et les milieux canadiens-français nationalistes font pression sur le gouvernement fédéral afin que soit ajoutée une clause garantissant des écoles confessionnelles à la minorité franco-catholique du territoire à annexer.

En éditorial, le journal insiste plus sur les causes de l'inefficacité des écoles « anglaises-françaises » – difficultés propres à la situation bilingue, à la fréquentation irrégulière des élèves, à la prépondérance d'instituteurs peu diplômés, au manque d'incitatifs à fréquenter l'école, enfin, aux idées fausses concernant la règlementation des écoles catholiques – que sur l'inefficacité elle-même[32]. Une fois adoptées, les « nouvelles règlementations » sont célébrées dans deux éditoriaux. Le premier insiste sur le fait qu'elles n'ont rien de menaçant et ne devraient même pas faire l'objet de doléances ; qu'au contraire, elles constituent une superbe opportunité à ne pas laisser passer. Quiconque les examine voit tout de

---

[30] L'éditorial fait ici référence au nouveau programme de formation de spécialistes qui enseigneront la science agricole dans les écoles secondaires, « *The Schools and the Field* », *Daily Mail and Empire*, 18 septembre 1912, p. 6.

[31] Voir « Separate Schools Are not at Issue », *Daily Mail and Empire*, 19 février 1912, p. 1 ; « Boundaries Bill Free of Entangling Clauses », *Daily Mail and Empire*, 6 mars 1912, p. 1 ; « Opposition was Routed in Boundaries Debate », *Daily Mail and Empire*, 7 mars 1912, p. 1 ; « Divergent Views on Boundary Bill », *Daily Mail and Empire*, 9 mars 1912, p. 1 ; « Manitoba Act Protects Constitutional Rights », *Daily Mail and Empire*, 12 mars 1912, p. 1.

[32] « Dr Merchant's Report », *Daily Mail and Empire*, 7 mars 1912, p. 6.

suite que le seul but poursuivi par le gouvernement est d'augmenter l'efficacité des écoles que fréquentent les « enfants de parents francophones[33] ». Sans transition, on décrit ensuite la situation des enfants d'immigrants. Obligés de fréquenter nos écoles, ces petits ont en conséquence la chance de pouvoir s'élever au-dessus de la condition qui serait demeurée la leur s'ils étaient restés en Europe. Le Canada leur offre, en conséquence, rien de moins que l'accès à des postes de responsabilité, et il va sans dire que nos « natifs » (*native-born*) doivent être pourvus des mêmes chances. D'ailleurs, conclut le journal, d'ici quelques mois seulement, les districts francophones seront certainement les plus chauds partisans de la nouvelle règlementation, qui parle d'elle-même avec la voix du progrès[34]. Le second éditorial se félicite que les nouvelles règlementations donnent à chaque enfant la possibilité d'apprendre, tout en douceur, l'anglais à l'école : les enfants seront instruits en français jusqu'à ce qu'ils comprennent l'anglais, et tout au long de leur parcours scolaire, ils auront d'amples occasions de perfectionner leur français en tant que matière dans leur programme. Enfin, grâce aux nouveaux dispositifs, il y aura des inspections qui inspectent vraiment[35].

Ce qui diffère dans le traitement que font nos deux quotidiens de la réalité des « écoles bilingues », c'est que le premier la dénonce vertement et semble se servir du rapport Merchant pour attaquer le gouvernement Whitney, considérant ce dernier responsable de la situation « déplorable » de l'enseignement dans ces écoles, alors que le second apprécie globalement la gestion opérée par le ministère de l'Éducation dans toutes les questions qui touchent le système scolaire de la province. Une fois les règlementations bilingues adoptées, le *Toronto Daily Star* désapprouve la reconnaissance du fait français qu'elles officialisent et souhaite attirer les enfants des écoles « anglaises-françaises » dans les écoles anglaises, tandis que le *Daily Mail and Empire* les louange en les présentant comme une heureuse opportunité, pour tous ceux qui désirent s'élever

---

[33] Cette périphrase est curieuse et laisse entendre qu'on hésite à dénommer ces parents, et leurs enfants, par le qualificatif *canadien-français*. Nous y reviendrons en conclusion.

[34] « English-French Schools », *Daily Mail and Empire*, 10 octobre 1912, p. 6.

[35] « Bilingual Schools », *Daily Mail and Empire*, 28 décembre 1912, p. 6.

au-dessus de leur condition, d'apprendre l'anglais. Dans les deux cas, cependant, la parfaite maîtrise de l'anglais est une condition *sine qua non* pour parler de réussite scolaire, et l'avenir des francophones de l'Ontario passe forcément par elle. Dans nos deux quotidiens, l'école ontarienne doit être anglaise, et l'enseignement français, sinon carrément aboli, du moins très strictement limité aux deux premières années d'entrée à l'école primaire[36].

Les Canadiens français et leurs élites

L'appel à l'efficacité et au progrès que lance le *Daily Mail and Empire*, et qui suppose la maîtrise de l'anglais, peut être rapproché des jugements portés dans le *Saturday Night* sur les Canadiens français. Quand ce journal traite d'éducation, il ne manque pas, en effet, de souligner que les Canadiens français sont les plus arriérés des groupes de ce continent, du point de vue industriel notamment, mais pas que sur ce plan[37]. Ailleurs, on admet que les hommes politiques canadiens-français sont certainement parmi les meilleurs orateurs que compte notre pays, mais en répétant que les concitoyens qu'ils représentent traînent définitivement en queue de peloton dans la course au progrès. La cause réside dans l'absence, au Québec, d'éducation pratique, laquelle serait la seule voie efficace à produire des richesses dans notre monde moderne. Si les autorités québécoises ne remédient pas à cette situation, celle-ci fera en sorte que l'influence du Québec sera bientôt surpassée par la croissance des provinces des Prairies et par l'augmentation de la richesse entre les mains des anglophones du pays[38]. Le journal s'alarme aussi des données du recensement de 1911 montrant un fort taux d'analphabétisme au Québec, un handicap certain quand on veut faire du Canada une grande nation cohésive[39], mais c'est une situation que, nous dit-on, Mgr Bruchési, archevêque de

---

[36] Outre les titres déjà cités, voir « Thousands of Pupils "Below Grade" in Bilingual Schools, Report Shows », *Toronto Daily Star*, 12 mars 1912, p. 4 ; « The Language of the Schools », *Daily Mail and Empire*, 15 avril 1912, p. 6 ; « No Inspectors Appointed Yet », *Daily Mail and Empire*, 25 avril 1912, p. 1 ; « Must Be Ready to Teach English », *Daily Mail and Empire*, 15 août 1912, p. 5.

[37] « The Front Page », *Saturday Night*, 22 juin 1912, p. 1.

[38] « The Front Page », *Saturday Night*, 6 juillet 1912, p. 1.

[39] « The Front Page », *Saturday Night*, 27 juillet 1912, p. 1.

Montréal, aimerait bien inclure dans les « traditions nationales et religieuses » à préserver[40]. Enfin, on plaint sincèrement la jeunesse des comtés ruraux, qui se retrouve de plus en plus loin derrière dans la course à la suprématie intellectuelle[41].

Dans cet hebdomadaire, la critique des élites canadiennes-françaises, politiques et cléricales, est radicale : on leur impute une ferme volonté de réduire les Canadiens français au statut intellectuel du paysan. La prétention des nationalistes de placer le français sur le même pied que l'anglais dans chaque province canadienne est ainsi jugée franchement ridicule, car les Canadiens français s'étant laissés dépasser dans la marche du progrès, bientôt leur langue ne manquera pas de disparaître des cours de justice canadiennes, et même des parlements provinciaux et fédéral[42]. On retrouve ici l'affirmation péremptoire que le Canada est un pays britannique (« la seule chose à retenir ») et qu'aucun espoir d'avancement, pour quelque groupe que ce soit, n'est possible sans la parfaite maîtrise de l'anglais[43].

Tensions entre catholiques

À cette époque, les tensions religieuses sont vives et perceptibles dans nos trois publications. Le *Saturday Night* dénonce vigoureusement les tentatives diverses d'aviver les querelles religieuses : il fustige ainsi les révérends Hincks et Johnston[44], qui accusent les catholiques du pays d'être moins vaillants, moins respectueux de la loi et moins loyaux que les autres Canadiens[45]. Dans le *Daily Mail and Empire*, on souligne qu'il est injuste d'accuser l'Église catholique d'être opposée à l'éducation et à l'intelligence, car après tout, ce sont des catholiques qui ont fondé les prestigieuses universités d'Oxford, de Cambridge, d'Édimbourg et d'Aberdeen[46]. Un

---

[40] « The Front Page », *Saturday Night*, 22 juin 1912, p. 1. Le journal appuie les efforts du député Godfroy Langlois pour rendre l'école obligatoire et améliorer le système éducatif au Québec. Voir entre autres « The Front Page », *Saturday Night*, 22 juin 1912, p. 1 et « The Front Page », *Saturday Night*, 6 juillet 1912, p. 1.

[41] « The Front Page », *Saturday Night*, 30 novembre 1912, p. 1.

[42] « The Front Page », *Saturday Night*, 27 juillet 1912, p. 1.

[43] « The Front Page », *Saturday Night*, 6 juillet 1912, p. 1.

[44] Des pasteurs protestants dont on ne précise pas la confession.

[45] « The Front Page », *Saturday Night*, 23 mars 1912, p. 1.

[46] « Catholic Church Was Dedicated », *Daily Mail and Empire*, 6 mai 1912, p. 2.

article évoque une demande irlandaise en provenance du district de St. John pour un évêque catholique anglais, et non français[47]; un autre souhaite la bienvenue au premier évêque catholique ruthène au Canada[48]; d'autres soulignent la profonde division de membres anglophones et francophones dans la Commission des écoles séparées d'Ottawa ou d'ailleurs[49]. Mais dans les trois publications, la dénonciation des critiques sectaires dirigées contre les catholiques s'accompagne souvent d'une défense chaleureuse des catholiques irlandais en général[50] et, notamment, de l'évêque de London, Mgr Fallon, dont on salue le grand dévouement pour la cause éducative[51]. En outre, le *Saturday Night* se réconforte que d'éminentes figures catholiques irlandaises dénoncent publiquement les efforts de la Commission des écoles séparées d'Ottawa pour faire obstruction à la loi. Ces clercs courageux expriment, selon le journal, la seule position raisonnable et modérée possible, à égale distance des groupes extrémistes, nationalistes et orangistes, qui voudraient injecter du préjugé religieux dans la question du bilinguisme[52]. Ce journal oppose les catholiques irlandais du continent à leurs coreligionnaires canadiens-français: les premiers sont plus empressés que les seconds à doter leur progéniture d'une bonne éducation. Plus encore, le zèle éducatif des catholiques irlandais, anglais et allemands du Canada et des États-Unis contrasterait fortement avec l'action nuisible, non seulement au

[47] «Irish Demand English Bishop», *Daily Mail and Empire*, 9 août 1912, p. 2.

[48] «Ruthenian Bishop for Canadian West», *Daily Mail and Empire*, 12 septembre 1912, p. 1.

[49] «Ottawa Trustees Divided in Views», *Daily Mail and Empire*, 14 octobre 1912, p. 3; «Ottawa Trustees Split in Halves», *Daily Mail and Empire*, 24 octobre 1912, p. 1; «Separate School Board Will Wait on Dr Pyne», *Toronto Daily Star*, 25 octobre 1912, p. 9.

[50] «Irish Catholics Are not Fighting Bilingual Rules», *Toronto Daily Star*, 2 novembre 1912, p. 23; «Propaganda by Bourassa Given a Cold Reception», *Daily Mail and Empire*, 19 mars 1912, p. 1.

[51] «Thousands of Pupils "Below Grade"...», *Toronto Daily Star, op. cit*; «The Front Page», *Saturday Night*, 22 octobre 1913, p. 1. L'opposition zélée de Mgr Fallon aux écoles bilingues de l'Ontario est aussi féroce qu'acharnée. Ancien vice-recteur de l'Université d'Ottawa, d'où il aurait été en quelque sorte évincé et où les frictions entre catholiques canadiens-français et irlandais sont fréquentes, il aurait à l'occasion de sa nomination à l'évêché de London pris sa revanche sur le clergé canadien-français (Oscar Douglas Skelton, «The Language Issue in Canada», *Queen's Quarterly*, vol. XXIV, n° 4, avril 1917, p. 450).

[52] «The Front Page», *Saturday Night*, 22 novembre 1913, p. 1.

Québec, mais en Ontario, au Manitoba et dans l'État du Maine, du mouvement pour la langue française des Canadiens français[53].

Comme on le voit, un glissement s'opère dans l'explication du caractère arriéré des Canadiens français, quand on inclut la dimension catholique : ce n'est alors plus l'absence d'éducation pratique, les richesses matérielles moindres, ou l'analphabétisme des Canadiens français du Québec qui seraient cause de leur immobilisme ou de leur recul, mais le fait français lui-même, et sa défense, en dehors de la réserve qu'est la province de Québec, est sentie comme nettement malfaisante et délétère.

Nous avons vu plus haut qu'un éditorial du *Daily Mail and Empire* associait implicitement l'avenir des enfants canadiens-français de l'Ontario à celui des enfants d'immigrants[54]. Ailleurs dans le même journal, on compare aussi la situation des écoles « anglaises-françaises » à celle des écoles anglaises dans les districts à forte concentration allemande, où les enfants, encouragés par leurs parents, apprennent l'anglais sans trop de difficultés dès le début de leur parcours scolaire[55]. Le *Toronto Daily Star* n'est pas en reste, qui relate les mêmes associations / comparaisons, sans les questionner, dans les propos de deux personnalités de Toronto à qui on a demandé ce qu'elles pensaient du « plan d'action du gouvernement concernant les écoles bilingues[56] ». Le Secrétaire de l'Alliance évangélique, le Révérend Silcox, considère tout à fait raisonnable et rationnel que l'éducation se fasse en anglais dans nos écoles publiques, y compris les écoles bilingues, puisque l'anglais

---

[53] « The Front Page », *Saturday Night*, 16 mai 1914, p. 1.

[54] « English-French Schools », *op. cit.*

[55] « One Language in the Schools », *Daily Mail and Empire*, 4 mars 1912, p. 10 ; « English the Language of Schools of Ontario », *Daily Mail and Empire*, 15 avril 1912, p. 1 et 3. La situation des deux groupes est toute différente : les communautés allemandes établies dans l'ouest de la province sont isolées au milieu d'un environnement anglais, au contraire des communautés canadiennes-françaises, qui sont établies près de la frontière québécoise, c'est-à-dire à proximité du foyer franco-catholique qu'est la province à l'époque, à quoi s'ajoute bien sûr la mémoire de la contribution française à la fondation du pays. Ensemble, ces facteurs ont fait de la rétention du français une chose plus désirable et plus réalisable que la rétention de l'allemand (Skelton, *op. cit.*, p. 447).

[56] C'est-à-dire le Règlement 17.

deviendra bientôt universel[57]. Pour lui, l'anglais est aussi le moyen grâce auquel on fabriquera de bons et loyaux Canadiens avec tous ces enfants parlant quarante ou cinquante langues différentes. Leur donner la meilleure éducation possible en anglais fera d'eux de véritables citoyens dans leur pays d'adoption ; notre devise devrait donc être « l'anglais pour tous les Canadiens ». Quant au révérend Pedley, plus critique des nouvelles règlementations, il considère que l'enseignement français ou allemand dans les écoles de la province doit rester rare et négligeable. Les deux premières années d'enseignement français que prévoit la loi constituent, à son avis, une grave erreur, prétextant que s'il allait vivre en France avec sa famille, l'État français ne chercherait certainement pas à l'accommoder en offrant à ses enfants un enseignement anglais. Il préconise donc l'imposition de l'anglais dès l'entrée à l'école[58].

Qu'on les associe aux immigrants ou qu'on les compare aux Canadiens d'origine allemande, les Canadiens français de l'Ontario semblent n'avoir de place et d'avenir dans cette province que s'ils renoncent à leur langue. Il convient donc de nous pencher plus spécifiquement sur ce qui se dit du fait français au Canada pour mieux comprendre la place faite aux Canadiens français de l'Ontario.

Le fait français au Canada

S'interrogeant sur la place du français au Canada, on trouve explicitement l'idée que la province de Québec forme une « réserve française » et qu'en conséquence, cette langue ne jouit d'aucune protection constitutionnelle ailleurs au Canada. C'est pourquoi le *Toronto Daily Star* dénonce le fait que ce qu'on avait accordé en tant que concession – l'enseignement français aux enfants ne comprenant pas l'anglais – soit désormais réclamé par la Commission des écoles séparées d'Ottawa comme un droit. Le *Star* prévient les membres du Conseil qu'il leur est inutile de s'acharner à contester

---

[57] Une croyance largement partagée dans toute la mouvance impérialiste, pour laquelle il allait de soi que l'Empire britannique était destiné à couvrir le monde (Sylvie Lacombe, *La rencontre de deux peuples élus. Comparaison des ambitions impériale et nationale au Canada entre 1896 et 1920*, Québec, Presses de l'Université Laval, 2002, deuxième partie).

[58] « Toronto Opinions on the Plan of the Government RE the Bilingual Schools », *Toronto Daily Star*, 15 juin 1912, p. 21.

la loi, car l'Ontario n'est pas une province française[59]. Le *Saturday Night*, de son côté, s'inquiète de nombreuses plaintes dirigées contre le Bureau central de la poste canadienne, qui chercherait à n'utiliser que le français dans les districts ontariens où les francophones sont en majorité. Pour lui, cette pratique est inacceptable : si on la tolère, si on laisse faire, on ne peut pas savoir jusqu'où cela peut aller[60]. Le ton du journal n'est pas alarmiste, mais on sent tout de même poindre une certaine inquiétude.

Dans le *Toronto Daily Star*, un correspondant fait quelques sauts de puce dans diverses villes à forte concentration canadienne-française au lendemain du dépôt du rapport Merchant pour obtenir le témoignage d'instituteurs sur leur expérience d'enseignement. Pour plusieurs d'entre eux[61], seules quelques leçons sont données en français aux premiers jours des classes, après quoi l'on passe définitivement à l'anglais, et tous les enfants s'en sortent bien. Les instituteurs pointent tous vers Steeleton pour désigner un contre-exemple à ne pas suivre, où la méthode inverse a été adoptée, avec pour résultats que les élèves connaissent un peu de français, un peu d'anglais, mais presque rien d'autre. À Blind River, une municipalité qui a fait parler d'elle quand certains de ses citoyens ont voulu changer son nom pour Rivière-à-l'Aveugle, les enfants francophones fréquentaient jusqu'à il y a trois ans une école où la seule langue d'enseignement était l'anglais. Si ces enfants accusaient un retard au début de leur parcours, au bout de quelques mois, ils avaient rattrapé les élèves anglophones. Mais depuis un an, la situation est renversée, et les personnes interrogées, des instituteurs et des commerçants, parlent d'une régression alarmante : désormais, les enfants qui viennent acheter des bonbons le font en français seulement, et ne comprennent plus l'anglais[62].

Pour anodines que soient ces anecdotes, elles indiquent néanmoins le peu de sympathie que suscite l'usage du français en

---

[59] « Think Ottawa School Board Is Merely Bluffing », *Toronto Daily Star*, 13 septembre 1912, p. 1-2.

[60] « The Front Page », *Saturday Night*, 13 juillet 1912, p. 1.

[61] À Sault-Ste-Marie ; à « Chemine anglais », près d'Alfred ; à Thessalon, etc.

[62] La mauvaise qualité du microfilm n'a pas permis de déchiffrer les premiers mots du titre : « ...Teach Child English Tongue ? », *Toronto Daily Star*, 9 mars 1912, p. 5.

Ontario. Non seulement les positions de ces journaux expriment-elles clairement que le français n'a pas sa place dans cette province, certains sont également prompts à voir dans les tentatives de faire reconnaître l'usage du français ailleurs qu'au Québec une volonté d'hégémonie française. Le *Saturday Night* voit, par exemple, dans l'imbroglio qui se prolonge à Ottawa le résultat d'une agitation en provenance du Québec, qui tente de faire du Canada un pays francophone. Les fanatiques derrière ce mouvement voudraient, selon lui, extirper l'anglais dans la moitié nord du continent : leur mouvement remonte à l'expulsion de la France des ordres religieux, qui sont venus ici avec l'ambition de faire du Canada une nation catholique et française. Le journal voit en eux de véritables réactionnaires qui ne croient pas dans l'éducation des masses ; sous leur contrôle, l'enfant moyen apprendrait bien peu au-delà de son catéchisme[63].

Ces vues, pour le moins hostiles, sont proches de celles des Loges orangistes[64], dont les résolutions sont d'ailleurs souvent reproduites dans nos deux quotidiens[65]. Mais elles rappellent également celles de Robert Sellar, ce publiciste de Huntingdon, au Québec, dont l'ouvrage *The Tragedy of Quebec*, qui dénonce l'expansionnisme canadien-français, a connu plusieurs éditions après sa première parution en 1907 et une large diffusion dans tout le pays[66]. L'auteur y avance que les élites catholiques du Québec, en plus d'expulser les protestants de cette province, cherchent à étendre leur influence en Ontario et dans les jeunes provinces de

---

[63] « The Front Page », *Saturday Night*, 16 mai 1914, p. 1.

[64] L'*Orange Order* est une société secrète active au Canada, surtout au XIXe siècle. Elle tire son nom du prince Guillaume d'Orange, qui écrasa en 1690 le roi catholique Jacques II. Les loges se sont donné pour mission d'œuvrer à l'unification du Canada, et pour devise « une langue, une religion, un drapeau ». Elles sont ainsi de virulentes opposantes au catholicisme et au fait français.

[65] Par exemple, « The Prentice Boys on the Bilingual Schools. Resolution Calling for the Teaching of English Only in Ontario Schools », *Toronto Daily Star*, 13 juin 1912, p. 4 ; « Work in Canada for Orangeman », *Daily Mail and Empire*, 14 mars 1912, p. 2.

[66] Brown et Cook, *op. cit.*, p. 255.

l'Ouest[67]. Ces idées sont donc largement répandues, au moins dans certains milieux, au début du XXe siècle. Elles participent en outre de la veine intolérante à l'égard des « races étrangères inférieures » qui traverse tout le mouvement impérialiste, sans s'y réduire cependant ni le déterminer, et qui ne voit dans les Canadiens français qu'une minorité peut-être trop bruyante pour l'ignorer – c'est pourquoi il faut la combattre –, mais dont, en définitive, l'apport à l'édification de la nation canadienne reste négligeable[68].

À l'automne 1912, nos deux quotidiens sont remplis d'événements illustrant la résistance des conseils scolaires qui refusent d'appliquer le Règlement 17[69]. Le premier ministre Whitney défend tout l'automne la position de son gouvernement, prétend que les nouvelles règlementations sont mal comprises et nie catégoriquement qu'elles contiennent quelque injustice. Enfin, il dénonce le non-respect de la loi comme une incivilité indigne de la réputation de bienveillance et de courtoisie des Français[70]. En

[67] Selon le Dictionnaire biographique du Canada en ligne, Sellar a cédé les droits de publication de son ouvrage à un éditeur orangiste, qui en a fait un puissant instrument de propagande anti-française et anticatholique. Dictionnaire biographique du Canada en ligne, 1911-1920, vol. XIV, *Robert Sellar* [en ligne] http://www.biographi.ca/009004-119.01-f.php?id_nbr=7697, consulté le 11 janvier 2013.

[68] Dans mon étude sur l'ambition impériale (Lacombe, *op. cit.*), même sans avoir mis l'accent sur les positions les plus intransigeantes, je n'ai pas rencontré d'intellectuels de la trempe de William Henry Moore, qui marie une vision généreuse, riche et documentée de la culture canadienne-française avec une conviction profonde de la supériorité des idéaux britanniques et de l'impact salutaire de l'Empire britannique dans le monde. Il est vrai que dans mon étude, l'objet réel était la comparaison entre les deux grandes ambitions canadiennes concurrentes (impériale et nationale) et qu'en conséquence, des variations idéologiques au sein même de l'ambition impériale ont très bien pu me rester inaperçues. Quoi qu'il en soit, l'existence d'un personnage tel que Moore vient enrichir la compréhension qu'on pouvait avoir de cette ambition, laquelle était finalement encore plus diversifiée qu'on avait pu le penser. Voir ici même l'article de Hans-Jürgen Lüsebrink.

[69] Non seulement l'usage du français n'est-il pas restreint, comme l'exige la loi, mais on fait aussi sortir les enfants des classes à l'arrivée des inspecteurs. Voir « L'Orignal Residents Protest RE Schools », *Toronto Daily Star*, 28 septembre 1912, p. 12 ; « Separate Schools Refuse Bilingual Regulations », *Toronto Daily Star*, 8 octobre 1912, p. 6 ; « School Children Insulted the Bilingual Inspector », *Toronto Daily Star*, 11 octobre 1912, p. 16 ; « Calls Upon French Clergy to Resist the Government », *Daily Mail and Empire*, 26 août 1912, p. 1 ; « Ottawa Schools Will Resist Law », *Daily Mail and Empire*, 12 septembre 1912, p. 1 ; « Ottawa Trustees Won't Back Down », *Daily Mail and Empire*, 18 septembre 1912, p. 1 ; « Ultimatum Issued to Defiant Schools », *Daily Mail and Empire*, 9 octobre 1912, p. 1.

[70] « Ultimatum… », *Daily Mail and Empire*, *op. cit.*

décembre, dans l'espoir peut-être de calmer le jeu, Whitney accepte de rencontrer une délégation de membres des conseils d'écoles séparées, qui lui remet un mémoire demandant le retrait du règlement honni au nom d'une vingtaine de raisons, toutes dûment détaillées dans le document. Le premier ministre déclare alors que les demandes des Canadiens français ne peuvent mener qu'à l'instauration d'un système scolaire parallèle: en plus des écoles publiques et des écoles confessionnelles séparées, il y aurait des écoles fondées sur la race, ce que les Ontariens, toutes confessions confondues, n'accepteront jamais[71].

Concernant le français au Canada, il ressort clairement que le Québec est une province différente, puisque c'est le seul territoire canadien où son usage est légitime, ou toléré. Cela implique que les Canadiens français, en tant que groupe, ne sont pas considérés comme les cofondateurs du pays. Ils n'en semblent tout simplement pas dignes. D'un côté, leurs élites élaborent des desseins de domination, de l'autre, la masse populaire est déphasée par rapport à la réalité économique moderne. À quoi s'ajoute le comble de l'inacceptable, ceux de l'Ontario voudraient un système scolaire fondé sur la race! De ce point de vue, une restriction importante de l'enseignement français dans les écoles ontariennes est certainement le moins qu'on puisse offrir aux enfants des «écoles bilingues» pour les orienter enfin vers le progrès et l'intelligence de la vie moderne.

Conclusion

Que nous apprend notre incursion dans la presse ontarienne anglophone au tout début de ce conflit qui va durer quinze ans? Concernant d'abord ce que nous appelons le «Règlement 17», il paraît clair que les intentions du gouvernement ontarien s'inscrivent dans un processus plus vaste de modernisation et de

[71] «Delegates Declare for a Perfect French Catholic School System in Ontario», *Toronto Daily Star*, 27 décembre 1912, p. 1 et 2; «Want No Racial Schools in Province of Ontario», *Daily Mail and Empire*, 28 décembre 1912, p. 1. Dès 1910, le premier ministre Whitney était résolu à ne pas céder aux pressions de l'Association canadienne-française d'éducation d'Ontario pour améliorer l'enseignement français dans la province et encourager l'éducation bilingue, considérant qu'elles aboutiraient à la mise sur pied d'écoles fondées sur la race (Brown et Cook, *op. cit.*, p. 256).

rationalisation du système éducatif, largement bienvenu au sein de la population. C'est toujours au nom du progrès économique et social dans le XXe siècle nord-américain qu'on veut proscrire le français et imposer l'anglais comme seule langue d'enseignement[72]. En même temps, parce qu'il règlemente au lieu d'interdire l'usage du français, le Règlement 17 inquiète la majorité anglo-canadienne pour l'impact constitutionnel que pourrait avoir cette reconnaissance officielle d'un droit acquis.

Quand ils font la promotion de l'anglais, en plus des opportunités d'avancement qu'il implique, les journaux insistent sur sa fonction d'intégration sociale. Si l'on veut que tous les petits Canadiens d'origine diverse se côtoient et s'attachent à leur pays d'adoption, l'école ontarienne doit être anglaise. Cela tombe sous le sens, tous répètent simplement que le Canada est un pays britannique, par où l'on signifie moins la dimension politique que l'aspect culturel du qualificatif. Et sur ce point, protestants et catholiques de langue anglaise se rejoignent d'ailleurs[73].

Non seulement n'y a-t-il aucune place ici pour la conception du Canada en tant que mariage de deux peuples fondateurs, mais la seule idée d'une éventuelle égalité de droit des deux langues, l'anglais et le français, est interprétée comme un désir d'hégémonie française. Décidément, la « réserve française » que constitue la province de Québec est une conception profondément ancrée dans les esprits d'alors. Dans tous nos journaux, la diversité linguistique du Canada n'est ainsi qu'un simple fait empirique[74] n'ayant aucune valeur morale, ni intellectuelle – tout au contraire de ce qu'énonce

---

[72] Même le zélé Mgr Fallon, qui a tant fait pour combattre l'enseignement français en Ontario, nie, dans une lettre au secrétaire provincial Hanna, avoir agi sous l'emprise d'un préjugé contre la langue ou la culture française, ou contre les Canadiens français (Farrell, *op. cit.*, p. 62).

[73] Amorcé au tournant du XXe siècle, le processus de « canadianisation » des catholiques irlandais s'est achevé au lendemain de la Première Guerre mondiale. Leurs associations et leurs journaux se sont progressivement détournés des actualités en Irlande pour s'intéresser peu à peu à l'actualité canadienne, diffusant la vision anglo-canadienne du pays. Leur intégration à la culture canadienne (britannique) a été complétée quand leur identité linguistique a supplanté leur identité religieuse (Mark George McGowan, *The Waning of the Green : Catholics, the Irish and Identity in Toronto, 1887-1922*, Montréal / Kingston, McGill-Queen's University Press, 1999, p. 247).

[74] Empiriquement, le français apparaît aux Canadiens anglais comme une langue étrangère parmi plusieurs autres.

l'éditorial du *Globe and Mail* évoqué en début d'article. Elle résulte d'un mélange plus ou moins heureux de laisser-faire et de compromis politiques.

Les compromis ont forcé l'aménagement du Québec en tant que réserve française dans ce pays britannique, mais le laisser-faire a permis l'essaimage de Canadiens français dans les autres provinces. Nos deux quotidiens semblent avoir bien du mal à désigner ceux établis en Ontario. On a déjà noté le recours à une périphrase pour éviter d'appeler les enfants des Canadiens français, et le lecteur attentif aura aussi remarqué les occasions où les journaux, reproduisant les paroles de personnalités publiques, disent Français pour les désigner. On les compare par ailleurs aux immigrants, et leur demande pour des écoles françaises est traduite en une demande raciale. Ces hésitations, approximations, mésinterprétations semblent indiquer que les Canadiens français de l'Ontario forment une catégorie spéciale dans l'imaginaire anglo-canadien : ils sont, en quelque sorte, plus Français que Canadiens, sans être pourtant de parfaits étrangers. Catégorie intermédiaire, ils figureraient ainsi une sorte d'altérité domestique, un « Autre de l'intérieur ». En outre, cette catégorie serait par définition temporaire, car elle ne pose le problème de la diversité interne du pays que momentanément. À plus ou moins brève échéance, semble-t-on croire, la question ne se posera plus : les Canadiens français ayant quitté leur « réserve » seront assimilés comme les enfants d'immigrants. Il en sera de même en Ontario, plus tôt que tard, grâce aux nouvelles règlementations des écoles bilingues. De même encore, les Canadiens français du Québec, parce que maintenus dans l'ignorance par leurs élites et parce que marginalisés dans une économie moderne, n'auront bientôt plus aucun poids moral, ni numérique dans le Canada… Si l'on s'en tenait aux journaux de notre corpus, le sort des Canadiens français de l'Ontario semblerait définitivement scellé, mais ce serait compter sans leur détermination à faire respecter leurs droits et sans la ténacité de la solidarité canadienne-française.

UN ANGLOPHONE CONTRE LE RÈGLEMENT 17 : WILLIAM HENRY MOORE

HANS-JÜRGEN LÜSEBRINK
UNIVERSITÉ DE SARREBRUCK (ALLEMAGNE)

Diversité culturelle et modernité – questionnements, émergences, contextes

William Henry Moore représente, dans le contexte du Règlement 17 et des débats très controversés que celui-ci suscita, une figure assez singulière: celle d'un anglophone ontarien qui se fit connaître en particulier à travers son activité politique[1] et son opposition au Règlement de 1912. Né en 1872 à Stouffville, en Ontario, il fit des études de droit et obtint également un baccalauréat ès arts à l'Université de Toronto en 1894. Il fut promu en 1922 docteur honoris causa en droit à l'Université d'Ottawa pour s'être, selon les procès-verbaux de l'Université d'Ottawa[2], «donné avec désintéressement à la cause scolaire dès

[1] Sur Moore il n'existe aucune étude. Ces indications biographiques sont basées sur des recherches personnelles et sur les très brefs articles des dictionnaires consacrés à William Henry Moore dans *The Canadian Who's Who*, vol. II, 1936-37, Toronto, Charles Roberts et Arthur Leonard Tunell, 1936, p. 799 et *The Canadian Parliamentary Guide 1945*, Ottawa, A.-L. Normandin, Syndicat d'Œuvres Sociales, 1945, p. 197. Je remercie Kouky Fianu (Université d'Ottawa, département d'histoire) et Kenneth Landry, chercheur émérite au CRILCQ de l'Université Laval (Québec) de m'avoir conseillé et aidé pour certains points de cette recherche dont le présent article représente un premier aboutissement.

[2] Archives de l'Université d'Ottawa, fonds 2, «Procès-verbaux du Sénat, 1904-1965», MCF-012, séance du 30 mai 1922, p. 108.

les premières heures de la lutte», et devint également *fellow* de la Royal Statistical Society. Sur le plan professionnel, sa carrière est marquée par une double orientation économique et politique, à laquelle s'ajoute son activité comme publiciste et essayiste, notamment comme auteur du livre *The Clash! A Study on Nationalities* (paru à Toronto et à Londres en 1918[3] et publié deux ans plus tard à Montréal, sous le titre *Le choc. Étude sur les nationalités*[4], dans une traduction effectuée par le chroniqueur et journaliste québécois Ernest Bilodeau) ainsi que comme auteur d'un roman, *Polly Masson* (1919). Moore travailla successivement comme assistant du président de la Toronto Railway Company et vice-président du Tramway de Toronto, comme avocat et secrétaire de la Canadian National Railway Company, puis, à partir de 1926, comme *Chairman of the Tariff Board,* c'est-à-dire responsable du Bureau des impositions et des tarifs, dans le domaine économique. Il termina sa carrière professionnelle comme député de l'Ontario à la Chambre des communes, où il siégea entre 1930 et 1945 en tant que député libéral, après un échec aux élections de 1926. Il fut président du comité permanent des banques et du commerce, et également membre du comité permanent de l'impression et du comité permanent de la Bibliothèque du Parlement. Député anglophone, il se distingua en tant qu'ardent défenseur des droits culturels et linguistiques des francophones du Canada, et de l'Ontario en particulier. Ses interventions à la Chambre des communes furent, à en juger par les procès-verbaux, plutôt rares, mais toujours substantielles et marquées par un sincère engagement pour les valeurs démocratiques qu'il défendait. En témoignent, par exemple, ses interventions et prises de parole sur l'accord commercial canado-américain en 1936, ou encore sur l'unité nationale dans l'effort de guerre le 9 février 1942, où il souligna l'importance cruciale des valeurs démocratiques incarnées par le Canada, tout en mettant en lumière de manière ostentatoire le rôle des Canadiens français au sein de la Confédération :

---

[3] London / Toronto / Paris, Dent & Sons, 1918.

[4] Traduit de l'anglais par Ernest Bilodeau. Montréal, Librairie Beauchemin / Londres, Paris, Toronto, Dent & Sons, 1920.

> Nous sommes prêts au sacrifice de notre vie et de nos biens, de tout ce que nous possédons, pour la défense des libertés qui caractérisent les institutions démocratiques. [...]. [M]es amis Canadiens français, versés qu'ils sont dans les classiques, imprégnés pour ainsi dire des classiques, nous parleraient des ouvrages de Polybe, ce grand philosophe qui a comparé l'autocratie et la démocratie au levant, au midi et au couchant[5].

Henry Moore est mort en 1960, à l'âge de quatre-vingt-sept ans. Son œuvre comprend une douzaine de livres, généralement des ouvrages assez courts et liés à ses activités professionnelles, comme ses ouvrages sur la restructuration des chemins de fer canadiens, *Railway Nationalisation and the Farmer* (1917), *Railway Nationalisation and the Average Citizen* (1917) et *The Irresponsible Five: A New Family Compact* (1917), ainsi que son livre sur la banque et la finance modernes, *Yelllow Metal* (1934)[6]. Ses livres *Underneath It All* (1942), *The Commandments of Men* (1925), *When the Iron Is Hot* (1943) et *Grey Days* (1946)[7] sont des études de philosophie politique, et plus particulièrement d'économie politique et d'éthique politique, réfléchissant sur les rapports entre l'État, la société et l'économie, et les soubassements moraux et éthiques des sociétés démocratiques occidentales. Les deux derniers livres cités défendent les valeurs démocratiques et individuelles contre l'emprise d'un État totalitaire et collectiviste dont le communisme, le national-socialisme et les autres fascismes européens (que Moore englobe aussi sous le terme de « *Fascist School of Collectivism*[8] ») représentent pour Moore les articulations extrêmes,

---

[5] Dominion du Canada, *Compte-rendu officiel des débats de la Chambre des communes*, 3e session de la XIXe législature, séance du 9 février 1942, Otttawa, Edmond Cloutier, 1942, vol. I, 1942, p. 428.

[6] Voir successivement William Henry Moore, *Railway Nationalisation and the Farmer*, Toronto, McClellan, 1917, 140 p. ; *Railway Nationalisation and the Average Citizen*, Toronto, McCelland, Goodchild & Stewart, 1917, IV, 181 p. ; *The Irresponsible Five. A New Family Compact*, Toronto, McCelland, Goodchild & Stewart, 1917, 67 p. ; *Yellow Metal*, Toronto, Printers Guild Limited, 1934, XXVI, 203 p.

[7] Voir William H[enry] Moore, *Underneath It All*, Pickering (Ontario), Printers Guild Ltd., VIIIe éd., [1942], 143 p. ; *The Commandments of Men*, Toronto, Printers Guild Ltd., [1925], 197 p. ; *When the Iron Is Hot*, Pickering (Ontario), Printers Guild Ltd., 1943, 124 p. ; et *Grey Days*, Pickering (Ontario), Printers Guild Ltd., 1946, 145 p.

[8] William Henry Moore, *Grey Days*, *op. cit.*, p. 12.

ayant plongé l'Europe (qu'il appelle « *Old World*[9] ») dans des guerres mondiales et dans l'autodestruction. « *I have learned from Stalin's Russia and from Hitler's Germany and Mussolini's Italy* », écrit-il en 1943 dans son essai *When the Iron Is Hot*, qui connut rapidement trois éditions successives[10], en citant Max Eastman[11], « *how much infantile and primitive savage yearning for dependence, for external authority, for the sovereign father, there is in the average human heart. The political institutions, and still more important, the social habits, of democracy are in danger now, and I am for defending them on all fronts*[12]. » Son essai *Le Choc*! *Étude sur les nationalités* (1918) et son roman *Polly Masson* (1919), de loin les deux ouvrages les plus connus et les plus diffusés de Moore, sont liés à ce versant politique et engagé de son œuvre et de sa carrière. Ils ciblent tous les deux la problématique particulièrement controversée du statut et des droits des minorités francophones au Canada dans le cadre du débat autour du Règlement 17 en Ontario et au Québec.

Si *The Clash* constitue un essai marqué par des accents parfois délibérément polémiques, *Polly Masson* est, pour sa part, un roman à thèses pouvant être considéré comme la transposition, dans le genre de la fiction romanesque, des idées développées auparavant par Moore dans son essai. Ce roman raconte l'histoire d'amour entre un homme politique anglophone de l'Ontario, William Larned, et une francophone d'origine québécoise, Pauline Masson, surnommée Polly, issue d'une des plus anciennes familles du pays. Après de multiples péripéties offrant au lecteur un éclairage sur les milieux politiques et sociaux ontariens, leurs mentalités et leurs dissensions internes, W. Larned finit par abandonner ses ambitions de carrière politique au sein des milieux anglophones et ses visées sur le poste de premier ministre, pour l'amour de Pauline Masson, dont il avait succombé aux charmes. Sa relation avec elle était devenue incompatible avec ses engagements politiques et les objectifs de son parti, opposé à toute politique de compromis ou

---

[9] Voir par exemple Moore, *Grey Days*, *op. cit.*, p. 137.

[10] En septembre 1943, novembre 1943 et février 1944.

[11] Son livre *Stalin's Russia and the Crisis of Socialism*, New York, W. W. Norton & Company, [1940].

[12] William Henry Moore, *When the Iron Is Hot*, *op. cit.*, p. 12.

de rapprochement envers les francophones du Canada. À travers un double mouvement de rapprochement personnel entre anglophones et francophones, incarné par les deux protagonistes du roman, et d'acculturation politique, les deux protagonistes apprennent progressivement à mieux connaître la culture et les positions politiques l'un de l'autre, et l'auteur de *Polly Masson* finit par se rallier aux positions des francophones défendues par Polly Masson et sa sœur. Dans un des nombreux passages du roman abordant le débat politique autour du bilinguisme et du statut des francophones, Polly réfute comme suit les idées politiques de Larned et de son ami Mowbray :

> *You two men are of English-Canadian nationality," she continued; "we two women are of French-Canadian nationality. You are the stronger, and insist that we put off our ways and accept yours. We four are British, and under British principles all are equally entitled to pursue their national ways*[13].

Et en renouant directement avec le débat controversé autour du Règlement 17 (qui n'est pourtant pas explicitement mentionné dans le roman), la protagoniste insiste, face à William Larned, qui s'identifie lui, au début du roman, encore sans réticence avec les positions de son parti anglophone, sur la nécessité de la reconnaissance de deux nationalités au sein du Canada et d'un enseignement bilingue aussi bien dans les provinces majoritairement anglophones comme l'Ontario :

> *"Are you not inconsistent in admitting that learning English has not destroyed your nationality, and then arguing that learning English will destroy that of the children of your nationality?" asked Larned.*
>
> *"Surely you are not under the impression that we are protesting against French-Canadian children being taught English. We are protesting against the provision that they be taught exclusively in English"*[14].

Le roman *Polly Masson*, qui ne fut pas traduit en français, mais qui connut un certain succès aussi bien au Canada anglophone

---

[13] William H. Moore, *Polly Masson. By the author of "The Clash" etc.*, London / Toronto, Dent & Sons, 1919, p. 77.

[14] *Ibid.*

qu'au Québec, à en juger par les comptes-rendus de l'époque, peut être considéré, selon un critique contemporain, comme une « transposition populaire, la vulgarisation d'une idée [...]. M. Moore a donc écrit *Polly Masson* qui est proprement la transposition du *Clash*, c'est-à-dire la mise en pratique, dans la vie canadienne, des principes que son ouvrage précédent étudiait du triple point de vue historique, politique et économique[15] ». Une annonce de l'éditeur J. M. Dent, publiée dans *The Globe*, souligne le regard nouveau que son auteur jette, avec les moyens de la fiction littéraire, sur les rapports entre francophones et anglophones au Canada. Il caractérise le roman comme « [*a*]*n* [*a*]*nalysis of the relations, political, social and economic, of English and French Canadians. Ordinarily dry enough, the subject acquires a fresh interest, vitality and charm by its appearance in story form*[16] ». Des publicités parues dans la presse en 1920 définissent *Polly Masson* comme « *The First Canadian Novel, told by William Henry Moore who has already established for himself an enviable reputation as a writer of* [*i*]*nternational importance through* The Clash » et présentent le roman comme suit :

> *No novel of modern times is so rich in the ideas herein set forth, the method of presentation and the potentiality of them. The subtle repartee, wholesome humour and general individuality of this clever book render it eminently suitable for Gift Book use. It would be enjoyed to the full by all classes of readers. Apart from the fact that the author is a Canadian, this book is worthy of the keen appreciation of the Canadian public*[17].

Le Choc de Moore, qui fut un véritable bestseller aux lendemains de la Première Guerre mondiale, faisant de son auteur une

---

[15] Louvigny de Montigny : « *Polly Masson* », *La Revue Moderne*, 15 décembre 1919, p. 21-23, ici p. 21.

[16] « *Polly Masson*, by William Henry Moore » [annonce publicitaire], *The Globe*, 11 décembre 1919, p. 2.

[17] « *Polly Masson*. First Canadian Political Novel » [annonce publicitaire], dans prof. C. B. Sissons, *The Language Issue in the Schools of Canada*, conférence donnée dans le cadre du FORUM d'Ottawa, janvier 1920, p. 15.

personnalité très en vue, notamment au Canada anglophone[18], a su cristalliser le discours de l'époque sur la question des nationalités et a osé prendre ouvertement position contre le Règlement 17. Sa diffusion fut appuyée financièrement, dès février 1919, par le Comité de l'Association canadienne-française d'éducation d'Ontario, qui décida, en février 1919 :

> [...] de favoriser la diffusion du livre de M. William Henry Moore, *The Clash*, afin d'en assurer la publication. Il s'est pour cela engagé à prendre mille volumes. Ces volumes ont été distribués dans les milieux où sa lecture pouvait faire le plus de bien. Notre président et M. le Sénateur Belcourt en ont envoyé un grand nombre aux personnages les plus influents de France et d'Angleterre. Ce livre de Moore est tout à fait favorable aux Canadiens français. En même temps qu'un éloge de la race canadienne française, il contient une justification complète de notre attitude pour le maintien de nos écoles en Ontario[19].

La diffusion de l'ouvrage de Moore et de sa traduction française fut amplifiée par la publication d'extraits dans des périodiques et par les nombreuses conférences données par Moore entre 1919 et 1924, qui furent certes favorisés par l'appartenance de William Moore à la Unity League d'Ontario. L'ouvrage propose des concepts et schémas argumentatifs présentés comme « modernes », visant à résoudre les tensions, devenues extrêmement conflictuelles, engendrées par la diversité culturelle et linguistique à l'intérieur d'une société plurielle. Un compte-rendu paru en 1920 sur la traduction de l'ouvrage à Montréal souligne ainsi :

> Tout le monde connaît aujourd'hui M. William Henry Moore, de Toronto, qui a publié, l'année dernière, sous le titre *The Clash* une étude

---

[18] Moore fut invité à de nombreuses conférences suite à la parution de son ouvrage *The Clash*, par exemple au Luncheon of the Knights of Columbus, à Toronto, et au Young Men's Canadian Club, à Montréal. Voir les annonces dans *The Globe*, 5 février 1923 (« W. H. Moore to speak »), 21 novembre 1919, p. 1 (« French Canadians Would Deliver Canada. W. H. Moore Pleads for an End to Regarding Them As Immigrants »).

[19] « Rapport du Comité de l'Association Canadienne Française d'Éducation d'Ontario à la 5e Convention des c. f. de l'Ontario, le 25 février 1919 », tapuscrit, 42 p., ici p. 38-39, Archives du Centre de recherche en civilisation canadienne-française (CRCCF), Université d'Ottawa, doc. C2/5/8, ACFÉO 1916-1919.

> attentive de la question des nationalités au Canada, étude qui a pris toutes les proportions d'un grand événement littéraire et national.
>
> Rarement les aspects divers du conflit canadien furent analysés et diagnostiqués par un esprit aussi perspicace servi par une plume aussi disserte. Cet ouvrage est tombé, dirons-nous, comme une fusée éclairante – dans le champ de l'hostilité ou de l'indifférence anglo-saxonne, et le bien qu'il a déjà accompli en dissipant des masses d'erreurs et de préjugés, est déjà immense[20].

Même le quotidien *The Globe* de Toronto reconnut, dans un compte-rendu paru peu après la publication de l'ouvrage en octobre 1918, la dimension novatrice des idées de Moore, qui auraient, pour le commentateur, le mérite de présenter les Canadiens français dans une lumière nouvelle et différente :

> *The problem of race harmony in Canada, the solution of which is vital to the well-being of the Dominion, is dealt with by Mr. Moore in a singularly frank and forceful manner. He presents the French Canadians in a new light, and gives Anglo-Canadians an insight into the life of Quebec's population that is of rare value. Such an exposition of French Canadian ideals tends to disarm much of the suspicion which has been entertained on both sides of the Ontario-Quebec boundary. English and French speaking Canada will undoubtedly be drawn together in a spirit of mutual good-will when each learn more about the other*[21].

L'ouvrage de Moore connut un succès et une diffusion considérables au Canada à l'époque : un tirage de dix mille exemplaires pour l'édition anglaise[22] fit l'objet, en l'espace de quelques mois, de trois éditions successives et, au total, d'une dizaine de rééditions, dont une se présentant comme « populaire », au prix modique de 1,75 $[23], auxquelles s'ajoute une traduction en français parue à Montréal[24] chez l'éditeur le plus prestigieux de l'époque,

---

[20] Ernest Bilodeau, « "Un Canadien errant". La vie littéraire au Canada – Deux ouvrages anglais favorables aux Canadiens-français : *Polly Masson* et *Bridging the Chasm* », *La Revue Canadienne,* mars 1920, p. 24.

[21] « *The Clash.* By William Henry Moore », *The Globe,* 19 octobre 1918, p. 15.

[22] London / Paris / Toronto, Dent & Sons, 1918.

[23] Voir l'annonce « *The Clash.* By W. H- Moore. Second and Popular Edition », *The Globe,* 7 décembre 1918, p. 19.

[24] Montréal, Beauchemin / Londres, Paris, Toronto, Dent & Sons, 1920.

Beauchemin. L'ouvrage de Moore bénéficia également d'une diffusion sous forme de « morceaux choisis » dans le périodique canadien-français le plus important à l'époque, l'*Almanach du Peuple* (tirant à plus de cent mille exemplaires), qui présenta à ses lecteurs en 1919 de larges extraits de la partie introductive de l'ouvrage revêtant la forme d'un récit anecdotique[25]. *The Clash* et sa traduction française furent en outre lus dans les écoles en Ontario. On fit étudier, selon le témoignage de Léopold Richer, aux élèves des maisons françaises en Ontario, cet ouvrage de Moore, qui constituait « un monument à la gloire de la tolérance qui, pour lui, est la plus belle fleur du libéralisme[26] ».

The Clash/*Le choc*, doublé ainsi de sa fiction littéraire, s'intègre dans un contexte historique et intellectuel spécifique dont il importe de tracer ici les grandes lignes. Le conflit culturel et linguistique entre les deux Canadas, anglophone et francophone, existant de manière plutôt sous-jacente depuis la Conquête britannique en 1760, avait pris de nouvelles dimensions après l'échec de la révolte des Patriotes au Bas-Canada en 1838 et de nouveau à partir de 1912, lorsque le nouveau Règlement 17 interdit en Ontario l'enseignement bilingue et *de facto* l'emploi du français comme langue scolaire. Cette réglementation abolissant la pratique du bilinguisme dans la province francophone la plus importante après le Québec suscita de vives réactions avant, pendant et après la Première Guerre mondiale, jusqu'à sa révision en 1927. L'ouvrage de Moore vint s'insérer en outre dans un contexte intellectuel et politique spécifique dans lequel se rejoignaient plusieurs éléments nouveaux : la naissance de la *Société du Parler français* en 1902 et l'organisation, en 1912, de son premier congrès à Québec, visant la défense de la langue française et la mise en place d'une politique linguistique et culturelle protégeant les droits des minorités francophones au Canada et, plus généralement, en Amérique du Nord ; puis la parution, en 1916, de l'*Almanach de la langue française* comme forum d'expression et de diffusion populaires

---

[25] « William Henry Moore : Le "Clash". Étude sur les Nationalités », dans *Almanach du Peuple*, 1919, p. 385-393.

[26] Léopold Richer, « M. William Henry Moore », dans *Silhouettes du monde politique*, Montréal, éditions Zodiaque, 1940, p. 138-145, ici p. 140.

d'un nouveau nationalisme canadien-français, qui a eu recours à des formes de protestation et d'intervention virulentes, utilisant notamment la caricature, afin de défendre les intérêts et les droits des Canadiens français, et des Ontariens francophones en particulier. Font également partie de ces signes d'un renouveau nationaliste au Canada français la fondation du journal *Le Devoir* par Henri Bourassa en 1910, et la création de la Ligue des droits du français en 1913, qui deviendra la Ligue d'Action française en 1920. On peut y ajouter la publication d'ouvrages politiques proposant une réflexion nouvelle, comme celui de Percival Fellman Morley, *Bridging the Chasm,* paru en 1919[27]. S'y superpose le contexte, très présent dans le livre de Moore (qui fut rédigé en 1918), de la Première Guerre mondiale, dans laquelle le Canada était impliqué politiquement et militairement aux côtés de la France et de l'Angleterre. Comme pour d'autres formes d'expression de la modernité, la Première Guerre mondiale constitua, en ce qui concerne l'émergence d'un nouveau discours sur la diversité, à la fois un arrière-fond pour l'avancement de la réflexion intellectuelle et un événement catalyseur[28]. Cette Première Guerre mondiale, avec toutes ses conséquences, incita en effet les intellectuels de l'époque des deux côtés de l'Atlantique à poser, avec acuïté, la question des contradictions et des limites de la pensée nationaliste issue de l'époque des révolutions de la fin du XVIIIe et du début du XIXe siècle. L'expérience de la guerre conduisit ainsi à une première mise en cause fondamentale de ces concepts-clés de la prémodernité du XIXe siècle et des premières décennies du XXe siècle que constituaient les termes « nation » et « nationalité[29] ».

---

[27] Percival Fellman Morley, *Bridging the Chasm. A Study of the Ontario-Quebec Question*, Toronto, Dent & Sons, 1919. Voir sur cet ouvrage aussi le compte-rendu de Bilodeau, dans *La Revue Canadienne*, mars 1920, p. 24 [note 10].

[28] Voir sur le concept d'« événement-catalyseur » Hans-Jürgen Lüsebrink et Rolf Reichardt, « La prise de la Bastille comme "événement total". Jalons pour une théorie historique de l'événement à l'époque moderne », dans *L'Événement*, Actes du colloque organisé à Aix-en-Provence par le Centre Méridional d'Histoire Sociale, septembre 1983, Aix-en-Provence, Publications de l'Université de Provence / Marseille, Éditions Jeanne Laffitte, 1986, p. 77-102.

[29] Voir sur cette problématique Hans-Jürgen Lüsebrink, « L'État-Nation / Staatsnation. Zur frühmodernen Genese und postmodernen Infragestellung des Nationalen », dans Rainer Hudemann et Manfred Schmeling (dir.), *Die 'Nation' auf dem Prüfstand. La "Nation" en question. Questioning the "Nation"*, Berlin, Akademie-Verlag, 2009, p. 3-16.

Le Choc. Étude sur les nationalités: structures et configurations argumentatives

Le livre majeur de Moore, situé à la croisée de plusieurs genres, est un ouvrage difficilement classifiable : portant le titre *Le Choc* et le sous-titre Étude, il se rattache d'emblée aux genres de l'essai engagé, d'une part, et de l'analyse scientifique, d'autre part. Parfois délibérément subjectif lorsqu'il a recours au discours à la première personne pour raconter des anecdotes personnelles, il se présente en même temps comme objectif et érudit. L'ouvrage est truffé de références et de renvois à l'histoire de différentes civilisations, et rempli de citations d'auteurs provenant d'horizons culturels très divers ; il se voit enfin étayé d'une multitude de chiffres et de statistiques. Divisé en seize chapitres et suivant un cheminement continu en spirale, le livre de Moore est fondamentalement structuré par trois logiques argumentatives : d'abord par une logique du contre-discours, puis par une logique de la légitimation et, enfin, par une logique de la comparaison.

La *logique du contre-discours* est soulignée d'emblée par les comptes-rendus de l'ouvrage de Moore parus dans la presse de l'époque. Moore s'oppose foncièrement, en effet, à l'ensemble des énoncés et stéréotypes courants diffusés, selon lui, avant tout par la presse canadienne-anglaise, à propos des Canadiens français, de leur mode de vie, de leur religion, de leurs coutumes et de leur mentalité. Les journaux de l'Ontario se seraient ainsi, selon lui, « *systématiquement* et délibérement […] employés à enflammer la population de langue anglaise et de religion protestante contre les colons de langue française et de foi catholique[30] », attisant ainsi la méfiance et la haine entre les deux communautés ethniques et rendant impossibles des formes de convivialité interculturelle durables et harmonieuses. De même, selon Moore, les Canadiens anglais, ne maîtrisant en général pas la langue française, ignoreraient, à cause de l'enseignement et des médias du Canada anglophone, quasiment tout de la culture, des mentalités, de l'histoire et de la société de leurs concitoyens francophones, et leur perception de l'Autre serait donc fondée, pour une très large part, sur des clichés et des préjugés.

---

[30] William Henry Moore, *Le choc*, *op. cit.*, p. 252.

La *logique de légitimation* inscrite dans l'ouvrage, la deuxième stratégie discursive, est directement liée à cette première stratégie du contre-discours: il s'agit pour Moore de montrer que les Canadiens français sont fondamentalement différents, formant une nation et une culture spécifiques et distinctes à l'intérieur du Dominion du Canada, mais qu'ils se situent en même temps au même degré de développement que les Canadiens anglais. Moore utilise dans ce contexte les termes de « culture » et de « civilisation », qu'il rapporte ainsi, de manière égale, aux deux nations fondatrices du Canada. Sont cités en exemple à l'appui de cette argumentation les domaines de l'agriculture, de l'enseignement, de l'alphabétisation ou encore celui de l'organisation sociale et politique. Dans les domaines des beaux-arts, de la littérature, des sciences humaines, de l'architecture et des valeurs morales, Moore place les Canadiens français même au-dessus de leurs concitoyens anglophones, ces derniers ayant trop rapidement cédé, dans le sillage de la modernisation économique et industrielle des dernières décennies, aux influences américaines et perdu ainsi une partie de leur créativité culturelle et intellectuelle. L'architecture et l'urbanisme représentent à cet égard des exemples particulièrement parlants:

> Il suffit de comparer les petites maisons blanches, avec leurs toits pointus et leurs charme indéfinissable fait de stabilité et d'attachement absolu au sol et au pays, qui égaient les routes et le fleuve même, ainsi que les rivières qui parcourent le Canada français, aux fermes modernes du Canada anglais, à peu près uniformes, sévèrement alignées au fond du quadrilatère de cent acres et à distance aussi grande que possible des plus proches voisins, pour comprendre la différence de tempérament qui sépare les deux branches de la nation canadienne. Arriérés, désuets, peut-être les Canadiens[ ]français le sont-ils, et leurs maisons avec eux; mais les touristes américains, gens au goût cultivé par maint voyage, les viennent regarder avec une curiosité sympatique, et c'est moins l'ancienneté qu'ils y voient que les manifestations d'un tempérament latin et français, avec son amour de l'harmonie, de l'ordre et des relations de bon et cordial voisinage avec le prochain[31].

---

[31] *Ibid.*, p. 229.

Dépassant, à travers de multiples mises en perspective comparatistes, le cadre canadien sur lequel il a initialement focalisé son intérêt, Moore réfute les catégories de « supériorité » et d'« infériorité » invoquées par certaines cultures afin de légitimer leur désir de domination et de conquête. Il cite dans ce contexte, et à l'appui de son argumentation, l'exemple de l'Allemagne impériale de Guillaume II et de la Prusse de Frédéric II, dont l'idéologie fondée sur la supériorité et la domination aurait trouvé son expression la plus significative et la plus influente dans l'œuvre de l'historien Heinrich von Treitschke. Treitschke se trouve être, par ailleurs, devant le ministre prussien Bernhard von Bülow et l'historien anglais Arnold J. Toynbee, l'auteur le plus fréquemment cité par William Moore dans *Le Choc. Étude sur les nationalités.*

La troisième stratégie discursive, la *comparaison*, est peut-être la plus caractéristique de l'ouvrage. Loin de constituer seulement, comme son sous-titre et les comptes-rendus de l'ouvrage pourraient le faire penser, un ouvrage sur le conflit des nationalités au Canada, *Le Choc* propose en réalité une vaste réflexion politique, culturelle et anthropologique, à dimension comparatiste, sur les conflits des cultures et sur ce que nous appelons aujourd'hui le dialogue interculturel. Comme dans ses autres ouvrages qui sont – mis à part son roman *Polly Masson* (1919) – en général beaucoup plus spécialisés et techniques, et portent sur l'économie politique, la philosophie politique et les chemins de fer, Moore a fréquemment recours, dans *Le Choc*, à un vaste horizon comparatif, englobant les États-Unis, différentes parties de l'Empire britannique ainsi que l'Europe et, en particulier, l'Allemagne[32]. Quand Moore se sert de disciplines comme la géographie, la science politique, la politique, l'ethnologie, l'économie et l'étude des religions, c'est en tout premier lieu dans une perspective comparatiste : celle d'une étude comparée des phénomènes religieux, des formes d'expression de la nationalité, des performances économiques, des protections des droits minoritaires, ou encore de

---

[32] Voir, en particulier, les ouvrages suivants de Henry William Moore : *The Irresponsible Five. A New Family Compact*, Toronto, McClelland, Goodchild & Stewart, 1917, 67 p. ; *Railway Nationalisation and the Average Citizen*, Toronto, McClelland, Goodchild & Stewart, 1917, 181 p. (p. 37-40 et p. 59 pour les références à l'Allemagne) ; *Railway Nationalisation and the Farmer*, Toronto, McClelland, Goodchild & Stewart, 1917, 140 p.

l'État et de son rôle par rapport à la société civile et à l'économie. Les sphères géoculturelles invoquées pour être comparées avec le Canada sont multiples et leur configuration change selon la thématique traitée : les États-Unis, mais aussi la Turquie et surtout l'Allemagne du Deuxième Reich sont évoqués comme des sociétés assimilatrices, visant à réaliser une homogénéité culturelle et linguistique dont Moore réfute le principe pour le Canada et dont il désire montrer la potentialité conflictuelle et pernicieuse. En particulier, la référence à l'Allemagne de Guillaume II renvoie, dans le roman *Polly Masson*, à ce même contre-modèle négatif caractérisé par la conception d'une uniformité nationale, que l'on retrouve à la base également de la promulgation du Règlement 17 en Ontario. À l'argument suivant, avancé par William Larned dans un des passages au début du roman, « *I confess we want Ontario to be an English-Canadian province* [...]. *Is it not inevitable where there are two nationalities in a single State?* », Polly Masson rétorque avec virulence, en invoquant le chancelier de l'Empire allemand dans les années 1900 à 1909, Bernhard von Bülow : « *Von Bülow said so, but he was speaking of Germany, where uniformity used to be the order of all days*[33]. »

L'Empire britannique, en particulier l'Afrique du Sud et l'Inde, mais aussi la Belgique et la Suisse servent par contre de références comparatives positives pour des sociétés caractérisées par une conception de la liberté impliquant la protection des droits des minorités linguistiques et culturelles. Ces sociétés sont censées illustrer ce que Moore appelle la « diversité dans l'harmonie », c'est-à-dire des unités culturelles modernes ayant réussi à établir des rapports interculturels largement non conflictuels et conviviaux entre les différentes nationalités qui les composent. L'Allemagne impériale du Deuxième Reich représente paradoxalement la société la plus fréquemment évoquée dans le cadre de cette stratégie argumentative de la comparaison : non pas à titre de modèle, mais au contraire comme contre-exemple, comme l'incarnation même d'une société dominée par un État puissant, uniformisant, assimilateur et oppresseur à l'égard des minorités linguistiques et culturelles vivant sur son territoire, dont il cherche à effacer le plus

---

[33] William Henry Moore, *Polly Masson*, *op. cit.*, p. 77.

rapidement et le plus radicalement possible la différence culturelle et l'identité. Moore évoque à cet égard la politique assimilatrice de l'Allemagne – comparable à ses yeux à celle du gouvernement ontarien envers la minorité francophone[34] – à l'égard des Polonais en Prusse orientale depuis la fin du XVIIIe siècle, au Schleswig à l'égard de la minorité danoise depuis 1864, et à l'égard des Alsaciens et des Lorrains depuis la défaite de la France en 1870 contre la Prusse et l'annexion de ces deux provinces françaises comme « Reichsland » en 1871. « L'Europe moderne », note ainsi Moore à ce propos, « ne peut pas permettre que des peuples soient saisis de force comme un troupeau de bétail ; elle ne peut pas continuer de faire la sourde oreille aux protestations des nationalités menacées, elle doit à son propre instinct de conservation de s'opposer à de tels abus de pouvoir[35]. » Moore enchaîne par la suite sur la comparaison entre la politique allemande en Alsace-Lorraine depuis 1871 et celle de l'Ontario à l'égard des Canadiens français depuis 1912 :

> Mais nous dirons plus ; dans les deux provinces canadiennes, l'état de choses actuel est pis que de l'injustice, c'est de l'ingratitude. Les Teutons ne devaient rien aux Alsaciens-Lorrains, mais nous Anglo-Canadiens, ne devrions jamais oublier que le Canada français a refusé positivement de prendre part à la Révolution américaine[36].

L'Allemagne, devenue avec la Première Guerre mondiale un objet de curiosité, mais aussi un objet de savoir de tout premier plan au Canada, représente ainsi dans le discours de Moore un

---

[34] William Henry Moore, *Le choc*, *op. cit.*, p. 129, 428, 429 ainsi que p. 305 : « Tout comme en Ontario depuis 1912, les règlements scolaires allemands exigeaient un enseignement intensif de la langue de la majorité. L'Ontario a pu vaciller sur des détails, mais l'Allemagne a poursuivi pendant plus de cinquante années l'entreprise de forcer les Schleswigeois à apprendre la langue allemande. » Et p. 330 : « Pareille argumentation peut satisfaire la conscience officielle, mais elle ne répond en rien à l'objection des Polonais, que la suppression de leur langue est un coup porté à la race même, ainsi qu'à la sainteté du foyer familial. Ce qu'ont prétendu les Allemands en Prusse, les Anglo-Canadiens l'affirment avec la même assurance en Ontario. »

[35] *Ibid.*, p. 428.

[36] *Ibid.*, p. 429.

écran majeur de comparaisons, en l'occurrence sous forme de contre-modèle « absolu[37] » à ne pas suivre :

> L'Allemagne a commis l'erreur de croire que son armature serait plus faible si elle encadrait plusieurs nationalités, harmonieusement reliées ensemble, et elle s'est mise à l'œuvre sans merci pour que Danois, Polonais et Français devinssent promptement des Teutons. On invoque le même argument au Canada anglais : nous ne pouvons abriter deux nationalités dans cette province, proclament les Ontariens, il faut qu'il n'y ait au Canada qu'une langue et qu'une école, et ainsi seulement n'aurons-nous vraiment qu'un seul drapeau[38].

Dans le vaste réseau des comparaisons argumentatives que Moore développe, la France, comme exemple d'une puissance éminemment assimilatrice, n'est guère mentionnée ; tandis que le désir d'expansion, l'agressivité et, en même temps, l'échec et la défaite des puissances adversaires que représentent pour le Canadien Moore l'Allemagne de Guillaume II, la Turquie et l'Italie sont largement expliquées par leur conception commune de l'État et de la nation : des conceptions assimilatrices, basées sur l'idée d'homogénéité linguistique et culturelle, qui se refusent à appliquer les notions de « liberté » et de « tolérance » aux minorités linguistiques et culturelles sur leur territoire.

Concepts et champs conceptuels

Moore pense l'identité collective à partir d'un cadre sémantique profondément ancré dans l'épistémologie de son époque, et qui paraît à la fois moderne et historiquement très daté, si on l'analyse dans une perspective contemporaine et *post*moderne. On trouve, d'une part, le champ lexical et sémantique de la « nation » auquel il faut rattacher aussi les termes « âme d'un peuple » et « nationalité », par lesquels Moore entend ce qu'on appellerait aujourd'hui une communauté culturelle et ethnique. Dans le sillage des écrits

---

[37] *Ibid.*, p. 61 : « Prenons garde de ne pas imiter les Allemands. À titre d'alliés de la Grande-Bretagne, plus que cela, formant partie intégrante de l'Empire britannique, nous ne saurions être autre chose, fièrement et ouvertement, que le contraire absolu de ce que sont les Allemands. »

[38] *Ibid.*, p. 437-438.

de l'homme politique et publiciste hongrois Lajos Kossuth (1802-1894), il propose de définir le terme « nation » comme « une race qui a son langage propre, ses coutumes, sa culture, et qui a conscience de leur valeur au point de les conserver[39] ». Moore emploie souvent ce terme, « nationalité », en relation avec les adjectifs « mineure » et « dominante » afin de mettre le doigt sur les formes de domination et d'oppression qui caractérisent, à ses yeux, de nombreuses configurations en matière de diversité culturelle, au Canada par exemple. Il utilise également les termes « peuple », « groupe ethnique[40] » et « identité ethnique[41] » pour désigner des communautés nationales caractérisées par une langue, une histoire ainsi que des valeurs et des formes de sociabilité communes. De plus, il a recours, notamment dans les dix premiers chapitres du livre, à une terminologie imprégnée de l'anthropologie et de la psychologie des peuples développée en France au début du XXe siècle, notamment à travers l'œuvre de Gustave Le Bon et celle de Lucien Lévy-Bruhl, que Moore cite à plusieurs reprises en utilisant en particulier les termes « race », « mentalité » et « sang » et leurs champs lexicaux. Ces trois termes et champs lexicaux sont étroitement liés et quasiment synonymes ; ils reflètent une conception des groupes ethniques et des communautés nationales foncièrement essentialiste reliant les mentalités collectives avec des données géographiques et ethnoculturelles posées préalablement. Certains passages de Moore dans les premiers chapitres de son livre sont ainsi profondément ancrés dans la pensée raciale de l'époque – qui ne doit pas être confondue avec une pensée « raciste ». Ils reflètent cette pensée, qui nous paraît aujourd'hui étrange et fort lointaine, dans toute son historicité et dans son vertige argumentatif :

> Ainsi donc, les habitants des îles britanniques, originairement de sang méditerranéen, reçurent une infusion de sang nordique des tribus danoises, puis du sang méditerranéen des Romains, et bientôt suivi d'une autre invasion des races nordiques : scandinaves et teutonnes, et finalement d'une nouvelle dose de nordique infusée par les Normands. Cette dernière

---

[39] *Ibid.*, p. 32.
[40] *Ibid.*, p. 36, 117.
[41] *Ibid.*, p. 32, 34.

infusion de sang, la plus forte à certains égards, intéresse particulièrement les Canadiens en général: car l'une des conséquences a été de donner aux Canadiens-anglais [*sic*] et aux Canadiens-français [*sic*] des ancêtres communs! La plupart d'entre eux, en tout cas, étaient originaires des provinces françaises mêmes dans lesquelles Grant et les autres ethnologues placent les groupements de sang nordique ou baltique le plus pur[42].

Au sujet des races, Moore se refuse, tout en affirmant leur existence, à toute hiérarchisation et à toute corrélation entre la notion de race et les notions de supériorité et d'infériorité:

> Les différences de races existent, sans aucun doute, et elles affectent jusqu'à un certain point les nationalités; mais la doctrine que le Créateur a pu donner à une race la supériorité sur une autre n'est autre chose que le prétexte égoïste de ceux qui cherchent à obtenir quelque chose sans rien donner en échange [...][43].

Moore stigmatise, face à cet usage politique et idéologique de la notion de race, ce qu'il appelle «l'illusion de la supériorité ethnique[44]». Il introduit, afin de penser la différence des races et des mentalités sans avoir recours à des formes de hiérarchisation, la notion moderne de «diversité», utilisée notamment par Victor Segalen dès le début du XXe siècle[45] afin de proposer une vision non eurocentrique des civilisations du globe. Il est frappant de constater que tout l'imaginaire racial et le lexique dans lequel son discours est ancré dans les premiers chapitres – notamment les termes «sang», «race» et «mentalité» – reculent, s'effacent même dans la seconde partie du livre, où l'argumentation devient nettement plus historique et culturelle. Tout se passe comme si ces notions, héritées des discours politiques, mais aussi scientifiques de l'époque, s'avéraient dépassées dans le cadre de l'argumentation historique et culturelle qu'il développe. Plutôt que d'accentuer, à travers l'utilisation des termes «sang» et «race», les traits de caractère séparant les nationalités, Moore choisit de diriger le regard,

---

42 *Ibid.*, p. 126.
43 *Ibid.*, p. 142.
44 *Ibid.*, p. 145.
45 Victor Segalen, *Essai sur l'exotisme, une esthétique du divers*, Paris, Librairie générale française, 1999 [1908, 1955].

dans la suite de sa réflexion, sur les spécificités et les différences historiques, géoculturelles et économiques des deux nationalités du Canada[46]. Cette réflexion ancre les diversités linguistiques et culturelles dans des paysages culturels spécifiques, dont Moore esquisse les traits principaux pour la nationalité francophone et la nationalité anglophone au Canada. En particulier, l'urbanisme des villes et l'architecture des maisons canadiennes-françaises réussiraient, selon Moore, beaucoup mieux que ceux des Canadiens anglophones à établir une harmonie entre modernité et traditions, et à conserver des formes esthétiques propres à préserver l'identité collective :

> Un autre contraste frappant est celui des édifices publics de Montréal et de Toronto, lorsqu'on les compare l'un à l'autre ; les vieilles maisons « du temps des Français », avec leurs trois étages, leurs épaisses murailles et l'atmosphère d'immuabilité, presque, qui s'en dégage, sont autrement « personnelles », ont une âme individuelle plus précise que les imitations de « sky-scrapers » ou gratte-ciel américains que Toronto exhibe avec une naïve vanité. Arriérés, encore une fois, les Canadiens-français [*sic*] le sont peut-être ; mais leur architecture leur ressemble et forme comme une partie inséparable de leur âme, tandis que pour notre part, nous prenons dans le Michigan ou le Vermont le style architectural de nos fermes et de nos maisons, et dans Broadway celui de nos édifices publics. Si New York élève un immeuble de quarante étages, Toronto s'empresse d'emprunter les plans et de monter jusqu'à quinze ou vingt ; après quoi on s'en vantera pendant des mois. Les plans de l'hôtel du gouvernement provincial de l'Ontario [...] ont été tracés et préparés, non pas par des architectes canadiens, non pas même par des Anglais, mais par des Américains, ce qui est assez signifcatif, si l'on se souvient que le philosophe a dit que l'âme d'une nation s'exprime surtout dans son architecture[47].

Partant des notions de « race » et de « mentalité », Moore ancre ainsi sa perception des cultures canadienne-anglaise et canadienne-française, et de leurs différences, dans une notion anthropologique de « culture ». Celle-ci englobe la langue, les formes de pensée, les

[46] William Henry Moore, *Le choc, op. cit.*, p. 153 : « Non, ce n'est pas dans la différence de mentalité qu'il faut chercher la raison de la place secondaire. »

[47] *Ibid.*, p. 230-231.

expressions littéraires et artistiques, mais aussi les « façons de faire », l'artisanat, l'économie, l'urbanisme, l'architecture, et plus largement la culture matérielle dans son ensemble.

Penser le bilinguisme et la diversité en 1918 – historicités, défis et limites

Le discours de Moore sur le conflit des nationalités, partant des conflits entre les deux Canadas qui avaient éclaté de nouveau au grand jour en 1913, mais aussi de l'expérience de la guerre de 14-18, est indéniablement un discours inscrit dans la modernité : il revendique le droit des minorités linguistiques et culturelles qu'il nomme « *nationalities* », de protéger leur langue et leur identité culturelle ; il souligne la fonction de la langue tant pour la formation de la pensée individuelle que pour l'identité collective ; il reconnaît et met en lumière l'importance des institutions sociales comme l'école et l'Église, puis des médias comme la littérature et les arts en tant qu'institutions de socialisation et vecteurs de diffusion des valeurs et des connaissances essentielles pour une communauté culturelle et nationale ; il critique radicalement l'« irréalisable homogénéité[48] », une conception dépassée de la nation incarnée par l'Empire allemand déchu ; et il développe la vision politique et culturelle d'une « harmonie dans la diversité[49] » – selon l'expression qu'il utilise à plusieurs reprises – pour laquelle la Suisse et la Belgique de l'époque pourraient, à ses yeux, servir de modèle au Canada de l'avenir. « Que chaque nationalité, donc, respecte sa voisine et que chacune s'efforce d'aider l'autre à conserver et à améliorer les qualités qui lui sont propres », souligne Moore à la fin du chapitre intitulé « La tolérance » dans son ouvrage *The Clash*, qui se lit presque comme une profession de foi, « et pour récompense on en retirera, non pas l'homogénéité, mais ce quelque chose de mieux encore dans la vie collective, nationale et

---

[48] *Ibid.*, p. 39.

[49] *Ibid.*, p. 143, 223, 277 (« diversité totale des types individuels et des catégories variées de l'espèce humaine »), 391 ; p. 440 (« Non ! il y a mieux que l'unité d'école et de langue : c'est l'harmonie dans la diversité. ») ; il utilise, p. 368, l'expression « l'harmonie dans la variété » et plus fréquemment aussi le terme « hétérogénéité », qu'il oppose à « l'homogénéité sacrée que recherchait si fort la nationalité dominante de chacun des deux pays » (en l'occurrence l'Allemagne et le Canada).

religieuse : l'harmonie[50] ». Le terme-clé de « diversité », que Moore place au centre de son argumentation, est lié à ceux de « personnalité », d'« individualité » et d'« originalité[51] » qui caractérisent aussi bien la culture canadienne-française que la culture canadienne-anglaise. Moore reconnaît ainsi, dès 1918, non seulement la légitimité d'une « nation » canadienne-française, mais conçoit en même temps la possibilité d'une nation polyphonique et multiculturelle, en l'occurrence la coexistence de deux nations culturelles, anglophone et francophone, au sein d'une troisième entité, foncièrement pluriculturelle et plurilingue, la nation canadienne. La pensée et l'œuvre de Moore s'inscrivent également, à côté de celles de certains autres intellectuels, dans une dynamique visant à repenser les notions de « nation » et de « nationalité » suite à l'expérience traumatisante de la Première Guerre mondiale et dans le contexte de la modernité industrielle et technologique contemporaine se profilant dans les premières décennies du XXe siècle.

L'analyse du discours de Moore, des concepts et des champs sémantiques qu'il met en place, comme ceux de « race » et de « sang », fait en même temps apparaître son historicité profonde et la grande distance qui le sépare du discours postmoderne sur la diversité et ses médiatisations au Canada et au Québec. La conception de Moore demeure, malgré ses dimensions innovatrices, dont certaines sont toujours d'actualité des deux côtés de l'Atlantique, non seulement liée à la conception d'un « *Cooperative Commonwealth*[52] » et d'une « *Greater Britain* » respectueux de la diversité des langues, des cultures et des nations qu'il englobe, mais également profondément attachée à une conception essentialiste de l'identité, de la culture et de la diversité. Moore conceptualise ces termes-clé du discours de la fin du XIXe et du début du

---

[50] *Ibid.*, p. 391.

[51] *Ibid.*, p. 223.

[52] Voir William Henry Moore, *Grey Days, op. cit.*, p. 144 et *Le choc*, *op. cit.*, p. 462 (où il cite le général sud-africain Smuts à l'appui de ses propres affirmations) : « Ce qui me frappe surtout dans les empires du passé, et en même temps dans l'histoire des États-Unis, c'est que leurs efforts ont toujours tendu vers l'unification nationale, vers l'idée assimilatrice, qui porte à jeter diverses nationalités dans un même moule. L'idée britannique est toute différente ; loin de vouloir uniformiser les nations de l'Empire, vous aidez à leur développement vers une nationalité plus large et plus complète. »

XXe siècle sur la nation comme des entités bien distinctes, ayant des limites très nettes. Force est de constater que toutes les questions des transferts culturels et celles concernant les zones de contact et d'interférence interculturels, ainsi que les problématiques des flux et des hybridisations des espaces, des paysages et des identités culturels étayant la pensée postmoderne, restent bien en deçà des cadres argumentatifs et conceptuels de la pensée et du discours de Moore et de ses contemporains esquissés ici.

Dans le cadre du débat autour du Règlement 17 en Ontario, William Henry Moore et son œuvre occupèrent donc une place importante. Moore faisait partie des rares anglophones, aux côtés d'Arthur Hawkes et de Percival Fellman Morley[53], ayant pris publiquement partie pour la minorité francophone et osant dénoncer le Règlement 17 comme contraire à l'esprit britannique et à la conception de la nation canadienne. Il comprit et défendit, mieux qu'aucun autre homme politique et écrivain anglophone de l'époque, la culture des Canadiens français, leur vision du monde, leur conscience d'être une société distincte à l'intérieur du Canada et le rôle majeur qu'ils avaient joué dans l'exploration et la conquête de l'Amérique du Nord. Pour Moore, le débat controversé autour du Règlement 17, dans lequel il intervint à partir de 1918, représenta un tournant dans sa carrière, qui s'orienterait ensuite vers la politique. Réussissant à se défendre contre des calomnies qui voulaient discriminer son engagement pro-francophone par des accusations de prétendus intérêts pécuniaires personnels[54], Moore finit par s'imposer comme un des rares médiateurs entre les deux

---

[53] Arthur Hawkes, *The Birthright: A Study for the Canadian and the Larger Loyalty*, Toronto, Dent & Sons, 1919; Morley, *Bridging the Chasm* [note 31]. Voir sur cette problématique Graham Fraser, « Linguistic Duality in Canada and Narratives on Language: For a Different Reading of History. Notes for a Speech at the Société d'histoire de Toronto and the Alliance Française de Toronto's monthly conference », manuscrit inédit, 10 p. Je remercie Graham Fraser, commissaire aux langues officielles, de m'avoir fait parvenir ce manuscrit.

[54] Voir « Lettre de Dr Damien St. Pierre, Médecin Chirurgien, *Physician and Surgeon*. Ford City, Ontario, à M. Morin », sans date, tapuscrit, 2 p., Archives du CRCCF, Université d'Ottawa, dossier C2/97/2, ACFO, Règlement 17: correspondance, exposés, coupures de presse; ici p. 2: « Billy Moore. Mais cet individu fait des amours aux canadiens-français [*sic*] pour pouvoir battre monnaie sur leur dos, comme il l'a fait en exploitant ses sympathies pour la race française afin de pouvoir plus facilement emplir les canayens de la basse-ville d'Ottawa en leur vendant de l'encombrant stock du Montréal Street Railway. »

Canadas pendant la période conflictuelle des années 1910 et 1920. Pendant le conflit divisant l'Ontario politique autour du Règlement 17, Moore fut considéré comme un des défenseurs les plus résolus et les plus influents de la cause canadienne-française, «*a whole hearted supporter of the French bilingual claims*», comme le formula le journal *The Sentinel* de Toronto en 1924[55]. Malgré l'ancrage de son discours dans le lexique et la sémantique de l'époque, les ouvrages de Moore et ses nombreuses conférences firent émerger des concepts et des schémas d'argumentation qui allaient réémerger avec force, plus de cinquante ans plus tard, dans les débats autour de la Constitution canadienne et les référendums au Québec, telle cette phrase de Moore renvoyant à sa conception de l'identité canadienne composée de deux nationalités distinctes et complémentaires: «*Can you tell me anything that separates us from the United States except the French-Canadian nationality*[56] *?*»

---

[55] «William Henry Moore, The Illiteracy of Early Quebec», *The Sentinel* (Toronto), 18 mars 1924, p. 1.

[56] «Address of Mr. W.H. Moore, author of "The Clash", late lecturer in Political Economy at the University of Toronto, in the Windsor Collegiate Institute, Monday evening, February 12th, 1923», Archives du CRCCF, Université d'Ottawa, dossier C2/97/2, ACFO, Règlement 17, tapuscrit, 9 p., ici p. 4.

NAPOLÉON-ANTOINE BELCOURT ET L'ÉLITE ANGLO-ONTARIENNE[1]

Geneviève Richer
Université d'Ottawa

Napoléon-Antoine Belcourt est une figure bien en vue de l'élite canadienne-française d'Ottawa et de la scène politique canadienne de la fin du XIXe et du début du XXe siècle. Cet avocat de profession est élu député libéral pour la première fois en 1896 dans la circonscription d'Ottawa puis réélu en 1900 et en 1904 dans la même circonscription. En plus d'être député, Belcourt occupe aussi la fonction de président de la Chambre des communes de mars à septembre 1904, avant d'être nommé sénateur en 1907, fonction qu'il occupera jusqu'à son décès en 1932. De plus, il contribue en 1910 à la fondation de l'Association canadienne-française d'éducation d'Ontario (ACFÉO), dont il occupe la présidence de 1910 à 1912 et de nouveau de 1921 à 1932. Au cours de la crise scolaire franco-ontarienne, Belcourt est considéré comme un des chefs de la résistance au Règlement 17.

[1] Cette étude a été réalisée grâce à l'appui financier du Conseil de recherches en sciences humaines du Canada, de l'Association des universités de la francophonie canadienne, du Centre canadien de recherche sur les francophonies en milieu minoritaire de l'Institut français de l'Université de Regina et du Centre de recherche en civilisation canadienne-française de l'Université d'Ottawa. J'aimerais remercier Michel Bock, qui a accepté de lire et de commenter une première version de ce texte, de même que les organisateurs du colloque pour leurs commentaires et leurs suggestions.

Que ce soit à titre d'avocat de la Commission des écoles séparées d'Ottawa ou de président de l'ACFÉO, Belcourt n'hésite pas à défendre ses compatriotes franco-ontariens contre la politique assimilatrice du gouvernement ontarien. Afin d'obtenir justice dans la lutte contre le Règlement 17, il s'applique, au tournant des années 1920, à convertir l'élite anglophone de l'Ontario à la cause scolaire franco-ontarienne.

Belcourt entreprend sa campagne de persuasion durant une période où l'élite anglophone commence à faire preuve de tolérance à l'égard des Canadiens français. Cette attitude résulte d'une prise de conscience envers la crise nationale qu'a provoquée en 1917 la conscription. Voulant éviter que les divisions entre les Canadiens français et les Canadiens anglais ne demeurent permanentes, certaines figures de l'élite anglo-protestante de l'Ontario décident de prendre la défense des droits de leurs compatriotes de langue française. Parmi celles-ci, il y a entre autres des journalistes et des écrivains, dont William Henry Moore, Arthur Hawkes et Percival Fellman Morley, de même que des universitaires, tels Charles B. Sissons, George M. Wrong et Oscar Douglas Skelton[2]. Il est également important de mentionner que le mouvement de la Bonne Entente poursuit ses activités durant la période de l'après-guerre. Il s'agit d'un mouvement qui prêche en faveur d'une meilleure compréhension et coopération entre les Canadiens français et les Canadiens anglais. Suivant les traces de la Ligue de la Bonne Entente, fondée en 1916 dans le but de recréer l'esprit d'unité et la ferveur patriotique qui imprégnaient la société canadienne, tant du côté anglophone que francophone, au début de la guerre, les nouvelles organisations qui voient le jour au tournant des années 1920 s'intéressent davantage aux droits des Canadiens français et à la question scolaire en Ontario. C'est le cas notamment de la Better Understanding Association, fondée en 1918, et de la Unity

---

[2] Franklin A. Walker, *Catholic Education and Politics in Ontario. A Documentary Study*, vol. 2, Toronto, Thomas Nelson & Sons Limited, 1964, p. 307-308; Peter Oliver, «The Resolution of the Ontario Bilingual Schools Crisis, 1919-1929», *Revue d'études canadiennes*, vol. 7, n° 1, février 1972, p. 25; Robert Choquette, *Langue et religion: histoire des conflits anglo-français en Ontario*, Ottawa, Presses de l'Université d'Ottawa, 1977, p. 218; Gaétan Gervais, «Le Règlement XVII (1912-1927)», *Revue du Nouvel-Ontario*, n° 18, 1996, p. 171-172.

League of Ontario, qui voit le jour en 1922. Cette dernière travaille d'ailleurs à obtenir l'abrogation du Règlement 17[3].

Bien qu'ils reconnaissent que Belcourt tisse des liens avec des membres issus de l'élite anglophone de l'Ontario au cours de la crise scolaire franco-ontarienne ou qu'il participe avec eux à la fondation de la Unity League of Ontario, certains historiens, dont Robert Choquette, Peter Oliver, Gaétan Gervais, Patrice A. Dutil et Robert Talbot, n'approfondissent toutefois pas l'ensemble des stratégies qu'adopte Belcourt dans le but de les convertir à la cause scolaire franco-ontarienne[4]. Ainsi, l'objectif de cette étude sera de mieux comprendre le mouvement de résistance au Règlement 17, et ce, par l'entremise de la campagne de persuasion que mène Belcourt auprès de l'élite anglophone de l'Ontario de 1918 à 1927. Nous tenterons de montrer qu'il mise particulièrement sur l'importance de rétablir l'unité nationale fragilisée par la crise que suscite le Règlement 17, afin d'obtenir son appui. Pour ce faire, nous étudierons les diverses stratégies qu'adopte Belcourt, soit sa campagne de diffusion des livres de William Henry Moore et Percival Fellman Morley, ses discours et ses publications, de même que ses liens avec les membres du Comité de Toronto, qui devient en 1922 la Unity League of Ontario.

L'exemple de Belcourt permet de voir une autre facette de la lutte contre le Règlement 17, étant donné que le chef de la résistance apporte un discours qui se distingue de celui des nationalistes groulxistes. Pendant que ces derniers adoptent une approche beaucoup plus militante en mettant l'accent sur les droits scolaires des Franco-Ontariens et sur l'importance de la lutte pour la nation canadienne-française, Belcourt prêche pour sa part en faveur de l'unité nationale lorsqu'il s'adresse à l'élite anglophone de l'Ontario,

---

[3] Robert Talbot, « Une réconciliation insaisissable : le mouvement de la Bonne Entente, 1916-1930 », *Mens : revue d'histoire intellectuelle de l'Amérique française*, vol. 8, n° 1, automne 2007, p. 76-103.

[4] Robert Choquette, « Linguistic and Ethnic Factors in the French Irish Catholic Relations in Ontario », *Canadian Catholic Historical Association Study Sessions*, vol. 39, 1972, p. 35-43 ; Robert Choquette, *Langue et religion*, *op. cit*, 268 p. ; Robert Choquette, *La foi gardienne de la langue en Ontario, 1900-1950*, Montréal, Bellarmin, 1987, 282 p. ; Peter Oliver, *loc. cit.*, p. 22-45 ; Gaétan Gervais, *loc. cit.*, p. 123-192 ; Patrice A. Dutil, « Against Isolationism : Napoléon Belcourt, French Canada, and "La grande guerre" », dans David Mackenzie (dir.), *Canada and the First World War. Essays in Honour of Robert Craig Brown*, Toronto, University of Toronto Press, 2005, p. 96-137 ; Robert Talbot, *loc. cit*, p. 67-125.

tout en s'affichant comme un partisan de la diplomatie tranquille. Cet appel en faveur de l'unité nationale montre que Belcourt croit toujours en la viabilité de la Confédération, qui permet l'existence et l'épanouissement des Canadiens français et des Canadiens anglais en toute égalité. À l'opposé, Lionel Groulx estime que le développement du Canada français est entravé par l'attitude de la majorité anglo-protestante, qui souhaite l'assimilation des minorités françaises, alors que les hommes politiques canadiens-français, à l'exception de certains d'entre eux, dont Belcourt, sont davantage intéressés à défendre les intérêts de leur parti politique qu'à défendre ceux de leurs compatriotes. Cela l'amène à développer au tournant des années 1920 un nationalisme davantage centré sur le Canada français que sur le Canada. De plus, avec ses collaborateurs de *L'Action française* de Montréal, Groulx va même jusqu'à envisager en 1922 l'idée d'un État français indépendant, advenant l'effondrement de la Confédération, ce qui inquiète Belcourt, qui croit que la Confédération est le seul cadre pouvant permettre, pour le moment, la survie et l'expansion de la culture et de la civilisation françaises au Canada. Même s'il place davantage sa foi dans la Confédération, Belcourt partage néanmoins certains aspects de la pensée groulxiste (l'ancienneté des Canadiens français, la thèse de l'union de la langue et de la foi, la solidarité nationale, le Québec comme « province mère » et les minorités françaises comme « avant-postes » du Canada français), ce qui peut expliquer pourquoi *L'Action française* décide de lui décerner en 1924 le Grand Prix d'Action française pour récompenser sa lutte contre le Règlement 17[5].

Il est important de mentionner que Belcourt se distingue aussi d'Henri Bourassa, bien qu'ils soient tous deux des partisans de la Confédération. Au cours des années 1920, Bourassa dénonce le nationalisme « immodéré » et le nationalisme « outrancier ». Il privilégie la foi au détriment de la langue, en réaction à la publication en 1922 de l'encyclique *Ubi arcano dei* sur « l'amour immodéré de la nation » et à la condamnation papale de *L'Action française* de Paris en 1926. En plus de critiquer le projet d'État français

---

[5] Au sujet de Lionel Groulx, voir Michel Bock, *Quand la nation débordait les frontières. Les minorités françaises dans la pensée de Lionel Groulx*, Montréal, Hurtubise HMH, 2004, 452 p.

indépendant anticipé en 1922 par *L'Action française* de Montréal, Bourassa condamne les sentinellistes du Rhode Island, qui, en 1929, s'opposent à leur évêque, qui souhaite financer un collège de langue anglaise avec les fonds de la dîme paroissiale[6]. Les prises de position papales sur le nationalisme n'empêchent toutefois pas Belcourt de poursuivre sa lutte contre le Règlement 17 durant cette période, son nationalisme étant plus modéré, tel qu'en témoigne son argument en faveur de l'unité nationale.

La diffusion des ouvrages de William Henry Moore et Percival Fellman Morley

La campagne de persuasion que mène Belcourt auprès de l'élite anglophone de l'Ontario durant l'après-guerre se fait d'abord par la diffusion des ouvrages rédigés par des anglo-protestants de la province et qui sont des plaidoyers en faveur des droits des Canadiens français, ce qui les amène à prêcher en faveur de l'harmonie dans la dualité. Parmi ces auteurs, il y a William Henry Moore, un avocat de Toronto aussi propriétaire et rédacteur du *Canadian Courier*, un hebdomadaire torontois. Dans son ouvrage intitulé *The Clash! A Study in Nationalities* et publié en 1918, Moore montre que les préjugés non fondés des Canadiens anglais à l'égard des Canadiens français ont contribué à l'adoption du Règlement 17. Il explique que ses compatriotes de langue anglaise ont conclu trop rapidement à leur supériorité au niveau financier, commercial, artistique, moral et social, ce qui les a amenés à vouloir assimiler les Canadiens français. Moore est plutôt d'avis qu'il n'existe pas de nationalité supérieure ou inférieure et que, par conséquent, chacune d'elles doit avoir le droit de s'épanouir selon ses particularités. Selon lui, l'unité nationale au Canada ne peut être possible que par la dualité et non par l'homogénéité, l'existence des deux cultures constituant un atout pour le pays :

> *Canada needs both mentalities, one to temper and strengthen the other. They are natural complements. The Provinces of Canada will gain, not lose, by protecting alike the culture of the descendants of the Old and the New Regimes. History does*

---

[6] Au sujet d'Henri Bourassa, voir Yvan Lamonde, *Histoire sociale des idées au Québec, vol. II : 1896-1929*, Montréal, Fides, 2004, 323 p.

not justify Ontario's plea for repudiation on the ground of the inadequacy of State machinery. [...] The existence of the French and English nationalities in Canada is the handiwork of Divine Providence, out of which, with mutual toleration, will come inestimable benefit to Canada, and it may be when both are bigger, older, and wiser, a substantial good to the whole world[7].

Ainsi, il n'est pas étonnant de voir que Belcourt accorde une grande importance à cet ouvrage puisqu'il lui offre des munitions dans sa croisade contre le Règlement 17. Ayant d'abord lu le manuscrit avant sa publication et proposé quelques corrections, Belcourt achète par la suite, à ses propres frais, des centaines de copies dans le but de les distribuer en Ontario – dont au premier ministre William Hearst[8] –, aux États-Unis, en France, de même que dans divers endroits de l'Empire britannique – Angleterre, Écosse, Australie, Nouvelle-Zélande, Afrique du Sud, Terre-Neuve[9] –, dans l'espoir non seulement de faire évoluer les mentalités sur les Canadiens français, mais aussi de rétablir l'unité nationale. Il faut dire que Belcourt se préoccupe de cette dernière, fragilisée par les tensions qui ne cessent de s'accentuer entre les deux éléments formant la nation canadienne et que ravive le Règlement 17. Dans une lettre adressée à Gilbert Parker, auteur et homme politique britannique d'origine canadienne à qui il a envoyé un exemplaire du *Clash*, Belcourt explique qu'il serait difficile de rétablir la paix et l'unité nationale au Canada si les dirigeants britanniques et canadiens-anglais ne changent pas d'attitude :

I am quite convinced that there will be no peace and no unity in Canada unless the English-speaking leaders, both in Great Britain and in Canada, who are willing to estimate the depth of the chasm into which we are being driven, will renounce the attitude of merely expressing a desire and a hope for a betterment, nay, unless the men upon whose shoulders the Government for

---

[7] William Henry Moore, *The Clash! A Study in Nationalities*, Toronto, Dent & Sons, 1918, p. 309.

[8] Napoléon-Antoine Belcourt à William Hearst, 21 novembre 1918, Archives Deschâtelets (dorénavant AD), fonds Napoléon-Antoine Belcourt (dorénavant FNAB), HH 6016 .B42Q, lettre 118.

[9] « List of Persons to Whom "The Clash" Has Been Forwarded », AD, FNAB, HH 6016. B42Q, document non chiffré.

some years past has rested, renounce the diabolical practice of exploiting these very troublesome questions and issues for mere party purposes[10].

Bien qu'il reconnaisse que *The Clash* puisse contribuer à changer les mentalités dans un contexte de crise scolaire qui nuit aux droits des Franco-Ontariens et à l'unité nationale, Belcourt regrette toutefois que Moore n'ait pas eu l'idée de rédiger un tel ouvrage plus tôt :

> *There is one regret, which to me is keener, and that is that the inspiration to write such a book as "The Clash" did not come to you years ago, a regret which, if I may [say] so, is not limited to yourself or your reputation, which goes far beyond because "The Clash", to my mind, constitutes a national event of greatest importance and significance to Canada and because if it had seen the light of day long ago Canada might not be in the desperate position in which she is in to-day*[11].

Ainsi, il est évident que, pour Belcourt, ce livre aurait pu contribuer à empêcher l'adoption du Règlement 17, étant donné que son auteur, un anglo-protestant, plaide en faveur de l'unité dans la dualité.

Belcourt ne travaille pas seulement à la diffusion du livre de Moore ; il le fait aussi pour celui de Percival Fellman Morley, un employé du ministère de la Santé publique de l'Ontario. Intitulé *Bridging the Chasm. A Study of the Ontario-Quebec Question* et publié en 1919, le livre de Morley s'inscrit dans la même veine que celui de Moore, ce qui explique l'intérêt qu'y porte Belcourt. Dans son livre, il montre que les préjugés des Canadiens anglais à l'égard des Canadiens français, qui sont alimentés par la presse et ont amené l'adoption du Règlement 17, contribuent à creuser davantage le fossé qui sépare l'Ontario et le Québec. Afin de mettre un terme à cette situation qui, selon lui, nuit à l'unité nationale, Morley favorise des rapprochements entre les deux provinces, tout en invitant ses compatriotes canadiens-anglais à faire preuve de tolérance envers les Canadiens français. À l'instar de Moore, Morley estime que l'harmonie dans la dualité est le seul moyen de rétablir l'unité nationale au Canada :

---

[10] Napoléon-Antoine Belcourt à Gilbert Parker, 13 mars 1919, *ibid.*, lettre 255.

[11] Napoléon-Antoine Belcourt à William Henry Moore, 12 mars 1919, *ibid.*, lettre 253.

There is ample room here for both English and French if we can but learn to know one another better. In Gallic eyes we must often seem graceless and unaesthetic beings; but the French-Canadian would doubtless be willing to overlook this defect, indeed he would probably even be glad, with his superior artistic sense, to atone for this lack on our part, if we were but willing to look at things a little oftener from the other man's viewpoint and remember that Canadianism is something larger than any one race or civilization. The spirit of race antagonism dies hard. Let it find vent more and more in a friendly spirit of emulation in the pursuit of the things most worth while [sic]. *Assuredly the last word in the Canadian race question will be not one of jealousy, suspicion, and abuse, but one of toleration and respect and friendly rivalry*[12].

Tout comme le livre de Moore, celui de Morley offre également des munitions à Belcourt dans sa croisade contre le Règlement 17, d'autant plus qu'il croit que *Bridging the Chasm* aidera à la diffusion du *Clash*[13], ce qui ne peut qu'être bénéfique pour la cause qu'il défend. Il faut aussi préciser qu'il apprécie le ton modéré qu'adopte l'auteur qui, selon lui, va amener la population ontarienne à lire un livre présentant une prise de position différente de celle qui domine dans la province[14]. Après avoir lu et commenté le manuscrit, Belcourt achètera des centaines d'exemplaires dans le but de les distribuer. Cependant, la correspondance ne permet pas de savoir à qui il les envoie, à l'exception d'un dénommé Finlay, qui nous est inconnu[15].

Afin d'assurer une plus grande diffusion des ouvrages de Moore et de Morley au Canada anglais, Belcourt sollicite l'appui de Joseph Quintal, président de la Chambre de commerce de Montréal. Il lui fait part de deux suggestions. La première consiste à ce que la Chambre de commerce achète mille copies du *Clash* de même que mille copies de *Bridging the Chasm* pour ensuite les distribuer aux industriels et aux marchands de l'Ontario et de l'Ouest canadien, alors que la deuxième consiste à demander à vingt-deux de ses

---

[12] Percival Fellman Morley, *Bridging the Chasm. A Study in the Ontario-Quebec Question*, Toronto, Dent & Sons, 1919, p. 164-165.

[13] Napoléon-Antoine Belcourt à Henry Button, 14 avril 1919, AD, FNAB, HH 6016 .B42Q, lettre 273.

[14] Napoléon-Antoine Belcourt à Percival Fellman Morley, 14 avril 1919, *ibid.*, lettre 274.

[15] [?] Finlay à Napoléon-Antoine Belcourt, 17 octobre 1919, *ibid.*, lettre 377 [?].

membres de souscrire une somme de cent dollars et de fournir une liste de cinquante noms d'industriels et de marchands avec qui ils font des affaires. Dans les deux cas, Belcourt propose de solliciter l'avis des destinataires sur l'opinion exprimée par les deux auteurs. De plus, il soutient que la maison d'édition Dent & Sons se chargerait d'envoyer aux destinataires les livres et les lettres circulaires. Même s'il sympathise avec la cause scolaire franco-ontarienne, Quintal soutient toutefois que la Chambre de commerce ne peut à elle seule investir dans cette entreprise, pour des raisons financières. Par conséquent, il invite Belcourt à se tourner vers les plus nantis issus des milieux financier et juridique – dont les sénateurs libéraux Frédéric-Liguori Béique et Raoul Dandurand, lesquels ne sont pas membres de la Chambre de commerce –, ce que Belcourt accepte de faire. Ces hommes pourraient, soutient Quintal, diriger une organisation spéciale chargée de prélever les fonds nécessaires à l'achat des livres. Bien qu'il se rallie à l'invitation de Belcourt, Dandurand estime cependant qu'il est préférable de limiter la campagne à l'Ontario, sans doute puisqu'il s'agit du foyer de la crise scolaire. De plus, étant donné qu'il souhaite éviter les critiques des journaux de langue anglaise, qui pourraient y percevoir un mouvement de propagande générale menée par des Canadiens français, Dandurand propose de soumettre les fonds amassés à la maison d'édition dans le but de permettre à Moore – et vraisemblablement à Morley, quoiqu'il n'en fasse pas mention –, d'adresser les livres aux personnes qu'ils auront ciblées, tout en leur demandant si elles partagent leur prise de position, ce qu'accepte Belcourt. À titre de président de la Compagnie d'assurance du Canada contre l'incendie, il s'engage néanmoins à offrir aux cent cinquante agents ontariens des exemplaires des livres comme cadeaux de Noël, étant d'avis que ces hommes ne s'apercevront pas qu'il s'agit d'un mouvement concerté[16].

---

[16] Napoléon-Antoine Belcourt à Joseph Quintal, 29 novembre 1919, *ibid.*, lettre 318 ; Joseph Quintal à Napoléon-Antoine Belcourt, 4 décembre 1919, *ibid.*, lettre 321 ; Napoléon-Antoine Belcourt à Joseph Quintal, 9 décembre 1919, *ibid.*, lettre 323 ; Raoul Dandurand à Napoléon-Antoine Belcourt, 15 décembre 1919, *ibid.*, lettre 331 ; Raoul Dandurand à Napoléon-Antoine Belcourt, 23 décembre 1919, *ibid.*, lettre 334 ; Napoléon-Antoine Belcourt à Raoul Dandurand, 26 décembre 1919, *ibid.*, lettre 335.

Les discours et les publications

Belcourt profite également des tribunes qui lui sont offertes par des revues ou des clubs et des associations de langue anglaise, qui l'ont invité à rédiger des textes ou à prendre la parole au cours des années 1920, pour prêcher en faveur de l'unité nationale. Que ce soit devant le Rotary Club de Toronto en 1923, les délégués de la Bonne Entente à Montréal en 1925 ou le Canadian Club de Trenton en 1927, Belcourt n'hésite pas à exprimer ses craintes quant à la survie de la Confédération et des institutions nationales, étant donné que le Règlement 17 nuit à l'unité nationale par les divisions qu'il suscite entre les Canadiens français et les Canadiens anglais. Puisqu'il croit que la Confédération est un partenariat entre les deux éléments qui constituent la population canadienne, Belcourt soutient que les Pères de la Confédération ont privilégié la dualité et non l'homogénéité, de même que l'union et non la fusion des Canadiens français et des Canadiens anglais[17]. Il tient d'ailleurs à souligner au rassemblement de la Bonne Entente à Montréal et au Canadian Club de Trenton que le pacte fédéral est le résultat d'un compromis dans le but de remédier aux difficultés ethniques qui existaient à l'époque du régime de l'Union[18]. Il est important de mentionner que Belcourt tente également de montrer à ses auditeurs de la Literary and Athletic Society de l'Université de Toronto, du Rotary Club de Toronto et du Canadian Club de Trenton qu'au Québec, la majorité francophone fait preuve d'indulgence à l'égard de la minorité anglophone. Il est évident que Belcourt cherche à conscientiser ses compatriotes anglophones à une situation qui contraste nettement avec celle de l'Ontario. Pendant que les Anglo-Québécois gèrent leur réseau scolaire avec l'appui du gouvernement québécois,

---

[17] « Ne vous étonnez pas, Ontariens, si Québec vous boude un peu », *Le Droit*, 10 février 1923, p. 1 et 15 ; « Sans titre », [1925], p. 2, AD, FNAB, HH 6019 .B42C, album 4 : *Bonne Entente* ; « National Unity », [1927], p. 4, AD, FNAB, HH 6020 .B42R, document 27.

[18] « Sans titre », [1925], p. 2, AD, FNAB, HH 6019 .B42C, album 4 : *Bonne Entente* ; ; « National Unity », [1927], p. 3-4, AD, FNAB, HH 6020 .B42R, document 27.

les Franco-Ontariens doivent, pour leur part, subir une politique assimilatrice adoptée par le gouvernement ontarien[19].

Ainsi, ce que Belcourt tente d'expliquer à l'élite anglophone de l'Ontario, c'est que la Confédération et l'unité nationale ne pourront se maintenir qu'en respectant le pacte fédéral. Lors de son discours prononcé devant le Rotary Club de Toronto et rapporté par *Le Droit*, Belcourt reproche aux Canadiens anglais d'avoir blessé leurs compatriotes de langue française, compte tenu du fait qu'ils n'ont pas été loyaux envers le pacte qu'ils ont signé avec eux en 1867, ce qui les a amenés à éprouver du ressentiment à leur égard. Par conséquent, il les invite à réparer les torts dont sont victimes les Canadiens français depuis le début de la Confédération, et particulièrement en Ontario, où les Franco-Ontariens doivent subir le Règlement 17 :

> Alors vous ne connaissez pas le canadien-français [*sic*]. Vous ne vous rendez pas compte de l'étendue et de la profondeur delbale [*sic*], de la profondeur de la blessure que vous lui avez faite au cœur. Vous ne vous rendez pas compte qu'en n'étant pas loyaux au pacte que vous avez conclu avec lui, vous avez heurté son esprit logique et droit et vous avez empoisonné ses meilleurs sentiments envers votre peuple.
>
> Il est temps qu'on apporte [un] remède à ce malaise, autrement nous marcherons à grand pas vers la ruine de la confédération, à la ruine de nos belles institutions nationales auxquelles elle a donné naissance, à la ruine des espoirs des fondateurs du régime politique actuel d'établir dans ce pays une nation canadienne forte, unie, heureuse et prospère. Le pacte fédératif n'aurait jamais été signé si les canadiens-français [*sic*] avaient su ce qui leur était réservé et il ne se maintiendra que si, dès aujourd'hui, on ne répare les torts causés à la race française depuis trente ans et le plus pressant de ces torts à réparer est la persécution faite au [*sic*] 300 000 canadiens-français [*sic*] de cette province depuis dix ans[20].

Cette volonté d'obtenir l'appui de ses compatriotes de langue anglaise dans sa croisade contre le Règlement 17, qui est, selon lui,

---

[19] Napoléon-Antoine Belcourt, *National Unity: Report of a Lecture Delivered Before the Literary and Athletic Society of the University of Toronto, January 9th 1923*, Toronto, [s. é.], 1923, p. 4, AD, FNAB, HH 6021 .B42R, document 10; « Ne vous étonnez pas », *loc. cit.*, p. 1; « National Unity »,[1927], p. 8-10, AD, FNAB, HH 6020 .B42R, document 27.

[20] « Ne vous étonnez pas », *loc. cit.*, p. 15.

la source des tensions entre les Canadiens français et les Canadiens anglais et qui, par conséquent, nuit à l'unité nationale, Belcourt l'exprime également lors du banquet de la Unity League of Ontario tenu à Toronto en 1924. Ses propos sont d'ailleurs résumés par le *Toronto Daily Star*:

> *The most pernicious feature of this legislative attempt to banish French from the schools of the province, was its danger to national unity. It was foolish and useless and destructive of national harmony. The French-Canadian was not willing to be and could not be denationalized and lose* [*the*] *primordial right of every free man the world over to the use of his maternal tongue. The longer the attempt, the more intense his resentment; the less his good will and desire to co-operate in our common country.* [...]
>
> *He* [Belcourt] *wished to forget the past. He had come to make a dispassionate analysis of a deplorable situation and to join in a calm appeal to men of good will to co-operate in securing the early removal of an educational ukase which banished French from the French primary schools. This question was the real and only cause of the lack of that unity between the two great races of Canada so much to be desired by all who had the future of the country at heart*[21].

Belcourt ne demande pas seulement à ses confrères anglophones de l'Ontario de réparer les torts qu'ils ont commis à l'égard des Franco-Ontariens, en les invitant à lutter contre le Règlement 17; il leur demande également de faire des efforts pour mieux comprendre leurs compatriotes de langue française, et ce, dans le but de travailler avec eux au rétablissement du lien de l'entente et de l'unité. En effet, Belcourt croit qu'ils ont le devoir de rétablir la concorde et l'harmonie entre les deux communautés, dont les différents conflits et tensions n'ont cessé de contribuer, au fil des années, à creuser le fossé qui les sépare. Par conséquent, un tel geste de leur part amènerait les Canadiens français à leur tendre la main dans le but de rétablir et de maintenir l'unité nationale. Pour y arriver, il va même jusqu'à leur attribuer un rôle paternaliste en leur disant qu'ils sont les « grands frères » des Canadiens français. C'est ce qu'il tente de leur faire comprendre dans son discours

---

[21] « Denounces Regulation 17 As Great Obstacle to Unity », *The Toronto Daily Star*, 12 novembre 1924, p. 4.

prononcé en 1923 devant la Literary and Athletic Society de l'Université de Toronto :

> *Let the English speaking majority of this Province remember that it is the "Big Brother", the strong brother, and that upon him lies chiefly the duty of holding out the helping hand and principally contribute to the re-establishment of concord and harmony. Let him remember that because he is the big and the strong brother, he can thus go practically most of the way and without any sacrifice of* amour propre. *If he will do what I suggest he will have the satisfaction of having done his whole duty towards the country. I have a deep and abiding conviction, the certainty even, that the French people will respond fully and promptly to such an invitation and will cooperate efficaciously towards the establishment and maintenance of the real Canadian national unity*[22].

Ce rapprochement et cette coopération entre les Canadiens français et les Canadiens anglais pour assurer l'établissement et le maintien de l'unité nationale dans un contexte de crise scolaire, Belcourt souhaite également qu'ils se fassent par l'union et non par la fusion des deux communautés, permettant ainsi à chacune de préserver ses particularités. C'est ce qu'il exprime devant le Rotary Club de Toronto :

> Cessons de nous quereller, de nous prendre à la gorge pour de futiles motifs. Tournons plutôt nos énergies, nos talents, nos activités à travailler à l'avancement du pays. La providence a permis qu'il soit composite. Gardons-le comme il est, laissant à chacun de se développer selon sa nature, son esprit, ses inclinations, son idéal[23].

Belcourt soutient d'ailleurs les mêmes propos lors des festivités de la Bonne Entente à Montréal, auxquelles participent des délégués ontariens dont le premier ministre, George Howard Ferguson, qui a cependant déjà quitté la salle :

> *It is only by a frank and irrevocable recognition of the superiority of the special moral and other qualities peculiar to each race ; it is only by exhibiting a wide and generous tolerance towards any particular inferiority ; it is only through*

---

[22] Napoléon-Antoine Belcourt, *National Unity*, p. 6.

[23] « Ne vous étonnez pas », *loc. cit.*, p. 15.

a harmonious blending of the better characteristics of each race, in brief, it is only by means of fraternal emulation or rivalry that will be raised the level of our national spirit.

That is the price of Canadian national unity.

Not until we decided to pay that price shall we have real and pregnant national unity. [...]

So concentrated to and engaged in the common, national and patriotic endeavour, without fusion, without absorption, they shall exercise their respective forces and activities and place them all, free and untrammelled, at the service of Canada, in accordance with the principles and the spirit of the Fathers of Confederation. [...]

Let us all, with our respective aptitudes, energies, activities and culture, apply ourselves resolutely to the noble and patriotic endeavour of promoting and maintaining a united Canada, north and south, east and west, a Canada one and indivisible[24].

Et de nouveau devant le Canadian Club de Trenton :

National unity in Canada is not possible without a sincere and cordial co-operation of the two principal elements which constitute its population ; that unity will be maintained only in proportion to the latitude which will be accorded to both elements to develop for the common good [*and*] *the respective special aptitudes and mentality of each. It is only by a frank and sincere recognition of the qualities, physical and intellectual special to each race, by manifesting a wide and generous tolerance towards any apparent or real inferiority, only by effectuating the harmonious union and action of the best qualities characteristic of each race, that Canada can hope to accomplish the purpose of the Fathers of Confederation.*

Briefly, it is only through fraternal emulation and friendly rivalry that can be raised the level of our national spirit[25].

Ainsi, ce que Belcourt cherche à faire comprendre à l'élite anglophone de l'Ontario, c'est que l'unité dans la dualité est préférable à la fusion et à l'homogénéité. Comme il le souligne en 1922 au Congrès du Christian Students Movement à l'Université de Toronto, la dualité qui caractérise le Canada n'est pas un obstacle, mais plutôt un atout à la vie nationale. Il soutient que tous les

---

[24] « Sans titre », [1925], p. 3-4, AD, FNAB, HH 6019 .B42C, album 4 : *Bonne Entente*.

[25] « National Unity », [1927], p. 13-14, AD, FNAB, HH 6020 .B42R, document 27.

Canadiens, qu'ils soient de langue française ou anglaise, doivent comprendre qu'il n'existe pas dans le monde de « races supérieures ». Il est d'avis qu'aucune d'entre elles ne peut prétendre détenir la supériorité, compte tenu du fait que chacune possède ses défauts et ses qualités. Selon lui, il faut se réjouir d'avoir un pays où il y a une dualité ethnique :

> *Let us rejoice that we have in Canada diversity of origin, language and character, diversity of genius, diversity of accomplishments, diversity of ways and methods – all tending, however to the one common goal: harmony, unity and progress – and how much more picturesque and diversified and interesting and fruitful our national life thereby becomes.*
>
> *Would it not be appalling to you and everyone if we all resembled one another in our physical and mental features, if we all spoke the one and only language, if we all thought alike, if we all had the same and only ambition, the one and only hobby, all moved along the one groove, if we all travelled the gregarious way of the sheep? Wearisomeness is the offspring of uniformity, and uniformity is not union*[26].

Ce plaidoyer en faveur de l'harmonie dans la dualité, Belcourt l'expose également devant le Canadian Club de Trenton :

> *Diversity of races, variety of characters, instead of being obstacles to progress in the diverse spheres of human energy and activity, offers its most powerful stimulant. It is really a matter for congratulation that Canada has diversity of origin, tongue and character because that is the source of friendly rivalry and laudable emulation.*
>
> *You cannot standardize men as you can machinery or tools, and, if you could, this world would become desperately monotonous and uninteresting. Boredom is the legitimate offspring of uniformity*[27].

Il est également important de mentionner que Belcourt estime qu'il est nécessaire de favoriser des rapprochements et une meilleure coopération entre les deux éléments qui constituent la population

---

[26] Napoléon-Antoine Belcourt, *Canada, a Bilingual Nation? Address Delivered at the Christian Students Conference, December 29th 1922*, Toronto [s. é.], 1922, p. 8-9, AD, FNAB, HH 6021 .B42R, document 7. Faisant référence aux deux nations dominantes au Canada à l'époque, soit les Canadiens français et les Canadiens anglais, Belcourt utilise le terme « diversité » dans le sens de « dualité ».

[27] « National Unity », [1927], p. 5, AD, FNAB, HH 6020 .B42R, document 27.

canadienne, afin d'éviter que ces derniers perdent éventuellement le contrôle du pays et des institutions au profit des récents et des futurs immigrants. C'est un argument qu'il défend non seulement devant le Congrès du Christian Students Mouvement à l'Université de Toronto et la Literary and Athletic Society de l'Université de Toronto, mais aussi devant le Canadian Club de Trenton :

> *Unless we determine, and promptly, that the future of Canada demands the cordial cooperation of the two ethnical groups which form the majority in the task of removing all causes of aloofness or disaffection between them, we may in the near future, perhaps within twenty-five years, see the control of our country pass into the hands of the recent and future emigrants.* [...] *Is it not quite possible, even probable, that whilst the English and the French elements are nursing mutual dissensions and grievances, the control of our government, the preservation of British institutions, British justice, may slip away from us and be assumed by millions of people with no affection for or interest in what we, English and French, cherish and are determined to preserve*[28].

En somme, cet appel de Belcourt en faveur d'une plus grande tolérance et solidarité dans un contexte de crise scolaire en Ontario montre qu'il est possible pour les Canadiens français et les Canadiens anglais de s'entendre et de coopérer pour assurer la construction nationale du Canada. Malgré que les Franco-Ontariens soient victimes d'une mesure assimilatrice de la part du gouvernement provincial, Belcourt croit toujours en un Canada fort et uni dans la dualité et non pas en un État français indépendant, comme il le laisse entendre au banquet de la Unity League of Ontario[29]. Il faut préciser que Belcourt se réfère ici au projet qui a été proposé en 1922 par *L'Action française* de Montréal, advenant l'effondrement de la Confédération qui serait provoqué par le mécontentement des provinces de l'Ouest canadien à l'égard des politiques mercantilistes du Canada central. À cette époque, Belcourt avait déjà fait part de ses inquiétudes à Lionel Groulx, le directeur de *L'Action française*, en lui laissant entendre par l'entremise du père Charles Charlebois, directeur du *Droit*, que la

---

[28] *Ibid.*, p. 16. Voir aussi Napoléon-Antoine Belcourt, *Canada*, p. 6 ; Napoléon-Antoine Belcourt, *National Unity*, p. 3.

[29] « Denounces », *loc. cit.*, p. 4.

Confédération était le seul cadre pouvant permettre, pour le moment, la survie et l'expansion de la culture et de la civilisation françaises au Canada[30].

S'il prêche en faveur de l'unité nationale lorsqu'il s'adresse à l'élite anglophone de l'Ontario, Belcourt tente également, dans un texte intitulé « *The Status of the French Language in Canada* », publié en 1923 dans la revue étudiante *Argosy* de l'Université Mount Allison (Nouveau-Brunswick), de la sensibiliser à l'importance de respecter les droits naturels, c'est-à-dire au fait que parler sa langue maternelle est un droit au même titre que respirer et que la liberté. Bien que ces droits n'aient pas besoin, selon lui, d'être légiférés pour être reconnus, Belcourt explique qu'il existe tout de même des textes de loi qui reconnaissent les droits naturels. C'est le cas notamment de l'article 39 de la *Magna Carta* et de l'article 8 de *l'Acte de Québec* (1774), les deux ayant été incorporés en 1897 dans les statuts révisés de l'Ontario. De plus, Belcourt va même jusqu'à expliquer que le droit naturel a reçu la reconnaissance et la sanction internationale, en donnant comme exemple le traité de paix avec la Bulgarie qui reconnaît les droits des minorités bulgares en matière de langue et de religion. Il faut aussi indiquer que Belcourt se réfère brièvement à l'ancienneté des Canadiens français au Canada et au fait que la langue française est l'une des deux langues officielles du Canada[31]. Il est important de mentionner que Belcourt fait également valoir ces arguments du droit naturel et de l'ancienneté devant le Congrès du Christian Students Movement à l'Université de Toronto[32], et emploie de nouveau celui de l'ancienneté devant le Canadian Club de Trenton[33].

Le Comité de Toronto et la Unity League of Ontario

Enfin, Belcourt sollicite l'appui du Comité de Toronto – qui devient en 1922 la Unity League of Ontario (ULO) – dans le

---

[30] Michel Bock, *op. cit.*, p. 304-305, 313-314.

[31] Ce texte a aussi été publié sous forme de brochure. Napoléon-Antoine Belcourt, *The Status of the French Language in Canada. An Article Contributed to the* Argosy, Sackville (N.-B.), Mount Allison University, 1923, 16 p., AD, FNAB, HH6021 .B42R, document 8, et reproduit en 1924 dans *The Canadian Bar Review*.

[32] Napoléon-Antoine Belcourt, *Canada*, p. 1-3.

[33] « National Unity », [1927], p. 4, 11 et 13, AD, FNAB, HH 6020 .B42R, document 27.

but de convaincre le gouvernement ontarien de régler la question scolaire pour le bien de l'unité nationale, d'autant plus que les membres, issus de l'élite anglo-protestante, adhèrent au principe de l'harmonie dans la dualité, ce qui les amène à combattre le Règlement 17. En réaction à des rumeurs voulant que le gouvernement des Fermiers-Unis règle la question scolaire par la nomination d'une commission qui remplacerait la Commission des écoles séparées d'Ottawa (CESO), Belcourt se tourne en 1920 vers Charles B. Sissons, professeur au Victoria College de Toronto et rédacteur en chef du *Canadian Forum*, un périodique politique et culturel torontois, pour lui demander d'intercéder auprès du premier ministre, Ernest Charles Drury, et du ministre de l'Éducation, Robert Henry Grant, pour les dissuader d'adopter cette mesure. Il faut dire que Sissons constitue un choix stratégique pour Belcourt dans sa démarche auprès du gouvernement ontarien puisqu'en plus d'être un membre du Comité de Toronto, il est un sympathisant des Fermiers-Unis et un proche ami de Drury[34]. Ce que Belcourt tente d'expliquer à Sissons, c'est que la commission du gouvernement nuirait non seulement aux écoles, mais aussi à la paix qui existe entre catholiques canadiens-français et irlandais, de même qu'entre ces derniers et le gouvernement[35]. Ainsi, il est évident que Belcourt ne souhaite pas revivre l'épisode de la commission qu'a nommée en 1915 le gouvernement conservateur de William Hearst dans le but de remplacer la CESO, qui refusait d'appliquer le Règlement 17. Il faut d'ailleurs préciser que les trois commissaires avaient été choisis par le gouvernement et qu'ils n'étaient pas représentatifs de la population canadienne-française, beaucoup plus nombreuse que la population irlandaise. Cette mesure a même été déclarée illégale en 1916 par le Comité judiciaire du Conseil privé de Londres[36]. Cependant, une nouvelle loi adoptée en 1917 par la Législature permettait la création

---

[34] Charles B. Sissons, *Nil alienum. The Memoirs of C. B. Sissons*, Toronto, University of Toronto Press, 1964, 260 p.

[35] Napoléon-Antoine Belcourt à Charles B. Sissons, 29 octobre 1920, AD, Fonds Canada : Histoire profane – Ontario (dorénavant FCHPO), HP 361 .P96E, lettre 108.

[36] Franklin A. Walker, *op. cit.*, p. 284-285, 298-299 ; Robert Choquette, *Langue et religion*, *op. cit.*, p. 194 et 205 ; Gaétan Gervais, *loc. cit.*, p. 157 et 165.

d'une nouvelle commission si la CESO continuait à résister au Règlement 17. Cette loi a été contestée devant les tribunaux, mais sans succès[37]. Pour Belcourt, la solution ne réside pas dans une commission nommée par le gouvernement, mais plutôt dans la suspension temporaire du Règlement 17 pour permettre à la commission scolaire de demander aux tribunaux d'annuler l'injonction Mackell, qui, depuis son adoption en 1914, l'empêche d'emprunter les fonds nécessaires pour assurer le fonctionnement des écoles. Sa suggestion a pourtant été refusée par Drury et Grant, qui soutiennent que seule la commission du gouvernement peut remédier à la situation financière précaire de la CESO[38]. Pour sa part, Sissons tente de rassurer Belcourt en lui disant que, même si l'idée de la commission n'a pas été abandonnée, il ne croit pas qu'elle sera imposée[39]. À ce sujet, il est important de mentionner que Grant avait déjà laissé entendre qu'aucune commission ne serait nommée sans le consentement des catholiques canadiens-français et irlandais[40], ce qui explique l'inquiétude de Belcourt face aux rumeurs.

Entretemps, les déboires financiers de la CESO ne sont toutefois pas réglés pour autant puisque la Banque de la Nouvelle-Écosse menace de saisir soit ses propriétés, soit les revenus provenant de ses taxes scolaires. Afin d'éviter une telle procédure, Belcourt presse Sissons et ses alliés de Toronto de rencontrer le premier ministre et le ministre de l'Éducation. Il leur demande cette fois-ci de les convaincre de suggérer aux tribunaux de suspendre temporairement l'injonction Mackell pour permettre à la CESO soit d'emprunter les fonds nécessaires dans le but de rembourser la banque et d'assurer le bon fonctionnement des écoles, soit d'offrir une aide financière qui serait administrée par le ministère de l'Éducation. Dans les deux cas, Belcourt souhaite l'adoption d'une commission d'enquête, ce qui permettrait aux Fermiers-Unis de procéder à un règlement[41]. Il laisse d'ailleurs entendre à

---

[37] Gaétan Gervais, *loc. cit.*, p. 166.

[38] Napoléon-Antoine Belcourt à Charles B. Sissons, 7 septembre 1920, AD, FCHPO, HP 361 .P96E, lettre 76.

[39] Charles B. Sissons à Napoléon-Antoine Belcourt, 31 octobre 1920, *ibid.*, lettre 110.

[40] Napoléon-Antoine Belcourt à Charles B. Sissons, 29 octobre 1920, *ibid.*, lettre 108.

[41] Napoléon-Antoine Belcourt à Charles B. Sissons, 11 novembre 1920, *ibid.*, lettre 119.

Sissons que le gouvernement doit remédier à la situation, non seulement pour son bien et celui de l'éducation, mais aussi dans le but d'assurer le maintien de la paix et de l'unité nationales[42], sachant fort bien que le Règlement 17 est la principale source de tension entre les Canadiens français et les Canadiens anglais.

Malgré les démarches de Belcourt et de Sissons, Drury hésite toujours au début de 1922 à régler la question scolaire, prétextant qu'il n'a pas l'appui de l'ensemble de son parti, même s'il a réitéré à maintes reprises qu'il était favorable à un règlement et est allé jusqu'à proposer l'abolition du Règlement 17 à la suite d'une enquête menée par une commission qu'il souhaitait nommer fin 1921[43]. Par conséquent, Belcourt décide de solliciter l'appui des libéraux provinciaux avec l'aide des membres du Comité de Toronto, d'autant plus qu'il est question, selon lui, d'une possible coalition entre les Fermiers-Unis et le Parti libéral, laquelle mènerait trois libéraux au cabinet[44]. Cet appui montrerait alors au gouvernement que les libéraux souhaitent un règlement de la question scolaire et qu'ils seraient prêts à appuyer toute mesure allant dans ce sens. Pour ce faire, Belcourt courtise d'abord William Henry Moore afin qu'il pose sa candidature à la chefferie du Parti libéral de l'Ontario, laissée vacante depuis le départ d'Herbert Hartley Dewart en 1921. Membre du Comité de Toronto, Moore constitue un atout important compte tenu de son allégeance libérale. Cependant, il refuse la proposition de son confrère franco-ontarien, qui lui a pourtant assuré sa nomination de même que son élection dans Russell, une circonscription majoritairement francophone de l'Est ontarien, vacante depuis le décès de Damase Racine. Moore estime que la mentalité du parti ne correspond pas à ses vues, qui prônent davantage un libéralisme moins interventionniste. Il est d'avis qu'il n'aura pas non plus l'appui de la presse libérale, dont les vues diffèrent aussi des siennes. Même s'il croit qu'il peut mieux servir la cause scolaire franco-ontarienne à l'exté-

---

[42] Napoléon-Antoine Belcourt à Charles B. Sissons, 3 novembre 1920, *ibid.*, lettre 114.

[43] « Revue des négociations avec le gouvernement d'Ontario au sujet de la question scolaire, d'octobre 1919 à avril 1922 », p. 3-11, AD, FCHPO, HP 361 .P96D, document 118.

[44] Napoléon-Antoine Belcourt à William Henry Moore, 20 janvier 1922, AD, FCHPO, HP 361 .P96E, lettre 287.

rieur de la Législature, Moore est toutefois prêt à accepter la candidature libérale dans Russell, pourvu qu'elle reçoive l'approbation des électeurs et que le candidat libéral, qui a déjà été désigné par le parti, consente à céder sa place[45]. Il est important de mentionner que la candidature avait d'abord été proposée à Sissons, qui avait cependant décliné l'offre pour des raisons professionnelles[46].

Par la suite, Belcourt décide d'éclairer les membres du Comité de Toronto sur la question scolaire. C'est alors que surgit l'idée de soumettre un mémoire à Drury. Proposé par John M. Godfrey, un avocat de Toronto qui vient de se joindre au comité, et approuvé par Belcourt, ce mémoire, qui doit faire un appel solide en faveur de l'unité nationale et d'un rapprochement entre Canadiens français et Canadiens anglais dans le but de préserver les institutions britanniques, vise d'abord à présenter la situation des écoles bilingues d'Ottawa. De plus, il doit promouvoir le principe qui a déjà reçu l'approbation de Drury, soit l'anglais obligatoire pour tous et le français pour ceux qui le désirent. Enfin, il doit proposer la nomination d'une commission d'enquête, mesure que le premier ministre avait pourtant promis d'adopter avant la fin de l'année 1921. Cette démarche comporte également la présentation d'une motion à l'Assemblée législative par James Walter Curry, un député libéral de Toronto, qui est aussi un sympathisant du comité[47]. Bien que ses alliés de Toronto l'aient désigné pour qu'il fasse partie d'un comité chargé de réviser le mémoire, Belcourt refuse toutefois que son nom y soit associé. Il est plutôt d'avis que cette démarche doit être entreprise uniquement par des anglo-protestants[48], sans doute pour éviter de donner l'impression qu'il y a eu une influence ou une manipulation canadienne-française. Le projet de mémoire et de motion sera toutefois reporté à la demande de Drury qui, pour des raisons politiques, préfère remettre le règle-

---

[45] *Ibid.*; William Henry Moore à Napoléon-Antoine Belcourt, 14 février 1922, *ibid.*, lettre 314.

[46] Charles B. Sissons, *op. cit.*, p. 161.

[47] John M. Godfrey à Napoléon-Antoine Belcourt, 6 avril 1922, AD, FCHPO, HP 361 .P96E, lettre 376; Napoléon-Antoine Belcourt à John M. Godfrey, 7 avril 1922, *ibid.*, lettre 377; Napoléon-Antoine Belcourt à William Henry Moore, 26 avril 1922, *ibid.*, lettre 401.

[48] Napoléon-Antoine Belcourt à John M. Godfrey, 10 avril 1922, *ibid.*, lettre 381; Napoléon-Antoine Belcourt à Charles B. Sissons, 10 avril 1922, *ibid.*, lettre 382.

ment de la question scolaire au lendemain des prochaines élections provinciales[49].

Malgré la décision du premier ministre, Belcourt et les membres du Comité de Toronto n'entendent pas demeurer inactifs pour autant. D'abord, Belcourt relance à nouveau Moore afin qu'il accepte la nomination libérale dans la circonscription de Russell dans le cadre d'une élection partielle prévue à l'automne 1922. Même s'il est d'avis que les comtés canadiens-français doivent être représentés par des Canadiens français, Moore consent toutefois à proposer sa candidature, pourvu qu'elle soit entérinée par la convention libérale du comté et que cette dernière approuve son programme. Cependant, à la grande déception de Belcourt, la convention libérale pose son choix sur Alfred Goulet, prétextant qu'il serait difficile de faire élire un représentant non originaire du comté, alors que les Irlandais souhaitent le respect du pacte conclu avec leurs compatriotes de langue française, qui consistait à appuyer la candidature d'un Canadien français aux élections provinciales et celle d'un Irlandais aux élections fédérales[50].

Après avoir souhaité que Moore se joigne au Parti libéral de l'Ontario, Belcourt conclut par la suite qu'il est désormais nécessaire de fonder une association dont l'objectif serait d'éclairer l'opinion publique sur la question scolaire tout en promouvant la reconnaissance des droits de la langue française, de même que l'unité nationale par l'entremise de la bonne entente et d'une meilleure compréhension et coopération entre Canadiens français et Canadiens anglais. Pour ce faire, il participe avec ses confrères de Toronto à la fondation de la Unity League of Ontario. En réaction à la proposition de Godfrey, qui souhaite modifier le vieux mouvement de la Bonne Entente dans le but d'y associer la cause scolaire

---

[49] Réunion du Comité administratif, 9 mai 1922, Rapport du Comité exécutif, p. 6, Université d'Ottawa, Centre de recherche en civilisation canadienne-française, fonds Association canadienne-française de l'Ontario, C2/21/5.

[50] Napoléon-Antoine Belcourt à William Henry Moore, 27 juin 1922, AD, FNAB, HH 6016 .B42P, lettre 3; William Henry Moore à Napoléon-Antoine Belcourt, 3 juillet 1922, *ibid.*, lettre 4; Napoléon-Antoine Belcourt à William Henry Moore, 10 juillet 1922, *ibid.*, lettre 5; Napoléon-Antoine Belcourt à Alfred Goulet, 10 juillet 1922, *ibid.*, lettre 6; Alfred Goulet à Napoléon-Antoine Belcourt, 10 octobre 1922, *ibid.*, lettre 12; Napoléon-Antoine Belcourt à William Henry Moore, 11 octobre 1922, *ibid.*, lettre 13.

franco-ontarienne[51], Belcourt estime que ce serait une grave erreur d'avoir l'impression que la nouvelle association en devenir est la résurrection ou même la continuation de cette ancienne organisation[52]. Il n'est d'ailleurs pas étonnant de voir qu'il souhaite la création d'une nouvelle association qui n'aurait aucun lien avec la Ligue de la Bonne Entente (LBE) à laquelle fait référence Godfrey, et qui pourtant prônait une meilleure compréhension et coopération entre les deux éléments constitutifs de la population canadienne. En effet, il existe un certain scepticisme au sein des milieux nationalistes canadiens-français face à cette ligue. Alors que Henri Bourassa se méfiait de la LBE puisque ses organisateurs étaient impliqués dans la National Service League – d'où son refus d'y adhérer lorsqu'il avait été approché en 1916 pour en devenir membre –, *Le Devoir*, dont il est le directeur, est allé jusqu'à « qualifi[er] les initiatives ultérieures de bonne entente d'hypocrites et d'inutiles » en réaction aux activités de la Better Understanding Association[53]. Par conséquent, il est possible de croire que Belcourt ne désire pas que le passé de la LBE soit associé à la nouvelle organisation qu'il souhaite fonder avec ses alliés de Toronto, et ce, sans doute pour obtenir la confiance des Canadiens français. C'est pour cette raison qu'il appuie la proposition de Sissons de nommer la nouvelle association la Unity League of Ontario[54].

Les liens qu'entretient Belcourt avec la ULO suscitent d'ailleurs diverses réactions parmi les historiens. En effet, Robert Choquette

---

[51] John M. Godfrey à Napoléon-Antoine Belcourt, 28 septembre 1922, AD, FCHPO, HP 361 .P96E, lettre 502. Il est important de mentionner que Godfrey a participé en 1916 à la fondation de la Ligue de la Bonne Entente.

[52] Napoléon-Antoine Belcourt à Charles B. Sissons, 21 octobre 1922, *ibid.*, lettre 520 ; Napoléon-Antoine Belcourt à John M. Godfrey, 23 octobre 1922, *ibid.*, lettre 522.

[53] Robert Talbot, *loc. cit.*, p. 107-110. Fondée en 1916, la National Service League promouvait la création d'une commission ayant comme objectif de favoriser un service de recrutement national.

[54] Napoléon-Antoine Belcourt à Charles B. Sissons, 9 octobre 1922, AD, FCHPO, HP 361 .P96E, lettre 511 ; Napoléon-Antoine Belcourt à Charles B. Sissons, 21 octobre 1922, *ibid.*, lettre 520 ; Napoléon-Antoine Belcourt à John M. Godfrey, 23 octobre 1922, *ibid.*, lettre 522. L'exécutif de la ULO est composé de John M. Godfrey (président), James L. Hughes (vice-président), Charles A. Magrath (vice-président), Kirwan Martin (vice-président), Oscar Douglas Skelton (vice-président), Charles B. Sissons (secrétaire) et John Squair (trésorier).

soutient qu'il en est le seul membre catholique[55], alors que Peter Oliver estime que Belcourt n'était pas un membre de la ligue, mais plutôt son maître à penser[56]. À cet effet, il faut préciser que Belcourt entretient une certaine ambivalence face à son statut au sein de la ULO. Bien qu'il préfère demeurer à l'arrière-plan, prétextant qu'il est trop associé à la cause scolaire franco-ontarienne, Belcourt laisse toutefois entendre qu'il en est un membre[57]. Pourtant, son nom ne figure pas dans la liste des membres qui accompagne sa correspondance avec la ULO, liste qui ne contient que des noms de figures anglo-protestantes. Bref, qu'il en ait été membre on non, Belcourt y est fortement associé par sa contribution à la fondation de l'organisme et par les conseils qu'il prodigue à ses membres.

Lors de l'annonce officielle de la fondation de la ULO au moment du dévoilement du rapport Hughes[58] sur les écoles bilingues d'Ottawa, le 2 décembre 1922, Belcourt n'hésite pas à exprimer la satisfaction qu'il en tire. Ayant pour objectif de combattre la proscription de la langue française, soit la source principale des conflits ethniques, et de favoriser la bonne entente de même qu'une meilleure compréhension et coopération entre Canadiens français et Canadiens anglais, la ULO, soutient Belcourt, va rendre un immense service à l'unité nationale :

> *I welcome with gratification and gratitude the foundation of the Unity League of Ontario whose main object, is "the promotion of good will, better understanding and more cordial cooperation between the French and English peoples of Canada".*
>
> *A League in this province with such an object inspired and directed by such prominent enlightened influential and patriotic officers and members will no doubt render immense service in the promotion of national unity.*

---

[55] Robert Choquette, *loc. cit.*, p. 42.

[56] Peter Oliver, *loc. cit.*, p. 32.

[57] Napoléon-Antoine Belcourt à E. W. Hartman, 23 mars 1923, AD, FCHPO, HP 361 .P96E, lettre 774.

[58] Ayant enquêté dans les classes supérieures des écoles bilingues d'Ottawa à la demande du Comité de Toronto, James L. Hughes révèle dans son rapport que les enfants francophones maîtrisent généralement bien la langue anglaise. Selon lui, ces résultats satisfaisants ont été obtenus grâce à l'utilisation de la langue maternelle des enfants comme langue d'enseignement.

It is a matter of special gratification that the League has realized that the greatest obstacle to national unity in Canada undoubtedly lies in the unjust and unbritish treatment meted out to the French language in various provinces of the Dominion. With true vision and fine courage the League has evidently determined to face squarely the real cause of our racial troubles and no doubt this will be an inducement and an inspiration to all those who are convinced that without national unity confederation cannot prosper[59].

À la suite de l'élection d'un gouvernement conservateur majoritaire en 1923, Belcourt laisse entendre à Moore et à Godfrey qu'il faut convaincre le nouveau premier ministre et ministre de l'Éducation, George Howard Ferguson, de régler la question scolaire pour le bien de l'unité nationale, ce qui lui permettrait d'acquérir une bonne réputation à travers le Canada et de rendre le plus grand service au pays depuis la Confédération[60]. Pour y parvenir, il croit que la ULO doit d'abord renforcer ses rangs en faisant du recrutement auprès des hommes d'affaires et des industriels ontariens, en plus d'augmenter le nombre de ses membres à Toronto et à travers la province. De plus, il lui demande de faire des appels fréquents en faveur de l'unité nationale, étant donné que le Règlement 17 y constitue un obstacle important. Puis il lui suggère de faire discrètement pression auprès de Ferguson et de son cabinet[61]. Enfin, il est d'avis que la ULO doit continuer à promouvoir le principe qui a déjà reçu l'approbation de Drury dans le passé – l'anglais obligatoire pour tous et le français pour ceux qui le désirent –, tout en préconisant l'abolition du Règlement 17 ou des modifications à celui-ci[62]. Comme il l'a précisé à maintes reprises, Belcourt réitère

---

[59] Statement Issued by Senator N.-A. Belcourt in Connection with the Creation of the Unity League of Ontario and Certain Comments Made by Mr. Hocken on Dr James Hughes' Report on the Ottawa Bi-lingual Schools, Ottawa, December 2nd, 1922, p. 1, AD, FNAB, HH 6020 .B42R, document 37.

[60] Napoléon-Antoine Belcourt à John M. Godfrey, 30 juin 1923, AD, FNAB, HH 6017 .B42L, lettre 20 ; Napoléon-Antoine Belcourt à William Henry Moore, 5 juillet 1923, *ibid.*, lettre 23.

[61] Napoléon-Antoine Belcourt à John M. Godfrey, 4 novembre 1923, Bibliothèque et Archives Canada, fonds Charles Bruce Sissons, MG27-IIIF3, vol. 1, dossier N.-A. Belcourt, 1922-1930.

[62] Napoléon-Antoine Belcourt à John M. Godfrey, 20 novembre 1923, AD, FCHPO, HP 361 .P96E, lettre 882.

sa volonté de demeurer à l'arrière-plan. Cependant, il souhaite être consulté sur toute proposition à être soumise au gouvernement[63].

Bien que Ferguson a refusé à maintes reprises de rencontrer les représentants de la ULO[64], Belcourt et ces derniers ne baissent toutefois pas les bras. Tenant compte des suggestions de son compatriote franco-ontarien, Godfrey propose à la fin de 1924 de rédiger un mémoire qui demanderait l'abolition du Règlement 17 dans l'intérêt de l'unité nationale, tout en insistant sur le principe de l'anglais obligatoire et du français optionnel. Ce mémoire sera présenté à Ferguson avant le début de la session dans le but de l'amener à se prononcer sur la question, surtout s'il ne fait pas de déclaration à Québec dans le cadre des festivités de la Bonne Entente. Il est même question d'aller faire du recrutement lors de cet événement, afin de recueillir davantage de signatures. Cette démarche comporte également la présentation d'une motion à l'Assemblée législative par Aurélien Bélanger, député libéral de Russell, afin de susciter un débat sur la question[65].

Soulignons que le projet de mémoire sera toutefois reporté à la demande de Vincent Massey, un diplomate et homme d'affaires de Toronto. Étant d'avis que sa diffusion pourrait retarder le règlement de la question scolaire, Massey croit plutôt qu'une petite délégation devrait d'abord rencontrer Ferguson pour le convaincre de modifier et non d'abroger le Règlement 17, ce qu'accepte Belcourt. Dans l'éventualité où le premier ministre refuserait de faire quoi que ce soit, il propose que le mémoire soit rendu public. Cette délégation composée de Massey, de même que de l'homme d'affaires Joseph Flavelle et du journaliste John Willison, tous deux de Toronto, réussit en 1925 à rencontrer Ferguson. Ce dernier leur avoue qu'il est prêt à adopter un règlement, mais qu'il souhaite

---

[63] Napoléon-Antoine Belcourt à Charles B. Sissons, 11 novembre 1923, *ibid.*, lettre 874.

[64] Napoléon-Antoine Belcourt à Louis-Alexandre Taschereau, 14 octobre 1924, *ibid.*, lettre 1133.

[65] Napoléon-Antoine Belcourt à John M. Godfrey, 11 décembre 1924, *ibid.*, lettre 1198 ; John M. Godfrey à Napoléon-Antoine Belcourt, 12 décembre 1924, *ibid.*, lettre 1199 ; John M. Godfrey à Napoléon-Antoine Belcourt, 6 janvier 1925, *ibid.*, lettre 1219 ; Napoléon-Antoine Belcourt à John M. Godfrey, 7 janvier 1925, *ibid.*, lettre 1220 ; John M. Godfrey à Napoléon-Antoine Belcourt, 8 janvier 1925, *ibid.*, lettre 1221 ; « Petition to the Honourable G. Howard Ferguson, Prime Minister of Ontario, by Unity League of Ontario », sans date, *ibid.*, document 1227.

attendre le bon moment puisqu'il existe une opposition, d'où la nécessité de préserver la confidentialité de la rencontre. Refusant de dévoiler ses plans qui, d'après lui, satisferont la population francophone, Ferguson s'est tout de même montré favorable à ce que la motion de Bélanger soit présentée à l'Assemblée législative[66].

Les démarches de Belcourt et de la ULO, appuyées par Massey, Flavelle et Willison, portent fruit: en réaction à la motion de Bélanger présentée en avril 1925, Ferguson annonce qu'il mettra sur pied une commission d'enquête qui aura comme objectif d'enquêter sur les écoles bilingues[67]. Bien qu'il ait promis une telle mesure, Ferguson tarde à déclencher l'inspection des écoles, ce qui inquiète Belcourt, qui se soucie toujours des difficultés financières de la CESO. Par conséquent, il se tourne vers Massey, Flavelle et Willison pour leur demander de convaincre le premier ministre d'agir immédiatement. Même s'ils partagent l'inquiétude de Belcourt, Massey et Willison essaient toutefois de lui faire comprendre que la meilleure solution est de patienter, alors que Flavelle ne croit pas, pour sa part, être en mesure de faire quoi que ce soit[68]. La commission d'enquête qu'a promise Ferguson sera nommée en octobre 1925. Elle déposera en 1927 un rapport qui incitera le premier ministre à modifier le Règlement 17, le rendant ainsi acceptable aux yeux de la population franco-ontarienne[69].

Conclusion

Tout compte fait, Napoléon-Antoine Belcourt mise particulièrement sur l'importance de rétablir l'unité nationale fragilisée par la

---

[66] John M. Godfrey à Napoléon-Antoine Belcourt, 24 février 1925, *ibid.*, lettre 1271; John M. Godfrey à Napoléon-Antoine Belcourt, 23 mars 1925, *ibid.*, lettre 1307.

[67] Peter Oliver, *loc. cit.*, p. 35; Gaétan Gervais, *loc. cit.*, p. 180-181.

[68] Napoléon-Antoine Belcourt à John Willison, 29 mai 1925, AD, FCHPO, HP 361 .P96E, lettre 1360; Napoléon-Antoine Belcourt à Joseph Flavelle, 29 mai 1925, *ibid.*, lettre 1361; Napoléon-Antoine Belcourt à Vincent Massey, 29 mai 1925, *ibid.*, lettre 1362; Joseph Flavelle à Napoléon-Antoine Belcourt, 29 mai 1925, *ibid.*, lettre 1364; Vincent Massey à Napoléon-Antoine Belcourt, 3 juin 1925, *ibid.*, lettre 1368; Napoléon-Antoine Belcourt à Vincent Massey, 4 juin 1925, *ibid.*, lettre 1369; John Willison à Napoléon-Antoine Belcourt, 9 juin 1925, *ibid.*, lettre 1373; Vincent Massey à Napoléon-Antoine Belcourt, 9 juillet 1925, *ibid.*, lettre 1381.

[69] Franklin A. Walker, *op. cit.*, p. 314, 316-317; Peter Oliver, *loc. cit.*, p. 35-36; Robert Choquette, *Langue et religion*, *op. cit.*, p. 248-249; Robert Choquette, *La foi*, *op. cit.*, p. 128-131; Gaétan Gervais, *loc. cit.*, p. 181-182.

crise que suscite le Règlement 17, afin d'obtenir l'appui de l'élite anglophone de l'Ontario de 1918 à 1927. En insistant sur cet argument, Belcourt offre un autre un point de vue sur le combat contre le Règlement 17, un point de vue qu'on ne perçoit pas dans le discours des nationalistes groulxistes et bourassistes. Mais, cet argument de l'unité nationale qu'il défend auprès de ses compatriotes de langue anglaise de la province, s'agit-il d'une conviction profonde ou simplement d'une stratégie ? Soulignons que Belcourt fait valoir le même argument auprès de l'élite francophone du Québec. C'est le cas notamment lors des rassemblements organisés par l'Association catholique de la jeunesse canadienne-française à Montréal en 1914 et à Québec en 1915, mais aussi lorsque Belcourt reçoit en 1924 des mains de Lionel Groulx le Grand Prix d'Action française qui récompense son rôle de chef de la résistance contre le Règlement 17. De plus, il aborde le sujet à partir des mêmes arguments dans un texte publié en 1917 dans *L'Almanach de la langue française*, et de nouveau auprès de l'élite anglo-québécoise, que ce soit dans un texte publié en 1912 dans le périodique montréalais *University Magazine* ou en 1916 devant le Canadian Club de Québec. Il est donc possible de croire que Belcourt défend l'argument de l'unité nationale davantage par conviction profonde que par stratégie, puisqu'il l'utilise tant devant l'élite anglophone de l'Ontario et du Québec que devant l'élite francophone du Québec. En défendant l'unité nationale tout au long de la lutte contre le Règlement 17, Belcourt exprime par le fait même sa foi en la Confédération, ce qui explique ses inquiétudes à l'égard du projet d'État français indépendant. Il est également important d'ajouter que Belcourt est un homme politique de la scène fédérale qui n'a jamais hésité à faire valoir l'argument de l'unité nationale lorsque l'occasion se présentait au cours de sa carrière politique. Ainsi, la crise scolaire franco-ontarienne a permis à Belcourt de faire avancer la cause de l'unité nationale canadienne telle qu'il la concevait, et ce, dans l'espoir d'éliminer l'obstacle qu'était le Règlement 17.

LES MULTIPLES VOIES DE LA RÉSISTANCE

LA CRISE SCOLAIRE ET LES FRANCOPHONES DU SUD-OUEST ONTARIEN

JACK CÉCILLON

En 1912, le premier ministre de l'Ontario, Sir James Whitney, fait adopter le Règlement 17, une mesure visant à limiter aux deux premières années de l'école primaire l'usage du français comme langue d'enseignement. L'Association canadienne-française d'éducation d'Ontario (ACFÉO), la plus importante association de résistance au Règlement 17 en Ontario français, organisera une campagne contre cette politique qui se poursuivra jusqu'en 1927, date à laquelle le gouvernement modifiera le Règlement. Comme ailleurs en Ontario, les dirigeants régionaux de l'ACFÉO des comtés d'Essex et de Kent, dans le Sud, inviteront les Canadiens français à résister à la mise en œuvre du Règlement 17, en particulier à la présence des inspecteurs protestants dans les écoles bilingues[1]. Mais, contrairement à ce qui se produira dans la région d'Ottawa, l'appel de l'ACFÉO ne fera pas consensus dans cette région éloignée du reste de la francophonie ontarienne. Si certains francophones, surtout durant les premières années, entendirent cet appel,

---

[1] Lucien Beaudoin, un prêtre originaire de Saint-Roch-de-l'Achigan, au Québec, est le principal dirigeant de la résistance au nom de l'ACFÉO dans le Sud-Ouest ontarien jusqu'à sa mort en 1917. Voir Jack Cécillon, « Language, Schools and Religious Conflict in the Windsor Border Region: A Case Study of Francophone Resistance to the Ontario Government's Imposition of Regulation XVII, 1910-1928 », thèse de doctorat, Toronto, Université York, 2007.

dans l'ensemble de la région, la plupart des francophones ne participèrent pas aux efforts de résistance[2]. Le texte qui suit porte sur les efforts de mobilisation contre le Règlement 17 dans le Sud-Ouest ontarien à l'époque, et sur les raisons de l'inefficacité de la stratégie provinciale de l'ACFÉO dans cette région.

Pour comprendre ces difficultés, il faut d'abord dire un mot sur la population française de la région du Sud-Ouest au début du XXe siècle, en précisant d'entrée de jeu la donnée fondamentale du problème : cette population francophone n'est pas du tout homogène. Hormis quelques familles immigrantes provenant de la France, dont nous ne traiterons pas ici, l'on compte principalement deux groupes ou « sous-cultures » francophones d'importance dans la région. Le premier groupe se concentre sur les rives de la rivière Détroit, alors que l'autre se concentre principalement près du lac Sainte-Claire[3]. Selon le recensement de 1901, le premier groupe (les Français de la rivière Détroit) a des racines remontant à la fondation de la forteresse française de Détroit, en 1701. La principale activité de cette population est l'agriculture, mais on y compte un certain nombre de pêcheurs qui pratiquent leur activité sur la rivière Détroit et ses tributaires[4]. Certaines caractéristiques de la population française de la rivière Détroit les distinguent des nouveaux venus du Québec et de l'Est ontarien. La langue parlée de ces habitants est riche d'un vocabulaire de près de 750 mots que l'on ne

---

[2] Seulement douze des cinquante écoles vont participer à la résistance contre l'inspecteur protestant. *English-French School Inspector's Reports, 1912-1919*, ministère de l'Éducation, Archives provinciales de l'Ontario (APO) [microfilm], RG 102-0-1 ; voir Cécillon, *op. cit.*, p. 94-162.

[3] Peter Halford, « Trois siècles de francophonie : archaïsmes et régionalismes dans le parler du Détroit », dans *Français du Canada – Français de France*, Actes du sixième colloque international d'Orford (Québec), septembre 2000, dans *Sonderdruck aus Canadiana Romanica*, Tübingen (Allemagne), Max Niemeyer Verlag, 2004, p. 187-197 ; Marcel Bénéteau, « Aspects de la tradition orale comme marqueurs d'identité culturelle : Le vocabulaire et la chanson traditionnelle des francophones du Détroit », thèse de doctorat, Université Laval, 2001.

[4] *Recensement Canada*, 1901. Dans ma dissertation doctorale, j'ai déterminé les noms de ces vieilles familles avec l'ouvrage d'Ernest J. Lajeunesse, *The Windsor Border Region* (Windsor, Champlain Press, 1960) ainsi que les registres paroissiaux de l'église Assomption de Sandwich, qui remontent à 1770, de l'église Saint-Jean-Baptiste d'Amherstburg, qui remonte à 1803, de l'église Saint-Joseph de la Rivière-aux-Canards, qui remonte à 1856. J'ai étudié ces familles afin de déterminer leurs professions dans le recensement de 1901. Peter Halford note aussi l'importance de la pêche pour cette population de vieille souche française (Halford, p. 190).

retrouve pas dans le lexique québécois[5]. La plupart de ces mots décrivent la faune et la flore propres à la région ou relèvent d'archaïsmes jadis usités en France. Enfin, la langue de ces colons est dépourvue des blasphèmes qui ont vu le jour au Québec dans les chantiers forestiers du XIXe siècle[6]. En 1912, cette population est largement bilingue et alphabétisée. Habitués depuis très longtemps de vivre dans un environnement anglodominant, ces francophones sont moins sensibles que d'autres aux enjeux linguistiques propres aux unilingues de l'est de la province. Ils reconnaissent comme étant prioritaire la maîtrise par leurs enfants de la langue anglaise, ne serait-ce que pour qu'ils puissent transiger dans la langue des futurs clients de leur production agricole[7].

Le second groupe de francophones de la région est composé de migrants québécois qui commencent à s'installer dans la région dès la fin des années 1820. Le rythme de la migration s'est accéléré à partir de la construction du chemin de fer de la Great Western dans les années 1850. Cette vague migratoire n'est pas terminée à l'époque du conflit linguistique et scolaire des années 1910. Ces familles canadiennes-françaises vont défricher les terres près du lac Sainte-Claire pour la culture du blé. Certaines contribuent à doter la région d'une classe professionnelle de médecins, de notaires et d'avocats francophones[8]. Nous le verrons, cette population est plus attachée à l'Église et légèrement plus sensible aux questions linguistiques et nationales que la population de l'Est. Les individus qui mèneront la lutte contre le Règlement 17 dans le Sud-Ouest ontarien sont principalement issus de ce second groupe[9].

Il faut préciser qu'une part non négligeable des familles de ces deux groupes ne considère pas l'éducation en langue française comme une priorité avant même l'adoption du Règlement 17. Au

---

[5] Marcel Bénéteau, « Aspects de la tradition orale... », p. 379 ; voir aussi Peter Halford, « Trois siècles de francophonie : archaïsmes et régionalismes dans le parler du Détroit » ; et Marcel Bénéteau, « Variantes phonétiques, morphologiques et lexicales dans le français des deux groupes colonisateurs de la région du Détroit », dans *Français du Canada – Français de France*, Actes du sixième Colloque international d'Orford (Québec), septembre 2000, dans *Sonderdruck aus Canadiana Romanica*, Tubingen, Max Niemeyer Verlag, 2004, p. 199-212.

[6] Marcel Bénéteau, « Variantes phonétiques... », p. 208-209.

[7] *Recensement Canada*, 1901.

[8] Madeleine Leal, *La paroisse Saint-Joachim*, Windsor, Chamberlain Press, 1982.

[9] Jack Cécillon, *op. cit.*, chap. 2.

contraire, on sait, grâce aux journaux des années 1880, que certains parents demandaient carrément aux enseignants de n'instruire leurs enfants qu'en langue anglaise. Ce comportement semble être plus fréquent dans les communautés établies depuis un certain temps, comme à Belle-Rivière dans les années 1880, Pointe-aux-Roches dans les années 1890, et Pain Court au début du XXe siècle[10]. Suivant la même tendance identifiée par Yves Roby dans ses études sur les colons canadiens-français en Nouvelle-Angleterre, les deuxième et troisième générations de cette population canadienne-française manifestent nettement moins de passion pour la préservation et la défense du français que leurs parents ou grands-parents venus directement du Québec[11]. Ainsi, il n'est pas surprenant de constater qu'au moment de l'adoption du Règlement 17, la majorité des écoles bilingues dans les villages canadiens-français des comtés d'Essex et de Kent en respectent intégralement les directives[12].

Contrairement aux autres régions ontariennes, donc, les deux tiers de toutes les écoles bilingues de la région frontalière de Windsor se soumettront au règlement dès sa mise en œuvre. Seules douze écoles, dont onze sont catholiques[13], manifestent une certaine résistance, surtout au début du conflit. Dès 1916, le nouvel inspecteur catholique anglophone rapporte que la résistance est presque terminée. En effet, il ne reste, au moment de son inspection, que trois ou quatre écoles récalcitrantes[14]. La dernière école à s'opposer au Règlement 17 (celle de Pointe-aux-Roches, que dirige Alzire Massé) abandonne le combat en 1918 après le départ du

---

[10] *Le Progrès*, 14 et 27 février 1885. *Le Progrès* était un journal de langue française publié d'abord à Détroit puis à Windsor par les frères Gaspard et Aurèle Pacaud, entre 1881 et 1913, et dont les archives ne se trouvent qu'aux Archives municipales de Windsor ; voir Jack Cécillon, « Early Struggles for Bilingual Schools and the French Language in the Windsor Border Region », *Revue d'histoire de l'éducation*, vol. 1, n° 21, printemps 2009, p. 66-84.

[11] Yves Roby, *Les Franco-Américains de la Nouvelle-Angleterre, 1776-1930*, Sillery, Septentrion, 1990.

[12] *English-French School Inspector's Reports, 1912-1918*, ministère de l'Éducation, Archives provinciales de l'Ontario (APO) [microfilm], RG 102-0-1 ; RG 2-43.

[13] Selon les rapports des inspecteurs. Voir *English-French School Inspector's Report*, Essex, Elmer Ingall, 1912-1913, ministère de l'Éducation, Archives provinciales de l'Ontario (APO) [microfilm], RG 2-43.

[14] Thomas Swift, *Separate School Inspector of English-French Schools to Dr A. Colquoun*, Deputy Minister of Education, Ministry of Education, 13 décembre 1916, APO, RG 2-43.

professeur récalcitrant[15]. La grande majorité des écoles résistantes sont situées dans les communautés issues de l'immigration québécoise. Dans les communautés composées des anciens colons du Fort Détroit, seules les écoles dirigées par des pasteurs canadiens-français nationalistes manifestent une légère résistance[16].

Des leaders qui refusent d'appuyer la stratégie provinciale

Le message nationaliste de l'ACFÉO ne connaît donc pas beaucoup de succès chez les francophones du Sud-Ouest, y compris chez certains chefs de file des diverses communautés. Quelques-uns critiquent ouvertement l'ACFÉO, minant ainsi sa campagne contre le Règlement 17. C'est le cas, en particulier, du conservateur Joseph-Octave Réaume de Windsor, membre, il faut le dire, du gouvernement qui a décrété le Règlement 17 et qui en fait la promotion en le présentant comme un avantage pour les francophones. À son avis, le gouvernement accorde ainsi une première reconnaissance officielle au droit de recevoir une éducation en langue française, fût-elle limitée à une heure par jour. Lors de la campagne électorale de 1914, Réaume vantera les mérites de la décision gouvernementale en matière d'éducation :

> *As far as the clause No. 17 is concerned, to which so many objections have been held, it is not in existence now, as it has been replaced by clause 18. This clause permits the teaching of French in the schools for more than an hour and the placing of separate school inspectors on a level equal with those of the public school… If the French people want their rights it is not with a Rowell government that would do them any favours, but it is with the Whitney government, which has stood up and will stand up for, the rights of French people…*[17]

---

[15] *English-French School Inspector's Report*, Essex, 1918, APO [microfilm], RG 2-43.

[16] Jack Cécillon, « Language, Schools and Religious Conflict… », *op. cit.*, p. 157. À la Rivière-aux-Canards, Joseph Loiselle était à la tête d'une communauté ancienne et Lucien Beaudoin était, pour sa part, curé de la paroisse Notre-Dame-du-Lac à Ford City. Voir *River Canard School Register, 23 novembre 1925*, Archives ontariennes des Sœurs des Saints-Noms-de-Jésus-et-de-Marie, Windsor. Dans les communautés canadiennes-françaises les plus engagées dans la lutte, Napoléon Saint-Cyr était le pasteur à la Pointe-aux-Roches, Alfred David Émery était à la tête de la paroisse à Pain Court, et Lucien Landreville était le pasteur de Grande Pointe. Quatre des cinq prêtres nommés ci-dessus étaient québécois, et Émery était issu d'une famille migrante québécoise de Pain Court.

[17] *Windsor Evening Record*, 18 juin 1914 ; 20 juin 1914.

Ce ministre conservateur de Windsor, tout comme le candidat conservateur de la circonscription voisine, Paul Poisson, réussit à obtenir un certain appui électoral de la part de la population francophone, surtout parmi les vieilles communautés françaises de la rivière Détroit. Pour leur part, les communautés canadiennes-françaises du lac Sainte-Claire votent massivement contre les candidats du gouvernement Whitney lors des élections de 1914[18].

Un autre francophone bien en vue, l'ancien député provincial libéral et président de la Commission des écoles catholiques de Windsor, le libéral Gaspard Pacaud, refuse lui aussi de participer à la résistance au Règlement 17. Pacaud avait pourtant acquis une réputation enviable de grand défenseur de la langue française à l'époque de l'adoption du Règlement 12 (au début des années 1890)[19]. Si Pacaud refuse de joindre le mouvement de résistance au Règlement 17, il le fait cependant en invoquant des raisons qui ont peu de chose à voir avec le Règlement lui-même. Par ce refus, il entend plutôt protester contre ce qu'il juge être la mauvaise utilisation des fonds levés par l'Association catholique de la jeunesse canadienne-française (ACJC) au Québec pour venir en aide aux Canadiens français de l'Ontario. Selon lui, les chefs de l'ACFÉO à Ottawa privent les francophones des comtés d'Essex et de Kent de tout soutien financier alors qu'ils disposent d'un fonds d'une valeur de 53 341 $. Il s'agit là, pour Pacaud, d'une injustice inqualifiable, étant donné que les francophones du Sud-Ouest sont plus isolés et plus vulnérables face à la majorité anglophone que leurs compatriotes de la capitale canadienne. Il accuse les dirigeants de l'ACFÉO d'ignorer les souffrances des francophones de sa région :

> J'avais toujours été sous l'impression [*sic*] qu'Essex était dans l'Ontario. Mais en tant que cette jolie souscription est concernée, nous demeurerions en Chine que nous [n']en aurions pas été tenus plus éloignés. Je me suis informé pour savoir si nous avions reçu aucune aide de quelque

---

[18] *Windsor Evening Record*, 27 juin 1914. Et Réaume et Poisson ont été défaits par des candidats libéraux lors de ces élections provinciales.

[19] Avec l'adoption du Règlement 12, le gouvernement provincial d'Oliver Mowat répondait aux critiques formulées par l'opposition conservatrice et par l'opinion publique anglophone à l'endroit des écoles bilingues, en établissant de nouvelles normes pour les enseignants tout en exigeant que la langue anglaise soit la langue principale d'instruction.

> nature que ce f[û]t, soit d'Ottawa ou d'ailleurs. Rien, absolument rien. … Notre cas est unique et si l'on s'était donné le trouble que la jeunesse canadienne-française de la Province de Québec avait le droit d'attendre de ceux qui acceptaient son argent au nom des écoles bilingues d'Ontario, on se serait aperçu de ce fait. On aurait bientôt vu la lutte séparée qu'il fallait faire pour nous. Ce genre de guerre, est-il seulement pour Ottawa, ou pour l'Ontario en général[20] ?

Certains opposants au Règlement 17 remettent cependant en question la pureté des motivations de Pacaud. Le père Lucien Beaudoin suggérera, par exemple, que Pacaud voulait, par cette prise de position, se dédouaner de son manque de leadership depuis les débuts de la crise. Pacaud abandonnera bientôt son poste au sein de l'exécutif de l'ACFÉO. Il expliquera plus tard que l'ACFÉO menait une campagne qui ignorait les intérêts des francophones de Windsor et reprochera aux dirigeants de l'ACFÉO de ne pas comprendre la réalité très spécifique du Sud-Ouest ontarien, bien différente de celle de l'Est[21]. À son avis, l'allocation d'une heure d'enseignement en langue française (que permet le Règlement 18) représente un gain pour les francophones de Windsor, et non une perte. Toutefois, la population canadienne-française de Windsor ne peut même pas profiter de cette petite heure d'enseignement dans sa langue depuis que Mgr Michael Fallon, évêque du diocèse de London, a imposé l'embauche, en 1910, des Ursulines anglophones de manière à prévenir tout enseignement en langue française dans les écoles catholiques. Selon les rapports de l'inspecteur des écoles, les Ursulines avaient cessé d'enseigner le français dans trois des quatre écoles séparées de la ville avant même l'adoption du Règlement 17[22].

Cependant, la décision de Pacaud de ne pas militer ouvertement contre le Règlement 17 peut potentiellement s'expliquer autrement. La presse rapporte en effet que Pacaud, fils de Philippe-Napoléon Pacaud, un chef patriote des rébellions bas-canadiennes longtemps établi à Windsor, a entamé avec Joseph-Octave Réaume

---

20 *Windsor Evening Record*, 21 février 1917.

21 Il sera d'ailleurs suivi en cela par les huit membres canadiens-français de la commission scolaire qui s'abstiendront de promouvoir la résistance.

22 R. H. Cowley, Inspecteur en chef des écoles publiques et séparées à Robert Allan Pyne, 15 novembre 1912, APO, ministère de l'Éducation [microfilm], RG 2-43.

des négociations secrètes auprès des élus conservateurs pour obtenir des concessions au profit des francophones[23]. Si tel est le cas, sans doute ne veut-il pas nuire aux démarches qu'il a entreprises en coulisses en prenant position publiquement[24]. Il est possible aussi que l'inaction de Pacaud soit imputable à un motif plus intéressé, car depuis 1911, il travaille à l'emploi du gouvernement ontarien comme agent des licences, un poste fort bien rémunéré[25]. Toute dissidence ouverte contre le gouvernement Whitney lui aurait sans doute coûté son emploi. Quelle que soit la vérité, la résistance a été privée d'un des membres les plus en vue de l'élite de Windsor. En vérité, Pacaud, qui a lancé le journal *Le Progrès* en 1881, a été pendant longtemps la voix nationaliste qui militait pour des écoles bilingues dans la région; après quelques années de silence face au Règlement 17, il avait enfin retrouvé sa voix en 1915, voire bien plus discrète, auprès des autorités provinciales derrière huis clos[26].

Les efforts des nationalistes favorables à l'ACFÉO

En dépit du ressentiment de certains militants locaux comme Gaspard Pacaud, l'exécutif de l'ACFÉO à Ottawa multiplie les efforts afin de mobiliser la population francophone du Sud-Ouest ontarien. Frustrés par ce qu'ils considèrent être de l'inaction de la part de son

---

[23] *Windsor Evening Record*, 3 juillet 1918.

[24] Selon Pacaud et Réaume, cette stratégie a presque porté fruit. Robert Allan Pyne, le ministre de l'Éducation, aurait en effet accepté qu'on enseigne une heure de français dans trois écoles de la région. L'on sait pourtant que les Ursulines ont refusé d'introduire ce changement, au grand désarroi de Réaume, qui sera bientôt désavoué par Robert Allan Pyne. Réaume a en effet tenté d'obtenir de nouveau l'intervention de son collègue dans ce dossier, mais en vain. Le docteur Pyne prétextera qu'il a mal interprété le Règlement et qu'il n'a pas le pouvoir d'appliquer cette mesure dans les écoles de Windsor, étant donné l'opposition formelle de Mgr Fallon, évêque de London. *Windsor Evening Record*, 10 juillet 1918; «Joseph Réaume, 6 février 1916», déposition, dans *Diffamationis et Poenarum: Summarium*, Archives du Diocèse de London (ADL), Bishop Michael Francis Fallon Papers, boîte nº 2, dossier 16.

[25] *Recensement Canada*, 1891,1911 [Windsor]. En 1911, Pacaud gagnait un salaire de 2500$ par année avec le gouvernement provincial, après plusieurs années de travail comme journaliste pour le journal *Le Progrès*, avec son frère Aurèle, où il avait touché un salaire annuel de 800$.

[26] Éventuellement, après huit années sans succès, Pacaud est rentré au sein de l'exécutif régional de l'ACFÉO comme vice-président, peut-être quand il semblait que sa campagne en coulisses auprès du gouvernement provincial avait échoué. Damien Saint-Pierre à J. Edmond Cloutier, 7 février 1923, CRCCF, C2/222/6.

journal, *Le Progrès* de Windsor[27], les dirigeants nationalistes lancent en 1913 leur propre hebdomadaire : *Le Clairon.* Ce journal de combat appelle expressément les parents francophones à résister au Règlement 17. De manière à inspirer les francophones à l'action, il multiplie les reportages au sujet de la résistance et de la désobéissance dans le Sud-Ouest et un peu partout dans la province. Mais la vie du *Clairon* sera brève : après six mois, ses dirigeants déclarent faillite.

Quelques années plus tard, les nationalistes de Ford City – devenue East Windsor –, menés par l'avocat Joseph de Grandpré et les docteurs Damien Saint-Pierre et Gustave Lacasse, annoncent le lancement d'un second journal de combat intitulé *La Défense.* Celui-ci tenait un discours nationaliste dont l'objectif était d'appuyer la résistance au Règlement 17. De manière plus précise, *La Défense* mène la charge contre le père François-Xavier Laurendeau, nouveau pasteur de l'église Notre-Dame-Du-Lac de Ford City, considéré par ses opposants comme le « laquais » de Mgr Fallon[28]. Soulignons que Laurendeau avait été le seul Canadien français à siéger au tribunal diocésain qui menaça le père Beaudoin (et un certain nombre d'autres prêtres canadiens-français nationalistes) de suspension pour leur refus de se soumettre à l'ordre de Mgr Fallon de ne plus militer en faveur des écoles bilingues. Laurendeau est soupçonné par les paroissiens d'être un agent d'anglicisation à la solde de Mgr Fallon. L'installation forcée du père Laurendeau (par des policiers !) provoque une manifestation violente, laquelle sera suivie d'un boycottage de sa paroisse qui se prolongera pendant un an, jusqu'à ce que Rome intervienne pour sommer les paroissiens récalcitrants de se soumettre au nouveau curé, sous peine d'excommunication[29].

Tous les paroissiens qui s'opposent à la venue du curé Laurendeau ne sont pas motivés par les mêmes raisons. Certains s'y opposent par conviction « nationaliste », car ils croient les rumeurs suivant lesquelles Laurendeau s'oppose aux écoles bilingues, mais d'autres sont simplement indignés du mauvais traitement réservé par

---

[27] Journal publié à cette époque par le frère de Gaspard Pacaud.

[28] *La Défense*, 14 mars 1918.

[29] Robert Choquette, *Langue et religion*, Ottawa, Presses de l'Université d'Ottawa, 1977 et Jack Cécillon, « Turbulent Times in the Diocese of London : Bishop Fallon and the French Language Controversy », *Ontario History*, LXXXVII, 4 décembre 1995, p. 369-398.

Laurendeau, Fallon et les autres juges du tribunal diocésain à feu l'abbé Beaudoin. Ils accusent ces individus d'avoir précipité la mort de leur ancien pasteur. Bref, c'est davantage par amitié pour leur ancien curé que pour d'autres raisons que plusieurs paroissiens se seraient opposés à la venue de Laurendeau. Imputer l'hostilité dont ils firent preuve à l'endroit de Laurendeau à l'appui que donna ce dernier au Règlement 17 serait sans doute réducteur.

Aux paroissiens déçus et désillusionnés, les nationalistes justifient ainsi leur lutte en 1918 :

> Ce n'est pas, comme on a tenté de le faire croire, contre un homme que les gens de Ford se sont soulevés, mais contre un système savamment combiné d'anglicisation à outrance. Les paroissiens de Ford City ont une connaissance de la détermination bien arrêtée chez Mgr Fallon dès mai 1910, quelques jours après son sacre, « de faire disparaître jusqu'aux traces mêmes de l'enseignement bilingue dans son diocèse ». Ils ont constaté et souffert ensuite d'une manière particulière la mise à exécution de cet engagement par le Règlement 17, si fortement approuvé par Mgr l'Évêque de London. Exaspérés par tant d'injustice et de persécutions, et voyant leurs craintes se réaliser, les paroissiens de Ford City n'y purent plus tenir, et organisèrent la résistance. Ils refusèrent de donner leur confiance à un homme [Laurendeau] qui avait été l'instrument docile entre les mains du chef du système de persécution contre les prêtres canadiens-français, et en particulier contre leur curé le cher Père Beaudoin. Ils ne voulurent pas que la victime fût remplacée dans leurs cœurs par un des instruments serviles du système d'anglicisation[30].

Le journal *La Défense* connaît un relatif succès pendant cette période de haute tension, avant de devoir fermer ses portes en 1920, faute de lecteurs.

Mais les chefs nationalistes de la région les plus fidèles aux principes de l'ACFÉO ne s'avouent pas vaincus pour autant. Ils pensent plutôt qu'un changement de stratégie s'impose. Le docteur Damien Saint-Pierre attribue la réticence de certains Canadiens français devant le message de l'ACFÉO à la défaite humiliante des nationalistes de Ford City devant les autorités romaines. Bien des gens ont ainsi perdu confiance dans les capacités des dirigeants nationalistes

---

[30] *La Défense*, 28 mars 1918.

et plus globalement dans le mouvement de résistance contre le Règlement 17. Certains francophones, pourtant sensibles aux arguments nationalistes, se mirent à douter des chances de succès du mouvement et lui tournèrent le dos.

Convaincus que le message nationaliste a perdu sa crédibilité auprès de la population du Sud-Ouest, Damien Saint-Pierre et son beau-frère, le docteur Gustave Lacasse, décident de la création d'un autre journal. L'objectif est de rebâtir subrepticement la fierté des francophones dans un milieu anglodominant. Puisque cette population semble allergique à un argumentaire de type nationaliste, on croit pouvoir reconquérir les cœurs par la publication d'un journal axé sur la culture plutôt que sur la politique. Ce nouveau journal évitera de discuter ouvertement de la campagne contre le Règlement 17, un sujet de toute évidence trop controversé, préférant mettre l'accent sur des sujets non polémiques, comme les événements sociaux ou religieux. Pour des nationalistes modérés comme Damien Saint-Pierre, l'important est de mettre entre les mains des francophones de la région des journaux de langue française. Son objectif est de rebâtir un espace public de langue française dans ce milieu anglophone de manière à regagner la confiance de ses anciens fidèles. Cela donnera le journal *La Presse-Frontière*[31]. De leur côté, Lacasse et Saint-Pierre approuvent implicitement cette stratégie en fondant une organisation strictement culturelle, le Club Lasalle, en 1923. Ce club invite des conférenciers renommés du Québec et parraine des spectacles musicaux et des pièces de théâtre de langue française. Ces soirées attirent, tous les deux ou trois mois, des centaines de francophones.

Tous, dans les milieux nationalistes, ne seront pas en accord avec cette stratégie. Par exemple, Joseph de Grandpré s'y oppose en critiquant publiquement *La Presse-Frontière*, qu'il qualifie de « feuille de chou[32] » dépourvue d'une orientation clairement

---

[31] Damien Saint-Pierre à Lionel Groulx, 29 octobre 1923, Fonds Lionel Groulx, Centre de Recherche Lionel Groulx, Montréal, P1/A, 3346. Le journal ne sera en activité que quelques mois entre 1921 et 1922.

[32] Damien Saint-Pierre à Charles Charlebois (« Elieude »), 8 mai 1922, Centre de recherche en civilisation canadienne-française de l'Université d'Ottawa (dorénavant CRCCF), C2/222/1.

militante et nationaliste. La sortie en règle de de Grandpré sème cependant la division dans les rangs des nationalistes, entre ceux que l'on pourrait qualifier de « modérés », qui appuient la stratégie des petits pas, et les « passionnés » comme de Grandpré, qui souhaiteraient que soit davantage affirmé le message de la résistance.

La crainte des « outsiders »

Il faut dire que la méfiance règne chez les francophones de la région à l'endroit des individus provenant de l'extérieur de la région et venus explicitement promouvoir un message nationaliste. Depuis l'émeute de Ford City, certains ont l'impression – loin d'être fausse d'ailleurs[33] – que les dirigeants de cette cabale si peu féconde proviennent le plus souvent du Québec ou de l'Est ontarien. À l'exception des pères Alfred David Émery (né à Pain Court) et Pierre Langlois, de Tecumseh et issu d'une vieille famille française de la rivière Détroit, peu de dirigeants du mouvement de résistance proviennent de la région. Enfin, les mauvaises langues racontent que Stanislas Janisse, chef paroissial de Ford City et fermier de vieille souche française de la région, participe ouvertement à la lutte uniquement parce qu'il est sous l'influence de sa femme… québécoise.

Les effets du Règlement 17

Selon un rapport de la Société Saint-Jean Baptiste datant de 1918, les agissements de Mgr Fallon et la mise en œuvre du Règlement 17 font sentir leurs effets dans la région. L'on peut en effet observer un taux croissant d'anglicisation chez les jeunes francophones. En ce qui a trait aux préoccupations de nature identitaire, on constate que la « fierté nationale » est davantage le fait des personnes de plus de cinquante ans, mais que les jeunes générations restent ambivalentes par rapport aux questions linguistiques et religieuses. Selon le docteur Damien Saint-Pierre,

> l'ambiance dans laquelle [les jeunes canadiens-français] vivent tend […] absolument à atrophier leur mentalité française et catholique, à commencer par le théâtre, la revue, anglaise ou américaine, où ils puisent

[33] Gustave Lacasse et Joseph de Grandpré ne cachaient pas leurs origines montréalaises et le docteur Saint-Pierre provenait de la région de Cornwall.

> quotidiennement le mépris de leur race et les idées anti-catholiques, et jusqu'à l'église et l'école où en les dépouillant de leur mentalité française on leur enlève en même temps le sens catholique[34].

L'on constate avec effroi que les jeunes Canadiens français sont de plus en plus portés à succomber aux charmes de la société de consommation promue par la radio et les journaux canadiens-anglais et américains. Il semble hors de la portée des dirigeants nationalistes de faire contrepoids à la machine médiatique anglo-saxonne. La presse française ne se vend pas facilement et le Club Lasalle n'attire pas beaucoup de jeunes.

On découvre aussi avec dépit que le Règlement 17 a un impact au sein des familles canadiennes-françaises[35]. Saint-Pierre s'inquiète du nombre grandissant de jeunes francophones qui ne peuvent plus parler leur langue maternelle. Plusieurs développent ce que les sociologues de la fin du XXe siècle nommeront « l'insécurité linguistique », qui se manifeste par une certaine honte par rapport à leur incapacité à s'exprimer convenablement en français. Et puis, l'on craint que les idées acquises à l'école anglaise ne provoquent un conflit générationnel en amenant les enfants à rejeter la religion de leurs pères :

> [C]es enfants grandissent sans savoir lire leur langage, la langue de leurs parents, ils fréquentent les gens de langue anglaise... Du reste ces jeunes gens qui apostasient leur nationalité sont déjà à moitié apostats de leur religion, ils se trouvent sans traditions, sans boussole dans un monde qui leur est étrange et où en général on méprise tout ce que leurs parents aimaient et respectaient...
>
> Dans les écoles on pousse le zèle jusqu'à enseigner le catéchisme verbalement en français à des enfants à qui on l'enseignerait bien plus facilement si on commençait par leur montrer à lire. Comment ces enfants

---

[34] Joseph de Grandpré, Damien Saint-Pierre, Stanislas Janisse, A. Tancrède Saint-Pierre, *Rapport sur la situation des Canadiens français des comtés d'Essex et de Kent*, Société Saint-Jean-Baptiste, Windsor, Ford City, Essex, Kent à Alexandre Grenon, secrétaire provincial, ACFÉO, janvier 1922, CRCCF, C2/97/12; voir aussi Damien Saint-Pierre à J. Edmond Cloutier, 18 janvier 1922, CRCCF, C2/6/1.

[35] « Vous avez ensuite des enfants qui grandissent sans le respect des parents, qui n'aiment pas à dire la prière en famille. » Damien Saint-Pierre à Charles Charlebois, vers 1920, CRCCF, C2/156/14.

> pourront-ils continuer leur instruction religieuse dans leur langue s'ils ne la savent pas? Tout cela est évidemment fait pour amener ces enfants à mépriser leur langue et tout ce qu'elle entraîne de traditions[36].

Le docteur Saint-Pierre, à qui l'on doit cette harangue, n'en veut pas uniquement aux religieuses anglophones admises dans les écoles par Mgr Fallon. Il impute également la responsabilité de cette dérive aux curés de la région du Sud-Ouest. À son avis, les prêtres de la région ne se soucient pas toujours de la survie culturelle des Canadiens français et trouvent devant eux des ouailles incapables de leur tenir tête:

> [À] Sandwich, le curé, malgré son nom, est anti-français. À propos, je vous dis plus haut en rapport avec les messes que les Canadiens français sont furieux mais ne savent pas comment s'organiser pour faire leurs plaintes. Le peuple ici manque de leaders, de chefs là encore, l'Évêque Fallon et ses prédécesseurs l'ont bien guetté… Fallon continue à les guetter avec assiduité. Il ne veut pas que les enfants apprennent le français à l'école primaire. Lorsqu'ensuite ils entrent au collège de Sandwich, ils ne savent pas assez le français pour même lire et d'ailleurs l'enseignement français est tout en anglais, et on a la gracieuseté de leur enseigner le français comme langue étrangère. La plupart n'osent pas le parler ne sachant pas…[37]

Damien Saint-Pierre n'est pas le seul à exprimer ce genre de craintes. Les archives du diocèse de London rendent compte du type de plaintes que le catholique moyen formule à l'encontre de l'Église. Par exemple, Julien Mousseau se plaint que les Ursulines de Windsor forcent sa fille à se confesser en anglais[38]. François Séguin, charpentier, est furieux que les religieuses de la St. Mary's Academy de Windsor encouragent sa fille à se joindre aux Sœurs de Saint-Joseph, un ordre religieux anglophone[39].

---

[36] Damien Saint-Pierre à Charles Charlebois, ACFÉO, vers 1920, lettre sans date, CRCCF, C2/156/14.

[37] Saint-Pierre à Charlebois, vers 1920, CRCCF, C2/156/14.

[38] «Julien Mousseau, marchand de Windsor, 31 janvier 1916», déposition, dans *Diffamationis et Poenarum*, Archives du Diocèse de London (ADL), Bishop Michael Francis Fallon Papers, boîte n° 2, dossier 16.

[39] François Xavier Séguin, Windsor, à Stanislas Brault, les Oblats de Marie Immaculée, Ottawa, 7 avril 1918, CRCCF, C2/222/1.

Des écoles bilingues indépendantes et en concurrence

La tentative du Montréalais d'origine Joseph de Grandpré de fonder une école indépendante à Windsor montrera bientôt qu'un certain nombre (relativement faible) de francophones de la région est tout de même sensible au discours nationaliste de la survivance. En effet, dès son ouverture en 1922, l'école Jeanne-d'Arc attire plus d'une centaine d'élèves, moyennant pour les parents des frais annuels de près de soixante dollars[40].

Cette expérience, a priori convaincante, divise pourtant la communauté. Un certain nombre de nationalistes s'opposent au projet, n'y voyant qu'une tentative pour discréditer la section locale de la Société Saint-Jean Baptiste. Cette dernière avait remplacé de Grandpré comme président par le frère du docteur Saint-Pierre, et les tensions entre ces rivaux sont enfin exposées. Contrarié, de Grandpré et un certain nombre de ses amis abandonnent la SSJB pour fonder une association nationaliste rivale: la Ligue des patriotes. C'est cette nouvelle organisation qui parraine la création d'une école indépendante bilingue. Les nationalistes modérés s'opposent à cette nouvelle école de crainte qu'un geste nationaliste ne divise encore une fois la communauté. Ils estiment que de Grandpré lance ce projet par orgueil. Ils croient aussi que ses disciples vont trop vite cependant que la communauté n'a pas encore pansé les plaies de ses récents échecs contre les efforts d'anglicisation de Mgr Fallon. En dernière analyse, ce désaccord sur la stratégie à suivre parmi ceux qui s'opposent au Règlement 17 et que l'on peut qualifier de « nationalistes » masque une querelle personnelle entre de Grandpré (et ses partisans de la Ligue des patriotes) et les frères Saint-Pierre (et leurs partisans dans la Société Saint-Jean-Baptiste). La rivalité et la rancune mutuelles entre ces chefs empêcheront le succès d'une nouvelle stratégie de résistance contre le Règlement 17.

L'on s'inquiète notamment que la nouvelle école indépendante soit vue comme un autre projet mené par des « outsiders ». Le père Pierre Langlois, de Tecumseh, un nationaliste modéré et partisan des frères Saint-Pierre, craint que « [l]e cri des outsiders sera encore

---

[40] *Le Droit*, 22 novembre 1923.

bien plus fort que jamais. La SSJB [Société Saint-Jean-Baptiste] commença à faire un bon travail à Windsor et Ford avec plus de mille membres qui paraissent se réveiller et vouloir travailler. Tout cela sera paralysé si la désunion augmente parmi les [C]anadiens[41]. » Langlois juge prématuré et inspiré par la vengeance ce projet d'école libre[42]. Loin d'être un symbole d'unité, l'école Jeanne-d'Arc divise les nationalistes canadiens-français de la région.

L'ACFÉO provinciale n'aide pas à arranger les choses. Son empressement à appuyer le projet sans connaître les détails de sa mise en œuvre ajoute à l'acrimonie entre les diverses parties. L'Association ignore les détails de la rupture entre de Grandpré et la Société Saint-Jean-Baptiste, ce qui ne l'empêche pourtant pas d'applaudir publiquement les efforts faits par la Ligue des patriotes pour fonder une école bilingue indépendante[43]. Elle ne prend conscience de sa bévue que lorsqu'elle se voit, incrédule, vivement critiquée par les dirigeants de la SSJB de Windsor pour son appui au projet d'école indépendante[44]. Dans l'espoir d'éclaircir les enjeux et de rapprocher les groupes rivaux, l'ACFÉO dépêche ses représentants à Windsor, mais ses efforts se soldent par un échec[45].

Après l'échec de ce rapprochement, le docteur Saint-Pierre lance, avec l'aide de son frère Tancrède, une école bilingue rivale, l'école Saint-Stanislas de Ford City[46]. Puisque les deux écoles attirent la même clientèle, elles se font concurrence et en souffriront toutes deux. Il faut dire que moins de 10 % des enfants de la région fréquentent l'une ou l'autre de ces écoles[47], et que les deux vont devoir fermer leurs portes après seulement quelques années d'activité[48]. On peut conclure de ce faible appui à l'un ou à l'autre

---

[41] Pierre Langlois à Charles Charlebois, 9 mai 1922, CRCCF, C2/222/1.

[42] Langlois à Charlebois, 9 mai 1922, CRCCF.

[43] J. Edmond Cloutier à Damien Saint-Pierre, 10 avril 1922, CRCCF, C2/222/1.

[44] A. P. Simard, membre de la SSJB-Windsor à J. Édouard Cloutier, 23 avril 1922, CRCCF, C2/222/1 ; A. Tancrède Saint-Pierre, Président de la SSJB-Windsor à Napoléon Belcourt, 2 mai 1922, [télégramme] CRCCF, C2/222/1.

[45] Napoléon Belcourt à A. Tancrède Saint-Pierre, 2 mai 1922, CRCCF, C2/222/1 ; J. Édouard Cloutier à Damien Saint-Pierre, 6 mai 1922.

[46] Damien Saint-Pierre à J. Edmond Cloutier, 29 juin 1924.

[47] Le tiers des élèves de l'école Saint-Stanislas avaient le patronyme Saint-Pierre.

[48] Ella Gravel, secrétaire de l'École Jeanne d'Arc à J. Édouard Cloutier, 24 avril 1927 ; Gustave Lacasse à J. Édmond Cloutier, octobre 1927, CRCCF, C2/223/1.

de ces projets scolaires que l'adhésion au projet nationaliste et à l'idéologie de la survivance n'a jamais été très enthousiaste dans le Sud-Ouest de l'Ontario.

L'abrogation partielle du Règlement 17

En 1927, suite aux recommandations de la Commission Merchant-Scott-Côté, le gouvernement provincial de G. Howard Ferguson annonce d'importantes modifications au Règlement 17. Dans un geste interprété comme un signe d'ouverture aux écoles bilingues, le premier ministre crée un poste de directeur provincial de l'instruction française[49]. Parmi les modifications apportées au Règlement, notons l'embauche de deux inspecteurs (l'un anglophone et l'autre francophone) et la création de trois catégories d'écoles[50]. Enfin, le gouvernement provincial reconnaît la validité du programme pédagogique de l'Université d'Ottawa destiné à la certification des professeurs bilingues[51].

Le 1er mai 1928, le comité des enseignants de la Commission scolaire séparée de Windsor se réunit pour discuter de ces changements. L'inspecteur Melady y annonce son intention de mener un sondage auprès de toutes les familles canadiennes-françaises dont les enfants fréquentent les écoles séparées de la région de Windsor, de manière à avoir une idée de la composition linguistique de sa clientèle. Les résultats, bien que non scientifiques, sont quand même instructifs.

---

[49] C'est Aurèle Bénéteau, qui avait siégé comme secrétaire de la commission, qui sera le premier à occuper cette fonction.

[50] La catégorie 1 regroupe les écoles où les élèves francophones parlent majoritairement l'anglais à leur arrivée, la catégorie 2 regroupe les écoles où peu d'étudiants détiennent une bonne connaissance de l'anglais mais qui se situent dans un environnement majoritairement anglophone et, enfin, la catégorie 3 regroupe les écoles fréquentées par des élèves issus de milieux majoritairement francophones et qui n'ont pas de connaissance de la langue anglaise.

[51] *Le Droit*, 22 septembre 1927.

Tableau 1 : Capacités linguistiques des enfants d'origine française des écoles séparées de Windsor[52]

École	Nombre d'élèves pouvant parler le français	Nombre d'élèves ne parlant que l'anglais
Holy Name	76	149
Sacré-Cœur (filles)	25	99
Sacré-Cœur (garçons)	20	37
St. Alphonsus	56	106
St. Alphonsus (Goyeau)	19	
St. Alphonsus (garçons)	16	36
St. Clare	46	108
St. Edmund's (Saint-Edmond)	87	63
St. Francis	79	71
St. Joseph	174	79
St. Angela	86	
St. Angela (Duplexes)	78	125
St. Angela (garçons)	25	26
Parent Avenue		54
Total : 1768	815	953
	46 %	54 %

Selon le rapport Melady, plus de la moitié des 1768 enfants d'origine française sont incapables de parler français. La question se pose à savoir si l'on doit enseigner le français à tous les enfants d'origine française en incluant ceux qui ne comprennent pas la langue. Après consultation auprès du syndic de la commission des écoles séparées[53], le comité décide que tous les enfants d'origine française peuvent recevoir l'enseignement en langue française, mais seulement si les parents en font une demande écrite. De manière à prévoir les effectifs nécessaires à accueillir les élèves, le comité décide d'envoyer à chaque parent une carte-questionnaire devant être retournée aux directeurs d'écoles dans un délai de cinq jours. Plus de trois mille cartes seront ainsi postées[54].

Les dirigeants nationalistes s'étonnent de la rapidité du délai imposé par la commission scolaire pour remplir et retourner les questionnaires. À leur avis, la précipitation avec laquelle on

[52] *Report of the Teachers' Committee of the Windsor Separate School Board*, 1er mai 1928, CRCCF, C2/223/3.

[53] *Report of the Teachers'*, 1er mai 1928.

[54] Damien Gourd, secrétaire-trésorier de la Commission scolaire séparée de Windsor, aux parents ou tuteurs français de Windsor, dans *Report of the Teachers'*, 1er mai 1928, CRCCF, C2/90/20.

procède dans ce dossier risque de réduire le nombre de classes françaises pour l'année scolaire 1928-1929. Saint-Pierre écrira: « [O]ui, en effet, il y a eu des entraves. L'Inspecteur Melady et la fameuse Sister Supérieure [*sic*] des Ursulines ont mis les entraves. M. Mero [syndic d'école], furieux de la supercherie de ces gens-là se propose de faire démettre Melady, etc. Et Dieu sait si Mr Mero peut faire la pluie et le beau temps à la commission scolaire de Windsor[55]. » La mobilisation s'organise, comme le décrit le docteur Damien Saint-Pierre dans une lettre à l'ACFÉO:

> Nous avons commencé une série d'assemblées dans les paroisses à travers le comté d'Essex pour implanter l'Association dans l'ouest de l'Ontario. Nous en profitons pour faire une campagne d'éducation. Ainsi, lorsque l'Association d'Ottawa aura un mot d'ordre à transmettre concernant les écoles ou toutes autres questions elle pourrait s'aboucher avec l'Association SSJB à Windsor et à son tour cette dernière prendra sur elle de communiquer les désidératas à ses membres. Comme vous le voyez, nous pourrons faire disparaître un peu du malaise contre l'outsider… En outre nous faisons une forte campagne pour *Le Droit*. Si vous le jugez à propos voudriez-vous avoir des comptes rendus de ces assemblées? Assemblée hier soir (dimanche à Tilbury, salle comble, dimanche prochain Pain Court, dimanche suivant probable Pointe-aux-Roches, etc., etc., à tous les dimanches, jusqu'à ce que nous ayons parcouru tout le comté. Peut-être aussi qu'il serait mieux de ne pas publier ces rapports pour ne pas éveiller les susceptibilités des Fallonisants? Je ne sais pas[56]?)

On le voit, le docteur Saint-Pierre fait campagne en 1928 non seulement pour sensibiliser la population aux changements par rapport au Règlement 17, il veut profiter de l'occasion pour faire disparaître l'impression que le mouvement de résistance n'est l'affaire que des « outsiders ».

La réintroduction de l'apprentissage en langue française redonne de l'espoir aux nationalistes canadiens-français, mais tous les nuages ne se sont pas pour autant dissipés. La plupart des élèves apprennent le français comme s'il s'agissait pour eux d'une langue

---

[55] Damien Saint-Pierre à J. J. Allard, secrétaire, ACFÉO, 24 septembre 1928, CRCCF, C2/90/20.

[56] Damien Saint-Pierre à Charles Charlebois, 13 août 1928, CRCCF, C2/90/20.

seconde, ce qui, comme l'attestent d'ailleurs les statistiques du rapport Melady, est souvent le cas.

Le rapport Rochon

L'ACFÉO tient, au printemps 1929, un autre Congrès provincial de manière à planifier une stratégie visant à faire reconnaître l'instruction en langue française dans un maximum d'écoles. Pour les comtés d'Essex et de Kent, on confie au docteur Rochon, de Tilbury, la tâche de préparer un rapport estimant l'impact qu'ont pu avoir les seize années du régime du Règlement 17. Pour préparer son rapport, Rochon visite quinze paroisses rurales et neuf paroisses urbaines[57]. Il constate que bien des paroisses, comme celle de Chatham, qui compte cent trente familles canadiennes-françaises, sont desservies par des curés unilingues anglais. Rochon remarque que la situation est plus favorable au français là où l'on trouve des prêtres canadiens-français. À Grande-Pointe, par exemple, le travail des pères Landreville et Émery favorise la vie culturelle des Canadiens français, eux qui n'ont toujours pas accès à l'instruction française dans les écoles bilingues[58]. Quant à la paroisse de Pain Court, avec une population de huit cents âmes, le travail du père Émery et les cercles agricoles pour la jeunesse y favorisent le sentiment d'appartenance communautaire inculqué dans les deux écoles séparées bilingues du coin, malgré le zèle anglicisant de l'inspecteur[59].

Rochon juge que la situation dans la paroisse de Saint-Pierre (près de Tilbury) est la plus pitoyable. Les élèves canadiens-français y fréquentent des écoles *publiques* et *unilingues anglaises*.

---

[57] Rochon identifie quinze paroisses rurales dans le Sud-Ouest ontarien comportant une population partiellement ou exclusivement francophone : Amherstburg, Loiselleville (Rivière-aux-Canards), Lasalle, McGregor, Tecumseh, Belle rivière, Saint-Joachim, Staples, Pointe-aux-Roches, Tilbury, Saint-Pierre, Pain Court, Grande Pointe, et Sain-Joseph au lac Huron (Sarnia). Quant aux paroisses urbaines, Rochon retient l'Assomption (Sandwich), Notre-Dame-du-Lac (Ford City), Sacré-Cœur (Windsor), Immaculée Conception (Windsor), Sainte-Claire (Windsor), Our Lady of Perpetual Help (Windsor), Ste. Anne's (Walkerville), Sainte-Rose (Riverside) et la paroisse de Wallaceburg.

[58] « La situation des nôtres aux points de vue religieux, scolaire, national, et économique dans les comtés d'Essex et de Kent », discours du docteur Rochon au Congrès des Canadiens français de l'Ontario, ACFÉO, 17-18 avril 1928, CRCCF, C2/7/14, p. 1-2.

[59] *Ibid.*, p. 3.

Bien que l'école paroissiale offre une heure de français aux élèves, les enfants et les professeurs ne parlent que l'anglais dans la cour de récréation. Toujours selon Rochon, l'urbanisation, les médias américains, la controverse scolaire et l'apathie autant des parents que des enseignants contribuent à l'affaiblissement identitaire des enfants canadiens-français. Une bonne partie de la population canadienne-française démontre ainsi une nette préférence pour l'anglais. L'on constate même que plusieurs commencent à angliciser leur nom de famille, tournant définitivement le dos à leur héritage.

Si l'avenir semble peu prometteur à Tilbury, l'isolement rural de la vie agricole offre une certaine protection contre les effets anglicisants de la ville et permet d'entretenir un peu d'espoir. Toujours selon Rochon, les communautés canadiennes-françaises les plus dynamiques se trouvent dans les paroisses rurales et isolées, comme Saint-Joachim, Pointe-aux-Roches, Pain Court et Grande Pointe[60]. Mais, même dans ces paroisses, les seize années du Règlement 17 auront eu un impact, puisque l'enseignement du français dans les écoles publiques se résume à peu de chose. Dans la conclusion de son rapport sur l'état des écoles bilingues en 1928, le docteur Rochon y va de cette analyse :

> Maintenant, je résume en quelques phrases la situation scolaire. À Wallaceburg, Amherstburg, certaines écoles de Tilbury, Chatham, St-Pierre, McGregor, Grande Pointe, certaines écoles de Pain Court, plusieurs écoles de Windsor et quelques-unes dans nos campagnes, on n'y enseigne pas de français du tout. Dans les autres endroits, on y donne à peu près une heure de français dans les classes, mais en dehors de l'école, la conversation est plutôt en anglais. Il y a certainement un gros travail à faire pour améliorer la situation des nôtres dans cette partie du pays, où le Règlement XVII nous a fait perdre complètement plus de 40 % des élèves canadiens-français, qui ont fréquenté ces écoles durant le fameux règne. Il nous faut des instituteurs mieux qualifiés pour enseigner le français, mais pour ce faire, il nous faut de meilleures écoles destinées à leur formation[61].

---

[60] *Ibid.*, p. 4.
[61] *Ibid.*, p. 8.

L'analyse de Rochon confirme ce que décrivait déjà le rapport Melady, à savoir l'effet dévastateur du Règlement 17 (et du milieu urbain anglais) sur la transmission linguistique des populations francophones du Sud-Ouest.

Des progrès à petits pas

Les dirigeants de l'ACFÉO provinciale s'inquiètent de la lenteur avec laquelle le français est réintroduit dans les écoles de Windsor après 1927. Dans une lettre au syndic de la commission catholique, l'ACFÉO tente de déterminer les besoins de la commission en matière d'instructeurs qualifiés et s'engage à tout faire pour recruter le personnel nécessaire[62]. L'une des stratégies privilégiées par l'ACFÉO consiste à demander que soient regroupés dans une même école les enseignants de langue française de manière à combattre l'anglicisation. Le syndic Clairoux s'engage ainsi à faire de son mieux pour établir autant d'écoles parallèles bilingues que possible[63]. On essaiera aussi de ne pas confier les enfants canadiens-français aux religieuses anglophones ou hostiles au fait français. C'est ce type d'initiatives qui mène à la réorganisation de l'école Saint-Edmond pour en faire l'école bilingue de la ville de Windsor, en septembre 1929. Après tant d'années de lutte, ce succès représente une concession modeste à la communauté francophone de Windsor.

La commission scolaire séparée de Windsor reste divisée sur la question des écoles bilingues. Lorsque les nationalistes, menés par Gustave Lacasse, demandent la réouverture de l'école Jeanne-d'Arc pour en faire un collège classique bilingue comprenant une cinquième forme (c'est-à-dire les 9e et 10e années), ils n'obtiennent des syndics que la vague promesse qu'ils étudieront la requête[64]. Lorsque le docteur Clairoux pousse plus avant encore la chose auprès de ses collègues du syndic, il doit faire face à une opposition inflexible, dont il se plaindra : « Quant au cinquième cours dont vous parlez, laissez-moi vous dire que j'avais une quarantaine

---

[62] H. R. Allard, secrétaire provincial de l'ACFÉO, à J. A. Clairoux, MD, syndic, La commission scolaire séparée de Windsor, 29 avril 1929, CRCCF, C2/223/3.
[63] J. A. Clairoux à H. R. Allard, 2 mai 1929 CRCCF, C2/223/3.
[64] Gustave Lacasse à H. R. Allard, 11 septembre 1929, CRCCF, C2/223/3.

d'élèves prêts à le suivre, et que j'en ai soumis le projet à une assemblée régulière, il y a près de deux mois, mais j'ai été simplement et carrément refusé[65]. »

Toutefois, les difficultés liées à l'enseignement en langue française dans cette région ne proviennent pas uniquement de la résistance qu'y opposent certains anglophones. Quand le président de l'ACFÉO, Napoléon-A. Belcourt, fait appel à la Supérieure générale des Sœurs des Saints-Noms-de-Jésus-et-de-Marie de Montréal pour qu'elle se charge de mettre sur pied un programme parallèle bilingue à la St. Mary's Academy, en 1931, Sœur Marie Odilon lui répond que ce programme serait voué à l'échec étant donné la mentalité réfractaire à la langue française constatée chez les jeunes francophones de la région :

> Quant à notre Académie Sainte-Marie de Windsor, je serais très heureuse de la voir s'orienter de plus en plus vers une mentalité française, catholique et patriotique. Nous aurons meilleur espoir d'y réussir quand nos élèves de langue française seront plus nombreuses et qu'elles trouveront des avantages et un côté pratique dans la culture bilingue. Il est pourtant vrai que nos élèves de langue française sont en très petit nombre et que nous sommes obligées, pour les avoir, d'accorder beaucoup de protection et de réductions. Comment imposer à la grande majorité un programme d'étude qui ne rencontrerait ni les désirs, ni leurs besoins, ni leurs aptitudes? Nos sœurs s'efforcent d'inspirer à nos compatriotes l'amour, le goût, le souci de leur langue; elles n'y réussissent pas toujours... Cette année, j'avais nommé, pour l'Académie, une sœur qui se serait occupée uniquement de l'enseignement du français; mais aucune élève ne s'est présentée[66].

Le manque d'intérêt pour un programme secondaire bilingue illustre peut-être l'impact qu'a eu le Règlement 17 et atteste de l'ampleur de la crise identitaire chez les jeunes francophones de la ville de Windsor.

Dans la ville de Ford City, la situation des écoles bilingues s'annonce plus prometteuse. Les francophones sont en majorité à la commission scolaire séparée et le programme bilingue manifeste les traits d'une véritable renaissance. Seulement trois ans après les

---

[65] J. A. Clairoux à H. R. Allard, 19 septembre 1929, CRCCF, C2/223/3.

[66] Sœur Marie Odilon à Napoleon-A. Belcourt, 5 novembre 1931, CRCCF, C2/223/3.

modifications apportées au Règlement 17, le docteur Gustave Lacasse exprime ainsi sa satisfaction :

> Il y a, dans la cité d'East Windsor, quatre écoles catholiques bilingues, St-Bernard, St-Joseph, St-Jules et St-Rosaire, fréquentées pendant l'année 1930 par 1956 élèves – 998 garçons et 958 filles. Quarante-six institutrices – trente religieuses de la communauté des Sœurs de Saint-Joseph et seize laïques – composant le personnel enseignant.
>
> Les élèves canadiens-français forment environ les deux tiers de la population scolaire. Dans chacune des écoles, les élèves sont classifiés d'après leur langue maternelle. Ce système de classes parallèles, établi à East Windsor et ailleurs dans Essex et Kent, depuis quelques années seulement, a déjà causé des progrès très marqués dans l'enseignement du français et de l'anglais. Il permet de donner à l'enfant canadien-français, comme à celui de langue anglaise, l'instruction, l'éducation qui lui convient : c'est le plus sûr moyen de développer l'un suivant sa mentalité, sa langue, ses traditions, sans nuire à la formation intellectuelle spéciale de l'autre[67].

La croisade de l'ACFÉO dans la région frontalière de Windsor se poursuit au cours des années 1930. L'organisation provinciale fait encore demande à la commission scolaire séparée pour qu'elle augmente le nombre d'écoles bilingues parallèles dans la ville de Windsor. Mais, étant donné les restrictions budgétaires imposées par la crise économique des années 1930, l'école Saint-Edmond – qui compte sept classes – sera la seule école du genre à Windsor[68].

Le rapport Laplante

Pendant les années 1930, les efforts que déploient les nationalistes afin de regagner la population francophone à leur cause restent difficiles. En dépit de la victoire de l'ACFÉO contre le Règlement 17 en 1927, les francophones du Sud-Ouest se méfient toujours des « outsiders ». Lucien Laplante, un nationaliste canadien-français originaire d'Ottawa et membre de l'ACFÉO, sert comme inspecteur des écoles bilingues pendant cette période dans la région de Windsor. Ses observations suggèrent que beaucoup de

---

[67] *La Feuille d'Érable*, 26 février 1931.

[68] J. Edmond Cloutier à Denis Brisson, Commission scolaire séparée de Windsor, 16 août 1933, C2/223/3.

francophones de la région se méfient de l'ACFÉO et ne se sentent pas parties prenantes de la nation canadienne-française :

> On a Ottawa dans le nez d'après ce que je peux voir… c'est purement et simplement la faute du clergé. Les prêtres qui seraient bien disposés et qui, selon moi, seraient 100 % semblent avoir reçu l'ordre formel de rester bouche bée. Je me suis fait dire par un laïque, la semaine dernière, « que c'était inutile de vouloir faire de nos enfants des petits Canadiens français comme ceux d'Ottawa ou de Montréal. On ne veut pas de cela ici, parce que ça ne marchera pas. Ici, il faut que nous soyons mêlés aux Anglais ; il faut que nos enfants soient plus anglais que les Anglais pour qu'ils puissent obtenir des positions plus tard. Tous les Canadiens français qui ont de bonnes positions aujourd'hui dans la région, ils les détiennent des Anglais. » […] Je vous le répète, la population adulte est perdue, et c'est bien peu sûr de pouvoir sauver la génération qui pousse[69].

Ce rapport du nouvel inspecteur des écoles bilingues illustre le clivage culturel entre les Canadiens français du Québec et de l'Est ontarien, d'un côté, et les francophones du Sud-Ouest ontarien, de l'autre. L'antipathie envers les thèses nationalistes paraît partagée par une bonne partie de cette population éloignée et isolée. Les francophones du sud-ouest de la province croient prioritaire de s'entendre avec la majorité anglophone de manière à ne pas nuire à leur mobilité sociale et économique. Certains n'hésitent pas à devenir anglophones, pensant que cela les aidera à obtenir un bon emploi, plusieurs allant jusqu'à angliciser leur patronyme. Même les parents des élèves de l'école bilingue Saint-Edmond jugent essentiel que leurs enfants reçoivent une excellente instruction en langue anglaise. Quand, à l'initiative des religieuses, on tente d'augmenter le nombre de cours en langue française enseignés à cette école, les parents revendiquent, au contraire, qu'une plus grande place soit faite à l'anglais dans le programme[70].

L'inspecteur Laplante offre ainsi des observations pessimistes quant à l'avenir de la langue française dans la région étant donné

---

[69] Lucien Laplante, inspecteur des écoles bilingues, à Charles Charlebois, ACFÉO, 23 octobre 1938, CRCCF, C2/65/1.

[70] *Ibid.*

que, dans la pratique quotidienne, plusieurs préfèrent l'emploi de la langue anglaise :

> Le français dans les églises est pitoyable. On se contente de faire les annonces les plus importantes en français, on lit l'Évangile en français, puis l'on fait tout le reste en anglais. On m'a même laissé entendre qu'en réalité c'était temps perdu de parler français à l'église puisque tout le monde comprenait l'anglais[71].

Laplante impute en partie les problèmes au clergé francophone de la région, qui manque selon lui de leadership depuis la mort du père Lucien Beaudoin, en 1917. La situation régionale se serait aggravée avec le départ, en 1931, du docteur Damien Saint-Pierre, qui déménage sa famille à Ottawa. Toujours selon Laplante, la piètre qualité du français parlé dans les églises et l'absence de leadership ont renforcé un complexe d'infériorité qui a pris racine dans bien des communautés de la région. Laplante jette aussi le blâme sur les parents qui, bien souvent, ne parlent pas français à la maison, et sur l'incompétence du personnel dans les écoles. Il note que « [l]e langage par ici est très pittoresque ; il faut être bilingue pour comprendre et il faut parler anglais pour se faire comprendre[72] ». Pour Laplante, l'incapacité des francophones à parler couramment leur langue maternelle sans recourir à un vocabulaire anglais est un signe manifeste de l'effondrement de l'identité culturelle des Canadiens français de la région. L'établissement d'un diocèse bilingue distinct à Windsor, à la tête duquel on retrouverait un évêque vraiment patriote, pourrait freiner cette tendance vers l'anglicisation, selon lui[73]. Mais Laplante connaît les limites de son analyse. Il sait que son opinion est loin de faire l'unanimité parmi les francophones du Sud-Ouest ontarien et que seuls les nouveaux venus du Québec et de l'Est ontarien sont sensibles à l'importance de préserver leur identité[74].

Il faut dire que les efforts déployés pour vivifier le nationalisme dans la région frontalière de Windsor demeurent un enjeu délicat

---

[71] *Ibid.*

[72] Laplante à Charlebois, 4 octobre 1938, CRCCF, C2/65/1.

[73] Laplante à Charlebois, 23 octobre 1938, CRCCF, C2/65/1.

[74] *Ibid.*

pour tout « outsider ». Originaire d'Ottawa, Lucien Laplante sait que les francophones de la région ne le considèrent pas comme un des leurs[75]. Selon lui, sans le poids d'un initié important, les francophones du coin resteront réticents à appuyer toute initiative nationaliste, surtout une participation active et ouverte au sein de l'ACFÉO. Laplante estime par ailleurs que Thomas Kidd, le successeur de Fallon, est lui aussi un agent d'anglicisation[76]. Cette accusation portée contre le prélat lui causera bien des ennuis. Les autorités provinciales interviendront peu après en expulsant l'inspecteur hors de la région[77].

L'assimilation des francophones est un fait indéniable

Un rapport privé du diocèse de London rédigé au début des années 1940 confirme ce que décrivaient déjà les sources que nous avons citées jusqu'ici, à savoir l'augmentation des transferts linguistiques vers l'anglais des francophones pendant la période du Règlement 17. Ce rapport indique que si certains jeunes adultes comprennent toujours la langue française dans la région de Windsor, ils ne peuvent souvent pas la parler, et que ceux qui en sont encore capables ne le font souvent qu'en milieu familial. On constate aussi une augmentation significative des taux d'exogamie sans transmission de la langue française aux enfants. Dans le comté d'Essex, « la culture française » demeure vigoureuse, mais dans la ville fusionnée de Windsor, la plupart des francophones n'utilisent plus leur langue maternelle au quotidien[78]. En ce qui a trait à l'instruction française, elle est perçue comme un cours de langue seconde et bien des enfants d'origine canadienne-française y sont indifférents. Le rapport diocésain de London reprend ainsi à

---

[75] Laplante à Charlebois, 6 janvier 1941, CRCCF, C2/65/1.

[76] Lucien Laplante à Gustave Lacasse, 22 octobre 1940, Fonds Gustave Lacasse, CRCCF, P37/2/11.

[77] Lucien Laplante a écrit : « Le Curé [Pierre] Pitre de Tecumseh est à faire préparer une pétition pour demander mon renvoi (ceci est confidentiel). Je ne croyais pas que la chose fut [*sic*] fondée, mais le père Chartier, qui nous sert admirablement bien comme espion, m'a dit que c'était fondé. » Lucien Laplante à cher ami (Charles Charlebois), 19 juin 1941, CRCCF, C2/65/1.

[78] J. D. Scollard, évêque de Sault-Sainte-Marie, au clergé canadien-français, Fonds Gustave Lacasse, vers 1941, CRCCF, P37/2/11.

son compte les conclusions de la commission scolaire de Windsor: l'anglicisation bat son plein parmi les francophones de la région.

> *In Essex and Kent there are 40 282 of French racial origin. A leading clergyman, who has exercised the sacred ministry in the Counties of Essex and Kent for over 20 years, assures me, on a conservative estimate, that the number of those of French origin who know little or no French and are English-speaking… number 22 000*[79].

Selon ce rapport, seuls les hameaux ruraux offrent une certaine perspective d'avenir en ce qui a trait à la survie de la langue et de la culture françaises[80].

Produit par un homme peu sympathique aux aspirations des francophones, ce rapport confirme tout de même les observations du docteur Rochon: bon nombre des parents francophones ne transmettent plus leur langue maternelle à leurs enfants, en particulier dans les communautés urbaines des comtés d'Essex et de Kent. Le Règlement 17, les interventions de Mgr Fallon, mais aussi l'urbanisation et l'industrialisation croissantes des francophones contribuent, à divers degrés, au déclin de la langue française.

Conclusion

Nous l'avons vu, la résistance au Règlement 17 dans le Sud-Ouest ontarien n'est pas de la même teneur qu'ailleurs en province. La majorité des francophones ne s'opposent pas à une politique dont l'objectif était pour eux louable: améliorer l'enseignement de l'anglais. La présence de longue date de certaines communautés francophones, la volonté d'améliorer le sort des enfants dans une région où la langue anglaise est jugée comme étant indispensable à la réussite économique, mais aussi le sentiment de former un groupe différent de celui des «outsiders», qui ne semblent pas comprendre la réalité de la région, sont autant de facteurs expliquant les raisons pour lesquelles la résistance au Règlement 17 n'a pas été aussi vigoureuse dans le Sud-Ouest que dans les autres régions de l'Ontario.

---

[79] *Ibid.*
[80] *Ibid.*

SECURITY RECEIPT / REÇU DE SÉCURITÉ

PRISE DE PAROLE
C.P. 550, SUCCURSALE B
SUDBURY, ONTARIO P3E 4R2

313307

DATE 25 juin 2015

RECEIVED FROM / REÇU DE

ADDRESS / ADRESSE Amélie Lacassagne

DOLLARS ($ 30.00)

FOR / POUR 1 Règlement CF.

FROM / DU TO / AU

TAX REG. NO. / N° D'ENR. DE TAXE

METHOD OF PAYMENT - MODE DE PAIEMENT			ACCOUNT - COMPTE		
CASH / COMPTANT	X		TOTAL AMOUNT / MONTANT TOTAL		
CHEQUE / CHÈQUE			AMOUNT PAID / MONTANT PAYÉ		
MONEY ORDER / MANDAT			BALANCE DUE / SOLDE DÛ		

BY / PAR [signature]

Comme nous avons tenté de le montrer, l'adhésion de cette population isolée au grand projet nationaliste canadien-français est parfois faible. Ce n'est pas le cas chez *l'ensemble* de la population francophone, bien entendu. Certains individus sont sensibles au message de l'ACFÉO, ce qui explique notamment que les communautés soient divisées sur la réponse à donner au Règlement 17. Mais, en ce qui a trait à l'appui donné par la population locale aux initiatives menées par les nationalistes, les faits parlent d'eux-mêmes. Les journaux nationalistes ne paraissent, au mieux, que quelques mois, et les écoles indépendantes n'attirent jamais qu'une fraction ténue des élèves du Sud-Ouest ontarien.

Si beaucoup de ces francophones ne sont pas prêts à abandonner leur héritage, ils ne veulent pas faire de vagues non plus. Largement minoritaires, ils préfèrent rester discrets. Le rêve d'une nation canadienne-française d'un océan à l'autre ne résonne que faiblement dans cet îlot éloigné de la francophonie ontarienne.

EN RÉACTION AU RÈGLEMENT 17 : UN NÉCESSAIRE DÉTOUR VERS L'AMÉLIORATION PÉDAGOGIQUE DES ÉCOLES BILINGUES

Gratien Allaire[1]
Université Laurentienne

La publicité pour le colloque sur « Le siècle du Règlement 17 » présente le Règlement comme le commencement de « la plus importante lutte de l'Ontario français[2] », ce qui reflète bien l'importance que lui accordent la mémoire collective et l'historiographie. On a beaucoup écrit sur le Règlement 17. Dans son article de 1996, Gaétan Gervais a dressé en quelques lignes le portrait historiographique de la question :

> Selon le point de vue, le conflit a l'apparence d'un affrontement scolaire, ethnique, politique, idéologique ou religieux. Cette diversité des interprétations traduit bien la complexité de la question. Car justement, la lutte scolaire autour du Règlement XVII s'explique par la convergence de plusieurs antagonismes : l'opposition idéologique entre nationalistes et impérialistes ; la crainte des Ontariens anglo-protestants devant l'immigration franco-catholique ; les vieilles rivalités entre les orangistes (Irlandais

[1] L'auteur remercie Paul Laverdure, bibliothécaire et archiviste de l'Université de Sudbury, et son personnel, pour leur généreuse disponibilité lors de ses recherches à leur établissement.

[2] *Le Droit*, 12 novembre 1912, p. 4.

> protestants) et les catholiques ; les luttes cléricales entre catholiques français et irlandais ; la divergence d'intérêts politiques partisans[3].

Il fait ainsi le tour des interprétations proposées pour expliquer « le combat mené contre les agresseurs de nos écoles[4] », pour citer le sénateur Philippe Landry dans son allocution de bienvenue aux dignitaires épiscopaux lors du congrès de 1919.

Pour sa part, Gervais propose « une vue d'ensemble de la question », présentée selon « une approche narrative[5] ». C'est avec beaucoup d'érudition qu'il présente le déroulement de la lutte publique elle-même, se basant sur « des sources primaires imprimées (gouvernementales surtout) et des nombreuses études secondaires[6] ». Cependant, il passe plutôt rapidement sur les années 1920. Il attribue le dénouement de la crise à l'évolution de l'opinion publique canadienne-anglaise, influencée par la Unity League, le mouvement de Bonne Entente et les discours de personnalités, et, en dernière analyse, au désir du premier ministre Ferguson de se gagner les bonnes grâces du Québec et du premier ministre Louis-Alexandre Taschereau contre le gouvernement fédéral de William Lyon Mackenzie King[7]. Il mentionne, bien sûr, l'« important » discours d'Aurélien Bélanger devant l'Assemblée législative le 3 avril 1925, la fondation de l'école normale de l'Université d'Ottawa et la Commission Merchant-Scott-Côté, mais ces événements semblent de moindre importance. De plus, s'il évoque le changement social ontarien de l'époque, il mentionne à peine le contexte scolaire, comme la plupart des auteurs d'ailleurs.

Généralement, l'analyse du Règlement 17 met l'accent sur la crise elle-même, sur l'agitation et la revendication, et sur la lutte publique

---

[3] Gaétan Gervais, « Le Règlement XVII (1912-1927) », *Revue du Nouvel Ontario*, n° 18, 1996, p. 123 [en ligne] http ://pdf.library.laurentian.ca/RNO/Gervais1996.pdf, consulté le 4 avril 2013.

[4] Archives de l'Université de Sudbury (AUS), boîte 394, dossier Hurtubise, « Congrès des Pères de Famille Canadiens-Français d'Ontario tenu à Ottawa les 25-26 février 1919, Allocution, Honorable Sénateur P. Landry Président », dans Association canadienne-française d'éducation d'Ontario, *Congrès de Février 1919; allocution du président, discours de nos Seigneurs Beliveau et Latulipe, lettre de sa Grandeur Mgr Charlebois, o.m.i.*, Ottawa, Imprimerie du « Droit », 1919, p. 2.

[5] Gaétan Gervais, *loc. cit.*, p. 123-124.

[6] *Ibid.*, p. 124.

[7] *Ibid.*, p. 179.

contre le gouvernement ontarien pour obtenir la restauration de l'école bilingue et de l'enseignement en français, que les Canadiens français de l'Ontario, comme ceux du reste du Canada français, considéraient comme leurs droits. Elle décrit le parcours suivi par l'Association canadienne-française d'éducation d'Ontario (ACFÉO), un parcours qui est le résultat de la stratégie de l'Association : appel infructueux aux tribunaux pour faire reconnaître le droit à l'école bilingue ; demande modérément fructueuse d'intervention de la hiérarchie catholique, délégation apostolique et papauté comprises, pour calmer l'opposition des coreligionnaires irlandais ; démarches vaines auprès du gouvernement fédéral pour faire invalider le Règlement et la loi subséquente ; engagement sans lendemain du gouvernement des Fermiers-Unis de révoquer le Règlement ; appel très réussi à l'appui moral public et à l'aide financière des Canadiens français du Québec ; visites et discours pour maintenir l'appui des parents et des contribuables canadiens-français de l'Ontario...

Cette approche fait de la crise et de la lutte l'objet même de l'existence de l'ACFÉO et met en veilleuse l'objectif poursuivi par les leaders canadiens-français en établissant l'Association et tout au long des années 1910 et 1920, à savoir l'amélioration de l'éducation et de l'enseignement dispensés dans les écoles bilingues. Si elle fait comprendre pourquoi la hiérarchie irlandaise s'est calmée, à la suite des remontrances de la papauté, si elle fait valoir la modération de l'opinion publique à la suite des messages de tolérance de leaders anglo-ontariens, si elle traite de toute la question du droit à l'école bilingue et à l'enseignement en français, elle explique mal le maintien du Règlement 17 jusqu'en 1944 et les « concessions[8] » accordées en 1927.

Pour mieux comprendre comment l'ACFÉO est arrivée à obtenir ces concessions et à faire mettre au rancart le Règlement, il faut se rappeler que le premier ministre et ministre de l'Éducation de

[8] Le terme est employé dans plusieurs documents entre 1927 et 1930. Par exemple, la circulaire « confidentielle » du 27 novembre 1930 adressée aux vice-présidents et aux présidents régionaux commençait par cette phrase : « La fin de l'année 1927 nous apportait des modifications acceptables au Règlement 17 et des concessions, en faveur de l'enseignement du français, plus en harmonie avec les méthodes pédagogiques reconnues. » *Circulaire nº 4, série E*, 27 novembre 1930, AUS, boîte 386, documents de l'ACFÉO, Association canadienne-française d'éducation d'Ontario.

1927, Howard Ferguson, est celui-là même qui, quinze ans plus tôt, avait fait adopter le fameux Règlement. Il faut surtout ajouter à sa stratégie son important volet pédagogique, évident à l'origine sous la première présidence du sénateur Napoléon-Antoine Belcourt de 1910 à 1912 et mené plus rondement sous la seconde présidence du même sénateur Belcourt de 1920 à 1932. Au départ, en 1910, les leaders franco-ontariens demandaient au gouvernement les moyens d'améliorer l'école bilingue, et les leaders anglo-ontariens, catholiques, protestants et orangistes s'insurgeaient contre le manque de connaissance de l'anglais dans une province anglaise. Le rapport de l'exécutif au congrès de l'Association de 1928, certains documents des Archives de l'Université de Sudbury, dont des dossiers de Raoul Hurtubise et la section spéciale du journal *Le Droit* pour le cinquantenaire de l'Association, de même que les renseignements contenus dans les études publiées permettent de retracer le chemin parcouru. Au départ, en 1910, l'ACFÉO constatait les lacunes de l'école bilingue et proposait les remèdes à apporter. À l'arrivée, en 1927, l'ACFÉO avait jeté les bases du réseau scolaire qui a été étudié par la commission Merchant-Scott-Côté et qui a fait l'objet des concessions du gouvernement. Quelques éléments du tableau permettront, en début d'analyse, de mieux placer la question scolaire dans son contexte socio-scolaire.

Pour l'élite canadienne-française de l'Ontario, l'école possédait les caractéristiques suivantes. Premièrement, elle était française, tel que l'affirmait en 1909 le *Mémoire Concernant le Congrès d'Éducation des Canadiens-Français d'Ontario*: « Il nous faut, en raison de la population canadienne-française de la province, requérir la plénitude de nos droits, le légitime usage de notre langue, dans tous les degrés de l'enseignement et de la formation intellectuelle de la jeunesse[9]. » Mais le français avait de moins en moins de place à l'école et l'enseignement en français n'était reconnu par la réglementation provinciale que pour les enfants qui ne comprenaient pas l'anglais. Toutefois, dans les paroisses rurales canadiennes-françaises, l'école n'avait la plupart du temps qu'une seule classe qui réunissait plu-

[9] *Mémoire concernant le Congrès d'Éducation des Canadiens-Français d'Ontario*, 27 octobre 1909, AUS, boîte 117, dossier Hurtubise, « Journaux Ass. C.-F. D'Éducation d'Ont. », p. 2.

sieurs niveaux ; on peut donc penser que l'enseignement en français aux élèves des premières années, qui ne comprenaient pas l'anglais, se répercutait dans toute la classe, et que la cour de l'école était un espace de langue française. L'école était donc française dans les faits de par la volonté des commissions scolaires, du clergé, des parents, des enfants et des paroisses canadiennes-françaises, et elle était anglaise par la règlementation, d'où son nom de « *French-English school* », « école française-anglaise » ou, mieux, « école bilingue ». Pourtant, si l'on en croit le premier ministre George Ross, le clergé et la population canadienne-française de l'Ontario « *all desired and were anxious that every French child should learn English*[10] ».

Deuxièmement, cette école bilingue était catholique, qu'elle ait été publique ou séparée[11]. En 1927, il y avait 556 commissions d'écoles bilingues, 463 séparées et 93 publiques[12]. L'école était plus souvent qu'autrement attachée à la paroisse et le curé y avait droit de regard. Le personnel enseignant était composé d'un grand nombre de membres de congrégations religieuses, dont plusieurs étaient originaires du Québec. « Il nous faut, lit-on dans le *Mémoire* de 1909, en vertu de nos principes et de nos traditions religieuses, compter sur le zèle et la sympathie du clergé de langue française, sur son concours actif, bienveillant, pratique, sans aucune exception[13]. » L'ACFÉO était proche de la hiérarchie catholique canadienne-française, dont elle recherchait activement l'approbation et l'appui. Le congrès de fondation avait « la pleine et entière adhésion » de l'épiscopat canadien-français de l'Ontario[14]. Tout au long de la question scolaire, l'Association a fait appel à la hiérarchie et une partie de la crise a été résolue par les deux interventions du pape avec *Commissio divinitus* en 1916 et avec *Litteris apostolicis* en

[10] Lettre au *Globe* du 30 octobre 1912, citée dans Gaétan Gervais, « Le Règlement XVII », p. 130.

[11] La première école qu'établissaient les parents dans une localité était « publique », que les parents soient catholiques ou autre.

[12] Louis Charbonneau, « Progrès de l'enseignement bilingue en Ontario », *Le Droit*, 11 novembre 1950, AUS, boîte 117, dossier Hurtubise, « Journaux Ass. C.-F. D'Éducation d'Ont », p. 19.

[13] *Mémoire concernant le Congrès*, *op. cit.*, p. 2.

[14] *Ibid.*, p. 1.

1918. Il est important de rappeler que c'est le droit à l'école séparée (*denominational* dans la version anglaise) – catholique en Ontario – qui est garanti par l'*Acte de l'Amérique du Nord britannique*, non le droit à l'école de langue française.

Troisièmement, l'école était sous l'autorité des parents et, plus précisément, des chefs de famille. Dans son allocution au congrès de 1919, le président de l'ACFÉO, le sénateur Philippe Landry, remerciait les trois évêques canadiens-français dont le diocèse comprenait une partie ontarienne[15] d'avoir défendu « sans défaillance, et en des circonstances parfois bien pénibles, les droits des parents sur l'éducation de leurs enfants[16] ». Dans sa réponse, l'archevêque de Saint-Boniface, Mgr Béliveau, parlait d'un « droit inhérent à la puissance paternelle », en se référant à l'encyclique *Affari Vos* de 1897[17]. C'était aussi la position du gouvernement ontarien[18]. On peut ajouter que c'est ce qui explique le grand nombre de commissions scolaires, plusieurs n'ayant qu'une seule école, souvent à plusieurs niveaux, sous leur juridiction. Les villes d'Ottawa et de Sudbury font exception. Leur conseil scolaire séparé avait un plus grand nombre d'écoles et une population catholique plus diversifiée et répartie entre Canadiens français et Irlandais. Et la cohabitation était loin d'être facile, pour des questions d'enseignement et surtout, à la base, de répartition des revenus scolaires. Ce qui fera d'ailleurs l'objet de débats bien avant la mise au rancart du Règlement 17.

Quatrièmement, les parents et les enfants étaient soumis à l'obligation scolaire depuis 1871, obligation qui a été réitérée et modifiée en 1891. Cependant, cette obligation était encore très limitée : au

---

[15] Ce sont les évêques Arthur Béliveau (Saint-Boniface), Élie-Anicet Latulipe (Haileybury) et Charlebois (vicariat du Keewatin) ; ne paraît pas le nom de Charles Hugh Gauthier, évêque d'Ottawa. Ce dernier s'était opposé aux revendications de l'ACFÉO en 1910 et n'assistait pas à ses congrès ; les Canadiens français le considéraient, à l'instar d'Henri Bourassa, comme « français de nom, anglais de langue et d'éducation ». *Le Devoir*, 19 juillet 1910, cité dans Mark G. McGowan, « Charles Hugh Gauthier », *Dictionnaire biographique du Canada*, vol. XV (1921-1930) [en ligne] http://www.biographi.ca/fr/bio/gauthier_charles_hugh_15F.html, consulté le 20 août 2013.

[16] « Allocution, Honorable Sénateur P. Landry Président », dans Association canadienne-française d'éducation d'Ontario, *Congrès de Février 1919*, AUS, boîte 394, dossier Hurtubise, « Congrès… 1919 », p. 2.

[17] « Réponse de Sa Grandeur Monseigneur Béliveau, Archevêque de Saint-Boniface », AUS, boîte 394, dossier Hurtubise, « Congrès… 1919 », p. 4.

[18] Gaétan Gervais, *loc. cit.*, p. 127-128.

moins quatre mois par année, pour les enfants de huit à quatorze ans…[19] Mais éviter l'école semblait la norme plutôt que l'exception, selon Philip Oreopoulos, qui a étudié pour Statistique Canada la *Législation canadienne de l'école obligatoire…* :

> […] comme dans une foule de ces lois de l'école obligatoire d'abord adoptées par les autres provinces, les exceptions étaient légion et les autorités négligeaient de faire respecter la loi, plus particulièrement en région rurale. À l'exception de la maladie, la principale raison énoncée était l'éloignement de l'école de plus de deux milles pour l'enfant de moins de 10 ans et de trois milles pour l'enfant d'âge supérieur, à moins qu'un moyen de transport [fût] prévu[20].

Francis Walter Merchant, inspecteur en chef des écoles publiques et séparées[21], constatait dans son deuxième rapport, en 1912, que seulement la moitié des enfants d'âge scolaire fréquentaient l'école, et ce, surtout dans les premières années[22]. Comme plus de la moitié (54,5 %)[23] de la population canadienne-française ontarienne habitait les zones rurales en 1911, on peut se demander si le peu d'importance accordée à l'obligation scolaire peut aider à comprendre pourquoi l'ACFÉO ne réussissait pas toujours à mobiliser les parents en faveur de l'école bilingue. Pour y répondre, il faudra étudier la documentation relative à la fréquentation scolaire.

---

[19] Philip Oréopoulos, *Législation canadienne de l'école obligatoire et incidence sur les années de scolarité et le futur revenu du travail*, Direction des études analytiques; documents de recherche n° 251, n° 11F0019MIF au catalogue, Ottawa, Statistique Canada, 2005, p. 9 [en ligne] http://publications.gc.ca/collections/Collection/Statcan/11F0019MIF/11F0019MIF2005251.pdf, consulté le 4 avril 2013.

[20] *Ibid.*

[21] Franklin A. Walker, *Catholic Education and Politics in Ontario; volume II: A Documentary Study*, Toronto, The Catholic Education Foundation of Ontario, 1976, p. 235. Il est difficile de trouver des renseignements précis sur Francis Walter Merchant (1855-1937). Il a écrit des manuels de physique et de science pour les *high schools:* [en ligne] http://archive.org/search.php?query=creator%3A%22Merchant%2C+F.+W.+%28Francis+Walter%29%2C+1855-1937%22, consulté le 26 mars 2013. Merchant a aussi été *principal* de l'école normale de London lors de sa fondation en 1900: [en ligne] London Public Library, «London Normal School», http://www.londonpubliclibrary.ca/node/8434, consulté le 4 avril 2013. Il est ensuite entré au ministère de l'Instruction publique à une date inconnue, pour l'enseignement technique.

[22] Gaétan Gervais, *loc. cit.*, p. 138.

[23] Michel Bock et Gaétan Gervais, *L'Ontario français: des Pays-d'en-Haut à nos jours*, Ottawa, Centre franco-ontarien de ressources pédagogiques, 2004, p. 113.

La question scolaire canadienne-française s'est posée avant le congrès de l'ACFÉO de 1910. L'animosité existait entre les catholiques canadiens-français et leurs coreligionnaires irlandais de la Commission des écoles séparées d'Ottawa depuis au moins 1906, lorsque les catholiques irlandais se plaignirent au délégué apostolique, Mgr Donatus Sbaretti, que, depuis 1903, les Canadiens français n'avaient pas respecté le pacte de 1886 instituant deux comités, anglais et français, pour que chacun puisse exercer le contrôle de ses écoles. Les Canadiens français réunis à Walkerville, comté d'Essex, pour la fête de la Saint-Jean-Baptiste, ont adopté une pétition au gouvernement pour que les écoles bilingues soient considérées sur le même pied que les autres, séparées ou publiques. L'Association catholique d'éducation bilingue s'était réunie à l'automne pour demander la mise sur pied d'une école de formation bilingue pour l'enseignement et la nomination d'inspecteurs bilingues. Lors de son congrès annuel en mars de l'année suivante, la même association adoptait des résolutions pour améliorer l'enseignement bilingue : inspectorat bilingue, écoles modèles bilingues, instituteurs et institutrices bilingues… Des membres canadiens-français de la hiérarchie catholique ont ensuite appuyé les demandes canadiennes-françaises[24].

L'inspecteur Merchant fut chargé d'enquêter sur les écoles bilingues en octobre 1908. Il remit un rapport confidentiel en janvier suivant, après avoir examiné cinq écoles d'Ottawa, celles de Sturgeon Falls et de Plantagenet, et un certain nombre d'écoles rurales. Le portrait dressé par ce premier rapport n'était pas des meilleurs. L'enseignement de l'anglais était déficient, sauf exceptions, et l'enseignement du français laissait beaucoup à désirer, ce qui eut pour effet de préoccuper davantage les leaders canadiens-français, laïcs et religieux. Un groupe d'entre eux forma le projet d'un congrès et la « commission constituante » mit sur pied un comité d'éducation qui étudia le système scolaire. En 1909, cette commission publia une brochure intitulée *Système scolaire de la province d'Ontario : étude publiée par la Commission constituante du*

---

[24] Les renseignements contenus dans ce paragraphe et le paragraphe suivant sont tirés de Walker, *Catholic Education*, p. 231-237.

Congrès d'éducation des Canadiens-Français d'Ontario, qui s'ouvrira à Ottawa, le mardi, 18 janvier 1910.

« Personne n'ignore que le comité d'éducation était la raison d'être du congrès ; tous les autres n'existaient qu'en fonction de celui-là[25] », écrivait-on dans le cahier spécial publié par *Le Droit* à l'occasion du cinquantenaire de l'ACFÉO. Ce premier rapport scolaire avait été rédigé par Émile David, un oblat, mais comme « ce dernier n'aimait pas paraître en public », c'est le président du comité qui s'en était chargé. David enseignait au juniorat des pères oblats rue Cumberland. Selon le juge Albert Constantineau, un des organisateurs du congrès, David était « un patriote zélé » qui se faisait « un devoir d'inculquer aux junioristes l'amour de l'histoire du Canada, l'histoire de la patrie, de la langue, de la culture française ». Le père David était « l'âme », « la cheville ouvrière du congrès » d'après l'auteur de l'article à son sujet en 1960[26].

Ce rapport, considéré comme « la clef de voûte non seulement du congrès mais aussi de l'Association canadienne-française d'Ontario[27] », a été repris dans la section spéciale du *Droit* de 1960. Il dressait un portrait peu reluisant de la situation, en comparant, dans la première partie, l'instruction primaire, secondaire et supérieure de la population de langue française à celle de la population de langue anglaise. Il constatait d'abord que l'enseignement ne se faisait pas en anglais :

> Dans les centres où la population est à peu près entièrement canadienne-française, se voyant dans l'impossibilité d'appliquer rigoureusement les règlements en ce qui concerne l'usage de la langue anglaise comme langue d'enseignement, le ministère de l'Instruction publique a dû permettre d'établir [des] écoles dites bilingues, où les maîtres, tout en enseignant l'anglais, et étant astreints à suivre les programmes ordinaires, sont

[25] « Le rapport du comité d'éducation à l'historique congrès de 1910 », *Le Droit*, section spéciale, 21 avril 1960, AUS, boîte 117, dossier Hurtubise, « Journaux Ass. C.-F. D'Éducation d'Ont. ».

[26] « L'âme du congrès de 1910 : le Rév. Père Émile David, o.m.i. », *Le Droit*, section spéciale, 21 avril 1960, p. 22, AUS, boîte 117, dossier Hurtubise, « Journaux Ass. C.-F. D'Éducation d'Ont. ».

[27] « Le rapport du comité d'éducation à l'historique congrès de 1910 », *op. cit.* Les renseignements et les citations des quatre paragraphes suivants sont tirés de cette même source.

autorisés à employer la langue française dans les classes élémentaires jusqu'à ce que les élèves puissent les comprendre en anglais[28].

Le bilan était le suivant : un cours primaire tronqué avec enseignement exclusivement en français de six à onze ans, puis moitié en français, moitié en anglais de onze à quatorze ans, « âge auquel la grande majorité des enfants quitt[ai]ent définitivement l'école ne sachant suffisamment ni une langue ni l'autre » ; un cours complémentaire en embryon uniquement pour préparer à l'examen d'admission à l'école d'entraînement pédagogique bilingue, l'école modèle ; et une école modèle pour l'obtention d'un brevet de troisième classe, qui n'existait que depuis deux ans.

Le rapport faisait ensuite la liste des lacunes et en identifiait certaines des conséquences. Pour commencer, « [a]ucun enseignement systématique bilingue [n'était] officiellement autorisé, et il n'exist[ait] aucun programme rationnel bilingue ». Puis, les examens ne contenaient pas de français, sauf les examens d'admission à l'école modèle. À part quelques exceptions semi-officielles, il n'y avait « aucune trace d'enseignement secondaire bilingue », ce qui avait pour conséquence « de maintenir à un niveau excessivement bas le degré de l'instruction populaire chez les Canadiens français ». Comme ces derniers n'avaient pas d'écoles secondaires, ils ne profitaient pas des taxes qu'ils payaient à cette fin. En l'absence d'écoles secondaires et d'école normale bilingues, les moyens de formation à l'enseignement étaient « absolument insuffisants », et les seuls brevets bilingues obtenus, les brevets de troisième classe, n'étaient que des permis temporaires. De plus, les diplômes des écoles normales du Québec n'étaient pas reconnus[29]. Le rapport soulevait enfin la question de la répartition des taxes scolaires et des normes de financement gouvernemental qui favorisaient systématiquement les écoles publiques. Pour les auteurs du rapport, de la médiocrité des ressources résultait la médiocrité des salaires,

---

[28] *Ibid.*

[29] Les institutrices et les instituteurs des écoles catholiques ontariennes étaient souvent des membres de congrégations religieuses. Leurs qualifications étaient une préoccupation ministérielle depuis au moins 1904, année où le juge Hugh MacMahon avait statué qu'elles devaient être conformes aux normes provinciales. Mark G. McGowan, « Charles Hugh Gauthier ».

« qui, en dehors des communautés religieuses, n'attir[ai]ent que de toutes jeunes filles désireuses de se créer une situation qui les mette en évidence et leur permette de se marier avantageusement, après deux ou trois ans d'enseignement ».

Parmi les considérations de base, le rapport invoquait la « notable proportion » de la population canadienne-française, le rôle de la langue française comme « précieux et puissant instrument pour le développement général des facultés intellectuelles ». Les auteurs du rapport insistaient sur « la légitimité de nos droits, [et se disaient] bien résolus à les revendiquer, et confiants dans l'esprit de justice de nos compatriotes de langue anglaise ».

Venaient ensuite les réclamations, qui furent adoptées par le congrès en vue d'être présentées au gouvernement « pour obtenir de l'autorité compétente, les changements dans les lois scolaires que nécessit[ai]ent les réformes demandées » :

> 1. Un programme de français satisfaisant pour le cours primaire.
> 2. L'usage du français aussi bien que de l'anglais comme langue d'enseignement et de communication.
> 3. La reconnaissance du français à l'examen d'entrée ou examen d'admission au cours secondaire.
> 4. Un programme de français satisfaisant au cours secondaire.
> 5. La nomination d'un nombre suffisant d'inspecteurs bilingues pour diriger toutes les écoles fréquentées par des élèves canadiens-français.
> 6. L'amélioration, au point de vue français, des écoles de formation pédagogique et la fondation, aussitôt que possible, d'une école normale bilingue qui donnerait des brevets de deuxième classe, après quatre ans de cours secondaire et un an de pédagogie, et des brevets de première classe après cinq ans de cours secondaire et un an de pédagogie[30].

Les constatations du comité et du congrès eurent leur écho à l'extérieur de la province. Au Congrès de la langue française de 1912, Pascal Poirier fit une sortie remarquée au sujet du faible niveau de qualification des instituteurs et des institutrices, lequel faisait en sorte que « nous n'élèverons pas le niveau, déjà trop bas, de nos

[30] « Le rapport du comité d'éducation à l'historique congrès de 1910 », *op. cit.*.

connaissances, soit du français, soit de l'histoire, soit de la géographie ou des sciences» (citation du rapport du congrès)[31].

Les réformes demandées ont constitué le fondement de l'action de l'ACFÉO en matière d'éducation jusqu'aux années 1940: programme bilingue, inspectorat bilingue, formation à l'enseignement bilingue. En 1910, l'Association demandait au gouvernement de les mettre en place; dans les années 1920, elle s'est activée à le faire elle-même. Entretemps, le second rapport de Merchant, rendu public en mars 1912, avait modifié considérablement la situation et transporté la question sur le terrain politique.

Pour ce second rapport, Merchant avait grandement élargi son enquête. Il s'était rendu dans 269 écoles, avait rencontré 538 institutrices et instituteurs qui enseignaient à 20 645 élèves, dont 18 833 de langue française. La conclusion tirée par l'inspecteur était claire: «*the English-French schools are, on the whole, lacking in efficiency*[32]». Comme remède, il recommandait la tolérance de l'enseignement en français pour les premières années, mais son élimination par la suite. C'est ce qui permet à Gervais de considérer que «l'enquête de Merchant n'était pas tout à fait défavorable aux écoles bilingues[33]». Le rapport donna des munitions à ceux à qui l'école bilingue et l'enseignement en français causaient des ennuis et qui considéraient qu'ils ne devaient pas exister, dénonçant vigoureusement leur influence et celle de la population canadienne-française dans cette province anglaise de l'Empire britannique. On connaît la réponse du gouvernement: le Règlement 17, qui s'en prit nommément à l'enseignement en français, avec quelques légers accommodements pour obliger rapidement l'utilisation de la langue anglaise seule dans l'enseignement.

Sans vouloir minimiser l'importance de la crise, il faut voir le Règlement 17 comme un obstacle – obstacle de grande taille si l'on veut – ou un détour – très long, si l'on veut – dans le parcours de l'ACFÉO vers l'amélioration de l'école bilingue. Dans une lettre aux

---

[31] Gaétan Gervais, «Chapitre premier: l'Ontario français et les grands congrès patriotiques canadiens-français (1883-1952)», dans *Des gens de résolution: Le passage du «Canada français» à l'«Ontario français»*, Sudbury, Institut franco-ontarien / Prise de parole, 2003, p. 68.

[32] Gaétan Gervais, «Le Règlement XVII», *loc. cit.*, p. 139.

[33] *Ibid.*

curés et aux commissaires scolaires du 19 septembre 1912, l'ACFÉO fait appel à la désobéissance civile, en demandant « aux parents de faire sortir leurs enfants des écoles à l'arrivée des inspecteurs protestants[34] », position qui, selon Mgr Latulipe, avait l'approbation du pape[35]. Les discours sur les droits des Canadiens français et le recours judiciaire ne donnèrent pas les résultats escomptés. La médiation légataire et papale ne fit qu'apaiser la lutte interne. L'appui canadien-français du Québec permit, en plus des recours judiciaires, le maintien d'écoles libres et de l'ACFÉO elle-même. L'intervention de personnalités de langue anglaise apporta la modération dans le discours public. Le besoin politique du gouvernement Ferguson de l'appui du gouvernement Taschereau facilita la discussion. Mais pour obtenir l'acceptation de l'école bilingue et dorer la pilule pour les opposants, orangistes en particulier, il restait à régler la question pédagogique, pour pallier les lacunes identifiées dès le congrès de 1910 et pour répondre aux accusations relatives à la méconnaissance de l'anglais. Il fallait surtout le démontrer, ce que la présidence de l'ACFÉO avait commencé à faire avec les écoles libres :

> À Pembroke, à Green Valley, à Windsor, des écoles libres ont été fondées pour permettre aux enfants canadiens-français de recevoir un enseignement basé sur les méthodes pédagogiques reconnues dans tout pays civilisé, à savoir que l'enfant doit recevoir dans sa langue maternelle les premiers éléments de la connaissance et l'étude de sa langue maternelle doit toujours précéder celle d'une autre langue[36].

Lorsque Aurélien Bélanger prononça son fameux discours devant l'Assemblée législative le 3 avril 1925, plusieurs éléments étaient en place ou en préparation pour indiquer qu'avec le programme d'étude bilingue, les écoles bilingues menaient à une connaissance adéquate de l'anglais et que les qualifications des institutrices et des instituteurs allaient s'améliorant, avec la création

---

[34] « L'Association canadienne-française d'éducation à Monsieur le Curé et Messieurs les Commissaires », Ottawa, 19 septembre 1912, AUS, boîte 394, dossier Raoul-Hurtubise.

[35] « Ils font bien », disait Pie X à un évêque canadien en 1913, selon l'évêque d'Haileybury, qui s'adressait aux participants du congrès de 1919. « Réponse de Sa Grandeur Monseigneur Latulipe, Évêque d'Haileybury », AUS, boîte 394, dossier Raoul-Hurtubise, « Congrès... 1919 », p. 12.

[36] Documents sur le Règlement 17, « 1924 », AUS, boîte 394, sans titre ni auteur.

de l'école normale de l'Université d'Ottawa. Le point tournant se situe à l'accession du sénateur Belcourt à la présidence pour la seconde fois en 1920, appuyé de la recommandation du cardinal Bégin[37]. L'action tranquille, la « diplomatie discrète[38] » de Belcourt a toutefois suivi la publication, en 1921, d'une brochure intitulée *Public Schools in the French-Speaking Districts*, dans laquelle le gouvernement des Fermiers-Unis reconnaissait la position de l'ACFÉO[39].

Le gouvernement des Fermiers-Unis, dirigé par Ernest Charles Drury, désirait améliorer le niveau d'instruction et le milieu culturel des campagnes ontariennes[40]. Il a établi l'Ontario College of Education pour la formation à l'enseignement, placé sous le contrôle du ministère de l'Instruction publique[41]. Drury était favorable au respect des droits de la population canadienne-française en général et de la population franco-ontarienne en particulier et considérait que la réclamation de cette dernière était naturelle et juste. Après une première rencontre prometteuse, Drury et le ministre de l'Éducation, Robert Henry Grant, revinrent sur leur position, invoquant la mésentente entre catholiques irlandais et canadiens-français à Ottawa. S'ajoutaient d'autres considérations, comme l'opposition orangiste manifeste du fait qu'il y avait quatre-vingt loges dans la circonscription de Grant et qu'Howard Ferguson était devenu le chef de l'opposition conservatrice. Le gouvernement Drury avait échoué dans sa tentative de régler la question des écoles bilingues[42]. Peu après son arrivée au pouvoir, le sénateur Belcourt était élu à la présidence de l'ACFÉO ; avec la création de la Unity League et l'appui de C. B. Sissons, son ami, Drury pouvait laisser espérer une solution au problème qu'était le Règlement 17. Son changement de position lui fit perdre des votes des électeurs cana-

---

[37] L.-N. Cardinal Bégin à Samuel Genest, 14 décembre 1920, copie de lettre, AUS, boîte 394, documents sur le Règlement 17.

[38] Gaétan Gervais, « Le Règlement XVII », *op. cit.*, p. 171.

[39] *Ibid.*, p. 173-174.

[40] Traduction libre de « *improve the educational standing and cultural well-being of Ontario's countryside* » (Charles M. Johnston, *E. C. Drury: Agrarian Idealist*, Toronto, University of Toronto Press, 1986, p. 83).

[41] Comme c'est le nom officiel du ministère de l'Éducation à l'époque, il sera utilisé dans ce document.

[42] Johnston, *E. C. Drury*, p. 88-89.

diens-français comme des orangistes[43]. Le Parti conservateur, dirigé par Ferguson, prit le pouvoir lors de l'élection de 1923.

Il y avait pourtant de lents progrès. On sait qu'en 1924, des amis conservateurs, comme le docteur Raymond Morand de Windsor et le docteur Casgrain, faisaient pression sur le premier ministre Ferguson pour obtenir l'abolition du Règlement, ou à tout le moins des modifications à ce dernier. Le docteur Morand avait d'ailleurs informé l'ACFÉO des résultats de ces conversations:

> *About one week ago Dr. Casgrain and myself waited upon the Honourable Howard Ferguson in relation to this question, and our impression of his attitude is that he will satisfactorily settle this problem by degrees, between session and without proclaiming the change from the house-tops. He definitely told us that he required some time*[44].

On peut donc penser que Belcourt et l'exécutif de l'ACFÉO ont élaboré les bases de l'école bilingue avant la mise au rancart du Règlement 17 et avec l'accord tacite du gouvernement et du ministère de l'Instruction publique.

À la lecture des documents, on peut ressentir l'effervescence de ces années, qui donne l'impression que les Canadiens français de l'Ontario étaient déterminés à faire tout ce qui était possible pour faire révoquer le Règlement. Il a même été question, en 1923, d'une loi qui diviserait la Commission des écoles séparées d'Ottawa en deux conseils distincts, l'un anglais et l'autre «*English-French*» ou bilingue, un retour à la situation antérieure. La loi proposée prévoyait la répartition des écoles et des classes, indiquait la façon de déterminer l'appartenance des contribuables et de leurs taxes, et réglait toutes les autres questions relatives à la séparation des biens. L'article 16 prévoyait sa mise en vigueur le 1er janvier 1924. Qui plus est, le dernier article indiquait que dans d'autres villes et villages avec des écoles bilingues distinctes des écoles anglaises, les commissaires pouvaient aussi décider de la séparation selon les

---

[43] *Ibid.*, p. 185, 203.

[44] Le secrétaire citait une lettre antérieure du Dr Morand. (AUS, boîte 394, documents sur le Règlement 17, *Le secrétaire à Raymond Morand, 27 juin 1924*).

mêmes modalités, pourvu que la résolution soit adoptée avant le 1er octobre pour entrer en vigueur le 1er janvier suivant[45].

La position de l'ACFÉO en matière scolaire fut de nouveau clairement exprimée dans les considérants de la résolution adoptée par le Comité administratif le 20 avril 1926 pour approuver les décisions de l'exécutif:

> Considérant que l'école primaire bilingue dont les Canadiens français ont besoin est une école où la langue française est la langue de communication et le principal sujet d'étude et où la langue anglaise est étudiée d'une façon suffisante pour que les élèves en aient une connaissance raisonnable à la fin de leur cours;
>
> Considérant que pour cela il est indispensable 1) que les instituteurs aient un programme de français, outre le programme général fourni par le ministère de l'Instruction publique; 2) des livres français pour l'enseignement de l'histoire, de la géographie et des autres matières; 3) un examen bilingue à la fin du cours pour encourager efficacement l'étude des deux langues et constater les progrès; 4) des inspecteurs bilingues compétents et sympathiques pour voir à la mise en vigueur d'un tel système;
>
> Considérant que pour assurer le recrutement d'un personnel enseignant bilingue qui soit réellement compétent il est nécessaire qu'il y ait un cours secondaire et professionnel au moins aussi long que ceux qui sont suivis par les instituteurs de langue anglaise de la province et qui soient de même nature que le cours primaire, c'est-à-dire avec méthodes, programmes, manuels, examens et inspection bilingues; [...][46].

S'y retrouvaient les mêmes éléments qu'en 1910: programme d'enseignement, inspectorat, formation à l'enseignement, examen et, en plus, manuels.

L'exécutif de l'ACFÉO avait changé de tactique et mis de côté la résistance ouverte, comme elle l'affirmait dans un document de 1924 faisant état d'une rumeur à l'effet que la question scolaire

---

[45] *An Act to provide for the Division of the Board of Trustees of the Roman Catholic Separate Schools of Ottawa into two Boards of Trustees*, 1923, AUS, boîte 394, documents sur le Règlement 17. Une proposition de portée semblable avait été considérée dès 1906 et approuvée par le County Board of A.O.H., *ibid.*, document sans titre dont les premiers mots sont: « *The present agreement...* », Ottawa, 7 décembre 1906.

[46] « Résolution proposée à la réunion du Comité administratif de l'Association d'Éducation des Canadiens français d'Ontario (20 avril 1926) », p. 1, AUS, boîte 386, documents de l'ACFÉO, doubles.

était réglée : « Si à cause de circonstances l'Association juge bon de ne pas faire la résistance ouverte comme au premier temps de la promulgation du Règlement 17, c'est affaire de tactique et non pas une reconnaissance qu'il y ait eu quelques changements dans le Règlement 17 ou dans son application[47]. » L'exécutif et son président s'étaient mis à l'ouvrage. Ils exprimèrent cette nouvelle approche dans leur rapport au congrès de 1928 :

> [...] sous un régime anglais surtout, il faut savoir prendre les libertés que l'on désire avoir. Cela est particulièrement vrai lorsqu'il s'agit d'une minorité qui veut faire reconnaître ses droits. [...]
>
> Nous demandions l'enseignement bilingue tout le long du cours primaire, une institution supérieure bilingue pour la formation de nos instituteurs, un programme, des manuels et des examens, des instituteurs, des inspecteurs qui connaîtraient les véritables méthodes pédagogiques bilingues.
>
> Notre ligne de conduite était toute tracée : Introduire nous-mêmes ces réformes dans nos écoles[48].

Dans des documents ultérieurs, l'ACFÉO s'est accordé beaucoup de crédit pour la création de l'école normale de l'Université d'Ottawa : « par ses réalisations positives comme l'établissement de l'École de Pédagogie de l'Université d'Ottawa », écrivait-elle dans un document de 1950[49]. C'était une demande sans lendemain du congrès de 1910 au gouvernement provincial, mise en veilleuse durant les années de lutte publique, mais reprise au début des années 1920 dans une demande à l'Université d'Ottawa, avec une offre d'appui financier. Si l'Université n'a pas donné suite à cet appui, elle a quand même mis sur pied son école normale en 1923, malgré le refus antérieur du ministère de la reconnaître. Bien lui en prit lorsque le ministère mit fin aux écoles modèles en 1924[50], incluant les écoles modèles bilingues de Sandwich, de Sturgeon

---

[47] Documents sur le Règlement 17, « 1924 », AUS, boîte 394, sans titre ni auteur.

[48] « Rapport du Comité exécutif de l'Association canadienne-française d'Éducation au congrès de 1928 », CRCCF, Fonds ACFO, c2/7/15, p. 7-8.

[49] « Réalisations de l'Association », *Le Droit*, 11 novembre 1950, AUS, boîte 117, dossier Hurtubise, « Journaux Ass. C.-F. D'Éducation d'Ont. ».

[50] Archives of Ontario, « Ontario Dept. of Education : History and Function » [en ligne] http ://ao.minisisinc.com/scirpts/mwimain.dll/2457/AUTH_JOIN_INT/HE... ; page consultée le 11 novembre 2012.

Falls, d'Embrun, de Vankleek Hill et d'Ottawa[51]. L'Université donnait ainsi accès à une formation bilingue pour l'obtention de brevets de deuxième et de première classe et contribuait, au bout du compte, à l'amélioration de la qualité de l'enseignement bilingue.

Pour ce qui est du programme, l'ACFÉO s'est clairement substituée au ministère de l'Instruction publique. Elle avait attendu la révision du programme officiel. N'y trouvant pas de directives relatives à l'enseignement bilingue, elle s'est appuyée sur une déclaration antérieure[52] du ministre de l'Instruction publique, fort probablement sous le gouvernement des Fermiers-Unis – à l'effet que « l'enseignement français a un statut légal dans l'Ontario[53] » et a publié en 1925 son *Programme d'enseignement bilingue*, qu'elle avait mis deux ans à préparer, avec des professeurs et des pédagogues. Imprimé à trois mille exemplaires, il fut distribué à toutes les commissions scolaires et à toutes les institutrices et instituteurs bilingues et expliqué lors de congrès dans cinq parties de la province, dans le but d'en faciliter la mise en œuvre[54].

Le programme se fondait sur l'expérience d'autres pays :

> Dans l'élaboration de ce programme, et surtout dans la place que nous avons assignée à la langue maternelle dans l'ensemble des matières prescrites par le programme officiel, nous avons suivi le précédent établi par les professeurs des écoles bilingues de certains pays comme la Belgique, l'Afrique-Sud et le pays de Galles en Angleterre. L'on sait que dans la création de ces programmes, les législateurs se sont surtout laissés guider

---

[51] Gaétan Gervais, « Le Règlement XVII », *op. cit.*, p. 117.

[52] L'expression choisie est « il y a quelque temps encore », peut-être pour ne pas laisser la porte ouverte à une dénonciation par le gouvernement conservateur d'une déclaration du gouvernement antérieur. CRCCF, *Collection générale*, BRO-1925-16, Association canadienne-française d'éducation d'Ontario, *Programme d'enseignement bilingue*, Ottawa, Association canadienne-française d'éducation d'Ontario, 1925, p. iii [en ligne] http://www.crccf.uottawa.ca/passeport/IV/IVA1b09-5-2_b.html, consulté le 1er novembre 2012.

[53] *Programme d'enseignement bilingue*, *op. cit.*, p. iii.

[54] « Rapport de l'exécutif au congrès de 1928 », CRCCF, ACFO, C2//7/15, p. 7-15.

> par les saines lois de la pédagogie, le droit naturel des parents, et le meilleur développement des capacités intellectuelles et morales des enfants[55].

Il comprenait son « programme d'enseignement du français » et ses « directions pédagogiques pour l'enseignement bilingue ». Il incluait de plus l'enseignement de l'anglais, en faisant là aussi référence à des autorités pédagogiques reconnues :

> Nous nous faisons fort aussi d'avoir fondé les directions pédagogiques que nous donnons pour l'enseignement de l'anglais en particulier, sur les conseils d'éducateurs aussi autorisés et aussi universellement connus que Sir Henry Newbolt, Sir Michael Sadler et de celui qui, dans notre propre province, présida pendant quarante années à l'évolution et aux succès des écoles publiques de la ville de Toronto, le Dr James L. Hughes. Ces éducateurs dont il serait téméraire de mettre en doute la science et l'expérience, ont déclaré publiquement que la méthode que nous préconisons est la seule capable de donner des résultats satisfaisants[56].

Le programme comprenait l'enseignement religieux, « dans les limites de la loi [...] permis dans les écoles séparées », et l'histoire du Canada, « pour préciser le programme officiel » avec des indications de manuels « pour corriger et compléter le manuel officiel particulièrement en ce qui regarde le récit des découvertes et des premiers établissements de la colonie, phase de notre histoire qui, chacun le sait et le déplore, y est traitée d'une façon très sommaire et assurément trop incomplète pour des élèves qui sont les descendants des fondateurs de notre patrie[57] ». Il suivait le programme officiel pour les autres matières et enfin, fournissait des renseignements pour les manuels d'enseignement et pour les bibliothèques

---

[55] *Programme d'enseignement bilingue, op. cit.*, p. iii. Dans une circulaire de 1925, en préparation de la visite des commissaires Merchant, Scott et Côté, l'ACFÉO parle « des méthodes en usage dans tous les pays où deux langues sont enseignées dans les écoles, comme dans certaines parties de la Grande-Bretagne, en Belgique, en Suisse, en Afrique-Sud, etc. » *Circulaire n° 4 (G)*, Ottawa, 30 octobre 1925, CRCCF, fonds Association canadienne-française de l'Ontario, C2/88/6, Napoléon-Antoine Belcourt, Association canadienne-française d'éducation d'Ontario, p. 2; *La présence française en Ontario: 1610, passeport pour 2010* [en ligne] http://www.crccf.uottawa.ca/passeport/IV/IVA1b/IVA1b09-4-2.html, consulté le 1er novembre 2012.

[56] *Programme d'enseignement bilingue, op. cit.*, p. iii.

[57] *Ibid.*, p. iv.

scolaires ainsi que des modèles d'organisation du temps « pour l'enseignement efficace du français et de l'anglais et des autres matières du programme[58] ».

En 1925, l'ACFÉO mettait sur pied un Bureau d'examinateurs bilingues responsable d'organiser et de faire passer des examens bilingues pour remplacer les examens officiels dits d'*entrance*, entièrement en anglais. Ces examens terminaient le cours primaire et donnaient accès au secondaire, à savoir les cinquième et sixième *forms* requises pour l'admission à l'école normale et l'obtention des brevets de deuxième et de première classe. Pour l'ACFÉO et son président, « C'est au moyen des examens que fera passer ce bureau, que nous pourrons asseoir sur une base définitive, l'organisation de notre système scolaire bilingue[59] ». L'établissement de ce bureau faisait suite à une réunion des commissaires d'écoles bilingues en juin 1924, durant laquelle « les commissaires décidaient de ne plus faire passer l'*entrance* à leurs élèves, de travailler immédiatement à l'établissement de V^e^ et VIe cours dans les centres principaux et de faire une propagande active pour engager les parents à ne pas envoyer leurs enfants dans les cours préparatoires aux écoles modèles du gouvernement[60] ». Pour l'ACFÉO, ces commissaires « n'ont pas peu contribué à orienter le travail et à préciser le détail de la tactique que nous avons adoptée pour le bien de nos écoles et pour assurer l'heureuse issue de notre lutte scolaire[61] ». En 1926, il y avait 26 centres d'examen et 350 élèves étaient examinés[62].

À partir de juin 1924, l'exécutif travailla avec les membres canadiens-français de la commission scolaire d'Ottawa et des représentants des commissions scolaires de Russell, de Prescott et du Nouvel-Ontario pour préparer les Ve et VIe cours bilingues, pour obtenir l'immatriculation de l'Université et l'admission au cours classique pour les garçons et à l'école de pédagogie pour les filles,

[58] *Ibid.*

[59] Napoléon-Antoine Belcourt, *Circulaire n° 4 (G)*, CRCCF, p. 2.

[60] A. A. O., MG4/1 (N.-A. Belcourt), « Rapport du Comité exécutif… de 1929 », p. 9, cité dans Robert Choquette, *La foi gardienne de la langue en Ontario, 1900-1950*, Montréal, Bellarmin, 1987, p. 143.

[61] « Rapport de l'exécutif au congrès de 1928 », CRCCF, ACFO, C2//7/15, p. 3.

[62] *Ibid.*, p. 14

afin de fournir des professeurs compétents dans l'enseignement bilingue[63].

Dans son rapport au congrès de 1928, l'exécutif décrivait ses activités pour modifier l'opinion publique et pour rester en contact avec les parents canadiens-français de l'Ontario: nombreuses conférences, tenue de congrès dans les différentes régions et rencontre de divers groupes un peu partout dans la province[64]. Il soulignait la collaboration des écoles des comtés de Prescott et de Russell. La nomination de Louis Charbonneau[65], un pédagogue formé en Saskatchewan, comme directeur des écoles bilingues en 1925 avait permis de mettre en vigueur le programme bilingue de l'ACFÉO. Sa vigoureuse campagne dans les deux comtés avait fait connaître le programme bilingue, les méthodes préconisées et les moyens de les mettre en vigueur. Elle comprenait la formation de comités d'éducation, la visite des écoles, des réunions et deux semaines pédagogiques pour les institutrices, la réunion et deux grands congrès pour les commissaires d'écoles, des réunions de parents et, en fin de compte, la réorganisation de tout le système d'enseignement de l'école bilingue[66].

Lorsque le gouvernement a mis sur pied la Commission Merchant-Scott-Côté, il s'est donné les moyens d'en utiliser les résultats: Merchant était devenu le directeur de l'Instruction publique d'Ontario[67], le juge James Henderson Scott était un

---

[63] *Ibid.*, p. 11-12.

[64] *Ibid.*, p. 3-7.

[65] Louis Charbonneau (1891-1984) était diplômé de l'École normale de Saskatoon en 1916 et avait ensuite enseigné en Saskatchewan. Il était professeur de pédagogie à l'École normale de l'Université d'Ottawa de 1923 à 1927 et directeur des écoles des comtés de Prescott et de Russell depuis 1925. En 1927, il fut nommé inspecteur des écoles de Russell, poste qu'il occupa jusqu'en 1932, ce qui lui permit de voir à la mise en œuvre du programme d'étude bilingue. Muséoparc Vanier, « Louis Charbonneau, pédagogue, animateur, administrateur et traducteur… », *Raconte-moi Ottawa* [en ligne] http://www.racontemoiottawa.com/fr/65.html, consulté le 4 avril 2013.

[66] « Rapport de l'exécutif au congrès de 1928 », CRCCF, ACFO, C2/17/15, p. 12-13.

[67] C'est le titre que lui donnait le président de l'ACFÉO en 1925. N.-A. Belcourt, *Circulaire nº 4 (G)*, Ottawa, 30 octobre 1925, CRCCF, fonds Association canadienne-française de l'Ontario (C2), C2/88/6, p. 1; [en ligne] http://www.crccf.uottawa.ca/passeport/IV/IVA1b/IVA1b09-4-1_b.html, consulté le 4 avril 2013. Gaétan Gervais le dit directeur en chef de l'éducation, « Le Règlement XVII », *op. cit.*, p. 181. Ailleurs, on le dit surintendant…

orangiste de grande renommée de la région de Perth[68] et Louis Côté était un avocat d'Ottawa, procureur de la Couronne pour les comtés de Prescott et de Russell[69]. Tout en déplorant le manque de formation appropriée des autres écoles, l'ACFÉO était confiante :

> [..] nous ne craignons pas d'ouvrir toutes grandes aux enquêteurs, celles de nos écoles où le Règlement XVII n'a pas été mis en vigueur, et où, surtout, nous avons pu introduire, avec des institutrices vraiment qualifiées, les véritables méthodes de l'enseignement bilingue. À la suite de pédagogues comme le Dr James L. Hughes, l'honorable Fisher, MM. C. B. Sissons, M. Staples et quelques autres, les enquêteurs trouveront que l'on donne, dans ces écoles, l'enseignement des deux langues officielles du Canada tout en faisant primer le développement intellectuel, la formation morale et la langue maternelle des enfants[70].

Dans sa circulaire du 30 octobre 1925, le président de l'ACFÉO s'empressa d'encourager la participation des commissions scolaires et de « toutes les personnes constituées en autorité » et de recevoir les enquêteurs « avec la plus grande cordialité, et de leur faciliter la tâche autant qu'il sera[it] en leur pouvoir[71] ».

La question pédagogique était au centre de l'action de l'ACFÉO, et elle fut l'un des éléments clés du revirement de la situation. Le rapport Merchant-Scott-Côté valida le travail de l'ACFÉO en y

---

[68] Le lieutenant-colonel James Henderson Scott (1858-1936) a été actif en politique municipale et a été officier commandant le 32e Régiment de la milice (1891-1899). Il a été Grand Master de la Grand Orange Lodge of Canada (1911-1914). Le *Perth Courier* du 15 septembre 1933 écrit même que Scott « *was honored with the presidency of the Imperial Grand Orange Council of the World and district office in the Orange order* ». Nommé juge en 1914, il a manifesté un grand intérêt pour les questions d'éducation ; il a été membre du Board of Education à partir de 1915 et président de l'Ontario Education Association, dont il a transformé le Trustees Department en Ontario School Trustees and Ratepayers' Association [en ligne] http://canadianorangehistoricalsite.com/JamesHendersonScott.php, consulté le 26 mars 2013. Selon Loftus H. Reid, secrétaire de la Grand Orange Lodge of British America, le juge Scott était tenu en haute estime par les orangistes (Walker, *Catholic Education*, p. 314-315).

[69] Louis Côté (1890-1943) a été député conservateur pour la circonscription d'Ottawa-Est (1929-1933) ; il a été nommé sénateur par le premier ministre R. B. Bennett le 30 décembre 1933. Parlement du Canada, *Parlinfo*, « Côté, L'hon. Louis », c. r., B. A., L. L. D. », [en ligne] http://www.parl.gc.ca/parlinfo/Files/Parliamentarian.aspx?Item=460afba1-e311-475b-8b5b-bbea5eeaecfe&Section=ALL&Language=F, consulté le 26 mars 2013.

[70] Napoléon-Andoine Belcourt, *Circulaire no 4 (G)*, CRCCF, p. 1.

[71] *Ibid.*

ajoutant une référence que les opposants orangistes et les impérialistes pouvaient difficilement réfuter, le *Report of the Imperial Educational Conference* de 1923, selon lequel « *the language best known and understood by the child on his entry into school life is, from the educational point of view, the most effective medium for his instruction in the preliminary stages of school education*[72] ». L'ACFÉO reçut favorablement le rapport, même si certaines recommandations ne répondaient pas à ses demandes. Les commissaires se prononçaient en faveur de « l'adoption intégrale » des méthodes de l'enseignement bilingue et recommandaient la nomination d'un directeur de l'enseignement du français et d'un directeur de l'enseignement de l'anglais. Bien plus, le premier ministre Ferguson accepta le rapport. Par conséquent, l'ACFÉO émit un *Manifeste* le 24 septembre 1927 dans lequel elle faisait une présentation détaillée de sa position et demandait de coopérer à la « mise en vigueur des principes de saine pédagogie contenus dans le rapport » tout en maintenant « la même vigilance et la même détermination que par le passé[73] ».

Les constatations positives du rapport Merchant Scott-Côté n'ont pas eu pour résultat l'abolition du Règlement 17, qui n'est venue que dix-sept ans plus tard, en 1944[74]. Elles ont plutôt apporté des « concessions ». En janvier 1928, le ministère de l'Instruction publique émettait le Règlement 46 (*Circular 46*), qui définissait le programme d'études et les examens dans les écoles bilingues, c'est-à-dire celles

---

[72] Cette citation du *Report of the Imperial Educational Conference* est tirée du Rapport Merchant (plus précisément du rapport de la Commission Merchant, Scott, Côté), p. 28-29. Elle est reprise dans le mémoire présenté par l'ACFÉO (E. C. Désormeaux, président, Gaston Vincent, vice-président et Roger Charbonneau, secrétaire) à la Commission Hope. *Brief submitted to The Royal Commission on Education*, Ottawa, 1946, p. 10, AUS, boîte 394, quatrième dossier, Association canadienne-française d'éducation d'Ontario.

[73] *Manifeste de l'Association canadienne-française d'éducation d'Ontario aux Franco-Ontariens*, Ottawa, 24 septembre 1927, p. 4, CRCCF, fonds Association canadienne-française de l'Ontario, C2/28/4, Association canadienne-française d'éducation d'Ontario, [en ligne] http://www.crccf.uottawa.ca/passeport/IV/IVA1b/IVA1b09-7-4.html, consulté le 4 avril 2013.

[74] Selon le Site de l'aménagement linguistique au Canada, le Règlement 17 est plutôt tombé en désuétude : Site de l'aménagement linguistique au Canada / Site for Language Management in Canada, « Règlement 17 : Circulaire d'instruction nº 17 sur les écoles séparées de l'Ontario pour l'année scolaire 1912-1913 », dans « Les législations linguistiques au Canada », « Les documents historiques » [en ligne] http://www.salic-slmc.ca/, consulté le 4 avril 2013.

« *in which French is a subject of instruction on the approval of the Minister*[75] ». Lecture et littérature, composition et épellation, et grammaire françaises pouvaient remplacer « *Hygiene and Physical Culture, Art and Constructive Work, Nature Study, and Agriculture, and Vocal Music* », lesquels devenaient des cours optionnels qui, toutefois, « *should be carried on as far as conditions may permit without sacrificing the essential subjects* ». Les élèves des écoles bilingues pouvaient passer l'examen du français (lecture, littérature, composition, épellation et grammaire) plutôt que l'examen de l'anglais pour l'entrée au secondaire. À ce niveau, les cours de français pouvaient remplacer ceux de science et d'agriculture, avec examen de grammaire, de littérature et de composition françaises. Les cinq matières d'enseignement du français ne remplaçaient pas les cinq matières d'enseignement de l'anglais, qui demeuraient obligatoires et faisaient partie de l'examen d'entrée pour l'école normale d'Ottawa, à la suite de l'une ou l'autre des « Lower School » ou « Middle School ». Le Règlement décrit en détail le contenu du *Special Course in French* pour l'entrée au secondaire, aux niveaux « Lower » et « Middle », qui donnaient accès à l'enseignement du français. Le Règlement ne fait aucune mention relative à l'enseignement en français des autres matières du programme.

Ces « concessions » ont été accueillies favorablement par l'ACFÉO et la hiérarchie catholique. Mais en 1927, la « victoire » n'était pas complète et le travail était loin d'être terminé. Il faut voir ces concessions comme une façon de placer l'ACFÉO et l'école bilingue sous surveillance, ce qui se confirme par l'organisation mise en place, comme la double direction et la double inspection. Il restait à consolider ces « concessions » pour en faire des acquis et à les étendre à l'ensemble des écoles bilingues et des paroisses canadiennes-françaises pour en faire un réseau efficace. Finalement, les efforts de l'ACFÉO et les résultats positifs de l'école bilingue, en anglais comme en français, ont été reconnus dans les rapports subséquents

---

[75] Ontario Department of Education, « Courses of Study and Examinations in Schools Attended by French-Speaking Pupils », *Circular 46*, janvier 1928, CRCCF, Fonds Robert-Gauthier, P255-2/3/21 [en ligne] http://www.crccf.uottawa.ca/passeport/IV/IVA2a/IVA2a)2-1.html, consulté le 27 mars 2013. Les renseignements de tout le paragraphe sont tirés de ce document.

du ministre de l'Éducation. En 1930, par exemple, le ministre de l'Éducation, George S. Henry, écrivait dans son rapport :

> *The Director of English Instruction, the Director of French Instruction and the inspectors report substantial improvement in the ability of the pupils to speak, read, and write both languages as well as to deal with the other subjects of the course of study. The fact that 962 French-speaking pupils passed the High School Entrance examination in 1930 is evidence of the success of the work that is being done*[76].

L'amélioration de l'école bilingue était l'objectif premier de l'Association canadienne-française d'éducation d'Ontario dès sa fondation en 1910. Sa restauration est devenue sa nécessaire mission à partir de 1912, à la suite de l'adoption du Règlement 17 par le gouvernement conservateur ontarien, à la demande du ministre de l'Éducation du temps, Howard Ferguson. Revendications, manifestations, pressions, poursuites judiciaires, affirmation des droits ont donné peu de résultats concrets face à l'opposition des orangistes et des catholiques irlandais. Au cours des années 1920, sous la présidence du sénateur Belcourt, l'ACFÉO a adopté une autre approche, celle de la diplomatie discrète, jumelée à l'action sur le terrain. Elle a amorcé elle-même les réformes qu'elle demandait au gouvernement de mettre en place dès avant sa fondation en 1910 : elle a élaboré un programme d'études bilingues, l'a appliqué dans des écoles de l'Est et du Nord-Est ontariens, a mis en place un inspectorat approprié, a favorisé la création de V^e^ et VIe cours bilingues et a demandé la création d'une école normale à l'Université d'Ottawa. C'est cette approche, certainement surveillée par le ministère de l'Instruction publique, qui a permis de démontrer que l'école bilingue donnait les résultats escomptés quant à la connaissance de l'anglais ; elle a mené à une troisième commission, de trois membres cette fois, présidée encore par le directeur Merchant, qui a été présent tout au long de la crise. Les conclusions de cette commission ont permis au gouvernement conservateur d'Howard Ferguson d'accorder les concessions de 1927 et le Règlement 46 de janvier 1928.

---

[76] Cité dans ACFÉO, *Brief submitted*, p. 3.

Il restait beaucoup à faire. Il fallait surtout continuer la démonstration de l'efficacité du programme bilingue, en étendre l'application au plus grand nombre possible d'écoles par toute la province, en assurer l'expansion à l'école secondaire, obtenir l'enseignement en français et une plus grande autorité sur les écoles et l'enseignement en général. C'est ce à quoi elle consacrera le plus clair de son énergie au cours des quinze années suivantes.

LE JOURNAL *LE DEVOIR* ET LA CRISE DES ÉCOLES ONTARIENNES

PIERRE ANCTIL
UNIVERSITÉ D'OTTAWA

Henri Bourassa fonde *Le Devoir* en janvier 1910, à Montréal, comme organe de presse chargé de diffuser ses idées politiques et de faire la lutte au Parti libéral du premier ministre Wilfrid Laurier. *Le Devoir* prend donc dès le départ la forme d'un porte-étendard personnel, conçu et rédigé pour être le véhicule d'une certaine conception du Canada que défend son principal animateur. Pour cette raison, le journal proclame jour après jour son indépendance face aux partis politiques tant fédéraux que provinciaux, et prétend défendre une notion élevée de la vie publique. Ce choix très risqué, de lancer un quotidien qui ne soit à la solde d'aucune formation politique particulière et qui ne doive pas sa survie financière à des tractations douteuses ou compromettantes, place Bourassa en situation d'exprimer sa pensée sans retenue aucune. Rompu au journalisme, qu'il a pratiqué à plusieurs moments de sa carrière, et à la joute politique, qu'il maîtrise admirablement, Bourassa rédige environ un quart des éditoriaux qui paraissent dans *Le Devoir* entre 1910 et 1918. Ce sont des prises de position retentissantes, écrites dans une langue finement ciselée, et qui ne laissent personne indifférent. En 1910, l'homme a quarante-deux ans et il a une longue feuille de route derrière lui. Parmi ses réalisations, il y a le fait d'avoir été élu pour la première fois en 1896 député libéral de la circonscription de Labelle – celle où il a en partie grandi – l'année où Laurier triomphait pour devenir premier ministre du Canada. Bourassa a aussi l'insigne honneur d'être le petit-fils de Louis-Joseph Papineau, une filiation qui le place au cœur de l'histoire politique du Québec francophone et dont il se réclamera toute sa carrière. L'homme est aussi le fils d'un éminent artiste peintre et auteur, Napoléon Bourassa, qui marque durablement l'art québécois de la fin du XIXe siècle et fait école à une époque où la foi catholique domine les préoccupations esthétiques des francophones.

Henri Bourassa se démarque de ses contemporains par la force et la clarté de ses idées, sans compter qu'il innove sur plusieurs plans en se portant à l'encontre du courant dominant de la politique canadienne. *Le Devoir* en effet exècre l'impérialisme que doit subir le pays comme prix à son adhésion à l'Empire et aux institutions parlementaires d'inspiration britanniques. Cette loyauté à la couronne se traduit par des interventions de Londres dans les affaires intérieures canadiennes et par des ponctions financières à l'occasion de certaines crises politiques à travers le globe. Bourassa, par exemple, dénonce en 1899 l'envoi d'un contingent militaire canadien en Afrique du Sud à l'occasion de la guerre de Boers, ce qui le pousse à abandonner son siège au Parlement fédéral la même année. Il s'en prend aussi à la propension des Britanniques de réclamer, auprès de leurs anciennes colonies de peuplement, des contributions en hommes et en argent pour la défense de l'Empire. C'est la fameuse affaire du financement de la marine de guerre impériale, à laquelle consent Laurier, et que *Le Devoir* va attaquer de manière systématique dès la publication de son premier numéro. En plus de défendre un nationalisme enraciné dans l'histoire canadienne et qu'il voudrait voir ses concitoyens anglophones embrasser avec enthousiasme, Bourassa s'illustre aussi par le soin qu'il prend à exiger un traitement égal au pays pour les Canadiens d'origine française et de foi catholique. Concernant les minorités francophones en particulier, Bourassa s'était opposé de manière ferme au compromis Laurier-Greenway de 1896 sur les écoles du Manitoba, et souhaitait voir les populations de langue française traitées partout avec équité. La même situation se répète lors de la création en 1905 des provinces de la Saskatchewan et de l'Alberta, où les lois en vigueur relèguent les populations francophones à une situation marginale sur le plan linguistique et nient leurs droits historiques. Ces décisions, issues de négociations menées sans grande conviction par le ministère Laurier, convainquent Bourassa de démissionner une deuxième fois, en 1907, de son siège à la Chambre des communes. Ce sera pour occuper un siège de député à l'Assemblée législative de Québec de 1908 à 1912.

Pour le libéral dissident, les droits accordés aux francophones en matière scolaire doivent être les mêmes partout au Canada, quel que soit le contexte démographique ou politique dominant dans les régions nouvellement ouvertes de l'Ouest canadien. Sur ce plan, la norme dont Bourassa souhaite l'adoption partout au pays est celle qui prévaut au Québec et en Ontario, et qui est garantie, estime-t-il, par l'article 93 de l'*Acte de l'Amérique du Nord britannique* (AANB), ce qui revient à dire que chaque communauté linguistique a le droit de conserver la capacité entière d'administrer ses propres institutions éducatives et à ses propres fins[1]. Ce positionnement très explicite, maintes fois réitéré par Bourassa à la Chambre des communes et à diverses occasions depuis 1896, a comme fondement plus général l'idée que les deux peuples qui se réunissent au moment du pacte de 1867 sont égaux en droit et en valeur. Il s'agit là d'une notion primordiale de la pensée bourassienne, qui s'enracine dans sa conception de l'histoire nationale et de l'émergence d'une identité canadienne. Sur ce plan, aucun compromis n'est possible, même aux fins pour les Libéraux de conserver momentanément le pouvoir au Parlement d'Ottawa. Ce sont d'ailleurs les hésitations de son propre parti dans ce contexte qui poussent Bourassa à fonder *Le Devoir* et à discourir sans hésitation aucune sur le sujet. Au moment où son journal sort de presse pour la première fois, en janvier 1910, Bourassa a amplement eu le temps d'approfondir sa pensée concernant ce thème, et il passe aussitôt à l'attaque.

---

[1] À l'époque, en conformité par exemple avec son discours prononcé à l'Église Notre-Dame en 1910, Bourassa défend les droits scolaires des francophones à travers le prisme des droits religieux, présumés couvrir tous les enjeux liés à la langue française dans les institutions d'éducation publiques. Il y a là une hiérarchisation des valeurs religieuses et linguistiques qui ne sera inversée que beaucoup plus tard dans l'histoire québécoise.

Pour lui, l'AANB contient trois principes fondamentaux : l'autonomie du Canada dans l'Empire britannique, celle des provinces dans la Confédération et la protection des minorités linguistiques partout au pays. Cela se traduit par l'expression d'une grande idée, tout à fait nouvelle à l'époque, et que Bourassa ne cessera de formuler tout au long de sa carrière : la thèse des deux peuples fondateurs. Par leurs luttes et leur loyauté à la couronne britannique, notamment pendant la Révolution américaine et lors de la guerre de 1812, les Canadiens français ont contribué fortement à conserver le pays dans le giron de l'Empire, même au prix de grands sacrifices. Ne serait-ce que par ce fait, que Bourassa juge décisif, les francophones méritent d'être reconnus par la majorité de langue anglaise comme ayant contribué de manière évidente à la formation de l'espace politique canadien. Ce n'est certes pas encore au tournant du siècle une conception très répandue au sein du Canada anglophone, mais Bourassa ne cesse de la répandre dans les milieux politiques où il s'exprime, même au risque de passer pour un adversaire de la solidarité et de l'unité impériale telle que la conçoivent les Britanniques nés au pays. Il n'y a donc pas de quoi se surprendre qu'elle apparaisse en première place dans *Le Devoir* de 1910, à une époque où proclamer le caractère dualiste du Canada était encore un geste très audacieux :

> Par sa constitution politique, par sa composition ethnique, comme par le droit naturel, le Canada est une confédération anglo-française, le produit de l'union féconde de deux grandes et nobles races. Il doit rester, sous l'égide de la Couronne d'Angleterre, le patrimoine d'un peuple bilingue.
>
> Aucune de ces deux races n'a le droit de dominer l'autre, de lui imposer, soit dans le gouvernement intérieur du pays, soit à l'égard de la mère-patrie, une politique contraire à la tradition et aux intérêts communs de la confédération[2].

Ces lignes, écrites près de deux ans avant la promulgation du Règlement 17 par le gouvernement de l'Ontario, donnent la mesure de l'engagement de Bourassa face aux minorités francophones

[2] Henri Bourassa, « Le Canada doit-il être français ou anglais ? », *Le Devoir*, 26 juillet 1910, p. 1. L'éditorial au complet est reproduit dans Pierre Anctil, *Fais ce que dois, 60 éditoriaux pour comprendre* Le Devoir *sous Henri Bourassa, 1910-1932*, Sillery, Septentrion, 2010, p. 64-67.

partout au Canada. Car, dans l'esprit du fondateur du *Devoir*, il n'y a pas seulement deux communautés linguistiques à promouvoir à l'intérieur du pays. Bourassa défend aussi une notion particulière du Canada français qui se reflète dans sa manière d'aborder les enjeux d'administration scolaire au sein des différentes provinces. Certes il y a chez lui un nationalisme pancanadien qui s'exerce vers l'extérieur et vise avant tout à contrer les tendances nettement impérialistes de Londres. Cette idée connaît son apogée lors de la crise de la conscription de 1917. Mais pendant qu'il combat les penchants dominateurs britanniques, Bourassa affirme simultanément l'existence d'un nationalisme canadien-français à la grandeur du pays, inaltérable d'une région à l'autre du Canada et uni dans ses incarnations diverses. Pour Bourassa, le Canada français forme un tout indivisible, malgré son étendue territoriale et l'ampleur de ses ramifications dans les Maritimes, en Ontario, dans l'Ouest canadien et même aux États-Unis. Cette population se définit par son adhésion à la foi catholique et aux institutions gérées par l'Église, par son attachement à la langue française et par une certaine culture historique héritée des conditions qui avaient prévalu à l'époque de la Nouvelle-France. En somme, partout où vivent les descendants des anciennes colonies françaises de l'Amérique boréale, là se trouve le Canada français et là se manifeste un seul peuple et une seule entité nationale. Solidarité et destin historique commun, sinon la conscience de former une population traversée par une identité commune, ne doivent pas, pense Bourassa, être altérés par des considérations de distance, de nombre et ou par les particularismes dus aux frontières provinciales.

✣

Lorsque la crise des écoles bilingues éclate à Ottawa, à l'automne 1912, il y a plusieurs années déjà que Bourassa présente ses idées au sujet de la place que doit occuper le Canada français au pays, et concernant les droits qu'il possède dans le système confédéral canadien. Cette diffusion de ses conceptions politiques fondamentales, Bourassa la fait avec une passion et une conviction peu communes, autant par l'écrit – surtout dans les pages du *Devoir* après 1910 – que par la parole. Porté par une éloquence exceptionnelle, et au fil de longs éditoriaux rédigés à l'aide d'une plume bien acérée, Bourassa combat sans relâche l'impérialisme, les hésitations du gouvernement Laurier sur la scène intérieure et l'agitation « jingoïste » anti-francophone. Quand l'orage éclate dans le firmament scolaire ontarien, *Le Devoir* monte aussitôt sur la ligne de front et, s'appuyant sur un arsenal d'arguments déjà bien garni, ouvre un barrage d'artillerie très concentré contre les positions du gouvernement conservateur ontarien. Sous la direction de Bourassa, c'est-à-dire de 1910 à 1932, l'affaire des écoles bilingues devient le principal enjeu intérieur canadien dans les pages du *Devoir*. Pas moins de 168 éditoriaux traitent de cette question entre 1910 et la fin de l'année 1919, c'est-à-dire au moment où la crise retient le plus l'attention des médias francophones canadiens. À ces textes dédiés spécifiquement aux démêlés de la communauté franco-ontarienne dans l'arène scolaire, il faut ajouter 109 éditoriaux consacrés à la langue française au Canada et 36 aux minorités francophones en général. Tous réunis, ces commentaires, réflexions et prises de position, parus en première page du *Devoir*, forment une masse imposante de trois cents textes, ce qui équivaut à la production d'une année entière en page éditoriale.

Au cours de cette période de dix ans, qui va de 1910 à 1920, l'Ontario – presque toujours dans le contexte scolaire – a retenu à peu près autant l'attention du *Devoir* que la scène politique et sociale québécoise, soit un total de 241 éditoriaux pour la province voisine contre 297 pour le Québec. C'est sans compter 108 textes de plus, portant sur la question des écoles ontariennes, qui paraîtront au cours de la période qui s'étend de 1920 à 1924[3]. Il n'y a qu'un seul enjeu dans *Le Devoir* qui surpasse en intensité et en gravité la question des écoles bilingues ontariennes – ce qui n'est pas peu dire –, et c'est la crise de la conscription de 1917-1918. Dans les deux cas, s'agissant d'une part de l'accès des minorités à une éducation de langue française, et de l'autre de l'influence agissante de l'impérialisme britannique au Canada pendant la Première Guerre mondiale, Bourassa a jeté toutes ses forces dans la bataille et n'a négligé aucun moyen pour transmettre son point de vue à un vaste public. Pour ce qui concerne le recrutement obligatoire des soldats, Bourassa est allé

---

[3] Ces données ont été compilées à partir d'un index détaillé de tous les éditoriaux parus dans *Le Devoir* de 1910 à 1924, et réalisé par l'auteur de ce texte.

jusqu'à affronter le gouvernement canadien en temps de conflit armé, quitte à risquer la censure et l'emprisonnement. Dans des circonstances moins tragiques, mais tout aussi importantes à ses yeux, il a mis son journal et sa réputation au service des minorités francophones et de leurs institutions scolaires. À part pour expliquer les raisons qui exigeaient de lui qu'il refuse en 1917 de collaborer avec ses compatriotes gagnés au militarisme et à l'impérialisme, il existe peu d'éditoriaux où Bourassa s'est exprimé avec autant de conviction et d'émotion contenue, qu'au lendemain de la promulgation du Règlement 17. Sous tous les angles, ces textes représentent dans l'histoire du *Devoir* un sommet d'éloquence :

> La manifestation de lundi[4], en faveur de l'enseignement du français dans l'Ontario, a été fort intéressante et éminemment instructive. Essayons d'en dégager les leçons principales.
>
> La première, c'est que le régime que les autorités provinciales veulent imposer aux écoles bilingues d'Ontario est absolument injustifiable, à tous les points de vue.
>
> Les Canadiens-français de l'Ontario ont donc toutes les raisons du monde, et les plus péremptoires, et les plus justifiables, de refuser leur adhésion à ces décrets stupides, à cette proscription odieuse. [...]
>
> La deuxième leçon, moins apprise, c'est que les Canadiens-français du Québec ont le devoir strict d'appuyer les revendications de leurs compatriotes d'Ontario, et de les appuyer avec énergie, efficacité et constance. Et ce devoir, ils ont un intérêt supérieur à l'exercer.
>
> La Confédération fut la résultante d'un traité solennel entre les deux races-mères du Canada. Chacune de ces races a le droit et le devoir d'en réclamer l'exécution[5].

Bourassa a signé deux grands éditoriaux sur ce sujet, l'un que nous venons de citer, publié le 17 décembre 1913, et un deuxième daté du 17 juin 1921. Ce sont de longs essais brillamment écrits, rédigés dans une langue savante, et qui résument sa pensée en quelques traits.

---

[4] L'éditorial réfère à une conférence du Dr J. K. Foran donnée au Monument National, à Montréal, le 15 décembre 1913, sous le patronage de la Société Saint-Jean-Baptiste. Au cours de cet événement, de nombreuses personnalités d'origine irlandaise sont venues donner leur appui à la cause des francophones de l'Ontario.

[5] Henri Bourassa : « La lutte pour le français », *Le Devoir*, 17 décembre 1913, p. 1. L'éditorial au complet est reproduit dans Pierre Anctil, *op. cit.*, p. 128 à 134.

L'argumentaire va comme suit. Le Règlement 17, indéniablement, viole le pacte confédératif de 1867. Il s'agit donc d'une situation totalement inacceptable pour tous les Canadiens, autant francophones qu'anglophones. Dans un tel contexte, l'effondrement légal et juridique de l'AANB mènera, sans qu'il soit permis d'en douter, à la dissolution du Canada. Par ailleurs, les déboires du français en Ontario menacent tout l'édifice du nationalisme canadien-français et risquent aussi de sonner le glas de la foi catholique dans ces régions. Les communautés franco-ontariennes forment de ce fait un rempart contre l'assimilation linguistique et culturelle des francophones canadiens. Ils méritent pour cette raison l'appui indéfectible du Québec français. D'autre part, l'oppression que subissent les Franco-Ontariens constitue un déni des droits les plus légitimes des minorités, élément de discours qui sera repris avec encore plus de force pendant la Première Guerre mondiale quand l'Allemagne, honnie des Alliés, occupera la Belgique, la Pologne et l'Alsace. Qui plus est, les anglo-protestants de Montréal bénéficient d'un régime scolaire équitable depuis plusieurs décennies, et dont ils ne sauraient se plaindre. Comment justifier dans ce contexte que les écoles ontariennes bilingues subissent des vexations auxquelles n'ont jamais été soumises les maisons d'éducation anglophones protestantes du Québec? Les Canadiens français du Québec ont donc un «intérêt primordial» à se joindre à la cause franco-ontarienne, avertit Bourassa, ce qu'ils ne font pas avec assez d'enthousiasme, juge-t-il: «Si nous laissons ainsi miner dans toutes les provinces anglaises l'une des assises de la Confédération [...] la province de Québec ne tardera pas à subir l'assaut[6].»

Après quelques années de combat en faveur de l'école bilingue ontarienne et l'apparition à Ottawa en 1913 d'un quotidien francophone dédié plus spécifiquement à cette cause, *Le Droit*, Bourassa découvre de nouvelles raisons de voler au secours des Franco-Ontariens. Dans son éditorial de juin 1921, citant un militant de Sudbury, il avance l'idée que *Le Devoir* a l'obligation morale de se présenter comme «l'organe de tous les Français d'Amérique[7]».

[6] Henri Bourassa, «La lutte pour le français», *Le Devoir*, 20 avril 1915, p. 1.
[7] Henri Bourassa, «Reprise de campagne III, impressions d'ensemble», *Le Devoir*, 17 juin 1921, p. 1.

Avec le temps Bourassa s'était finalement convaincu que les populations de langue française du Québec, majoritaires au sein de leur propre Parlement provincial, se trouvaient désormais en position de jouer un rôle prépondérant au sein de la francophonie canadienne. Dans le contexte d'une déterritorialisation sans cesse croissante du Canada français et au sein d'une communauté d'intérêt où s'exprime une grande diversité de situations, le Québec, pense-t-il, doit demeurer pour tous les parlants français du Canada et des États-Unis une référence obligée. On voit déjà apparaître dans cet énoncé une des conséquences décisives à long terme des efforts consentis par *Le Devoir* en faveur des Franco-Ontariens. Certes, Bourassa continue dans les circonstances d'affirmer l'unité du Canada français dans toutes ses parties, et l'origine commune de ses différentes composantes. Frappé cependant par la situation difficile de plusieurs petites communautés dispersées et par l'impuissance des élites francophones ontariennes face aux conditions défavorables que leur impose le gouvernement provincial, il comprend que le Québec est devenu le noyau inaltérable de la francophonie nord-américaine. Ce qui, au départ, semblait une simple constatation de fait prend une couleur politique de plus en plus prononcée au tournant des années vingt, poussant *Le Devoir* et son directeur à élaborer un nouveau discours et à se charger de nouvelles responsabilités :

> L'union des âmes dans la diversité des situations politiques et sociales, l'appui mutuel des groupes dans le libre exercice des fonctions particulières dévolues à chacun, telle est la condition essentielle de l'accomplissement des destinées continentales de la race canadienne-française dont la province de Québec est, non pas l'unique patrie, mais le principal point d'appui. [...]
>
> Qu'ils [les Franco-Ontariens] me permettent de leur en témoigner de nouveau, dans ces mêmes colonnes où tant de fois leurs causes ont été exposées et défendues, ma sincère gratitude et celle de tous mes collaborateurs et amis dévoués dont le concours m'aide à faire du *Devoir* l'organe de ralliement de tous les Canadiens français qui veulent rester fidèles à leur foi, à leurs institutions, à leur idéal[8].

Dans les pages du *Devoir*, Bourassa réfléchit comme un penseur

---

[8] *Ibid.*

politique et un essayiste. Sur place, en Ontario, il va de tribune en tribune et prend la parole à la manière d'un rhéteur qui propose de grandes idées et fouette l'ardeur des troupes. Ce sera le cas par exemple quand *Le Devoir* organisera en août 1925 une tournée d'une semaine dans les grands centres franco-ontariens, à laquelle Bourassa prendra une part active. Or, un quotidien doit aussi rendre compte de l'actualité au jour le jour et renseigner ses lecteurs sur les différentes péripéties d'un affrontement en cours. Dans *Le Devoir* des années dix et vingt, ce rôle sera dévolu à la personne d'Omer Héroux. Éditorialiste prolifique et militant avoué, Héroux suit à la trace le combat pour le maintien des écoles bilingues et rapporte fidèlement pendant des années ses différents aspects. Là où Bourassa énonce de grands principes, Héroux ferraille, dénonce et attaque les adversaires de la francophonie jour après jour, semaine après semaine. C'est lui d'ailleurs qui tire la première salve le 26 septembre 1912, en commentant dans le détail le Règlement 17 et en faisant comprendre aux lecteurs du *Devoir* quelles sont les conséquences immédiates de ces décisions: « Donc, l'intention du ministère est claire: faire de l'anglais la seule langue d'enseignement et de communication pour les élèves français, excepté quand la chose est absolument impossible, et tendre, d'autre part, à supprimer cette impossibilité[9]. » Héroux est aussi, contrairement à Bourassa, un homme de terrain. Inlassablement il se rend à Ottawa – et dans les centres francophones plus excentrés – pour prendre le pouls de la lutte, pour écouter ses principales figures et pour rapporter leurs faits et gestes. Parfois plus journaliste et reporter qu'éditorialiste, Héroux rencontre les animateurs de l'Association canadienne-française d'éducation d'Ontario (ACFÉO), prend systématiquement contact avec son président, le sénateur Philippe Landry. Il consulte aussi sur une base régulière le sénateur Napoléon-Antoine Belcourt, qui assumera de nouveau la présidence de l'Association en 1919 après l'avoir occupée brièvement au moment de sa fondation. Quand la crise prend de l'ampleur et qu'une émotion monte au sein de la population privée de ses écoles, il la transmet aussitôt aux lecteurs du *Devoir*:

---

[9] Omer Héroux, « Le fameux Règlement n° 17 », *Le Devoir*, 26 septembre 1912, p. 1. L'éditorial au complet est reproduit dans Pierre Anctil, *op. cit.*, p. 94-97.

> J'achevais de feuilleter la brochure de M. Belcourt et je songeais à tout cela hier à Ottawa, en entrant dans l'école Guigues, où les « dames gardiennes » donnaient, au profit des instituteurs impayés, une grande partie de cartes. Le spectacle était, tout à la fois, d'une élégante ironie et d'un tragique poignant [...]
>
> À dix heures les commissaires élus et les chefs de la résistance y ont fait une entrée triomphale, salués par tous comme les seuls maîtres de céans, avec les contribuables. Le même spectacle se reproduisait hier à Saint-Charles de Clarkston, à Saint-Jean-Baptiste ; il se reproduirait demain dans toutes les écoles. Il se répète quotidiennement partout d'ailleurs, sous une autre forme, grâce à la garde montée par les mères de famille. [...]
>
> Mais le drame ce sont ces écoles interdites aux enfants parce que les professeurs sont impayés, alors que les parents ont versé des taxes dans le trésor commun ; c'est la tentative de dénationalisation de l'école par la force et la famine ; c'est la confiscation des droits élémentaires des contribuables ; c'est la violation des principes essentiels du droit britannique ; c'est la tentative d'assassinat dirigée contre l'âme même d'une race[10].

De fait, on pourrait affirmer sans crainte de se tromper que, grâce à Héroux, *Le Devoir* affiche à l'époque dans ses pages l'un des grands récits de la crise ontarienne. Écrits sur le vif au plus fort de la lutte, les textes de l'éditorialiste forment un témoignage exceptionnel d'un point de vue québécois et frappent l'imagination des lecteurs du *Devoir* pendant de longues années. Comme Bourassa, Héroux est convaincu que les événements entourant la survie des écoles bilingues sont de la plus haute importance pour les citoyens de la province voisine, même s'ils sont momentanément à l'abri de tels abus. Ce qui se joue en Ontario, pour Héroux, n'est rien de moins que le futur de la francophonie canadienne tout entière. Pour les résidents du Québec, détourner le regard ou sombrer dans l'indifférence équivaudrait à une démission nationale, car « ce conflit même n'est qu'une phase de la grande lutte que notre race subit depuis un siècle et demi sur tout le territoire canadien[11] ». Héroux va même plus loin et n'hésite pas à affirmer, au début de 1916, que le combat des Franco-Ontariens rassemble et cristallise tous les grands enjeux auxquels les Canadiens

---

[10] Omer Héroux, « Bilingualism », *Le Devoir*, 28 avril 1916, p. 1.

[11] Omer Héroux, « Pour MM. Landry et Belcourt ; une manifestation opportune », *Le Devoir*, 14 juin 1916, p. 1.

français ont dû faire face depuis la signature de l'acte confédératif de 1867. C'est qu'une deuxième crise prend forme sur la scène internationale, celle de la conscription de 1917, qui porte les émotions à leur paroxysme et pousse *Le Devoir* à s'engager à fond dans la bataille du Règlement 17. Bourassa et Héroux résistent dorénavant aux tendances impérialistes du Canada anglophone sur deux fronts distincts, celui de l'assimilation linguistique et celui du militarisme à outrance. Dans un tel contexte, les événements entourant l'école bilingue en Ontario prennent un relief exceptionnel:

> C'est une question vitale qui se débat à Ottawa et dans tout l'Ontario, une question aussi grave, aussi grosse de conséquences que celles qui se sont posées aux époques les plus tragiques de notre histoire. Et ainsi s'est constitué un état d'esprit plus combatif, plus général peut-être, que nous n'en avons connu depuis vingt-cinq ans[12].

✣

Les éditoriaux du *Devoir* forment, entre 1910 et 1932, un corpus empreint d'une unité de pensée remarquable. Au cours de cette période pendant laquelle le quotidien a été conçu, fondé et dirigé par Henri Bourassa, le discours n'a guère varié sur le fond ni sur les questions fondamentales pour le Canada. Qui plus est, pour l'essentiel, seulement quatre personnes ont occupé la page éditoriale au cours de ces vingt-deux années, soit, par ordre de fréquence, Omer Héroux, Henri Bourassa, Louis Dupire et Georges Pelletier. D'un point de vue global, il est donc possible d'affirmer que *Le Devoir* a représenté au cours de ces deux décennies la forme la plus achevée et la plus cohérente du nationalisme canadien-français, c'est-à-dire inspiré d'une vision traditionaliste de la société, situé à droite sur le plan politique et proche de l'enseignement de l'Église catholique. Sous ce rapport, la crise des écoles bilingues ontariennes a constitué un point tournant dans l'histoire du *Devoir*, voire un moment décisif dans l'évolution et du Canada francophone, et de la société québécoise. Il faut comprendre en effet que la promulgation du Règlement 17, par l'administration provinciale ontarienne, a servi

[12] Omer Héroux, «La besogne de demain; la campagne pour le désaveu», *Le Devoir*, 22 février 1916, p. 1.

d'élément déclencheur en vue d'une réorientation en profondeur de la pensée politique des Canadiens français, et en particulier ceux qui vivaient au Québec. Ces derniers, confrontés aux souffrances des Franco-Ontariens et au spectacle de l'injustice linguistique érigée en système, finirent par comprendre que le Canada anglophone n'était pas et ne serait pas pour longtemps encore une terre accueillante pour la langue française. Par-dessus tout, la longueur de la crise – de 1912 à 1927 – et son intensité émotionnelle firent la preuve de façon éloquente que l'épanouissement des communautés francophones dépendait bien plus du contexte provincial où elles se trouvaient enracinées que de la bonne volonté des autorités fédérales.

Il suffisait, pour jeter à bas tout le réseau identitaire canadien-français, qu'une province importante, comme l'Ontario par exemple, s'avise à un certain moment de nier le droit des francophones à un réseau scolaire public autonome. Sans l'existence d'écoles de langue française reconnues, il était presque impossible pour les populations locales d'aspirer à une vie francophone pleine et entière. Contre cette décision arbitraire et irrespectueuse de l'esprit du pacte de 1867, il n'y avait que des recours partiels, longs et ultimement insuffisants, tel que le démontra amplement la suite des choses. Ces constatations douloureuses firent beaucoup au cours des années trente et quarante pour amener les Québécois à repenser de manière radicale leurs rapports au Canada confédéral. En dernière analyse, la crise des écoles bilingues convainquit les Canadiens français du Québec que la protection de leurs droits linguistiques – et par-là la pérennité de leur identité culturelle – reposait principalement sur le plein exercice des responsabilités dévolues aux provinces. Majoritaires au Parlement de la Grande-Allée, les francophones québécois, contrairement aux Franco-Ontariens, étaient au moins assurés d'empêcher que se produise un coup de force contre le réseau d'écoles publiques de langue française en place dans la province. Sur ce plan, les déboires des francophones ontariens firent la preuve, au-delà de tout doute, que la ligne de partage entre l'intolérance et l'ouverture face à la dualité linguistique se situait exactement à la frontière entre l'Ontario et le Québec. Au-delà de la rivière des Outaouais régnait l'arbitraire, l'injustice et le mépris des francophones, jusqu'au Parlement de Queen's Park. C'était une leçon durement apprise dans un contexte où il existait une vie communautaire canadienne-française développée depuis à peine un siècle en Ontario, et qui trouvait ses origines historiques au Québec. La séparation entre ces deux grands rameaux de la francophonie canadienne était encore trop fraîche dans les mémoires, en 1912, pour que le coup porté aux écoles bilingues de l'Ontario ne soit ressenti – et pour longtemps – comme une violence politique faite à tout le Canada français.

La cassure introduite par le Règlement 17 entre les populations francophones ontarienne et québécoise fit beaucoup pour propulser sur le devant de la scène l'idée qu'il existait de facto un peuple « québécois » distinct, seul doté des moyen juridiques et politiques suffisants pour résister à l'orangisme qui sévissait dans certaines parties du Canada. C'était une première prise de conscience voulant que le salut de la francophonie « québécoise » ne pouvait dépendre que de ses propres forces et de sa situation démographique. De là à souhaiter que s'amplifie le « provincialisme » du gouvernement de Québec, il n'y avait qu'un pas, qui fut franchi au cours des années trente. Déjà, lors de la campagne électorale de 1935, Maurice Duplessis avait défendu âprement, face aux libéraux de Taschereau et Godbout – et appuyé par Georges Pelletier du *Devoir* – la notion d'autonomie provinciale, gage de survie linguistique et culturelle pour les francophones face au contre-exemple ontarien. C'est dans ces conditions qu'apparut aussi à la fin de cette décennie, dans les pages éditoriales du *Devoir* et sous son acception contemporaine, le vocable « Québécois[13] ». Certes il y avait le Canada français, mais à l'intérieur de celui-ci émergeait une réalité séparée en soi, « québécoise », qui se développait selon sa propre logique. Un nouveau rapport de force naissait qui situait dans l'arène provinciale le rayon d'action et le champ d'application principal du nationalisme francophone au Québec, bientôt suivi par l'émergence d'une construction politique nouvelle, celle de l'État « québécois ». Dans le sillage de la crise des écoles bilingues ontariennes, c'était déjà le début d'une distanciation face aux minorités de langue française, dont les résidents

---

[13] Nous faisons ici référence à la définition qui aura cours lors de la Révolution tranquille, soit un résident francophone du Québec. Après la promulgation de la loi 101, le vocable « Québécois » en est venu à désigner tous les habitants du Québec, peu importe leur origine, leur langue maternelle ou leur lieu de naissance.

francophones du Québec ne voulaient pas subir le sort. Assurément, c'était la fin d'un Canada français uni, tel que promu par Bourassa et dont le Règlement 17 avait sonné prématurément le glas. Ce renversement de discours avait mis un certain temps à se manifester, mais il était apparu très clairement dans *Le Devoir* d'octobre 1939 quand Pelletier, à la veille d'une nouvelle élection provinciale, avait conseillé à ses lecteurs de favoriser avant tout les velléités autonomistes de l'Union nationale :

> L'entrée des ministres fédéraux dans l'élection du 25 octobre a fait se dire à nombre d'électeurs : « Qu'est-ce que nos ministres fédéraux sont venus faire dans cette campagne-ci ! » Tâcher d'aider leurs amis du Parti libéral provincial à reprendre le pouvoir. Essayer de les remettre en place. Pourquoi ? Parce que M. Duplessis pose une question extrêmement déplaisante aux gens d'Ottawa ; celle de l'infiltration du pouvoir fédéral dans le domaine provincial ; et parce que M. Duplessis pose cette question aux électeurs à la période où, à la faveur des lois relatives à la guerre, Ottawa s'arroge sans autorité un droit de regard sur les affaires provinciales, droit que la Constitution ne lui reconnaît pas. [...]
>
> À nous donc de prendre parti, le 25. À nous de dire si nous voulons le retour à Québec du régime Taschereau, sous les apparences d'un ministère Godbout tenu en laisse par Ottawa ; d'un ministère tout au service, tout à la dévotion d'Ottawa et qui, en peu d'années, ferait du Québec l'annexe, la dépendance d'Ottawa, au lieu que notre province reste l'État souverain qu'elle est et doit continuer d'être[14].

Certes ces réflexions de Pelletier s'appliquaient à des enjeux politiques et économiques plus vastes que les seules réalités scolaires et linguistiques, surtout à un moment où commençait une nouvelle guerre mondiale. Elles étaient cependant apparues dans un contexte où les responsabilités constitutionnelles provinciales semblaient former un point d'appui décisif dans la préservation de l'espace identitaire « québécois ». Dans cette grande réorientation du nationalisme canadien-français au Québec, dont les premiers signes manifestes apparaissent à la fin des années trente, le sort de la minorité francophone ontarienne a joué un rôle important comme

[14] Georges Pelletier, « Voterons-nous pour Québec ? Voterons-nous pour Ottawa ? », *Le Devoir*, 23 octobre 1939, p. 1.

élément déclencheur. D'autres facteurs menèrent les « Québécois » à se distancier de l'arène fédérale, et qui sont bien visibles dans les éditoriaux du *Devoir* publiés sous Bourassa, dont la hausse générale du niveau d'éducation, l'exemple des autres minorités catholiques dans l'Empire – dont au premier chef celui des Irlandais vivant sous domination britannique – et la montée de l'influence culturelle française et européenne au pays. Il reste que le Québec français est sorti transformé à long terme de l'expérience traumatisante de la crise ontarienne et que, suite à ces péripéties éprouvantes, le nationalisme francophone pancanadien a été jugé par plusieurs intervenant de poids comme incarnant une voie impraticable et inopérante. Cela s'explique en partie par le fait que les émotions ressenties au moment du Règlement 17 restèrent longtemps présentes au sein du paysage politique « québécois » et laissèrent en héritage aux nouvelles générations une impression de méfiance profonde qui était encore perceptible en filigrane quand s'ouvre la période de la Révolution tranquille. Malgré cela, il faudra attendre jusqu'aux années soixante pour que de nouvelles voix se fassent entendre dans l'arène fédérale en faveur d'une égalité des deux peuples dits fondateurs de l'État canadien, et qui émanaient en partie du Canada de langue anglaise. Ce sera le cas notamment quand le premier ministre Pearson nommera à la tête de la Commission d'enquête sur le bilinguisme et le biculturalisme un certain nombre de Canadiens anglais éclairés, et plus encore quand sera promulguée en 1969, à Ottawa, la Loi sur les langues officielles. Ce n'était toutefois encore qu'une avancée partielle qui ne réglait en rien le sort difficile de la langue française, placée en situation minoritaire dans la plupart des juridictions provinciales, question qui était à la base de l'affrontement de 1912-1927 en Ontario. En ce sens, bien que sous une forme atténuée, les conditions qui avaient provoqué il y a près d'un siècle l'ire des parents de langue française dans la région d'Ottawa – et ailleurs dans la province –, perdurent aujourd'hui dans plusieurs régions du pays et continuent d'être observées de près au sein de la francophonie québécoise.

Bibliographie

Anctil, Pierre, *Fais ce que dois. 60 éditoriaux pour comprendre* Le Devoir *sous Henri Bourassa, 1910-1932*, Sillery, Septentrion, 2010, 383 p.

Anctil, Pierre, *Soyons nos maîtres. 60 éditoriaux pour comprendre* Le Devoir *sous Georges Pelletier, 1932-1947*, Sillery, Septentrion, 2013, 484 p.

Behiels, Michael, *La francophonie canadienne : renouveau constitutionnel et gouvernance scolaire*, Ottawa, Presses de l'Université d'Ottawa, 2005, 432 p.

Berger, Carl, *The Sense of Power: Studies in the Ideas of Canadian Imperialism*, Toronto, University of Toronto Press, 2013.

Bock, Michel, *L'Ontario français : des Pays-d'en-Haut à nos jours*, Ottawa, Centre franco-ontarien de ressources pédagogiques, 2004, 271 p.

Bock, Michel, *Quand la nation débordait les frontières : les minorités françaises dans la pensée de Lionel Groulx*, Montréal, Hurtubise HMH, 2004, 452 p.

Bock, Michel, « De la solidarité canadienne-française à l'éclatement des références : la mutation des identités québécoises et franco-ontariennes », dans Côté, Louis, Jean-François Savard et Alexandre Brossard (dir.), *Les relations Québec-Ontario : un destin partagé ?*, Québec, Presses de l'Université du Québec, 2011, p. 83-102.

Cardinal, Mario, *Pourquoi j'ai fondé* Le Devoir : *Henri Bourassa et son temps*, Montréal, Libre Expression, 2010, 400 p.

Comeau, Robert et Luc Desrochers (dir.), Le Devoir, *un journal indépendant (1910-1995)*, Québec, Presses de l'Université du Québec, « Les leaders du Québec contemporain », 1996, 368 p.

Gingras, François-Pierre, (dir.), *Entre l'arbre et l'écorce : actes du colloque tenu à l'Université d'Ottawa le 7 mars 1997*, Ottawa, Centre de recherche en civilisation canadienne-française de l'Université d'Ottawa, 1998, 182 p.

Gingras, Pierre-Philippe, *Le Devoir*, Montréal, Libre Expression, 1985, 295 p.

Lacombe, Sylvie, *La rencontre de deux peuples élus : comparaison des ambitions nationales et impériales au Canada entre 1896 et 1920*, Québec, Presses de l'Université Laval, 2002, 291 p.

Lahaise, Robert (dir.), Le Devoir : *reflet du Québec au 20e siècle*, Montréal, Hurtubise HMH, collection « Cahiers du Québec » n° 110, 1994, 504 p.

Richard, Béatrice, « Henri Bourassa et la conscription : traître ou sauveur », *Revue militaire canadienne*, vol. 7, n° 4, hiver 2006-2007, p. 75-83.

Rumilly, Robert, *Henri Bourassa. La vie publique d'un grand Canadien*, Montréal, Éditions Chantecler ltée, 1953, 791 p.

Silver, Arthur Isaac, *The French-Canadian Idea of Confederation, 1864-1900*, Toronto, University of Toronto Press, 1997, 283 p.

Wallot, Jean-Pierre (dir.), *La gouvernance linguistique : le Canada en perspective*, Ottawa, Presses de l'Université d'Ottawa, 2005, 306 p.

L'UNION SAINT-JOSEPH DU CANADA ET LA RÉSISTANCE AU RÈGLEMENT 17

Pierrick Labbé
Université de Moncton
Campus d'Edmundston

Au moment où fut déclenchée la crise scolaire en Ontario, l'Union Saint-Joseph du Canada formait la principale société de secours mutuels canadienne-française de cette province et l'une des plus importantes en Amérique du Nord. Depuis 1895, ses dirigeants multipliaient les succursales de manière à joindre le plus grand nombre de Canadiens français du Canada et des États-Unis. L'élite qui dirigeait l'association publiait également un petit journal pour promouvoir ses activités. Elle utilisait ce véhicule pour communiquer avec les membres et propager un message axé sur la solidarité et l'entraide entre les Canadiens français. Ses dirigeants promouvaient également la doctrine sociale de l'Église, qui, depuis la publication de l'encyclique *Rerum novarum* en 1891, exhortait les fidèles à contrer la montée du socialisme et à se tourner vers les associations catholiques pour lutter contre les excès du capitalisme. Forte de 26 375 sociétaires en 1912 et de plus de six cents succursales, la mutuelle tentait de s'affirmer comme un instrument de développement économique et national capable de rivaliser les grandes sociétés fraternelles anglophones[1].

Entraînée par ses dirigeants, l'Union Saint-Joseph milita pour les droits des Canadiens français de l'Ontario en matière d'éducation. L'analyse du message social diffusé dans son journal durant la crise scolaire ontarienne permet de constater un renforcement du discours nationaliste à partir de 1908, stimulé par l'arrivée de quelques nouveaux administrateurs plus militants. L'élite à sa tête n'hésita pas à utiliser certains des outils de la mutualité en marge des activités économiques et à développer une propagande intra-organisationnelle axée sur la défense des droits scolaires des Canadiens français d'Ontario. Avant 1908, cette question occupait une place marginale dans le discours de l'association, alors qu'à partir de 1908, elle devint omniprésente.

Ce texte cherchera à mettre en évidence le rôle de la crise du Règlement 17 en tant que catalyseur du nationalisme véhiculé par l'Union Saint-Joseph. En 1908-1909, ses dirigeants espéraient même voir la mutuelle mener le combat, une prétention d'une très courte durée qui disparut à la suite de la fondation de l'Association canadienne-française d'éducation d'Ontario (ACFÉO), en 1910. Le Conseil fédéral continua tout de même la lutte en poursuivant sa propagande par le biais de son journal. La doctrine sociale de l'Église demeura l'un des thèmes dominants traités dans les éditoriaux durant l'ensemble de la période analysée, mais à partir de la crise scolaire, elle se juxtaposa à une plus grande préoccupation concernant le destin linguistique de la nation canadienne-française.

L'étude du sujet permet ainsi d'apprécier la contribution du mouvement associatif canadien-français aux luttes scolaires en Ontario. Plusieurs historiens, dont Gaétan Gervais, Robert Choquette et Gayle Comeau, ont souligné le rôle de l'Union Saint-Joseph lors de la fondation de l'ACFÉO, qui emprunta ses locaux et eut recours à son réseau de succursales pour mobiliser la

---

[1] Ontario, Office of the Superintendent of Insurance, *Report of the Superintendent of Insurance and Registrar of Friendly Societies (1912)*, Toronto, Queen's Printer, 1913, p. C275.

population[2]. Sa contribution dépassait toutefois ces actions. La mutuelle se transforma en un outil de propagande pour tenter d'éveiller l'attention des Canadiens français envers cette cause. Cet effort alimentait le prestige de l'association à une période où le recrutement souffrait d'un ralentissement considérable. L'analyse contribue également à la compréhension de la transformation de la mutualité canadienne-française, qui cessa à cette époque de reposer sur des associations locales vouées à la solidarité et à la sociabilité pour en venir à être dominée par de grands organismes dirigés par une petite bourgeoisie désireuse de défendre certaines valeurs nationales[3]. Dans le cas de l'Union Saint-Joseph du Canada, son enracinement en Ontario engendra une attention toute particulière envers les combats menés dans cette province.

Bien qu'il nous reste peu de documents pour étudier le sujet, ceux qui ont été conservés nous donnent un portrait relativement complet de la fonction sociale et nationale de la mutualité canadienne-française. La petite élite qui dirigea l'association lors de cette période trouble laissa peu de traces nous permettant d'approfondir ses motivations personnelles. Il subsiste cependant un certain nombre de documents concernant les activités de l'Union Saint-Joseph, lesquels sont conservés au Centre de recherche en civilisation canadienne-française de l'Université d'Ottawa. Il s'agit essentiellement du journal de l'association et de rapports officiels. Le corpus demeure incomplet et limite la possibilité d'analyser la réceptivité des sociétaires à ce message ainsi que les répercussions des articles publiés. Ces sources permettent tout de même d'exposer les grandes transformations du discours de l'Union Saint-Joseph, ce qui offre par la même occasion un aperçu des initiatives de certains militants moins connus et qui agissaient en marge du combat

---

[2] Gayle Comeau, « The Role of the Union Saint-Joseph du Canada in the Organization of the Association canadienne-française d'éducation d'Ontario », mémoire de maîtrise (histoire), Université de Montréal, 1982, p. 42; Gaétan Gervais, « Le Règlement XVII (1912-1927) », *Revue du Nouvel Ontario*, n° 18, 1996, p. 132-133; Robert Choquette, *Langue et religion: histoire des conflits anglo-français en Ontario*, Ottawa, Presses de l'Université d'Ottawa, 1980, p. 78-79.

[3] Martin Petitclerc, « Une forme d'entraide populaire. Histoire des sociétés québécoises de secours mutuels au 19e siècle », thèse de doctorat (histoire), Montréal, Université du Québec à Montréal, 2004, p. 291-301.

mené par l'ACFÉO. Le sujet sera abordé en trois temps. Il sera d'abord question de l'émergence d'une forme de propagande au sein de l'Union Saint-Joseph à la suite des réformes administratives de la fin du XIXe siècle. Par la suite, l'influence de la crise scolaire sera traitée, ainsi que le désengagement de l'organisme après 1912.

La formation d'un nouveau discours social (1895-1908)

Depuis sa fondation à Ottawa en 1863, l'Union Saint-Joseph constituait un outil de survivance en milieu minoritaire, en se présentant comme une solution de rechange aux mutuelles anglophones ou aux compagnies d'assurance privées. Seuls les Canadiens français catholiques pouvaient y être admis. En échange d'une cotisation mensuelle, les sociétaires obtenaient une protection en cas de décès ou de maladie. À cette forme de prévoyance se juxtaposait une sociabilité, entretenue par des réunions obligatoires, l'obligation de chômer la fête patronale, la visite des membres malades ainsi que la présence lors des funérailles. Même si l'association participait à de grands rassemblements patriotiques dès les années 1880, sa mission se concentrait sur la prévoyance et l'entraide. D'ailleurs, une clause de sa constitution, maintenue jusqu'en 1895, interdisait les discussions concernant des sujets politiques ou religieux lors des réunions, sous peine d'une amende[4].

Entre 1895 et 1897, un groupe de réformateurs entreprit une refonte en profondeur des statuts et règlements de l'association. Ils s'inspirèrent de la Société des Artisans canadiens-français, de l'Alliance nationale et des sociétés étrangères pour développer une société fraternelle nationale. Cette forme de mutualité se distinguait par un plus grand calcul du risque et le maintien d'un réseau de succursales[5]. La réforme contribua à donner un pouvoir consi-

---

[4] Officiellement, l'association cessa d'imposer ces amendes en 1893 puisque le gouvernement provincial considérait qu'il s'agissait d'une forme de cotisation qui enfreignait l'obligation des mutuelles d'imposer des primes équitables pour tous les membres. Centre de recherche en civilisation canadienne-française (CRCCF), fond Union du Canada (C20), b1, 1, « Constitution et règlements de l'Union Saint-Joseph d'Ottawa », 1887, p. 12 ; CRCCF, C20, vol. 12, Assemblée générale, *Minutes book*, 1er novembre 1892 au 6 décembre 1897, ici 4 juillet 1893.

[5] CRCCF, Olivier Durocher et F. X. Talbot, « Rapport du bureau central de direction pour le semestre finissant le 31 décembre 1897 », *Bulletin officiel*, 15 janvier 1898, p. 120 ; Code de l'Union Saint-Joseph de la cité d'Ottawa, 1898, p. 12, CRCCF, C20, b1, 4.

dérable à la petite élite qui dirigeait l'Union Saint-Joseph. Lorsqu'il n'existait qu'un comité à Ottawa, tous les membres étaient conviés aux réunions durant lesquelles chacun avait droit de parole. La constitution d'un conseil fédéral pour chapeauter les succursales diminuait la capacité pour le simple sociétaire de s'exprimer. De plus, la complexification de l'administration quotidienne limitait les candidats potentiels aux divers postes administratifs. La jurisprudence et les lois concernant la mutualité se complexifiaient, laissant les moins instruits en marge de la gestion et, par la même occasion, de l'essentiel du processus décisionnel[6].

Si, à l'origine, les réformes visaient surtout à régler un problème de recrutement et à stabiliser les finances à moyen terme, les réformateurs espéraient tout de même transformer l'Union Saint-Joseph en outil de développement national pour les Canadiens français de l'Ontario[7]. Dans un premier temps, ils cherchèrent à vendre des certificats d'assurance un peu partout dans la province, par la multiplication des succursales. Le président, Olivier Durocher, laissait même entrevoir, à plus long terme, une expansion à l'ensemble du pays – souhait exaucé vers 1900[8]. L'association se dota aussi de quelques moyens pour promouvoir ses activités. Les réformateurs fondèrent un petit journal mensuel en 1895, le *Bulletin Officiel*, dont le nom changea pour *Le Prévoyant* en 1900. Cet organe devint le principal véhicule idéologique entre le Conseil fédéral et les sociétaires. Les articles transmettaient des informations concernant l'association, la création de succursales ou encore les plus récents développements en matière de mutualité. La plupart des numéros comptaient aussi un texte éditorial, souvent non signé, qui servait à diffuser des valeurs catholiques et à promouvoir de saines habitudes

[6] Concernant cette transformation de la mutualité, voir Martin Petitclerc, *« Nous protégeons l'infortune » : Les origines populaires de l'économie sociale au Québec*, Montréal, VLB, 2007, p. 185-215 ; Pierrick Labbé, *« L'Union fait la force ! » : l'Union Saint-Joseph d'Ottawa/du Canada, 1863-1920*, Ottawa, Presses de l'Université d'Ottawa, 2012, p. 101-128 ; Yvan Rousseau, « De la cotisation à la prime d'assurance : le secours mutuel au Québec entre 1880 et 1945 », dans *Espaces et histoire : Colloque franco-québécois*, Université Renne 2 (France), mai 2003, actes publiés sous la direction d'Alain Croix et Patrick Harismendy, Presses universitaires de Rennes, p. 156-157.

[7] Sans auteur, « Avis », *Bulletin officiel*, 15 juin 1895, p. 6, CRCCF.

[8] Sans auteur, « Union St. Joseph d'Ottawa », *Bulletin officiel*, 15 juillet 1895, p. 10, CRCCF.

de vie. Ils abordaient une grande variété de thèmes, sans nécessairement s'enchaîner dans une suite logique. Lors des premières années, les auteurs se concentrèrent surtout sur des questions liées à la prévoyance, tels la nécessité de payer régulièrement ses cotisations, l'hygiène, l'alcoolisme et la santé.

Association catholique, l'Union Saint-Joseph accordait à la religion une place de premier plan dans son discours. Ce constat est peu surprenant à la lumière des propos de l'historien Robert Choquette, qui souligne dans ses travaux l'existence à cette période d'une proximité entre le clergé local et les élites canadiennes-françaises d'Ottawa[9]. L'Union Saint-Joseph n'y faisait pas exception. Son conseil d'administration se composait de catholiques convaincus de la nécessité de travailler au prestige de la « race » canadienne-française, qu'ils définissaient par sa pratique de la religion catholique et l'usage de la langue française. Depuis sa fondation, l'association entretenait une relation cordiale avec les représentants de l'Église catholique. Elle recevait chaque année l'approbation et la bénédiction de Mgr Duhamel, archevêque d'Ottawa. Ce dernier détenait également le titre de président honoraire, en plus de se voir concéder le privilège de nommer un prêtre responsable de la supervision morale de la mutuelle. Cette bonne relation facilita dans bien des cas la formation de son réseau de succursales, par l'appui des curés de nombreuses paroisses[10].

Malgré l'influence morale considérable de l'Église, l'Union Saint-Joseph conservait une certaine autonomie. Le clergé se contenta de superviser ses activités sans s'ingérer dans son fonctionnement ni chercher à contrôler son message. D'ailleurs, le journal aborda de front peu de thèmes religieux avant le milieu de la décennie 1900. Les rédacteurs publièrent tout de même des retranscriptions de sermons qui traitaient de la doctrine sociale de l'Église, prononcés lors d'occasions spéciales[11]. Il n'était pas ques-

[9] Robert Choquette, *La foi gardienne de la langue en Ontario, 1900-1950*, Montréal, Bellarmin, 1987, p. 231.

[10] *Minutes book*, bureau de direction, 7 février 1895 au 11 novembre 1896, ici 11 mars 1895, CRCCF, C20, vol. 18.

[11] Par exemple : sans auteur, « Fête patronale », *Bulletin Officiel*, 15 mai 1896, p. 62, CRCCF.

tion cependant de détourner l'attention de sa principale raison d'être, soit la mutualité. En octobre 1903, un éditorial affirmait, concernant la relation entre l'association et le clergé :

> Il va sans dire que notre société est une institution essentiellement catholique, mais elle est avant tout une institution financière, faisant des affaires dans le commerce des assurances. Nous vendons une protection en retour de certaines contributions. C'est pourquoi nous ne demandons pas de faveur dont nous ne soyons dignes. Nous ne voulons pas couvrir du manteau des évêques une marchandise frelatée. [...] Nous avons, je le répète, toutes les sympathies du clergé. [...] Nous avons la ferme intention de suivre à l'avenir la même ligne de conduite que dans le passé. Nous cherchons ceux qui ont besoin de protection pour eux et pour leur famille. Mais nous ne frappons pas à leurs portes au nom de la Religion. Nous frappons au nom de la [m]utualité[12].

Cet objectif n'empêcha pas l'association d'adopter certaines positions similaires à celles du clergé. *Le Prévoyant* encouragea notamment les Canadiens français à rester au pays plutôt qu'à s'exiler vers les États-Unis[13]. Le thème de l'agriculturalisme revint également à quelques reprises. Le journal fit la promotion de sociétés de colonisation. Le docteur Chevrier, médecin en chef de l'association, sermonna les grévistes de la fameuse grève du moulin à bois de Buckingham, en 1906 : « Finissez donc votre esclavage, cessez d'enrichir vos ennemis par votre travail, par votre zèle, par votre adresse et votre industrie. Soyez vos maîtres enfin – en devenant de bons cultivateurs[14]. » Les administrateurs cherchèrent aussi par moment à enrôler plus de fermiers, surtout entre 1900 et 1906, sous prétexte que le travail au grand air favorisait une bonne santé et une forte constitution. Le médecin général considérait que ces gens constituaient un risque moins grand pour les finances de l'association, même si cette idée ne reposait sur aucun calcul actuariel[15].

---

[12] Sans auteur, « Le clergé et notre société », *Le Prévoyant*, 15 octobre 1903, p. 2, CRCCF.

[13] Sans auteur, « L'émigration », *Le Prévoyant*, 15 avril 1901, p. 14, CRCCF.

[14] R. Chevrier, « L'émeute de Buckingham », *Le Prévoyant*, 15 octobre 1906, p. 1-2, CRCCF.

[15] Sans auteur, « Rapport du médecin général », *Le Prévoyant*, 15 septembre 1906, p. 34-36, CRCCF.

Malgré tout, ces cas demeurent des exceptions et les éditoriaux avant 1908 se concentraient surtout sur les activités économiques de la mutuelle. Il faut dire que la portée de son message social par le biais du journal semble avoir été minime à cette période, selon l'avis même des dirigeants. Par exemple, en 1906, le comité de propagande constata que peu de sociétaires lisaient *Le Prévoyant*. Pour y remédier, ses membres proposèrent un changement de format et des articles plus « intéressants », sans préciser les adaptations prévues. Il fallut attendre encore deux ans avant la mise en place de ces mesures[16].

L'éducation et la transformation du discours social (1908-1911)

Olivier Durocher, ancien maire d'Ottawa et conseiller municipal, occupa le poste de président de l'Union Saint-Joseph entre 1895 et 1908. L'association connut une belle croissance durant cette période. Elle créa plus de 350 succursales réparties en Ontario, au Québec, au Nouveau-Brunswick et aux États-Unis. Le nombre de sociétaires passa de 825 à plus de vingt-trois mille. Environ dix mille d'entre eux habitaient en Ontario[17]. La mutuelle profita de cette croissance pour se positionner au cœur des communautés canadiennes-françaises, en tissant des liens avec les sociétés Saint-Jean-Baptiste, le clergé local et d'autres associations un peu partout où se trouvaient ses succursales[18]. Malgré cette expansion hors de l'Ontario, le conseil d'administration se composait surtout de gens de la région d'Ottawa. Le noyau de réformateurs demeura en place pendant les années qui suivirent les grandes réformes[19]. En 1910,

[16] J. O. Boulet, « Rapport du comité de publicité », *Le Prévoyant*, juillet 1906, p. 33, CRCCF.

[17] En 1905, l'Union Saint-Joseph d'Ottawa devint l'Union Saint-Joseph du Canada. Canada, *Statuts du Canada*, 7e éd. (1905), Acte concernant l'Union Saint-Joseph de la cité d'Ottawa, et à l'effet d'en changer le nom en celui d'Union Saint-Joseph du Canada, Ottawa, Samuel Edward Dawson, King's Printer, 1905, p. 541.

[18] J. Thomas, « Sans titre », *Bulletin officiel*, 15 mai 1897, p. 12, CRCCF ; sans auteur, « Beau ralliement », *Le Prévoyant*, septembre-octobre 1908, p. 82, CRCCF.

[19] Avant les réformes, l'association élisait un nouveau président sur une base régulière. Aucun sociétaire n'occupa le poste plus de deux ans, alors qu'Olivier Durocher demeura en poste de 1895 à 1908 et de 1912 à 1917. Charles Desjardins occupa le poste d'organisateur en chef pendant près de dix ans à la suite des réformes de 1895. Conseil fédéral, rapport publié de la sixième session, août 1908, *Rapport du directeur général de l'Union Saint-Joseph*, p. 12, CRCCF, C20, b1, 12.

sur les vingt-sept personnes qui occupaient les divers postes du Conseil exécutif, excluant les médecins répartis sur le territoire afin d'encadrer les examens médicaux, quinze habitaient à Ottawa. Les villes de Montréal et de Hull figuraient au second rang en termes de représentation, avec deux représentants seulement[20].

L'élection en 1908 d'un nouveau président, Georges Séguin, correspond à un renouveau du discours national de l'association et à une volonté d'utiliser la mutualité à d'autres fins que la prévoyance. L'éducation et la défense des droits linguistiques commencèrent à obtenir une place de premier plan dans les éditoriaux du *Prévoyant.* Tout comme Durocher précédemment, Séguin, un administrateur de carrière, incarnait cette petite élite canadienne-française d'Ottawa engagée dans le réseau associatif, liée aux milieux intellectuels ou encore à celui des affaires. Avant son élection, il œuvra à titre de percepteur de taxes pour la ville d'Ottawa, en plus d'occuper le poste de président du chemin de fer de la rivière Petite-Nation. Il remplit plusieurs fonctions administratives au sein de l'Union Saint-Joseph entre le moment de son admission et son élection comme président, vingt-cinq ans plus tard[21]. Séguin désirait donner un nouveau dynamisme à l'association, motivé en grande partie par les luttes scolaires. Il percevait le potentiel rassembleur qu'offrait son réseau de succursales et le nombre élevé de sociétaires. Séguin considérait que « [l]a mutualité catholique et canadienne-française est le plus puissant facteur propre à assurer l'intacte survivance des caractères distinctifs de notre race[22] ». Il affirma dans son discours inaugural :

> Nous ne réalisons pas assez quelle force peut exercer une association comme la nôtre, quelle influence elle peut avoir pour l'amélioration du sort de notre race. Que faudrait-il faire pour ne pas faillir à cette grande mission ? Chacun de nos conseils locaux devrait être un foyer de patriotisme. [...] La propagation des idées nationales, la conservation de notre

[20] Sans auteur, « Officiers-Conseil exécutif », *Le Prévoyant*, janvier 1910, p. 13, CRCCF.

[21] Sans auteur, « Monsieur Georges W. Séguin », *Le Prévoyant*, décembre 1911, p. 16, CRCCF.

[22] Georges Séguin, « La mutualité : conférence faite par M. G. W. Séguin, président général de l'Union St-Joseph du Canada, au Congrès d'éducation des Canadiens français de l'Ontario », *Le Prévoyant*, février 1910, p. 30, CRCCF.

> langue, la défense de nos droits et de notre religion, l'éducation de nos enfants, ce sont là autant de sujets qui devraient engager notre attention pratique[23].

Il ajouta dans une lettre adressée aux membres, en février 1909, que l'association se destinait à prendre la tête de la lutte contre l'assimilation, sans toutefois proposer d'action en ce sens[24].

Séguin n'était pas le seul à vouloir donner une nouvelle direction à l'Union Saint-Joseph. Aurélien Bélanger signa quelques éditoriaux dans *Le Prévoyant*, les premiers qui abordèrent véritablement de front la question scolaire. Bélanger avait déjà œuvré à titre de professeur à l'Université d'Ottawa et d'inspecteur des écoles bilingues. En 1908, il espérait transformer la mutualité en outil de lutte :

> Qu'est-ce, après tout, pour l'orphelin, ce millier de piastres? Une ressource bien faible en vérité, si l'on considère combien âpre se fait, de nos jours, la lutte pour la vie. Par contre, il y a un legs d'une valeur inappréciable que tout père qui a le sens de son devoir doit laisser à ses enfants : c'est l'instruction[25].

Bélanger signa seulement quelques textes, mais qui portaient à peu près tous sur la question de l'éducation.

À ces deux instigateurs d'un renouveau du discours social se joignit Charles Leclerc, en août 1909, à titre de secrétaire général et rédacteur du *Prévoyant*[26]. Ce dernier signa la majorité des éditoriaux suivant l'obtention de ce poste. Leclerc, qui avait la plume facile, rédigea de longs plaidoyers dans lesquels il s'afficha en tant que défenseur infatigable de la langue française et de la religion catholique. Son style particulier détonnait par rapport à celui de ses prédécesseurs. Il n'hésitait pas à se lancer dans de grandes envolées lyriques ou encore à réprimander ses concitoyens, qu'il

---

[23] Georges Séguin, « Adresse d'inauguration du président-général », *Le Prévoyant*, septembre-octobre 1908, p. 65, CRCCF.

[24] Georges Séguin, « Le but de l'œuvre de l'Union Saint-Joseph », *Le Prévoyant*, février 1909, p. 33, CRCCF.

[25] Aurélien Bélanger, « Notre rôle social », *Le Prévoyant*, novembre 1908, p. 2, CRCCF.

[26] Il est possible que d'autres personnes aient rédigé des textes sans les signer. Pierre Loranger, « La revue de l'Union du Canada, 1895-1941 : défenseur de la langue française », *Polyphony. Bulletin of the Multicultural History Society of Ontario*, vol. 2, n° 1, hiver 1979, p. 36-38.

accusait d'être apathiques, de se laisser éblouir par de « faux brillants », d'être paresseux – non pas au travail, mais plutôt en ce qui avait trait à la cause nationale[27].

Séguin, Leclerc et, dans une moindre mesure, Bélanger formèrent pendant quelques années les piliers du militantisme au sein de l'association. Manifestement, à leurs yeux, la mutualité ne constituait qu'un outil parmi d'autres dans la lutte scolaire. Leur implication dans la cause de l'éducation dépassait les cadres de l'Union Saint-Joseph. Par exemple, le 28 décembre 1908, Bélanger convoqua les Canadiens français de la province à une réunion dans les locaux de la mutuelle[28]. Il résulta de ces démarches d'autres rencontres ainsi que le grand Congrès des Canadiens français d'Ontario de 1910, qui mena à la fondation de l'ACFÉO. Plusieurs de ces événements se déroulèrent dans les locaux de l'Union Saint-Joseph. En prévision du grand rassemblement de 1910, le comité général du Congrès d'éducation des Canadiens français d'Ontario adopta une résolution qui invitait les sociétés de secours mutuel installées dans la province à mobiliser leurs membres et à faire d'eux « des zélateurs des idées nationales[29] ». L'Union Saint-Joseph obtint une invitation spéciale étant donné qu'elle formait la seule mutuelle canadienne-française dont le siège social se trouvait en Ontario[30]. D'autres membres de l'association participaient également à la lutte scolaire. Charles-Siméon-Omer Boudreault, inspecteur général de l'Union Saint-Joseph, ainsi qu'Olivier Durocher prirent part à des rencontres en 1909 pour dénoncer les lois scolaires et mobiliser leurs concitoyens[31]. Séguin devint le premier trésorier de l'ACFÉO en 1910[32]. Napoléon-Antoine Belcourt, premier président de l'ACFÉO, connaissait bien l'Union Saint-Joseph puisqu'il avait œuvré à titre d'avocat de l'association avant de se lancer en politique active. Charles-Siméon-Omer Boudreault,

---

[27] Charles Leclerc, « Le sentiment national dans la mutualité », *Le Prévoyant*, avril 1910, n. p., CRCCF.

[28] Gaétan Gervais, *loc. cit.*, p. 132-133.

[29] Charles Leclerc, « Aidons le Congrès ! Il fait appel aux sociétés mutuelles », *Le Prévoyant*, octobre 1909, p. 2, CRCCF.

[30] *Ibid.*

[31] Sans auteur, « Autour du Congrès », *Le Prévoyant*, octobre 1909, p. 102, CRCCF.

[32] Gaétan Gervais, *loc. cit.*, p. 132-133, 135.

toujours membre de la mutuelle, lui succéda en 1912[33]. À la lumière de ces liens, Charles Leclerc poussa même l'audace, dans ses textes publiés lors des décennies suivantes, jusqu'à imputer l'idée originelle de la fondation de l'ACFÉO à l'Union Saint-Joseph[34]. Si tel est le cas, aucune trace ne subsiste d'une volonté institutionnelle de créer une nouvelle entité dédiée à la défense des droits scolaires. Il semble plutôt que plusieurs membres de la mutuelle aient tout simplement participé à sa fondation, ce qui engendra pendant un certain temps une proximité entre les deux associations et stimula le militantisme de l'Union Saint-Joseph.

Le Prévoyant s'ajusta à la nouvelle mission insufflée par ses dirigeants. Dans un premier temps, dès l'élection de Séguin à la présidence, le Conseil fédéral ordonna que le journal soit publié et expédié à date fixe, ce qui n'était pas le cas auparavant[35]. Les éditoriaux adoptèrent un ton plus militant à partir de 1908, surtout après l'arrivée de Leclerc. Les textes abordaient toujours divers sujets, mais le destin des Canadiens français occupa une place plus importante dans le discours. La nécessité de lutter pour les droits des Canadiens français revint régulièrement. Ces éditoriaux patriotiques possédaient un faible caractère informatif. Ils visaient essentiellement à mobiliser la population en leur présentant des formules rhétoriques dans le but d'activer leur fibre identitaire. Plusieurs textes parurent également pour dénoncer la situation scolaire. Par exemple, en mai 1909, un article non signé critiquait l'unilinguisme anglophone de l'examen obligatoire pour l'obtention de l'accréditation des instituteurs. L'auteur prônait la solidarité parmi les Canadiens français dans le but d'obtenir la mise sur pied d'une formation bilingue, sans toutefois les inciter à appuyer une démarche en particulier[36].

Si cette propagande visait à soutenir la lutte hors du domaine de la mutualité, les éditorialistes s'en tinrent surtout à un discours

---

[33] Sans auteur, « Officiers-Conseil exécutif », *Le Prévoyant*, janvier 1910, p. 13, CRCCF.

[34] Charles Leclerc, *L'Union Saint-Joseph du Canada : Son histoire, son œuvre, ses artisans !*, Ottawa, Union Saint-Joseph du Canada, 1939, p. 43-44.

[35] La rédaction, « Le Prévoyant », *Le Prévoyant*, septembre-octobre 1908, p. 100, CRCCF.

[36] Sans auteur, « Éducation : Les Canadiens français d'Ontario », *Le Prévoyant*, mai 1909, p. 58, CRCCF.

nationaliste et proposèrent peu d'actions concrètes. Les textes formulaient rarement des solutions, se contentant de marteler à chaque occasion le besoin de s'unir. Le Congrès d'éducation constitue en ce sens une exception. *Le Prévoyant* publicisa l'événement de manière à inciter les Canadiens français à y participer, reprenant un mémoire qui stipulait qu'il s'agissait « d'une entreprise morale, religieuse et patriotique de la plus indéniable importance pour le présent et l'avenir de notre nationalité [...][37] ». Le journal publia également un texte de l'abbé Beausoleil, l'un des instigateurs du congrès. Celui-ci lança un appel aux sociétaires de l'Union Saint-Joseph dans lequel il les implora de travailler à l'œuvre nationale[38]. D'autres textes présentèrent de brefs comptes rendus des événements. L'éducation devint, à partir de cette période, l'une des causes privilégiées traitées dans la propagande du journal.

Cette transformation du discours de l'Union Saint-Joseph mena à une profonde mutation de la conception que les dirigeants avaient de la mutualité. D'abord, elle entraîna une réinterprétation des origines de l'association. Le président estimait que les fondateurs, en 1863, avaient été inspirés par la volonté de préparer une lutte nationale, en se réunissant pour protéger la veuve et l'orphelin[39]. Leclerc, quant à lui, affirma que sa fondation constituait le premier véritable congrès des Canadiens français d'Ontario[40]. Il est vrai que les fondateurs désiraient rassembler les travailleurs canadiens-français sous une même bannière. Les objectifs de la mutuelle, à l'origine, demeuraient toutefois centrés sur la sociabilité et l'entraide financière. La réinterprétation des facteurs ayant présidé à la fondation de l'Union Saint-Joseph témoignait tout de même de cette volonté de transformer l'organisme en outil de combat national.

Pour résumer, la crise scolaire mena à la consolidation, dans le discours de l'Union Saint-Joseph, des fonctions sociale, religieuse et nationale de la mutualité. Séguin exposa cette idée en 1910 dans

---

[37] Sans auteur, « Mémoire concernant le Congrès d'éducation des Canadiens français d'Ontario », *Le Prévoyant*, décembre 1909, p. 16, CRCCF.

[38] Sans auteur, « L'Union fait la force », *Le Prévoyant*, juin 1909, p. 26, CRCCF.

[39] Georges Séguin, « Lettre circulaire du président général », *Le Prévoyant*, janvier 1909, n. p., CRCCF.

[40] Charles Leclerc, « L'Union St-Joseph du Canada : Société nationale des Canadiens français d'Ontario », *Le Prévoyant*, janvier 1910, p. 18, CRCCF.

une allocution prononcée lors du Congrès d'éducation. Leclerc reprit la formule à maintes reprises durant les années suivantes. D'abord, l'association continua à valoriser sa principale fonction sociale, soit la prévoyance. Ensuite, elle se présentait en tant que défenseur des valeurs catholiques. La mutualité, selon Séguin, reposait sur les principes de la charité chrétienne, par la mise en commun des ressources et le partage opéré par ses activités financières. Finalement, Séguin affirmait que l'Union Saint-Joseph possédait une fonction nationale, par l'enrôlement des Canadiens français sous une même bannière, de manière à éviter de grossir les rangs des sociétés anglophones et à lutter, ainsi, contre l'assimilation. Ce rôle existait déjà *de facto* avant la crise scolaire, sans toutefois être défini aussi explicitement[41]. En somme, l'Union Saint-Joseph ne se contentait plus de promouvoir la mutualité. Elle doubla ses activités économiques d'un message nationaliste plus marqué qui transforma son identité.

Un discours, peu d'action (1912-1927)

Séguin mourut subitement, le 6 décembre 1911, après une brève maladie de trois jours[42]. Sa courte période à la présidence ne lui permit pas d'accomplir ce qu'il espérait, c'est-à-dire donner tout le prestige national qu'il aurait souhaité pour l'association. Il contribua tout de même à son succès en lançant une série de petites réformes administratives internes, de manière à assurer un service professionnel aux sociétaires. Une mutuelle ne pouvait, à son avis, travailler à la cause nationale sans une santé financière solide et des méthodes comptables reconnues[43]. Séguin encouragea aussi une plus grande participation de l'Union Saint-Joseph à de grands rassemblements nationaux. Il envoya des délégations à plusieurs événements d'envergure, dont le Congrès d'éducation des Canadiens français d'Ontario, le Congrès des sociétés catholiques de langue

---

[41] Georges Séguin, « La mutualité : conférence faite par M. G. W. Séguin, président général de l'Union St-Joseph du Canada, au Congrès d'éducation des Canadiens français de l'Ontario », *Le Prévoyant*, février 1910, p. 29, CRCCF.

[42] Sans auteur, « Monsieur Georges W. Séguin », *Le Prévoyant*, décembre 1911, p. 26, CRCCF.

[43] Georges Séguin, « Commissaires du président », *Le Prévoyant*, septembre 1909, p. 95, CRCCF.

française d'Amérique et le Congrès eucharistique de Montréal. Lors de la réunion du Conseil fédéral du mois d'août 1911, au cours de laquelle il fut réélu, les membres appuyèrent officiellement cet engagement national accru. Dans sa lettre de remerciement aux sociétaires pour l'avoir reconduit à la présidence, Séguin affirma vouloir poursuivre la mission qui visait à faire de la mutuelle « [...] un facteur d'action sociale, catholique, patriotique[44] ».

À la mort de Séguin, l'association perdit l'un de ses plus grands défenseurs d'une vision étendue du rôle social de la mutualité. Ses successeurs n'auraient pas la même ambition de transformer l'Union Saint-Joseph en outil proactif dans la lutte scolaire. Olivier Durocher reprit la présidence, poste qu'il conserva jusqu'en 1917. Il affirma dans une lettre aux sociétaires : « Facteur d'action sociale, catholique et patriotique, voilà ce que notre société a été et continuera d'être[45]. » Malgré cette volonté, les activités hors de la sphère économique lors des années suivantes se résumèrent à sa propagande, tandis que son véritable rôle national se recentra autour de la mutualité.

L'association n'abandonna pas pour autant les éléments nationalistes de son discours, surtout à la suite de la proclamation du Règlement 17. *Le Prévoyant* continua à publier des textes pour dénoncer les politiques scolaires et pour inciter les Canadiens français à prendre en main leur destinée. Charles Leclerc rédigea la plupart des éditoriaux à partir de 1912 et jusqu'à ce qu'il quitte son poste de rédacteur en juillet 1939[46]. Les thèmes abordés changèrent peu par rapport à la période précédente. Leclerc marqua cependant le journal de sa verve, inspirée par un idéal national et une foi inébranlable. Il martela sans cesse que l'éducation se devait d'être religieuse, sans quoi les Canadiens français d'Ontario perdraient leur langue. Plusieurs de ses textes accusaient le clergé irlandais d'avoir abandonné les Canadiens français au nom de l'ordre établi, alors que, selon lui, le pape Léon XIII avait plutôt

---

[44] Georges Séguin, « Lettre du président général aux membres de l'Union Saint-Joseph du Canada », *Le Prévoyant*, octobre 1911, p. 10, CRCCF.

[45] Olivier Durocher, « Lettre du président général aux membres de l'Union Saint-Joseph du Canada », *Le Prévoyant*, juin 1912, n. p., CRCCF.

[46] Pierre Loranger, *loc. cit.*, p. 36-38.

donné la consigne de respecter les langues et les mœurs des peuples. L'épiscopat ontarien manifestait à son avis une mentalité anglaise, au point d'encourager « la guerre au français[47] ».

Cette critique des irlando-catholiques mena à une refonte du discours concernant les sociétés fraternelles anglophones. Jusqu'à la fin de la décennie 1900, les dirigeants de l'Union Saint-Joseph considéraient l'ensemble des mutuelles catholiques comme des alliées, à cause de leur statut confessionnel. Ils avaient formulé quelques rares critiques en 1901 contre les Forestiers catholiques et le Catholic Mutual Benefit Association, deux sociétés fraternelles catholiques sans distinction de langue, lorsque ces dernières avaient refusé d'envoyer une délégation à un grand congrès de Canadiens français des États-Unis. L'Union Saint-Joseph avait accusé les Irlandais catholiques de chercher à exclure les franco-catholiques de leurs rangs et plutôt suggéré à ces derniers de se joindre à l'Union Saint-Joseph, à l'Alliance nationale ou à la Société des Artisans[48]. Les rédacteurs du *Prévoyant* avaient cependant conservé une certaine prudence, sans doute motivée par la crainte de recevoir des réprimandes de l'Église.

Le Règlement 17 et l'appui que le clergé irlandais y donna menèrent à des critiques prudentes envers les sociétés anglo-catholiques. Les administrateurs de l'Union Saint-Joseph ne pouvaient que constater le danger qu'elles représentaient. Leclerc jugeait que la survivance des Canadiens français nécessitait l'abandon des sociétés catholiques non francophones :

> Pourquoi ne pas entrer dans l'Union St-Joseph du Canada, et autres sociétés nationales, plutôt que de se joindre aux Forestiers catholiques, aux Chevaliers de Colomb, à l'Association Catholique de Bienfaisance Mutuelle, plutôt surtout que de grossir les rangs des Forestiers indépendants, des Forestiers Canadiens et des Amis Choisis ? N'est-il pas désastreux de voir que des sociétés neutres et mixtes sont aussi en faveur que des sociétés nationales dans la bonne vieille province de Québec ? [...] C'est à la classe dirigeante de réagir contre l'idée fausse qu'ont certains

---

[47] Charles Leclerc, « Catholiques vs. Catholiques : les Irlandais et la question bilingue », *Le Prévoyant*, décembre 1913, 233-234, CRCCF ; Charles Leclerc, « La situation du catholicisme en Ontario », *Le Prévoyant*, janvier 1914, p. 241-242, CRCCF.

[48] Sans auteur, « Un danger national », *Le Prévoyant*, août 1901, p. 1-2, CRCCF.

> Canadiens français, que les entreprises à base anglo-saxonne sont plus sûres et plus avantageuses que l'entreprise canadienne-française. Trop longtemps, nos sommités sociales, dans Québec comme dans les centres français de l'Ontario, ont laissé se faire l'invasion pacifique de la race française par des sociétés étrangères à notre nationalité. Et ces sociétés se sont appliquées à déformer l'âme franco-canadienne et catholique. Elles se sont servies de notre influence pour nous combattre[49].

Le combat n'était plus seulement justifié par la doctrine sociale de l'Église, qui encourageait les Canadiens français à se joindre aux mutuelles catholiques et à éviter les sociétés neutres, mais aussi par la volonté de préserver la langue.

L'éditorialiste liait également la question à une forme de nationalisme économique. Le déclin de la langue chez les jeunes aurait été, selon lui, le résultat des liens journaliers avec les Anglo-Saxons, en particulier sur le plan économique. Ainsi, la survivance passait par un maintien des capitaux au sein des sociétés canadiennes-françaises. À son avis, les Canadiens français ne possédaient pas une force financière suffisante pour être écoutés par les gouvernements et obtenir un véritable respect de leurs droits. Leclerc avait peu de solutions concrètes à offrir. Il se contenta de multiplier les discours pour inciter les Canadiens à s'enrôler au sein de l'Union Saint-Joseph[50]. D'ailleurs, pour l'association, il n'était pas question d'utiliser ses capitaux à d'autres fins que ses activités de prévoyance. La gestion des finances s'effectuait de manière rigoureuse, d'autant plus que la province de l'Ontario obligeait les mutuelles à rendre leurs états financiers publics. Quelques prêts furent octroyés à des commissions scolaires, mais à des taux d'intérêt d'environ six pour cent, assez pour assurer un rendement conforme à ses objectifs[51]. Le soutien financier s'effectuait dans le cadre des décisions d'affaires quotidiennes.

En fait, si l'Union Saint-Joseph avait eu l'ambition de servir la cause scolaire durant la période Séguin, il semble que ce soit plutôt

---

[49] *Rapport du Comité financier*, 9e session du Conseil fédéral, août 1917, p. 8, CRCCF, C20, b3, 4.

[50] Charles Leclerc, « En marge du bilinguisme : notre indépendance économique », *Le Prévoyant*, mai 1916, p. 161-162, CRCCF.

[51] C. Leclerc, *L'Union Saint-Joseph du Canada : Son histoire, son œuvre, ses artisans !*, *op. cit.*, p. 49-50.

la cause scolaire qui ait appuyé la mutualité après sa mort. La lutte contre le Règlement 17 accentuait le prestige de la mutuelle au sein de la communauté canadienne-française. Selon les rapports annuels, la participation des sociétaires de l'association aux différents congrès permit le recrutement de nouveaux membres. Les dirigeants y donnaient souvent de petites conférences sur la mutualité, comme le fit Séguin en 1910[52]. L'Union Saint-Joseph avait bien besoin de cette propagande. Après une croissance importante, le nombre de sociétaires passant de 3278 en 1900 à 27 704 en 1911, le recrutement stagna. Les effectifs s'élevaient à 26 375 en 1912, à 28 197 en 1913 et à 27 898 en 1914[53]. Le recrutement souffrait d'un manque de nouveaux bassins à exploiter, à une période où le Conseil fédéral espérait atteindre le nombre de cinquante mille sociétaires à moyen terme. Les admissions permettaient à peine de combler les milliers de départs annuels de membres incapables de payer leurs cotisations, victimes des aléas de l'économie. D'autres sociétés fraternelles se retrouvaient dans une situation similaire, mais l'Union Saint-Joseph se devait d'accentuer son recrutement puisqu'elle avait émis des certificats insolvables jusqu'en 1912. Une clause des statuts et règlements garantissait que les primes ne seraient jamais augmentées, de sorte que seule l'admission de nouveaux sociétaires permettait de diminuer son déficit actuariel[54]. Dans ces conditions, il est peu surprenant que le conseil exécutif ait cherché par tous les moyens à s'afficher dans cette lutte scolaire, même si, concrètement, ses actions se limitèrent à des mesures de propagande à partir de 1912. Par exemple, lors de la campagne de recrutement de 1915, Leclerc écrivit à l'ACFÉO :

> Pour activer notre campagne de propagande dans les principaux centres franco-ontariens, et stimuler en même temps le sentiment national canadien-français, notre société tient actuellement des assemblées où elle

---

[52] Georges Séguin, « La mutualité : conférence faite par M. G. W. Séguin, président général de l'Union St-Joseph du Canada, au Congrès d'éducation des Canadiens français de l'Ontario », *Le Prévoyant*, février 1910, p. 29, CRCCF.

[53] Pierrick Labbé, *op. cit.*, p. 132.

[54] *Rapport de l'exécutif*, huitième session du Conseil fédéral, 18 août 1914, p. 33, CRCCF, C20, b3, 3.

> traite simultanément de mutualité et de résistance aux lois oppressives du gouvernement de l'Ontario. Vous avez été témoin vous-même de plusieurs de ces assemblées, auxquelles votre voix s'est même jointe à celle des officiers de l'Union Saint-Joseph du Canada, pour prêcher l'Union et l'action. Et vous en avez certainement conclu que ces réunions ne moussaient pas seulement l'Union Saint-Joseph du Canada, mais profitaient aussi à l'association d'éducation[55].

Il semble toutefois que la promotion de la mutualité ait été le véritable but puisqu'aucune initiative ou forme de résistance n'émergea de ces rencontres.

Il est possible que ce repli sur des activités économiques ait été encouragé par quelques frictions entre la mutuelle et l'ACFÉO. Entre 1912 et 1915, les présidents des deux associations se livrèrent une querelle qui nuisit sans doute à leur collaboration réciproque. Olivier Durocher accusa Charles-Siméon-Omer Boudreault, toujours membre de la mutuelle, de se lancer dans une guerre ouverte contre l'exécutif de l'Union Saint-Joseph. Ces critiques, dont les sources ne permettent malheureusement pas de clarifier la teneur, auraient été de nature à nuire au prestige de la mutuelle. Boudreault nia tout[56]. En 1915, l'ACFÉO, à son tour, accusa l'Union Saint-Joseph et Olivier Durocher de mener une fronde contre son exécutif et de colporter que :

> [...] l'exécutif de l'Association d'Éducation compromet les intérêts de l'association et des Canadiens français, se moque de ses commettants, conduit les écoles séparées d'Ontario à leur perte, et qu'il – M. le président de l'Union S. Joseph [*sic*] du Canada – conseille, à l'encontre des plus hautes autorités religieuses, l'acceptation du Règlement 17[57].

Les auteurs rappelèrent par la même occasion les critiques formulées par Durocher en 1912 concernant l'ingérence de l'ACFÉO

---

[55] *Correspondance*, Union St-Joseph du Canada, 30 novembre 1915, CRCCF, Fonds de l'ACFÉO (C2), 240, 4.

[56] *Correspondance*, Union St-Joseph du Canada, lettre d'Olivier Durocher à l'exécutif de l'Association canadienne-française d'éducation d'Ontario, 9 septembre 1912, CRCCF, C2, 240, 4.

[57] Lettre des officiers de l'association à l'exécutif de l'Union St-Joseph du Canada, 15 octobre 1915, CRCCF, C2, 240, 4.

dans ses affaires[58]. Le fond de l'histoire demeure nébuleux, mais la querelle semble avoir été de courte durée. L'exécutif de l'Union Saint-Joseph adopta une résolution, le 16 octobre 1915, qui niait catégoriquement que Durocher ait pu tenir un langage désobligeant envers l'ACFÉO et qui stipulait que si les accusations s'avéraient fondées, les membres de la mutuelle s'en dissociaient[59].

Malgré un rétablissement des bonnes relations vers la fin de 1915, d'autres facteurs contribuèrent à détacher le Conseil fédéral de la cause scolaire. L'association accueillait de plus en plus de dirigeants qui provenaient de l'extérieur de l'Ontario. En août 1917, alors que s'ouvrit la neuvième session du Conseil fédéral, seulement vingt représentants sur les soixante-et-un en poste habitaient dans la province[60]. En 1920, ce nombre diminua à seize sur cinquante-sept[61]. Le nouveau président élu en 1917, Joseph-Sylvain Tétreault, habitait à Sherbrooke. Il exprima le désir de poursuivre la lutte scolaire et la mission de l'Union Saint-Joseph qui, à son avis, ne pouvait réussir qu'avec le soutien du Québec :

> C'est notre devoir, à nous du Québec, d'assurer la vitalité et la puissance de la seule institution financière française en Ontario, province anglo-protestante. Tout admirables qu'ils sont de courage, d'esprit d'initiative et de dévouement, nos compatriotes de la soi-disant « banner province of Confederation » n'ont pas encore la force, le nombre et les ressources pour édifier des institutions financières susceptibles de devenir les citadelles protectrices des droits franco-religieux[62].

Tétreault percevait la mutualité surtout d'un point de vue économique et n'entretenait pas autant de liens que ses prédécesseurs avec l'élite canadienne-française d'Ontario. Il se détacha de la lutte

---

[58] Lettre des officiers de l'association à l'exécutif de l'Union St-Joseph du Canada, 15 octobre 1915, CRCCF, C2, 240, 4.

[59] Lettre de Charles Leclerc à Alex Grenon, secrétaire de l'Association canadienne-française d'éducation d'Ontario, 19 octobre 1915, CRCCF, C2, 240, 4.

[60] Sans auteur, « La neuvième session du Conseil fédéral », *Le Prévoyant*, septembre 1917, p. 1, CRCCF.

[61] Sans auteur, « La dixième session du Conseil fédéral », *Le Prévoyant*, septembre-octobre 1920, p. 1, CRCCF.

[62] Joseph-Sylvain Tétreault, « Discours du président général », *Le Prévoyant*, septembre-octobre 1920, p. 4, CRCCF.

scolaire qui, à ses yeux, n'était qu'un des nombreux combats que devaient mener les Canadiens français.

À cette transformation du Conseil fédéral s'ajouta la vague de réformes administratives que traversa la mutuelle vers la fin de la décennie 1910 et qui monopolisa les énergies des administrateurs. En 1916, le gouvernement ontarien vota une mesure qui imposa la solvabilité actuarielle à toutes les sociétés de secours mutuel sur son territoire avant le 1er janvier 1918. Étant donné l'insolvabilité des certificats émis avant 1912, l'Union Saint-Joseph dut rajuster les primes de ses membres les plus anciens, ce qui mena à une opposition vigoureuse au non-respect de l'engagement, inscrit dans ses statuts, de ne jamais augmenter les cotisations. L'Union Saint-Joseph traversa la tempête, mais les effets des longues poursuites judiciaires et de l'insatisfaction des sociétaires hypothéquèrent ses activités pendant de nombreuses années. Au moins 12 881 membres quittèrent ses rangs entre 1917 et 1920, alors que seulement 5462 s'y joignirent[63]. Même si Leclerc continua à publier des textes d'opinion virulents, se demandant « que ferait Dollard ? » ou encore s'inspirant de l'héroïsme de Jeanne d'Arc pour appeler les Canadiens français à poursuivre la lutte, le Conseil fédéral se concentra sur l'avenir de l'Union Saint-Joseph plutôt que sur la question scolaire, trop occupé à recruter de nouveaux sociétaires et à régler ses problèmes financiers[64].

En somme, l'Union Saint-Joseph participa à la lutte scolaire sans toutefois entreprendre des actions en son propre nom, à l'exclusion de sa collaboration à la fondation de l'ACFÉO et de la propagande de son journal. Les années de Georges Séguin à la présidence représentent une exception. Certains dirigeants virent pendant cette période le potentiel rassembleur de la mutualité, faute de mieux. L'ACFÉO, fondée en 1910, et le journal *Le Droit*, créé en 1913, dotèrent les Canadiens français d'outils bien plus efficaces. D'ailleurs, plusieurs membres de l'Union Saint-Joseph

---

[63] *Rapport du Comité judiciaire*, 10e session du conseil fédéral, août 1920, p. 33, CRCCF, C20, b1, 5.

[64] Charles Leclerc, « Que ferait Dollard ? », *Le Prévoyant*, mai-juin 1921, p. 1, CRCCF ; Charles Leclerc, « Jeanne d'Arc et les Franco-Ontariens », *Le Prévoyant*, mai-juin 1920, p. 1, CRCCF.

participèrent à leur établissement[65]. Par la suite, la mutualité ne parut plus aussi intéressante aux yeux de l'élite pour mener le combat, d'autant moins que plusieurs facteurs modifièrent les conditions qui avaient favorisé l'utilisation de la mutuelle au-delà de la sphère économique. La transition du pouvoir vers des sociétaires du Québec coupa de nombreux liens personnels qui avaient stimulé sa mobilisation entre 1908 et 1911. Après tout, c'étaient les dirigeants qui suscitaient le militantisme de l'association et qui coordonnaient les actions entreprises. Ensuite, les difficultés financières qu'éprouva l'Union à partir du milieu de la décennie 1910 monopolisèrent les énergies des administrateurs pendant de nombreuses années.

La crise scolaire contribua tout de même à consolider le discours national ainsi que le rôle de l'Union Saint-Joseph dans le réseau associatif canadien-français. D'une simple offre de prévoyance canadienne-française sous la tutelle morale du clergé, elle s'afficha en tant qu'outil de développement national et de lutte pour la survivance. De plus, le cas témoigne de la mobilisation, avec les moyens à sa disposition, de cette petite élite qui cherchait à défendre les droits linguistiques des Canadiens français en Ontario. Malgré la distance prise par ses dirigeants à partir de 1912 par rapport à l'utilisation de la mutuelle à d'autres fins que la prévoyance et la propagation d'un message social, ses membres demeurèrent liés de près ou de loin aux luttes nationales. La propagande de Charles Leclerc se poursuivit par le biais du *Prévoyant*. Ses administrateurs participèrent à la fondation de l'Ordre de Jacques-Cartier en 1926, à l'Union des mutuelles-vies françaises d'Amérique en 1942 et à d'autres initiatives nationales[66]. Toutefois, sa principale contribution en tant qu'association demeura la même, soit l'offre d'un service d'assurance aux Canadiens français d'Amérique conforme à la doctrine sociale de l'Église et aux ambitions nationales de ses dirigeants.

---

[65] Aurélien Bélanger, par exemple, participa à la fondation du *Droit*.

[66] Anik Sauvé, « L'Ordre de Jacques-Cartier : une étude sur les artisans méconnus de sa fondation », mémoire de maîtrise (histoire), Ottawa, Université d'Ottawa, 2004, p. 45 ; CRCCF, fonds Union des mutuelles-vies françaises d'Amérique (C25), b1, procès-verbaux, 24 avril 1948.

LES STRATÉGIES DE L'ACFÉO CONTRE LE RÈGLEMENT 17

Serge Dupuis
Université Laval

En réfléchissant aux causes profondes et aux conséquences de l'interdiction de l'enseignement en langue française entre 1912 et 1927 en Ontario, nous avons choisi de regarder de plus près les efforts de l'Association canadienne-française d'éducation d'Ontario (ACFÉO, l'Association) pour en arriver à l'abrogation de l'infâme Règlement quinze ans après son instauration. Fondée en 1910, au moment où l'hostilité envers la présence croissante des Canadiens français en sol ontarien devenait palpable, l'Association déploya trois stratégies qui laissèrent présager les moyens par lesquels l'Ontario français allait négocier les conditions de son existence avec la majorité canadienne-anglaise. Les années du Règlement 17 ont été étudiées à maintes reprises par Michel Bock, Jack Cécillon, Robert Choquette, Gaétan Gervais, Yves Frenette, Stéphane Lang, Marcel Martel, Martin Pâquet, Geneviève Richer, Victor Simon ou encore Franklin Walker, qui ont analysé les antécédents du Règlement, son application et les militants du combat[1]. En vue de proposer de nouvelles perspectives, nous avons mené des recherches dans les fonds de l'ACFÉO préservés par le Centre de recherche en civilisation canadienne-française (CRCCF) de l'Université d'Ottawa, lesquels nous ont amené à accentuer un aspect négligé de la lutte. Tandis que les études ci-dessus soulignent surtout la résistance et la mobilisation de la population canadienne-française contre l'application du Règlement 17, elles n'attribuent pas toutes le même poids à la persuasion, un axe pourtant crucial des démarches de l'ACFÉO tout au long de son combat, en particulier pendant les années 1920.

N'ayant pas eu gain de cause avec sa résistance entre 1913 et 1916 ni même reçu l'appui du Vatican malgré son acharnement pour le convaincre d'intervenir en faveur des militants, l'ACFÉO semble avoir changé son fusil d'épaule après la Première Guerre mondiale et privilégié l'action plus discrète. D'ailleurs, le contexte de l'après-guerre se prêtait mieux à la réconciliation que celui des années 1910, pendant lesquelles les ardeurs impérialistes des Canadiens anglais atteignirent leur sommet. Bien que l'Association fût à l'avant-garde de la résistance et de la mobilisation pendant les années 1910, ses efforts de persuasion auprès du clergé d'origine irlandaise, du ministère d'Éducation de l'Ontario et des élus à Queen's Park furent aussi essentiels à l'abrogation que les événements spectaculaires de désobéissance civile bien ancrés dans la mémoire populaire des Franco-Ontariens. Autrement dit, les

---

[1] Michel Bock, *Quand la nation débordait les frontières : les minorités françaises dans la pensée de Lionel Groulx*, Montréal, Hurtubise HMH, 2004, 452 p. ; Jack Cécillon, *Prayers, Petitions, and Protests. The Catholic Church and the Ontario Schools Crisis in the Windsor Border Region, 1910-1928*, Montréal, McGill-Queen's University Press, 2013, 336 p. ; Robert Choquette, *Langue et religion : histoire des conflits anglo-français en Ontario*, 2e édition, Ottawa, Presses de l'Université d'Ottawa, 1980, 268 p. ; Yves Frenette, *Brève histoire des Canadiens français*, Montréal, Boréal, 1998, 209 p. ; Gaétan Gervais, « Le Règlement XVII (1912-1927) », *Revue du Nouvel-Ontario*, n° 18, 1996, p. 123-192 ; Stéphane Lang, « La communauté franco-ontarienne et l'enseignement secondaire, (1910-1968) », thèse de doctorat (histoire), Université d'Ottawa, 2003, 302 p. ; Marcel Martel et Martin Pâquet, *Langue et politique au Canada et au Québec : une synthèse historique*, Montréal, Boréal, 2010, 335 p. ; Geneviève Richer, « "L'apôtre infatigable de l'irrédentisme français" : la lutte de Napoléon-Antoine Belcourt en faveur de la langue française en Ontario durant les années 1910 et 1920 », *Francophonies d'Amérique*, n° 31 (printemps 2011), p. 87-108 ; Victor Simon, *Le Règlement XVII : sa mise en vigueur à travers l'Ontario 1912-1917*, Sudbury, Société historique du Nouvel-Ontario, 1983, 58 p. ; Franklin Walker, *Catholic Education and Politics in Ontario : A Documentary Study*, Toronto, T. Nelson Publishing Canada, 1964, 507 p.

efforts déployés pour altérer les mentalités par rapport à l'enseignement en langue française furent tout aussi indispensables au dénouement de la crise que les poursuites en justice et les rassemblements publics. Les efforts de l'ACFÉO servirent donc à organiser une résistance à l'échelle provinciale, à convaincre plusieurs parents canadiens-français de ne pas baisser les bras, mais aussi à amener des membres importants de l'élite canadienne-anglaise à reconnaître, voire à défendre le bien-fondé des aspirations des militants canadiens-français. Afin de combattre l'isolement d'une minorité à caractère national dispersée sur un territoire immense et de contrecarrer les réseaux d'influence ayant mené à l'adoption du Règlement, l'ACFÉO se montrerait flexible quant aux stratégies retenues pour obtenir gain de cause.

En effet, l'Association eut à encourager la résistance au Règlement 17 pour signaler à la majorité que les Canadiens français ne souhaitaient pas se faire engloutir par elle de sitôt. L'ACFÉO mit ainsi quinze ans à convaincre un nombre suffisant de décideurs publics que l'école bilingue ne menaçait ni la qualité de l'enseignement dans les écoles ontariennes ni la légitimité des écoles séparées (catholiques), ni même le caractère anglo-protestant de l'Ontario. Ce texte vise donc à souligner la résistance, la mobilisation et la persuasion qui forment le triptyque de la stratégie de l'Association pendant son combat contre le Règlement 17.

La résistance

Avant de passer à l'analyse des efforts de résistance déployés par l'ACFÉO, rappelons que le Règlement 17 n'était pas unique en son genre ni au Canada ni en Amérique française. De manière générale au XIXe siècle, rappelle Bruce Curtis[2], la perception de l'école comme instrument de sociabilité au plan local pâlissait derrière la conception de l'école comme mécanisme pouvant inculquer un esprit national (ou impérial) aux enfants des masses, eux qui seraient appelés à prendre un emploi dans le secteur de la transformation ou

---

[2] Bruce Curtis, *Building the Educational State: Canada West, 1836-1871*, London (Ontario), Althouse Press, 1988, 450 p. ; Bruce Curtis, *Ruling by Schooling Quebec: Conquest to Liberal Governmentality – A Historical Sociology*, Toronto, University of Toronto Press, 2012, 576 p.

à servir Sa Majesté dans un conflit militaire à l'étranger. Dans toute discussion relative au Règlement 17, il est essentiel de garder à l'esprit l'attrait qu'exerçait sur les décideurs publics l'uniformisation de l'instruction dans les diverses juridictions de l'Empire britannique. C'est par cette même volonté nationaliste et impérialiste que l'enseignement en français fut en définitive perçu par plusieurs Canadiens anglais comme une irrégularité. Tolérée par les provinces et territoires canadiens, l'instruction en langue française devint bientôt une menace à la volonté d'homogénéiser les sujets de la Couronne. Même si, comme le rappelle Arthur Silver[3], plusieurs Canadiens au XXe siècle considérèrent la fondation du Canada comme un « pacte entre deux peuples », les pères canadiens-anglais de la Confédération avaient plus ou moins imaginé une « réserve » du Québec comme le lieu exclusif d'une présence française qui s'acculturerait au fur et à mesure que progresseraient l'industrialisation et l'urbanisation. À partir de cette perception, plusieurs législatures territoriales et provinciales entreprirent des démarches pour interdire ou limiter sévèrement la marge de manœuvre des institutrices à employer le français dans les écoles financées par l'État entre 1864 et 1967. En effet, on attendrait les années 1960 et 1970 pour que de véritables écoles de langue française remplacent les écoles « bilingues ».

Même si cette attitude explique dans quelle mesure la vision de la Confédération chez plusieurs Canadiens anglais se distinguait de celle des Canadiens français au tournant du XXe siècle, elle ne cerne pas suffisamment l'importance d'une évolution démographique au moment où éclata la crise du Règlement 17. En 1842, il n'y avait que quatorze mille résidents canadiens-français sur le territoire qui deviendrait l'Ontario. Au milieu du siècle, il n'y avait donc qu'une poignée d'écoles rurales qui employaient le français en enseignement. Plus encore, selon la logique impériale, plusieurs Ontariens estimaient que l'emploi de ces langues disparaîtrait tôt ou tard grâce à l'intégration. Toutefois, l'intensification du nationalisme canadien-français et la montée de l'Église catholique après les Rébellions de 1837-1838 encouragèrent la solidification de la

---

[3] Arthur Isaac Silver, *The French-Canadian Idea of Confederation, 1864-1900*, Toronto, University of Toronto Press, 1997, 283 p.

population canadienne-française par la voie démographique. La célèbre « revanche des berceaux » provoqua une hausse spectaculaire de la natalité, la population canadienne-française augmentant à la puissance treize en un siècle et causant, par conséquent, le surpeuplement des terres agricoles de la vallée laurentienne[4]. C'est ainsi que plusieurs Canadiens français la quittèrent pour gagner les usines de la Nouvelle-Angleterre, mais aussi les terres de l'Ontario, sa fonction publique fédérale, ses usines, ses mines et ses forêts. Le contingent canadien-français de cette province passa ainsi de 14 000 à 248 000 personnes entre 1842 et 1921[5]. Quoique ce nombre n'ait jamais représenté plus de 10 % de la population totale de la province, l'émergence de concentrations majoritaires de Canadiens français dans les comtés de Prescott et de Russell dans l'Est, mais aussi de Nipissing et de Temiskaming dans le Nord-Est, et parmi les catholiques de quelques diocèses inquiétait. En quelques décennies, certains Ontariens de langue anglaise virent les quelques Canadiens français dispersés devenir des majorités réclamant une place pour leur langue à l'école, à la paroisse et dans l'espace public. C'est ainsi que plusieurs d'entre eux commencèrent à craindre la transformation du caractère de la province et de leurs institutions locales[6].

L'« invasion » d'une province devant accueillir les Loyalistes fuyant la Révolution américaine finit par atteindre la conscience de la population canadienne-anglaise. C'est dans ce contexte que l'Ordre d'Orange, un mouvement anticatholique d'origine britannique, entreprit des démarches auprès de la législature ontarienne pour qu'elle durcisse sa position sur la langue d'enseignement dans les écoles qu'elle subventionnait. Un consensus s'était formé, comme nous l'avons vu, selon lequel l'école était incontournable à la formation culturelle, intellectuelle et morale des jeunes sujets de l'Empire. Toronto commença ainsi à légiférer en matière linguistique en rendant obligatoire l'enseignement de l'anglais dans toutes ses écoles en 1885 et en proclamant le Règlement II de

---

[4] Yves Frenette, *op. cit.*, p. 75.

[5] *Ibid.*, p. 86.

[6] Chad Gaffield, *Aux origines de l'identité franco-ontarienne : éducation, culture et économie*, Ottawa, Presses de l'Université d'Ottawa, 1993, 284 p.

1890, qui exigeait que toutes les matières soient enseignées en anglais. Même si le législateur ontarien avait pour objectif d'enrayer l'enseignement en français, ces règlements réussirent surtout à faire disparaître l'enseignement en allemand dans le Sud-Ouest ontarien[7]. En fait, plusieurs écoles anglaises-françaises maintinrent un enseignement à prépondérance française, étant donné que le Règlement II prévoyait une échappatoire aux institutrices qui jugeaient que les enfants connaissaient trop peu l'anglais pour recevoir la totalité de leur enseignement dans cette langue[8]. L'enquête de l'inspecteur scolaire F.W. Merchant en 1909 souligna le refus de plusieurs institutrices des écoles bilingues d'enseigner surtout en anglais, ce qui contraria les Orangistes, qui redoublèrent leurs efforts pour que la province adopte un règlement scolaire plus contraignant. Une chaude lutte s'annonçait : « *The State is bound to impart to the pupils of the Primary Schools an English education but owes them no other duty*[9] », écrivit le grand maître orangiste J. H. Scott au premier ministre James Whitney en mars 1912. L'ACFÉO répliqua, pressant Whitney d'améliorer l'accessibilité à la formation des enseignantes canadiennes-françaises, ainsi que la répartition des taxes scolaires[10]. L'ACFÉO et les Orangistes s'entendaient sur le fait que la qualité de la formation offerte par les écoles bilingues était imparfaite, mais les discussions achoppaient sur la voie à emprunter pour l'améliorer. Au printemps 1912, les tranchées d'une guerre linguistique sans précédent semblaient donc se creuser à vue d'œil.

Bien que l'ACFÉO eût réclamé des améliorations au régime scolaire séparé, elle n'a pas réussi à empêcher l'adoption du Règlement 17 le 25 juin 1912. Ce dernier interdisait l'enseignement dans toute autre langue que l'anglais à partir de la deuxième forme, l'équivalent

---

[7] Benjamin Bryce, « Linguistic Ideology and State Power : German and English Education in Ontario, 1880-1912 », *The Canadian Historical Review*, vol. 94, n° 2, juin 2013, p. 207-233.

[8] Charles B. Sissons, *Bi-Lingual Schools in Canada*, Toronto, Dent & Sons, 1917, p. 66, 398 ; F. W. Merchant, *Report on English-French Schools*, Toronto, Imprimeur du Roi, 1909, p. 1-2.

[9] J. H. Scott, Lettre à James Whitney, 7 mars 1912, dans Franklin Walker, *op. cit.*, p. 269.

[10] *Écoles bilingues d'Ontario. Étude du Rapport du Dr Merchant*, Ottawa, Association canadienne-française d'éducation d'Ontario, 1912, p. 26, 58.

de la troisième année à l'époque. En état de préparation depuis plus de deux ans, l'Association mit en branle une machine de résistance qu'on n'aurait jamais imaginée seulement quelques années plus tôt. Selon elle, les parents canadiens-français possédaient le droit « naturel » d'instruire leurs enfants dans leur langue maternelle[11]. Sur le terrain, on semble avoir adhéré à cette perspective assez naturellement car seule une poignée d'écoles se conformèrent au Règlement à l'intérieur des délais prescrits par la province. Par exemple, la Commission des écoles séparées d'Ottawa (CÉSO) le refusa catégoriquement, tout comme vingt-deux des vingt-huit commissions des comtés d'Essex et de Kent[12]. À Cochrane et à Warren, dans le Nord-Est, ou encore à Ottawa, des élèves quittèrent leur salle de classe au moment de l'arrivée d'un inspecteur anglo-protestant dans leur localité, preuve encore que l'appel à la résistance renforçait les démarches entreprises par les résidents canadiens-français eux-mêmes[13]. Pour plusieurs d'entre eux, tant chez les clercs et les institutrices que chez les parents, le Règlement 17 représentait une attaque frontale à leurs espoirs de survie culturelle et linguistique en Ontario ainsi qu'au Canada, où la langue d'enseignement avait été, jusqu'à tout récemment, un choix local, établi conformément au souhait des parents. C'est cette résistance préliminaire qui poussa Queen's Park à adopter le Règlement 18 en 1913. De manière à assurer la mise en œuvre du Règlement 17, le deuxième règlement prévoyait la suspension des institutrices et l'abolition du financement des commissions scolaires récalcitrantes.

L'adoption du Règlement 17 ne se fit pas sans conséquences électorales pour les Conservateurs de Whitney. Lors du scrutin de juin 1914, les électeurs ontariens les reconduisirent au pouvoir, certes, mais la désaffection des Canadiens français à leur endroit les chassa des circonscriptions de Cochrane, d'Essex-Nord et d'Ottawa-Est[14]. Loin d'être découragé par la réélection des Conservateurs, le président de l'ACFÉO, Alphonse Charron, réclamerait pour les Canadiens français le « respect de leurs droits dans les écoles

---

[11] Franklin Walker, *op. cit.*, p. 269.
[12] Victor Simon, *op. cit.*, p. 22-24 ; Franklin Walker, *op. cit.*, p. 285.
[13] Victor Simon, *op. cit.*, p. 43-44.
[14] Franklin Walker, *op. cit.*, p. 283.

soutenues de leur argent» et «l'enseignement efficace dans les deux langues officielles du Canada, durant tout le primaire[15] ».

Dès ses débuts, la résistance pour invalider le Règlement se porta aussi devant la magistrature. En 1914, le sénateur Napoléon-Antoine Belcourt estima que le Règlement avait «*no foundation in Ontario School Law*[16]». Si les articles 93 et 133 de l'*Acte de l'Amérique du Nord britannique* (AANB) permettaient l'emploi du français dans les cours et deux législatures de la fédération ainsi que le financement continu des écoles séparées, les écoles séparées bilingues étaient donc autorisées à avoir pignon sur rue en Ontario. Devant cet argument aussi logique que fragile au plan juridique, le juge en chef et ancien chef du Parti conservateur de l'Ontario, William Meredith, trancha en faveur de la province, estimant que l'AANB ne garantissait pas explicitement le droit à l'école bilingue. Meredith imposa aussi une injonction temporaire à la CÉSO, lui interdisant d'emprunter 275 000$ pour rémunérer ses enseignantes bilingues dissidentes. Rappelons que Queen's Park avait suspendu son financement en 1913 lorsque sa majorité de commissaires canadiens-français avait refusé de se conformer au Règlement. Sans se démonter, Belcourt porta ensuite l'affaire devant le Conseil privé de Londres en novembre 1916, où il établit des parallèles entre sa cause et les privilèges accordés aux Irlandais par le Royaume-Uni. Le tribunal ne lui accorda pas raison, stipulant que le Règlement ne brimait aucun droit explicite des Canadiens français[17]. En vue de faire entendre ses doléances par une tierce partie tout en gênant publiquement Queen's Park, l'ACFÉO souscrivit deux mille dollars en vue de participer à une délégation au Vatican qui prévoyait dénoncer l'inspection des

---

[15] Alphonse-Télésphore Charron, dans *The Truth, Nothing but the Truth*, Montréal, Imprimerie du Devoir, 1915, p. 3, dans André Lalonde, *Le Règlement XVII et ses répercussions sur le Nouvel-Ontario*, Sudbury, Société historique du Nouvel-Ontario, 1965, p. 24.

[16] Napoléon-Antoine Belcourt, *In the Supreme Court of Ontario. R. Mackell* et al *vs the Board of Trustees of the Roman Catholic Separate Schools of the City of Ottawa*, Ottawa, Association canadienne-française d'éducation d'Ontario, [mars 1914], p. 6.

[17] Rapport du comité exécutif, 25 février 1919, p. 10, dans CRCCF, C2, vol. 5, dossier 8; «Mackell vs. OSSB», dans *Canadian Annual Review*, Toronto, Université de Toronto, 1916, p. 532.

écoles bilingues séparées par des protestants[18]. Ces revers ne découragèrent pas l'ACFÉO au point de l'empêcher de réclamer, d'une assemblée générale à la suivante, l'inspection des écoles bilingues par des Canadiens français et l'ouverture de classes françaises distinctes[19].

Au printemps 1915, la résistance atteignit la Chambre des communes grâce à une motion du député libéral de Kamouraska, Ernest Lapointe, qui appelait l'Ontario à respecter les libertés accordées de facto à sa minorité canadienne-française depuis son installation. Toutefois, les origines ethniques des députés semblent avoir penché dans la balance davantage que les lignes de partis. Étant hostiles à la langue française, plusieurs députés libéraux anglophones de l'Ouest votèrent contre la motion et un contingent de Conservateurs canadiens-français vota en sa faveur. Étant donné cette division et le fait que la majorité des députés aux Communes était canadienne-anglaise, la résolution fut défaite[20]. Outré par le refus de la Chambre d'adopter une position modérée appelant simplement Queen's Park à revoir sa prescription, le président du Sénat, Philippe Landry, démissionna en vue de diriger l'ACFÉO et de porter la lutte à Londres avec son adversaire politique libéral, mais allié de la cause franco-ontarienne, Napoléon-Antoine Belcourt.

Cette résistance se manifesterait également sur le terrain. En 1916, se remémorant ses six ans d'efforts, l'ACFÉO souligna que « son premier travail a[vait] été de préparer l'opinion publique par des assemblées » pour protester contre l'injonction « Mackell » et pour dénoncer la mise en place antidémocratique d'une « petite Commission en lieu et place de la Commission élue par les parents [à Ottawa][21] » qui avait refusé de mettre en œuvre le Règlement. L'ACFÉO encourageait certes la résistance, mais les acteurs sur le terrain étaient bien souvent à l'origine des gestes les plus spectacu-

---

[18] Deuxième assemblée régionale de l'association d'éducation du Nouvel-Ontario, 14 octobre 1910, p. 1 ; Rapport de la séance, 11 janvier 1911, p. 1, dans CRCCF, C2, vol. 15 et 20, dossiers 1 et 20.

[19] Extrait des minutes de la Convention des Canadiens français, janvier 1914, p. 1-3, dans CRCCF, C2, vol. 4, dossier 8.

[20] Robert Choquette, *op. cit.*, p. 203.

[21] Rapport du comité exécutif au comité administratif, 28 avril 1916, p. 1-3, dans CRCCF, C2, vol. 20, dossier 7.

laires du combat. Ce fut le cas à l'automne 1915 dans la Basse-Ville d'Ottawa, où les sœurs Desloges avaient été remplacées par des institutrices canadiennes-anglaises. Elles avaient répondu à leur suspension en offrant clandestinement un enseignement à leurs élèves dans le sous-sol d'une chapelle adjacente. Lorsque des inspecteurs y descendirent pour mettre fin à leur activité, les mères des élèves protégèrent la classe en chassant les inspecteurs, selon la légende, avec leurs épingles à chapeau. Le 31 janvier 1916, trois mille enfants marchèrent sur la Colline du Parlement en vue d'exiger la rémunération de leurs enseignantes, deux ans après la suspension de la subvention provinciale à la CÉSO[22]. Puisque les cent vingt-deux enseignantes canadiennes-françaises n'arrivaient plus à subsister des dons de leur communauté, dix-sept écoles bilingues fermèrent leurs portes quelques jours après la démission en bloc des enseignantes[23]. Aussi ardue et convaincante qu'elle fut, la résistance entre 1912 et 1916 n'avait pas entraîné une seule concession de la part de Queen's Park. La résistance était nécessaire pour mettre au clair le refus du contingent canadien-français de se faire passer sur le dos car, selon les militants de l'ACFÉO, la possibilité d'enseigner en français leur avait été accordée par l'esprit du pacte confédératif et par le droit naturel, et moins par les droits explicites que ce premier conférait. Toutefois, si la résistance constituait une stratégie centrale de l'ACFÉO, elle ne fut pas la seule déployée.

La mobilisation

Malgré l'importance de la résistance au Règlement 17, elle n'interpella pas tous les Canadiens français spontanément et n'assurait pas forcément la poursuite des efforts. C'est pourquoi l'ACFÉO dut souvent inciter la population canadienne-française à maintenir son opposition au Règlement. D'ailleurs, l'abbé Alexandre Beausoleil, d'Ottawa, décrivit la raison d'être de l'ACFÉO en 1910 comme un moyen de susciter la fierté chez les Canadiens

---

[22] Franklin Walker, *op. cit.*, p. 286.

[23] Robert Choquette, *op. cit.*, p. 200 ; Franklin Walker, *op. cit.*, p. 286-287.

français situés « sur le sol d'Ontario [...] pour y rester[24] ». C'est à cette fin que l'organisme embaucha Alexandre Grenon en 1911. Celui-ci tenta d'animer la ferveur publique des sections locales envers la cause de l'instruction en langue française. Il encouragea, par exemple, les militants de la section Sainte-Anne à pousser la Commission des écoles séparées de Sudbury à ouvrir des écoles distinctes pour les élèves canadiens-français, elle qui n'avait que des classes distinctes à l'intérieur des écoles séparées existantes[25]. Ensuite, Grenon publia nombre d'articles dans les journaux de langue française en Ontario et au Québec. En deux ans seulement, l'ACFÉO émit trente-neuf circulaires, deux cents volumes, mille six cents lettres et deux mille quatre cents brochures à un public qu'elle souhaitait sensibiliser à la cause[26]. Lors de son congrès en 1914, l'ACFÉO encouragea les militants à continuer de s'assurer que la communication entre le maître et l'élève se passait en français « dans les écoles qu'ils maint[enai]ent avec leur argent[27] ».

L'appel aux armes de l'ACFÉO amena aussi le Québec à se mobiliser en faveur de la lutte de ses compatriotes ontariens. En juin 1912, le Congrès de la langue française adopta une résolution protestant contre le double inspectorat, soit l'accompagnement d'un inspecteur canadien-français par un inspecteur canadien-anglais pour évaluer l'enseignement dans les écoles bilingues. Il appuya également l'ouverture d'une école normale de langue française à Ottawa[28]. Suivant de très près la crise scolaire ontarienne, le député et éditeur Henri Bourassa se demanda comment les Canadiens français pourraient bien défendre le Royaume-Uni pendant la Grande Guerre alors que le *boche* se trouvait aussi à

[24] Alexandre Beausoleil, dans René Dionne, « 1910. Une première prise de parole collective en Ontario français », *Cahiers Charlevoix 1. Études franco-ontariennes*, Sudbury, Prise de parole, 1995, p. 116.

[25] Les Canadiens français de Sudbury, 28 décembre 1913, p. 1-2; Lettres d'Alexandre Grenon à J.-Raoul Hurtubise, 9 juillet 1914 et 14 juillet 1915, dans CRCCF, C2, vol. 4 et 182, dossiers 1 et 13; Robert Choquette, *La foi gardienne de la langue en Ontario, 1900-1950*, Montréal, Bellarmin, 1987, p. 118.

[26] Premier rapport trimestriel du secrétaire actif, [septembre] 1911, p. 1, dans CRCCF, C2, vol. 20, dossier 2.

[27] Rapport lu à la convention de 1914, [13-14 janvier 1914], p. 4, dans CRCCF, C2, vol. 4, dossier 7.

[28] Gaétan Gervais, *loc. cit.*, p. 146.

Toronto. Le 21 décembre 1914, Bourassa tint ainsi un rassemblement à Montréal pour « les blessés de l'Ontario » en présence de Landry et Belcourt. Lors d'un deuxième rassemblement au Monument national de Montréal, en mai 1915, Bourassa estima que « cet enseignement n'a[vait] jamais reçu de l'État un appui efficace[29] », ce qui faisait de Queen's Park un « régime prussien[30] ». En juin 1916, un nouveau rassemblement de dix mille personnes au parc Lafontaine salua les efforts des sénateurs Belcourt et Landry, qui partaient à Londres en vue d'amener le Conseil privé à invalider le Règlement[31]. Malgré l'échec de l'ACFÉO à Londres, la Société Saint-Jean-Baptiste (SSJB) de Montréal accueillit les militants avec grande pompe à leur retour. Lors d'un passage au Canadian Club de Québec, Belcourt tenta de mobiliser les Canadiens anglais du Québec envers la cause franco-ontarienne, car l'existence de règlements scolaires limitant l'usage de la langue minoritaire pourrait bien atteindre le Québec, les prévint-il [32]. Ces mobilisations n'avaient pas nécessairement une incidence directe sur le cours des événements en Ontario, mais elles signalaient le mécontentement continu des Canadiens français vis-à-vis du Règlement et visaient à inspirer le courage chez les « blessés » qui, après quatre ans de résistance, s'épuisaient.

Toutefois, l'appui du Québec à la lutte ne se limita pas aux encouragements moraux; il se transforma aussi en appui financier. En 1912, la SSJB de Montréal organisa la campagne du Sou de la pensée française, ramenant quinze mille dollars à l'ACFÉO[33]. À partir de 1916, le premier ministre du Québec, Lomer Gouin, autorisa même les commissions scolaires et les municipalités de sa province à verser des fonds aux commissions ontariennes en pleine désobéissance civile (nous ne connaissons toutefois pas l'ampleur des sommes), une ingérence dans ses compétences que Queen's Park n'apprécia évidemment pas[34]. Tandis que l'ACFÉO consacra jusqu'au

---

[29] Henri Bourassa, *La langue française au Canada. Ses droits, sa nécessité, ses avantages*, Montréal, Imprimerie du Devoir, 19 mai 1915, p. 1.

[30] Henri Bourassa, *op. cit.*, p. 8.

[31] Gaétan Gervais, *loc. cit.*, p. 165.

[32] Geneviève Richer, *op. cit.*, p. 101.

[33] Gaétan Gervais, *loc. cit.*, p. 146.

[34] Franklin Walker, *op. cit.*, p. 289.

tiers de son budget annuel aux « écoles libres » de Green Valley, de Windsor et de Pembroke, des souscriptions du Québec soutenaient leurs efforts, dont une seule en 1922 du quotidien *Le Devoir*, qui rapporta mille huit cents dollars au fonctionnement de l'école de Green Valley. En 1919, la SSJB de Montréal absorba également trois mille dollars de la dette de l'ACFÉO accumulée en portant des dizaines de causes devant les tribunaux. Plus encore, entre 1923 et 1925, c'est l'Association catholique de la jeunesse canadienne-française (ACJC) qui épongea 6 % du budget total de l'ACFÉO, sans compter les « œuvres du sou » dans les paroisses[35]. Belcourt et Landry avaient sollicité ces appuis[36], mais leur ampleur commença à provoquer une petite gêne à l'ACFÉO, qui rappela, lors d'une assemblée générale, le « devoir des parents de chaque paroisse de s'acquitter sans retard de leur dette à leur association[37] ».

Vers 1923, alors que l'entrée en vigueur du Règlement 17 marquait son dixième anniversaire, l'ACFÉO semble avoir senti le besoin de donner un coup de barre additionnel à la « protestation énergétique contre le Règlement 17[38] » tant au plan local qu'au plan provincial. À titre d'exemple, l'Association mobilisa les contribuables canadiens-français en vue d'assurer l'élection d'une majorité de commissaires canadiens-français à la Commission scolaire séparée d'Alexandria, qui réintroduisit par la suite l'enseignement en français dans ses écoles. L'ACFÉO réitéra aussi son souhait que toutes les écoles bilingues refusent de nouveau l'inspection des écoles par des protestants[39]. En continuant de tenir d'importants congrès, l'Association rappelait que la crise n'était pas résolue, même si la majorité des écoles bilingues s'étaient conformées au Règlement, souvent pour des raisons financières. Les Canadiens français ne s'étaient pas habitués au Règlement, comme Queen's Park l'avait souhaité. Il leur incombait, par conséquent,

---

[35] Rapport des activités du comité exécutif, 12 avril 1923, p. 10, 25; Rapport financier, 15 avril 1923, p. 3, dans CRCCF, C2, vol. 6, dossier 7; Gaétan Gervais, *loc. cit.*, p. 175.

[36] Rapport du comité exécutif, 25 février 1919, p. 7, dans CRCCF, C2, vol. 5, dossier 8.

[37] Rapport du comité exécutif, 1925, p. 12-13, dans CRCCF, C2, vol. 21, dossier 7.

[38] *Règlement XVII* [15 avril 1923], p. 1, dans CRCCF, C2, vol. 6, dossier 11.

[39] « Double inspectorat, 13 avril 1923 », p. 1 ; « Écoles séparées ou non catholiques, 15 avril 1923 », p. 2, dans CRCCF, C2, vol. 6, dossier 11 ; « Rapport des activités du comité exécutif », 12 avril 1923, p. 27.

de trouver une solution plus convenable pour répondre à leur bien noble ambition d'instruire leurs enfants en français, une langue reconnue par l'AANB.

Les congrès provinciaux et les efforts dirigés à partir du siège social de l'Association ne semblent pas avoir suffi pour assurer la continuité des gestes de résistance au quotidien. C'est pourquoi l'ACFÉO convoqua des assemblées citoyennes de « contribuables canadiens[-]français », en 1924 et en 1925, pendant lesquelles elle reconfirma le refus de la population d'adhérer au Règlement. Un village à la fois, on tenta de convaincre les parents d'exiger que la formation des institutrices soit améliorée, ainsi que le droit de déterminer par eux-mêmes la langue d'instruction, étant donné qu'ils la finançaient à même leurs propres taxes scolaires[40]. Selon certains parents de Saint-Isidore, en novembre 1925, par exemple, il fallait continuer de protester contre « la perte des octrois pour [leur] refus d'obéir à un règlement absurde[41] ». Ces préoccupations n'étaient pas nouvelles et continuaient d'être répétées après plus d'une décennie sans que la province fasse une seule concession. C'est dans ce contexte que l'ACFÉO sentit probablement le besoin de revoir sa stratégie et de sortir de l'ombre l'un des axes négligés pendant les hostilités des années 1910. Pour résoudre la crise, l'Association se mit à penser qu'il fallait déployer de nouveaux moyens pour convaincre le législateur ontarien de revoir sa politique scolaire pour les Canadiens français de la province.

La persuasion

L'ACFÉO avait beau résister au Règlement et tenter de mobiliser les Canadiens français, elle n'était toujours pas parvenue à faire abroger le Règlement ni même à décrocher une seule concession de la part de Toronto. Plusieurs études tendent à souligner ces ceux premiers éléments en abordant le Règlement 17, mais c'est l'ampleur des

---

[40] Résolution adoptée à l'assemblée de Hammond, 11 janvier 1924, p. 1 ; Résolution adoptée à l'assemblée de Marionville, 26 avril 1924, p. 1 ; Résolution adoptée à l'assemblée de l'Orignal, 9 novembre 1924, p. 1 ; A. Lachance, Les parents et contribuables canadiens-français de Kapuskasing, 3 mai 1925, p. 1, dans CRCCF, C2, vol. 15 et 16, dossiers 2 et 10.

[41] J.-O. Boulet et H. Laframboise, « Résolution adoptée au congrès de Saint-Isidore, 16 novembre 1925 », p. 1, dans CRCCF, C2, vol. 16, dossier 2.

efforts conciliateurs qui retient l'attention dans les documents de l'Association. Cette stratégie de l'ACFÉO était visible dès les débuts du combat, mais elle prit de l'ampleur après la Grande Guerre, au point de devenir la stratégie principale. L'Association n'avait peut-être plus le choix devant une résistance qui s'estompa vers 1916 et une mobilisation qui demeurait ponctuelle. Il ne restait peut-être plus que la persuasion, soit une volonté de contribuer au changement des mentalités chez une part suffisante de Canadiens anglais vis-à-vis de l'enseignement en langue française. Malgré la verve de l'ACFÉO pendant ces premières années, Belcourt savait que la persuasion de la majorité ontarienne demeurait son arme la plus redoutable. À l'occasion du congrès fondateur de l'Association en janvier 1910, Belcourt avait souligné l'ancienneté de la collaboration franco-anglaise comme justification pour les écoles bilingues.

> Nous n'entretenons aucun préjugé contre la langue de la grande majorité du peuple canadien. [...] Tous les Canadiens-Français de l'Ontario l'ont apprise et tous nos enfants l'apprendront. [...] Nous lui accordons, dans nos relations d'affaires, une place pour le moins égale à la langue française, et il n'entre nullement dans nos desseins d'essayer à lui substituer cette dernière[42].

Même avant la proclamation imminente d'un règlement scolaire, des Ontariens influents – dont l'ancien premier ministre libéral George Ross, le père de la loi ontarienne sur les écoles séparées, Sir Richard Scott, ou encore l'inspecteur David Chenay, d'Essex –, indiquèrent qu'il ne fallait pas interdire l'enseignement du français pour que les écoles bilingues atteigne un niveau de qualité égale à celui des écoles de langue anglaise[43]. Même au congrès de 1914, l'ACFÉO croyait qu'elle devait sa gratitude à certains Ontariens pour « les services rendus à [sa] cause[44] ».

Rappelons aussi que le poids des sacrifices humains et financiers de la Grande Guerre contribua à calmer les ardeurs impérialistes des

---

[42] Napoléon-Antoine Belcourt, dans *Congrès d'éducation des Canadiens-Français d'Ontario. Rapport officiel des séances tenues à Ottawa*, Ottawa, Association canadienne-française d'éducation d'Ontario, 1910, p. 224.

[43] Robert Choquette, *op. cit.*, p. 175 ; Franklin Walker, *op. cit.*, p. 245.

[44] « Rapport lu à la convention de 1914 », *op. cit.*, p. 5-6.

Canadiens anglais, ce qui donna espoir à l'ACFÉO que la crise se résorbait enfin. L'élection d'un gouvernement des Fermiers-Unis en octobre 1919 et la reconnaissance du nouveau premier ministre, Ernest Drury, alors que les Canadiens français se sentaient lésés dans le dossier scolaire firent penser à l'ACFÉO qu'une brèche s'ouvrirait[45]. Napoléon-Antoine Belcourt y vit une occasion importante, qu'il saisit aussitôt. Ardent défenseur de la cause franco-ontarienne, mais aussi homme de nature conciliante, il contribua à mettre sur pied la Unity League, un mouvement composé de politiciens et d'universitaires qui visait à noyauter ou à « faire littéralement le siège de l'opinion politique anglaise pour lui montrer sous un vrai jour [leur] cause[46] ». Petit à petit, des Canadiens anglais influents manifestèrent publiquement le souhait que soit abrogé le Règlement 17, comme l'avait espéré Belcourt. Les diplomates Vincent Massey et Hume Wrong, mais aussi l'homme d'affaires torontois Joseph Flavelle vinrent réclamer « plus de liberté et plus de justice[47] » pour les jeunes canadiens-français de leur province. Même l'orangiste Hughes reconnut que le Règlement agissait désormais comme un obstacle à l'unité fédérale. Le pédagogue C. B. Sissons partagea aussi avec l'auditoire de l'influent Canadian Club de Toronto que les défis des écoles bilingues n'étaient pas de nature linguistique, mais plutôt d'ordre pédagogique. L'ACFÉO constata un heureux « changement de l'opinion publique en [sa] faveur[48] » en 1925, même si elle ne croyait pas encore avoir convaincu suffisamment d'Ontariens pour que l'on puisse affirmer que l'opinion publique était dorénavant favorable à l'abrogation. Afin d'accélérer le mouvement, l'ACFÉO diffusa dans les milieux anglo-protestants dix mille brochures contenant des discours de Belcourt et de Sissons sur la légitimité de l'instruction bilingue.

L'ACFÉO ne s'arrêta pas aux manifestations de bonne foi. Elle tenta aussi d'obtenir des changements structurels. L'Association encouragea ainsi les écoles primaires séparées à offrir la « cinquième

---

[45] Procès-verbal de la Convention des Canadiens français d'Ontario, 25-26 février 1919, p. 1-3, 7, 32, CRCCF, C2, vol. 5, dossier 9.

[46] Rapport des activités du comité exécutif, 12 avril 1923, *op. cit.*, p. 35-36, 48.

[47] Rapport du comité exécutif de 1925, *op. cit.*, p. 2, CRCCF, C2, vol. 21, dossier 7.

[48] *Ibid.*

forme», l'équivalent des dixième et onzième années, que les écoles séparées avaient le droit d'offrir depuis 1899. Elle poussa ensuite les quelques collèges classiques canadiens-français à offrir la «sixième forme», l'équivalent des douzième et treizième années, ce que firent progressivement des collèges à Ottawa, à Eastview, à Hawkesbury et à Sudbury entre 1911 et 1926[49]. Ces collèges habilitaient ainsi des Canadiennes françaises formées en Ontario à atteindre un niveau de scolarisation suffisamment élevé pour pouvoir fréquenter l'école normale et, par conséquent, enseigner dans les écoles bilingues. On se souviendra que l'absence d'une véritable école normale et la piètre qualité de la formation offerte dans les écoles modèles avaient servi de prétexte à l'adoption du Règlement et au renvoi de nombre d'enseignantes canadiennes-françaises, dont les sœurs Desloges. En septembre 1923, les oblats de l'Université d'Ottawa eurent le courage d'ouvrir une école pédagogique à leurs frais. Il s'agissait, à la fois, d'un geste de résistance et d'une volonté de montrer à Queen's Park que les Canadiens français partageaient ses préoccupations vis-à-vis de la qualité de l'instruction dans les écoles ontariennes. Pas à pas, l'ACFÉO encouragea la fermeture des écoles modèles ainsi que l'inscription de pleines cohortes de Franco-Ontariennes à l'École pédagogique d'Ottawa[50]. Les quinze diplômées par année de la nouvelle école ne combleraient pas le besoin d'institutrices avant de nombreuses années, mais elles serviraient de preuve de la bonne volonté des Canadiens français de se conformer aux normes pédagogiques de la province, même à l'intérieur d'un réseau dissident d'écoles bilingues[51]. L'ACFÉO incita donc les commissions scolaires «à exiger une inspection plus sérieuse de leurs écoles[52]», à enrichir et à mettre à jour les programmes de catéchisme, de français et d'histoire. Passant de la parole aux actes, l'Association distribua trois mille exemplaires de son nouveau programme d'études bilingue, conforme aux exigences de Toronto. Puis, poursuivant son

---

[49] Stéphane Lang, *op. cit.*, p. 21-23.

[50] «Rapport du comité exécutif du Congrès de l'ACFÉO de 1923», dans *Livre historique de l'Association canadienne-française d'éducation d'Ontario*, Ottawa, Association canadienne-française d'éducation d'Ontario, [1933], p. 318, dans CRCCF, C2, document microforme.

[51] Sturgeon Falls, 13 avril 1923, p. 1, dans CRCCF, C2, vol. 6, dossier 11.

[52] Rapport du comité exécutif au comité administratif, 20 avril 1926, p. 1-3, dans CRCCF, C2, vol. 21, dossier 8.

opération de charme auprès de la majorité, l'ACFÉO écrivit à ses compatriotes que les Canadiens anglais avaient raison « d'attendre d['eux] [...] des réformes nécessaires[53] ».

L'ACFÉO tâcha aussi de persuader le clergé d'origine irlandaise du bien-fondé de la langue française à l'école séparée et à l'Église. L'ACFÉO tendit la main aux Ontariens d'origine irlandaise en vue d'assurer la conformité des manuels scolaires aux postures morales et théologiques de l'Église catholique. C'est ainsi que l'Association suggéra, conjointement avec le Catholic Educational Committee, des amendements à la *Loi sur les écoles séparées* en 1923[54]. Elle appuya la volonté des diocèses d'obtenir le financement public et équitable des *high schools* catholiques. Enfin, elle contribua à l'amélioration des mécanismes d'intégration des immigrants dans les écoles séparées. Alors que les catholiques d'origine irlandaise avaient été dépeints comme « les pires ennemis[55] » des Canadiens français pendant les années 1910, on cherchait maintenant à les amadouer.

C'est pourtant la transformation du rapport entre les Ontariens et les Québécois qui changerait le plus profondément la donne. Les nationalistes canadiens-français du Québec n'avaient pas oublié le Règlement et menacèrent de boycotter les produits manufacturiers et agricoles de l'Ontario, et de bloquer la coopération en matière d'hydroélectricité, à moins que Queen's Park renonçe au Règlement. Revenus au pouvoir en 1923, les Conservateurs menés par le premier ministre Howard Ferguson durent aborder la question avec doigté. Ferguson rencontra Belcourt l'année suivante, qui lui souleva bien diplomatiquement que le gouvernement aurait à donner satisfaction aux Canadiens français de l'Ontario s'il espérait s'attirer les bonnes grâces de Québec[56]. Pour sa part, l'ancien inspecteur devenu député libéral, Aurélien Bélanger, livra un discours vantant les vertus de l'unité nationale et des libertés britanniques, dont l'obtention avait parfois exigé le militantisme occasionnel de ses sujets

[53] Omer Héroux, dans *Le Devoir*, 31 mars 1926.

[54] Rapport des activités du comité exécutif, *op. cit.*, 12 avril 1923, p. 14-22.

[55] Procès-verbal de la troisième Convention des Canadiens français de l'Ontario, 13-14 janvier 1914, p. 4, dans CRCCF, C2, vol. 4, dossier 8.

[56] Franklin Walker, *op. cit.*, p. 312-314.

pourtant bien fidèles[57]. Signe que les mentalités évoluaient, tous les députés, Ferguson compris, se levèrent à la fin de son allocution pour l'applaudir. Alors que Ferguson publia un « message fraternel » dans *La Presse*, où il promettait d'atténuer l'hostilité qui divisait les Canadiens depuis trop longtemps, Belcourt lui rappela que des gestes auraient à accompagner son message pour régler « *the very unfortunate situation in which both parties are now found*[58] ». En proposant une solution durable et acceptable selon les vertus de l'unité fédérale, Ferguson pourrait sortir de la crise en tant que réconciliateur et non plus comme un membre du conseil des ministres qui avait exécuté la mise en œuvre du Règlement au milieu des années 1910.

Le gouvernement rappela l'enquêteur Merchant au travail, appuyé cette fois par le juge J. H. Scott et l'avocat d'Ottawa, Louis Côté, leur demandant une étude exhaustive des écoles bilingues[59]. Entre 1925 et 1927, ils visitèrent la majorité des écoles bilingues et découvrirent que les quatre cinquièmes des élèves avaient maintenant atteint un niveau d'anglais écrit, oral et lu satisfaisant. Plus encore, ils constatèrent que le Règlement 17 n'avait pas contribué à l'amélioration pédagogique des écoles bilingues, laquelle dépendait davantage des compétences des institutrices[60]. En réaction, Toronto rappela les inspecteurs canadiens-français au travail et créa un poste de direction affecté au développement de l'enseignement en français au sein du ministère de l'Éducation. Il va sans dire que l'ACFÉO eut beaucoup de difficulté à retenir son bonheur. C'est toutefois sans grande pompe que Queen's Park abrogea le Règlement 17 le 1er novembre 1927. L'ACFÉO appela aussitôt ses compatriotes à accueillir le rapport à bras ouverts[61]. Trois jours plus tard, la rebelle CÉSO se conforma aux exigences du ministère après quinze ans de désobéissance civile. Ferguson tenta de dépeindre l'abrogation comme une victoire pour tous les

---

[57] Gaétan Gervais, *loc. cit.*, p. 80.

[58] Napoléon-Antoine Belcourt, « Lettre à Howard Ferguson, 9 décembre 1924 », dans Franklin Walker, *op. cit.*, p. 314.

[59] Franklin Walker, *op. cit.*, p. 314.

[60] Stéphane Lang, *op. cit.*, p. 30 ; Victor Simon, *op. cit.*, p. 15.

[61] Gaétan Gervais, *loc. cit.*, p. 182.

Ontariens. « *The official language of the province* [...] *will be properly taught*[62] », conclut-il dans son rapport annuel de 1927.

Conclusion

En dernière analyse, si l'ACFÉO avait réussi à asseoir la crédibilité des aspirations des Canadiens français en matière scolaire, elle se rendit compte aussi des limites de son rapport de force avec la majorité en Ontario. Vers 1917, l'ACFÉO abandonna la résistance, à peu de chose près, les militants franco-ontariens en étant venus à penser qu'il fallait non seulement tenter de contraindre Queen's Park à respecter la volonté des Canadiens français, mais aussi l'amener à penser autrement, grâce à la persuasion. Ce passage est révélateur du climat intellectuel au Canada anglais après la Grande Guerre, où l'on percevait le Dominion de moins en moins comme une extension de la société britannique et davantage comme un pays avec des références propres et en mesure d'admettre une certaine dualité culturelle. C'est ce climat qui amène les historiens Marcel Martel et Martin Pâquet à voir l'avènement, au même moment, d'une période « consociationnelle », pendant laquelle s'installa une certaine tolérance entre les deux peuples fondateurs de souche européenne, malgré la persistance de forts clivages ethnolinguistiques[63]. L'éloignement progressif de la résistance ouverte comme démarche politique chez les militants franco-ontariens deviendrait évident avec la formation de l'Ordre de Jacques-Cartier à Ottawa en 1926[64]. Le noyautage que pratiquerait l'Ordre serait, certes, un autre moyen d'action discret, mais rappelle la mesure dans laquelle la désobéissance civile comme stratégie pour faire avancer le fait français serait repoussée – il y aurait peu de contestation publique avant les années 1970 – au profit d'une action discrète, en coulisses.

---

[62] *Ibid.*, p. 183.

[63] Marcel Martel et Martin Pâquet, *op. cit.*, p. 94.

[64] Denise Robillard, *L'Ordre de Jacques Cartier : une société secrète pour les Canadiens français catholiques*, 1926-1965, Montréal, Fides, 2009, 541 p.

ÉCHOS POLITIQUES ET CONSTITUTIONNELS

LE DÉBAT SUR LE RÈGLEMENT 17 AU PARLEMENT CANADIEN

FRANÇOIS CHARBONNEAU
UNIVERSITÉ D'OTTAWA

Les Communes reflètent, pour ainsi dire, les sentiments de la nation.
Charles Marcil, 11 mai 1916

Le 9 mai 1916, alors que fait rage la bataille de Verdun, le Parlement du Canada entame un débat sur une motion de « suggestion » à l'endroit de l'Assemblée législative ontarienne. Cette motion est présentée par un député fédéral québécois jusque-là peu connu, le libéral Ernest Lapointe, représentant de la circonscription de Kamouraska. Elle est secondée par Emmanuel Berchmans Devlin, député de Wright, dans l'Outaouais, et vise modestement à « inciter » le gouvernement ontarien à abroger le Règlement 17, qui impose de sévères restrictions à l'enseignement et à l'utilisation de la langue française dans les écoles de l'Ontario. Cette motion sera âprement débattue pendant trois jours avant d'être défaite, à quatre heures dix de la nuit, le 12 mai 1916.

Si l'on ne peut parler d'une motion de blâme à proprement parler, c'est que cette motion, qui reconnaît l'importance de l'autonomie provinciale, ne fait qu'inviter le gouvernement de l'Ontario à se montrer charitable envers la minorité française de cette province. Qu'on en juge :

> Considérant que depuis longtemps la Grande-Bretagne a eu constamment pour politique, lorsqu'un pays passait, par traité ou autrement, sous la souveraineté de la couronne, de respecter la religion, les usages et la langue de ses habitants devenus par-là sujets britanniques;
>
> Que les sujets de Sa Majesté d'origine française dans la province d'Ontario se plaignent de ce que, par suite d'une loi récente, ils ont été, dans une large mesure, privés du privilège d'enseigner le français à leurs enfants, privilège dont eux-mêmes et leurs pères ont toujours joui depuis que le Canada est passé sous la souveraineté de la Couronne britannique.
>
> La Chambre à cette époque de sacrifices et d'anxiétés universelles, alors que toutes les énergies devraient concourir au succès de nos armes, et, tout en reconnaissant pleinement le principe de l'autonomie provinciale et la nécessité qu'il y a pour chaque enfant de recevoir une instruction anglaise complète, invite respectueusement l'Assemblée législative à faire en sorte qu'il ne soit pas porté atteinte au privilège que les enfants d'origine française ont de recevoir l'enseignement dans leur langue maternelle[1].

Rappelons qu'au moment de déposer cette motion, le Règlement 17 est en vigueur en Ontario depuis plus de quatre ans. Pourquoi le député Lapointe attend-il ce moment pour demander au gouvernement fédéral de protester contre les restrictions adoptées dans la province de l'Ontario[2]? L'on sait d'abord que Lapointe a été choisi pour présenter une motion dont il n'est pas le principal auteur (il n'a apporté que des correctifs mineurs à un texte déjà écrit) et qui devait originalement être présentée par le député Macdonald[3]. Depuis quelques mois déjà, les journaux publiaient la rumeur que Laurier entendait présenter une résolution visant le désaveu de la loi provinciale. L'ancien premier ministre a eu une réunion avec un certain nombre de personnes impliquées

---

[1] Ernest Lapointe, *Hansard du Parlement du Canada*, 9 mai 1916, p. 3787. Toutes les citations dans le texte qui suit sont tirées de la version française du *Hansard* du Parlement du Canada (ci-après *Hansard* pour faciliter la lecture). Hormis une exception, tous les discours prononcés pendant les trois jours l'ont été en langue anglaise.

[2] Le sujet avait été discuté au Sénat le 10 mars 1915.

[3] On ne connaît pas l'identité de l'auteur de la motion. L'on sait que L. O. David, Wilfrid Laurier et Rodolphe Lemieux en sont probablement les principales plumes. Certains auteurs ajoutent que Paul-Émile Lamarche aurait lui aussi participé à l'élaboration de la motion. Voir René Castonguay, *Rodolphe Lemieux et le Parti libéral, 1866-1937: le chevalier du roi*, Québec, Presses de l'Université Laval, 2000, p. 154; Patrice Dutil, «Against Isolationism», dans *Canada And The First World War: Essays In Honour Of Robert Craig Brown*, Toronto, University of Toronto Press, 2005, p. 112.

dans la cause franco-ontarienne, dont Philippe Landry, président du Sénat et de l'ACFÉO (l'Association canadienne-française d'éducation de l'Ontario est le principal mouvement de résistance au Règlement 17) et le sénateur Napoléon-A. Belcourt[4]. Laurier tergiversera pendant un certain temps. D'un côté, il craint de voir les nationalistes québécois lui couper l'herbe sous le pied s'il ne se fait pas lui-même défenseur des Canadiens français de l'Ontario. Le député conservateur P.-É. Lamarche, qu'il a d'ailleurs rencontré à ce sujet[5], entendait déposer lui-même une motion (une version en sera même publiée dans *Le Devoir* du 6 mai 1916, mettant davantage de pression sur le Parti libéral). S'il craint de se faire dépasser sur sa gauche par les nationalistes, Laurier est aussi conscient que sur sa droite, plusieurs députés anglophones de son propre parti sont, au mieux, réticents à ce que le Parti libéral se préoccupe d'une affaire provinciale ontarienne[6], lorsqu'ils ne sont pas carrément *favorables* au Règlement 17. Les libéraux étant profondément divisés sur la question[7], Laurier entreprend de déposer une motion moins musclée, qui ne va pas jusqu'à exiger le désaveu de la loi.

Dans la perspective des membres du gouvernement conservateur toutefois, le dépôt de cette pétition, alors que des élections provinciales québécoises viennent d'être déclenchées, n'est qu'une vile manœuvre politique. On imputera conséquemment aux libéraux d'avoir voulu contrarier les efforts électoraux des conservateurs québécois de manière à favoriser la réélection des libéraux provinciaux du Québec[8]. Si cette accusation est rejetée par les libéraux fédéraux de Laurier, il n'empêche que leurs homologues provinciaux sous la houlette de Lomer Gouin balaient les élections provinciales du 22 mai, remportant soixante-quinze circonscriptions

---

[4] Robert Rumilly, *Histoire de la province de Québec*, tome 21, p. 85 ; ces derniers faisaient depuis un certain temps pression sur le chef du Parti libéral pour qu'une motion soit déposée à la Chambre des communes afin de désavouer la loi provinciale.

[5] *Ibid.*, p. 85.

[6] Le Parti libéral avait fait campagne, une vingtaine d'années plus tôt, sur le thème de l'autonomie provinciale à la suite de la signature de l'accord Laurier-Greenway. Plusieurs députés craignaient que leur électorat leur reproche cette volte-face.

[7] Lita-Rose Betcherman, *Ernest Lapointe. Mackenzie King's Great Quebec Lieutenant*, Toronto, University of Toronto Press, 2002, p. 10.

[8] Réal Bélanger, *L'impossible défi : Albert Sévigny et les conservateurs fédéraux (1902-1918)*, Québec, Presses de l'Université Laval, « Les Cahiers d'histoire », 1983, p. 215.

contre six seulement pour les conservateurs[9]. D'aucuns dans la presse anglophone y verront le triomphe de la stratégie libérale consistant à attiser les tensions ethnolinguistiques (à l'époque on aurait écrit *raciales*) pour triompher politiquement.

Pourquoi s'intéresser à ce débat qui, au final, n'aura pas avancé la cause canadienne-française de l'Ontario d'un iota ? Jusqu'ici, et avec raison, les historiens qui ont (le plus souvent au passage) signalé ce débat se sont surtout intéressés à son impact sur la politique canadienne, sur l'opinion publique, sur les partis politiques eux-mêmes ou alors sur la carrière de Wilfrid Laurier[10]. Même s'il n'y consacre que quelques paragraphes, l'historien Gaétan Gervais nous apprend en effet que les partis politiques fédéraux ont été déchirés par la question. Du côté conservateur, les députés Blondin, Chase-Casgrain et Patenaude, qui s'opposeront à la motion, avaient pourtant eux-mêmes fait pression sur Borden quelques semaines plus tôt pour que celui-ci prenne le pas sur les libéraux en déposant une motion analogue[11]. Du côté libéral, Laurier devra menacer de démission ses députés ontariens pour obtenir leur appui, ceux de l'ouest ayant choisi de voter avec le gouvernement conservateur, contre la motion libérale[12].

Ce que l'on n'a pas fait jusqu'ici, c'est de s'intéresser au débat lui-même, c'est-à-dire à la joute oratoire que se livrent pendant quelques jours les 22 députés qui prendront la parole

---

[9] Précisons que Philémon Cousineau, chef du Parti conservateur, avait voté contre la motion présentée par Antonin Galipeault à l'Assemblée législative du Québec (motion permettant aux commissions scolaires québécoises de réserver 5 % de leur budget pour venir en aide aux Franco-Ontariens). Il est généralement admis que ce refus a sonné le glas du Parti conservateur provincial québécois avant même que la motion Lapointe ne soit présentée au Parlement fédéral.

[10] Paul Bernier, *Ernest Lapointe député de Kamouraska*, La Pocatière, Société historique de la Côte-du-Sud, 1979, p. 121-133 ; Lita-Rose Betcherman, *op. cit.*, p. 9-11 ; John MacFarlane, *Ernest Lapointe and Quebec's Influence on MacKenzie King's Foreign Policy*, Toronto, University of Toronto Press, 1999, p. 20. Voir aussi [en ligne] http ://www.crccf.uottawa.ca/reglement17/page/la-motion-lapointe-mai-1916, consulté en janvier 2015.

[11] Gaétan Gervais, « Le Règlement XVII (1912-1927) », *Revue du Nouvel-Ontario*, n° 18, 1996, p. 163 ; Robert Choquette, *Langue et religion : histoire des conflits anglo-français en Ontario*, Ottawa, Presses de l'Université d'Ottawa, 1977, p. 203 ; voir l'intéressant livre de Nelson Michaud (qui a fouillé les archives d'Ésioff-Léon Patenaude), *L'énigme du Sphinx : regards sur la vie politique d'un nationaliste : 1910-1926*, Québec, Presses de l'Université Laval, 1998, p. 55-57.

[12] Gaétan Gervais, *loc. cit.*, p. 203.

successivement pour appuyer, ou alors critiquer, la motion déposée par le député de Kamouraska. Ce débat est pourtant absolument passionnant. Il met en scène des acteurs d'importance: Sir Wilfrid Laurier, Robert Borden, R. B. Bennett (futur premier ministre) ou alors, bien évidemment, Ernest Lapointe lui-même (qui deviendra bientôt le lieutenant québécois de Mackenzie King) interviendront directement et clairement sur le sujet du Règlement 17, ce qu'ils n'ont pas fait spontanément ou souvent à d'autres occasions. Mais le débat est surtout l'occasion d'une discussion plus large sur l'Empire britannique, le fédéralisme canadien et le rôle du Parlement fédéral dans la protection des minorités. Par leurs interventions respectives à la Chambre des communes, les divers participants à ce débat disent quelque chose de leur compréhension des *fins* du Canada. A priori, on pourrait penser que ce débat met en scène quelque chose comme « le Canada d'hier » contre « le Canada d'aujourd'hui », avec d'un côté le Parti conservateur qui défendrait une compréhension impériale du Canada où doit dominer la langue anglaise, et de l'autre côté une vision pluraliste (et donc plus moderne) du Canada chez les partisans de l'abrogation du Règlement 17. Il faut pourtant se garder de cet anachronisme si l'on veut comprendre ce qui se joue dans ce débat. Dans les faits, et c'est ce que nous essaierons de montrer dans les pages qui suivent, à la fois les partisans de la motion et ceux qui la critiquent participent de ce que l'on pourrait nommer un même *horizon d'intelligibilité*. Personne dans ce débat – du moins à la Chambre des communes – ne remet en question l'appartenance du Canada à l'Empire britannique ni ne juge insuffisantes les dispositions de l'*Acte de l'Amérique du Nord britannique*. Au moment de ce débat, personne ne peut prévoir que le Canada sera à la table de négociation du traité de Versailles ou alors qu'il gagnera en autonomie par le traité de Westminster en 1931. Personne ne peut prévoir non plus les vagues de décolonisation des années 1950 et 1960, et donc la fin de l'Empire. Pour paraphraser Benedict Anderson, la communauté politique « imaginée » des Canadiens en 1916, c'est l'Empire britannique, qui englobe le cinquième des terres et le quart de la population mondiale.

Trois questions essentielles se posent ainsi pendant ce débat, et chacune de ces questions fera l'objet d'une section dans le présent texte. La première porte sur la nature de l'Empire britannique et sur la manière de réconcilier la demande d'obtention de droits (ou de privilèges) pour les minorités avec le fait d'être *sujets britanniques*. La deuxième question porte sur la nature de la fédération canadienne et les limites du fédéralisme comme mode de gestion de la diversité. Enfin, la troisième question porte sur le meilleur moyen d'assurer l'unité nationale et l'harmonie au Canada. Nous verrons que, si les sources d'autorité sont les mêmes d'un côté comme de l'autre de la frontière qui oppose les participants lors de ce débat, c'est-à-dire l'Empire britannique, la tradition parlementaire anglaise, l'*Acte de l'Amérique du Nord britannique*, le fédéralisme canadien ou encore l'histoire canadienne, l'on tire de celles-ci des enseignements passablement différents.

Comment réconcilie-t-on la demande d'obtention de droits (ou privilèges) des francophones avec le fait d'appartenir à l'Empire anglais ?

Rappelons d'abord cette évidence : à l'époque, le Canada fait partie d'un empire engagé dans une guerre qui, déjà en 1916, est de loin la plus meurtrière de son histoire. Au moment du débat à la Chambre des communes, le Canada est le seul pays en Amérique du Nord qui participe à la Première Guerre mondiale, les États-Unis choisissant de s'engager dans le conflit uniquement à partir de 1917. En d'autres termes, pour le Canadien « moyen » de l'époque, l'Empire britannique n'est pas une abstraction comme peut l'être aujourd'hui le *membership* du Canada au Commonwealth. Le Canada est une partie d'un empire anglais sur lequel, comme le veut l'expression consacrée, le soleil ne se couche jamais, et cela a de réelles conséquences dans la vie quotidienne.

Pourquoi les Canadiens français auraient-ils le droit de voir leurs enfants recevoir une éducation défrayée par les deniers publics dans une langue qui n'est pas celle de l'Empire ? La question n'est très certainement pas hypothétique en 1916, puisque la plupart des intervenants dans ce débat vont faire porter leur propos en partie sur cette question.

De manière sans doute étonnante pour nous qui nous intéressons, plus de cent ans plus tard, à ces débats, une partie non négligeable des échanges porte sur ce qui s'est passé en 1759 et en 1760 lors des accords de capitulation menant à l'éventuelle cession du Canada de 1763[13]. Il s'agit de déterminer si ces accords entre les armées française et anglaise prévoyaient des dispositions en matière linguistique. Si tel était le cas, il serait possible pour les Canadiens français de revendiquer ce qui serait alors un *privilège* accordé par le souverain britannique et devant ainsi être respecté. Comme la province d'Ontario n'existait pas à l'époque, mais que le territoire de ce qui deviendrait éventuellement une province de la Confédération faisait en 1759 partie du territoire cédé[14], il fallait alors conclure que ces privilèges étaient toujours en vigueur, et d'autant plus si, comme l'a affirmé E. B. Devlin, ces droits étaient confirmés par l'*Acte de Québec* en 1774[15].

Certains députés – nous y reviendrons tout à l'heure – invoquent les « droits » des Canadiens français pour condamner le Règlement 17, en se basant notamment sur l'*Acte de l'Amérique du Nord britannique* de 1867, mais la motion ne comporte aucune référence à des droits: on y invoque plutôt des « privilèges ». Qu'on ne s'y trompe pas, la notion de « privilège » diffère sensiblement de la notion de « droit ». Un droit est quelque chose qu'accorde une loi et qui, par définition, peut être changé ou amendé par une décision politique[16]. Le « privilège » permet pour sa part de jouir d'un avantage en exclusivité. Certes, les privilèges peuvent être ceux de l'entièreté des membres de la nation[17], mais la plupart du temps ils sont accordés à une partie seulement de ceux-ci. Dans un cas comme dans l'autre, ils ont toujours cette particularité de renvoyer à une entente ou un pacte originel par lequel le monarque les accorde en échange de la loyauté des sujets qui en profitent. Chose importante à noter: les

[13] Le député Proulx, par exemple, utilisera l'expression « race conquise » pour décrire les Canadiens français.

[14] Rodolphe Lemieux, *Hansard*, 1916, p. 3891 et 3895.

[15] Emmanuel B. Devlin, *Hansard*, 1916, p. 3858.

[16] À moins, bien sûr, d'évoquer un droit « naturel » transcendant et dont il serait possible de se revendiquer sans égard au type de régime politique en place.

[17] Les libertés anglaises, par exemple, ont été pensées pendant longtemps comme *privilèges* du peuple anglais.

privilèges ont été pensés comme étant irrévocables et éternels, à moins que le sujet ne commette un manquement en termes de loyauté. Par exemple, une région pourra perdre ses privilèges si elle se révolte contre l'autorité du roi. On aura compris que la notion de privilège relève de la dynamique féodale, qui suppose un échange presque « intime » entre le monarque (qui accorde le privilège) et le sujet (qui, promettant fidélité, en reçoit le bénéfice).

À la suite de la Révolution française, les « privilèges » sont progressivement tombés en désuétude un peu partout dans les démocraties occidentales : ils ont été vus comme étant totalement incompatibles avec le principe d'égale dignité des citoyens (lorsqu'ils favorisent certains) ou alors avec le droit naturel (s'ils favorisent un peuple en entier au détriment des autres). Or, le monde anglo-saxon, fortement ancré dans une pratique jurisprudentielle du droit et dont la révolution n'a pas mis fin à la monarchie[18], a pendant longtemps encore amalgamé indistinctement droits et privilèges, l'ensemble étant en dernière analyse considéré comme des *libertés* garanties par le système parlementaire et de monarchie constitutionnelle propres aux Anglais.

Et donc, pour revenir au problème des écoles bilingues de l'Ontario, s'il y a obligation de permettre le financement public de l'enseignement en français dans les écoles ontariennes, ce serait, suivant ce premier argument présenté par Ernest Lapointe, parce que ce *privilège* a été accordé aux Canadiens français (et à eux seuls) au moment de la cession de 1763 pour assurer la loyauté à l'Empire britannique de ces nouveaux sujets français. C'est la raison pour laquelle on insiste beaucoup dans ce débat sur la loyauté des Canadiens français à la couronne britannique, preuve qu'ils ont respecté leur « partie » de l'entente qui les lie au souverain britannique. On rappelle ainsi que « le loyalisme a caractérisé les Canadiens français dans toute l'histoire de la race dans l'Ontario[19] ». Se disant « attaché à sa langue tout autant qu'il est fidèle à sa foi, aux traditions

---

[18] La Glorieuse révolution de 1688-1689 qui institue le *Bill of Rights* ne se fait pas contre l'institution monarchique (contrairement à la révolution française), elle a plutôt comme effet de transformer la monarchie pour la rendre davantage (mais pas encore entièrement) compatible avec une compréhension *jusnaturaliste* des droits des sujets.

[19] Charles Marcil, *Hansard*, 1916, p. 3913

de ce pays, et à la couronne britannique[20] », E. B Devlin rappelle les faits d'armes de Charles-Michel de Salaberry en 1812 et signale qu'aux moments importants de l'histoire du Canada, les Canadiens français se sont montrés loyaux à la couronne britannique, conservant ainsi le Canada à l'Empire[21]. S'ils se sont montrés tels, dira Wilfrid Laurier, c'est parce que « sous la souveraineté anglaise [mes compatriotes] ont obtenu toute la justice et la liberté désirées[22] ». Laurier fera, lors de son discours, un vibrant plaidoyer en faveur de l'enrôlement canadien-français pour le service outre-mer, allant même jusqu'à dire que cette loyauté doit être *inconditionnelle*. Le député libéral anglophone Macdonald, qui appuie la motion, expliquera pourquoi il est impossible dans le contexte canadien d'envisager la possibilité qu'il y ait une seule langue, parce que les Canadiens sont liés à la parole *jadis donnée par le monarque anglais* et que ce privilège, qu'on le veuille ou non, est inviolable :

> Nous avons ici, au Canada, des hommes comme l'honorable député de Calgary qui prétendent qu'au Canada il ne faut avoir qu'une seule langue, de l'Atlantique au Pacifique. [Bennett, interpellé, lui répond : « Je n'ai pas dit cela. »] Je ne prétends pas que c'est lui qui l'a dit, mais des hommes comme lui. Il y en a qui parlent sur ce ton et c'est une doctrine très commode à prêcher dans certains milieux. Des hommes qui appartiennent à la race dominante proclament que nous ne devons avoir qu'une seule patrie, une seule langue et un seul drapeau ; ils ne veulent aucune exception à cette règle. Au Canada cela n'est pas possible, par suite de circonstances qui échappent à notre volonté. Pourquoi ? Parce que, aux termes des traités et des lois de l'Empire, ceux de nos concitoyens de race française dont les ancêtres étaient ici lorsque nos aïeux y arrivèrent jouissent devant les tribunaux et dans la province de Québec, de certains droits et privilèges imprescriptibles[23].

De manière assez intéressante, certains députés qui s'opposent à la motion s'engageront eux aussi sur le terrain de l'histoire, niant que de tels privilèges furent jamais accordés à la langue française. Le

---

[20] Emmanuel B. Devlin, *Hansard*, 1916, p. 3862
[21] Devlin, *Hansard*, 1916, p. 3858.
[22] Wilfrid Laurier, *Hansard*, 1916, p. 387.
[23] Edward M. Macdonald, *Hansard*, 1916, p. 3995

député Nickle affirmera que les Canadiens français n'ont pas reçu de privilèges linguistiques en 1759, puisque l'article 6 de l'*Acte de capitulation de Québec* ne fait aucune référence à la langue, mais porte plutôt sur la religion et les coutumes[24]. Le député Edwards ne dira pas autre chose :

> Je vois dans le texte de la capitulation, signé à la suite de la bataille des plaines d'Abraham et de la prise de Montréal, une année plus tard, non plus que dans le traité de Paris de 1763, il n'y a pas un seul mot au sujet de la langue française ou de son usage en Canada. L'Acte de Québec de 1774 ne contenait rien au sujet de la langue[25].

Pour MacDonell, même si de tels privilèges avaient été effectivement accordés, ils ne s'étendent pas à la province de l'Ontario puisqu'« à l'exception de quelques groupes épars, il n'y a pas eu d'établissement canadien-français à Windsor ni dans l'Ontario, excepté dans ces dernières années[26] ». Ces deux mêmes députés vont également remettre en question la loyauté des Canadiens français, alléguant que les taux d'enrôlement des Canadiens français restent beaucoup plus faibles que ceux des Canadiens anglais[27].

Les défenseurs de la motion vont également tenter de montrer que l'Empire britannique a cette vertu de permettre la coexistence pacifique entre vainqueurs et vaincus. Ce serait le propre de l'Empire britannique de ne pas chercher à assimiler les populations locales, mais au contraire d'assurer sous un même monarque la coexistence pacifique des diverses races. L'Ontario, en se montrant si peu généreux avec le fait français, fait ainsi « exception dans l'Empire britannique[28] ». Pour le député Macdonald, « partout où les représentants de cette nation ont planté leur drapeau, leur premier soin a été de reconnaître aux populations placées sous leur gouvernement le droit de parler leur langue. C'est ce que nous enseigne l'histoire de tous les siècles[29]. » On fera beaucoup référence

---

[24] William F. Nickle, *Hansard*, 1916, p. 3897.
[25] John W. Edwards, *Hansard*, 1916, p. 3921.
[26] Angus C. Macdonell, *Hansard*, 1916, p. 3955.
[27] William F. Nickle, *Hansard*, 1916, p. 3906 ; George Foster, *Hansard*, 1916, p. 3965.
[28] Paul-Émile Lamarche, *Hansard*, 1916, p. 3942.
[29] Edward M. Macdonald, *Hansard*, 1916, p. 3995.

dans ce débat à l'Afrique du Sud, où les Boers se sont vus reconnaître des droits linguistiques dès la fin du conflit[30], à peine une décennie avant que l'Ontario, de l'autre côté du globe, n'adopte le Règlement qui fait l'objet de ce débat.

Si l'Empire incarne la diversité, il n'empêche que le principal moyen de communication est bien évidemment la langue anglaise. Chacun des intervenants favorables à la motion, c'est-à-dire ceux qui s'opposent au Règlement 17, viendra faire à son tour une profession de foi en faveur de l'apprentissage de la langue anglaise. Wilfrid Laurier donne le ton :

> Il n'y a personne dans la province de l'Ontario, il n'y a dans cette Chambre, à votre droite ou à votre gauche, Monsieur l'orateur, personne de l'Ontario qui ne tienne à ce que dans cette province chaque enfant apprenne l'anglais. Et j'approuve absolument cette attitude. Je tiens à ce que dans l'Ontario l'on donne à chaque enfant l'avantage d'apprendre l'anglais. Je veux que partout où il puisse se porter sur ce continent, il soit en mesure de se faire comprendre de la grande majorité de la population. J'y tiens, dis-je, non pas seulement parce que c'est la loi de la province, mais pour des considérations purement pratiques. Personne en Amérique n'est armé pour le combat de la vie sans la connaissance de l'anglais. Moi-même, si une allusion personnelle n'est pas déplacée, je suis d'origine française, mais tous les jours de ma vie je bénis mon père de m'avoir envoyé à l'âge de 11 ans à une école anglaise. Depuis, je n'ai cessé de mettre à profit les avantages que j'en ai reçus. C'est pourquoi je demande qu'à chaque enfant l'on enseigne l'anglais[31].

Non seulement faut-il que « chacun de nos enfants connaisse autant que possible la belle langue anglaise[32] », mais, dira carrément le député Marcil reprenant une formule que l'on retrouve dans un manifeste de l'ACFÉO, « ce que les Canadiens français ne veulent pas : Les Canadiens français d'Ontario ne veulent pas d'écoles exclusivement françaises[33] ».

---

[30] Rodolphe Lemieux, *Hansard*, 1916, p. 3896.
[31] Wilfrid Laurier, *Hansard*, 1916, p. 3875.
[32] Paul-Émile Lamarche, *Hansard*, 1916, p. 3943.
[33] Charles Marcil, *Hansard*, 1916, p. 3910.

En somme, non seulement on ne demande pas d'écoles exclusivement françaises en Ontario, mais on défend même l'idée que soit permis l'enseignement en français principalement parce qu'il s'agit d'une bonne méthode pédagogique[34] pour amener les enfants à apprendre l'anglais par la suite. C'est, après tout, un argument déjà contenu dans le rapport Merchant, qui recommandait un apprentissage en langue française pour une période transitoire de deux ans pour ceux ne possédant pas encore la maîtrise de la langue anglaise. Dans un échange entre le député Nickle, qui appuie le Règlement 17, et le député Marcil, qui s'y oppose, une discussion sur le nombre d'années de français requis avant de passer à l'anglais amène le député Nickle à donner en exemple le cas de la Nouvelle-Écosse, où les quatre premières années du primaire se déroulent en français. Le député Marcil dira : « [J]e me contenterais de cela[35]. »

Du côté de ceux qui rejettent la motion, personne ne suggère que le fait français n'a *aucun* droit au Canada, comme personne ne suggère qu'il ne devrait y avoir qu'une seule langue sous le drapeau, contrairement à ce qui se dit dans une certaine presse anglo-canadienne de l'époque. On reconnaît d'emblée que le fait français a certains droits, mais ces droits sont clairement circonscrits à la fois par la coutume et par l'AANB (on y reviendra). Un des « dangers » qui guettent la majorité anglo-canadienne est que la minorité revendique pour elle-même des privilèges, à un point tel qu'elle en vienne à priver les autres citoyens de leurs droits. Dans le contexte de la crise scolaire, on a en tête les écoles où l'enseignement se donnait en français, ce qui privait les enfants catholiques non-francophones du même quartier de recevoir une instruction en langue anglaise. Pour le futur premier ministre R. B. Bennett, la vertu de l'Union Jack, c'est qu'il protège « contre la tyrannie des minorités, parfois pire que celle des majorités[36] ». Selon lui, si le Règlement 17 a été adopté, c'est que les Canadiens français qui s'installent en Ontario et se concentrent dans certaines parties du territoire en sont venus à surpasser le nombre de catholiques

---

[34] Wilfrid Laurier, *Hansard*, 1916, p. 3878.

[35] Charles Marcil, *Hansard*, 1916, p. 3903 ; évidemment, le nombre d'années passées sur les bancs d'école étant beaucoup plus bas à l'époque, quatre ans pouvait sembler beaucoup.

[36] R. B. Bennett, *Hansard*, 1916, p. 3993.

anglophones pour ensuite demander que l'enseignement dans les écoles séparées soit dispensé en français, privant du même coup les Anglos-catholiques d'une éducation dans la langue de l'Empire. Le parlementarisme britannique avait au moins cette vertu de permettre à la majorité – comme venait de le faire l'Ontario avec le Règlement 17 – de tenir en échec les minorités qui voudraient priver les majorités de leurs droits, d'où la nécessité de respecter la souveraineté de l'Ontario dans ses champs de compétence.

La guerre permet aussi d'expliquer le grand nombre de références à l'Empire pendant le débat. Chez ceux qui souhaitent voir la motion adoptée, l'Empire est décrit comme un espace de diversité réunissant des combattants de toutes origines sous un même drapeau. Pour Wilfrid Laurier,

> [s]'il est aujourd'hui une chose, Monsieur l'orateur, qui fasse la gloire de l'Angleterre – fait sans précédent dans l'histoire du monde – c'est que sur les champs de bataille des Flandres se trouvent des hommes qui ne parlent pas un mot d'anglais, mais qui sont venus se battre et mourir pour l'Angleterre[37].

La référence à la guerre sera cette fois cinglante dans la bouche du conservateur indépendant Lamarche, qui tracera un parallèle entre la situation européenne et la situation ontarienne. Faisant référence au fait que les écoles bilingues allemand-anglais ne sont pas visées par le Règlement 17, le député Lamarche se désole du constat suivant :

> Nous sommes aujourd'hui en présence du spectacle suivant. Autour de Verdun, nous voyons d'un côté des peuples de langue allemande lançant des obus et des gaz empoisonnés contre un autre peuple de langue française ; et, aujourd'hui, en Canada, dans la province d'Ontario du moins, on accorde à la langue des Huns des privilèges que l'on refuse à la langue de ceux qui défendent les boulevards de la civilisation[38].

Cette référence à la « civilisation » n'est pas anodine. Si la postérité interprète la Première Guerre mondiale comme un conflit

---

[37] Wilfrid Laurier, *Hansard*, 1916, p. 3887.
[38] Paul-Émile Lamarche, *Hansard*, 1916, p. 3938.

télescopant divers empires les uns contre les autres sans que l'on puisse véritablement identifier de quel côté se trouvent les justes, la situation est toute autre à l'époque. Pour les parlementaires canadiens, d'un côté comme de l'autre de la Chambre, il ne fait nul doute que dans cette guerre ce sont l'Empire britannique et ses alliés qui défendent les plus hautes valeurs de la civilisation : la liberté et les droits des minorités. De son côté, l'Empire allemand multiplierait les exemples de barbarie, à l'endroit des Belges ou alors des Alsaciens. Le Règlement 17, dans l'esprit de ceux qui le critiquent, serait indigne des valeurs de l'Empire britannique que défendent notamment les Canadiens français en sol européen[39].

Du côté de ceux qui critiquent la motion, la guerre que livre l'Empire britannique en sol français est bien la preuve qu'on ne saurait accuser qui que ce soit de francophobie dans cette affaire. Nos soldats se battent sur les champs de bataille en Flandre ; comment peut-on prétendre qu'ils soient francophobes ? demandera le député Edwards[40]. Mais ce qui insurge surtout les détracteurs de la motion, c'est l'idée même d'en discuter alors que toutes les énergies devraient être consacrées à la victoire[41].

En somme, d'un côté comme de l'autre de ce débat, on se revendique de l'Empire britannique et du respect de ses institutions. Ceux qui viendront dénoncer le Règlement 17 feront de l'Empire britannique un espace de diversité et de coexistence pacifique entre vainqueurs et vaincus. De leur côté, les opposants à la motion ne nieront pas que l'Empire britannique incarne effectivement un espace pluriel, mais à leur avis les institutions britanniques ne doivent pas être perverties au profit d'une minorité qui cherche à réclamer davantage pour elle-même que ce qu'elle a légitimement le droit de réclamer.

Quelle est la nature de la fédération canadienne ?

L'Empire britannique est une chose, mais le fédéralisme canadien compte aussi pour beaucoup dans ce débat. Rappelons qu'en 1916, la Confédération canadienne n'a pas encore cinquante ans.

---

[39] Emmanuel B. Devlin, *Hansard*, 1916, p. 3862.
[40] John W. Edwards, *Hansard*, 1916, p. 3932.
[41] Voir *Hansard*, 1916, p. 3866, 3954, 3986.

Certains députés à la Chambre des communes ont personnellement connu les principaux acteurs de 1867. En ce sens, la motion présentée par Ernest Lapointe – qui vise à remettre en question un règlement adopté par une assemblée législative dans son propre champ de compétence – pose de multiples enjeux en ce qui a trait aux rapports entre les deux principaux groupes linguistiques du Canada, à une époque où s'écrivent les premières pages du fédéralisme canadien. Notons qu'en la matière, les défenseurs de la motion essaient de ménager la chèvre et le chou, ce qu'ils arrivent assez difficilement à faire. D'un côté, ils souhaitent que le gouvernement fédéral agisse dans ce dossier, mais de l'autre ils ne veulent pas que soit remis en question le principe des champs de compétence (étant entendu que si le gouvernement fédéral intervient en Ontario, il pourra logiquement intervenir dans la province voisine, seule province majoritairement francophone du pays). C'est là aussi une des raisons pour laquelle on présente cette motion de « suggestion », plutôt que d'invoquer le pouvoir de désaveu du gouvernement fédéral, nettement plus radical, qui permet à ce dernier d'annuler une loi provinciale. Bref, on souhaite une intervention pour aider les Canadiens français de l'Ontario, mais on craint à ce point son effet boomerang que l'on servira en Chambre des communes un argumentaire assez faible. Au final, plusieurs des interventions ressembleront à la complainte de Shylock, par des députés qui demanderont à la province de l'Ontario de se garder de faire *ce qu'on lui reconnaîtra par ailleurs le pouvoir de faire*[42].

Ainsi, personne ne conteste le fait que l'Ontario est souverain en matière d'éducation en vertu de l'article 92 de l'*Acte de l'Amérique du Nord britannique*. Sir Wilfrid Laurier ne pourra être plus clair lorsqu'il reconnaîtra que « la province de l'Ontario a un pouvoir suprême en la matière, et c'est à elle de dire si oui ou non elle voudra entendre de nouveau la cause[43] ». La plupart des intervenants qui vont prendre la parole pour défendre la motion insisteront pour dire essentiellement la même chose : loin de nous l'idée de nier que l'Ontario est l'autorité suprême en ce qui a trait à l'éducation. Ceux

---

[42] Charles Marcil, *Hansard*, 1916, p. 3909.

[43] Wilfrid Laurier, *Hansard*, 1916, p. 3873.

qui s'opposeront à la motion ne diront évidemment pas autre chose : l'Ontario a effectivement le droit de décider comment elle entend instruire les enfants sur son territoire et donc, le fait même d'en discuter à la Chambre des communes est au mieux une perte de temps, au pire un dangereux précédent. Pour le premier ministre Borden, « que chacune [des provinces] reste dans les limites de sa propre juridiction et s'occupe des matières dont la Constitution lui a confié le soin[44] ». Le conservateur Thomas Chase-Casgrain, ministre des postes, qui s'oppose au Règlement 17, ne dira pas autre chose : il n'y a pas lieu de discuter à la Chambre des communes d'un enjeu qui relève d'une compétence provinciale[45]. Les députés qui s'opposent à la motion, en particulier les députés de l'Ontario, ne se gêneront pas pour mettre en garde les députés québécois de leur intervention outre-Outaouais. Pour Foster,

> [s]'il est possible de se conduire de la sorte à l'égard de la province d'Ontario, rien ne s'oppose à ce que la même chose se répète pour la province de Québec. Or, je le soutiens, la province de Québec devrait être la dernière dans la Confédération , étant donné le point de vue où elle se place et les traditions qu'elle désire conserver, à encourager pareilles initiatives dans notre pratique parlementaire[46].

Pour le premier ministre Borden,

> [s]i ce parlement pouvait, sans le consentement des intéressés, adopter une résolution tendant à modifier l'*Acte de l'Amérique britannique du Nord* [*sic*] de manière à restreindre les droits des législatures provinciales, aucune province canadienne ne serait plus menacée que la province de Québec. C'est parce que cette province voulait conserver la direction de ses propres affaires qu'elle n'a pas voulu de l'union législative proposée par Sir John A. Macdonald. C'est l'opposition de la province de Québec qui nous a valu une confédération à la place d'une union législative[47].

On pourrait ainsi multiplier les exemples.

Mais si le Québec n'a pas à intervenir dans les affaires de l'Ontario,

---

[44] Robert L. Borden, *Hansard*, 1916, p. 3867.
[45] Thomas Chase-Casgrain, *Hansard*, 1916, p. 3887.
[46] George Foster, *Hansard*, 1916, 3968.
[47] Robert L. Borden, *Hansard*, 1916, p. 3868.

c'est aussi parce qu'en matière d'éducation, les Québécois n'ont pas de leçons à donner. Le député Edwards démontrera, certes avec condescendance mais statiques à l'appui, que le taux d'analphabétisme est sans commune mesure entre le Québec et l'Ontario : « Dans les circonstances, nous avons le droit de ne pas accepter les avis du gouvernement de Québec, non plus que du peuple de cette province, dans les choses de l'éducation[48]. »

Nous l'avons dit, ceux qui défendent la motion sont bien conscients qu'ils jouent en quelque sorte avec le feu, et c'est la raison pour laquelle ils reconnaissent d'emblée la souveraineté ontarienne en matière d'éducation. Mais alors, quelle légitimité a le gouvernement fédéral de présenter une telle motion et à quels principes issus de l'AANB peut-on en appeler pour légitimer cette demande ? Il y a d'abord le fait que le français est une langue officielle au Canada et qu'il est donc normal, voire utile, que les citoyens puissent l'apprendre à l'école. Si l'on souhaite que des juges francophones puissent entendre des causes en français dans les tribunaux où la langue française est permise, il faut logiquement qu'une instruction en français soit possible dans les écoles[49]. Il est également légitime d'en discuter du simple fait qu'il s'agit là d'un grief d'une partie de la population. Dans la tradition parlementaire britannique, les griefs de la population doivent être discutés avant que ne soient votés les subsides, et en ce sens il est pertinent de discuter de ces griefs à la Chambre des communes même s'il s'agit d'une question qui ne pourra être résolue qu'à un palier inférieur[50]. En dernière analyse cependant, ces arguments sont secondaires. Même si l'on se réclame de droits ou de privilèges, on sait que l'Ontario peut en faire à sa guise et donc le principal argument inlassablement répété par chacun des intervenants qui viennent défendre la motion est celui de la générosité des Ontariens, ce que l'on nomme le *fair-play* britannique. Encore une fois, Wilfrid Laurier a bien saisi l'impasse juridique qui mène à cette conclusion :

[L]orsque les droits sont énergiquement revendiqués, d'une part, et non

---

[48] John W. Edwards, *Hansard*, 1916, p. 3922.

[49] Edmond Proulx, *Hansard*, 1916, p. 3973.

[50] Rodolphe Lemieux, *Hansard*, 1916, p. 3888.

> moins énergiquement contestés, de l'autre, la décision judiciaire dont la mise à exécution donnerait satisfaction aux uns, serait accueillie avec mauvaise grâce par les autres, et ne favoriserait ni la concorde ni la bienveillance ; or, la concorde et la bienveillance sont les considérations qui, en tout temps, doivent avoir le pas sur toutes les autres[51].

On peut atteindre cette concorde non pas par la *lettre* de la loi, mais par un *principe non écrit de générosité.* Et c'est pourquoi Wilfrid Laurier en appelle « à l'esprit de justice de la province d'Ontario – non pas la justice que prescrit la lettre de la loi, mais celle que les hommes se doivent entre eux[52] ». Un autre intervenant dans ce débat, Rodolphe Lemieux, expliquera que la difficulté pour les minorités dans une démocratie est toujours la même. La loi et le droit auront toujours des limites puisque, s'ils font bloc, les membres de la majorité ont la capacité de les modifier unilatéralement. Il y a donc intrinsèquement une épée de Damoclès au-dessus de la tête de toute minorité en fonction de la règle majoritaire. C'est pourquoi il vaut mieux pour les minorités compter sur la générosité et la bonne foi des majorités que de placer leurs espoirs en un hypothétique bouclier législatif. Lemieux dira en effet :

> Je n'ai nullement l'intention de plaider la cause de la minorité en m'appuyant sur les traités ou sur les lois qui ont été promulguées. Quel que soit l'aspect sous lequel on se place pour étudier cette question, soit au point de vue de la loi, soit au point de vue de la Constitution, rendons-nous bien compte que pour qu'une minorité jouisse de la plénitude de ses droits et de ses privilèges, il lui faut se concilier avec la majorité. Je désire donc ce soir, Monsieur l'orateur, en appeler à la raison ; plus que cela, je veux en appeler au fair-play[53].

Il y a évidemment dans cet appel quelque chose de profondément pathétique (au sens français du terme), en ce sens que les droits de la minorité française en Ontario semblent ne tenir qu'à peu de choses. Il ressemble à la supplique du condamné qui n'a comme seul espoir que l'improbable pitié du bourreau.

---

[51] Wifrid Laurier, *Hansard*, 1916, p. 3872.
[52] Wilfrid Laurier, *Hansard*, 1916, p. 3873.
[53] Rodolphe Lemieux, *Hansard*, 1916, p. 3888.

Pourtant, cette demande de *fair-play* renvoie à une certaine tradition britannique et à une certaine compréhension de ce qu'est le Canada. Plusieurs des intervenants vont faire valoir l'idée que le Canada, et en particulier la Confédération canadienne de 1867, doivent être compris comme une entente entre vainqueurs et vaincus. C'est la magnanimité qui aurait caractérisé l'élément anglo-saxon lorsque celui-ci a accepté de fonder le Canada non pas sur le droit du plus fort, mais en plaçant plutôt de l'avant des principes comme la justice et l'équité. Ce serait dans la tradition britannique d'agir ainsi et le Canada serait l'endroit où la munificence britannique se serait révélée dans toute sa splendeur. Prenant la parole, le député Lemieux dira ainsi :

> [J]e dirais, moi aussi, à la majorité de langue anglaise du Canada et de la province d'Ontario : soyez magnanimes ; soyez généreux avec la minorité ; soyez justes, et pour répéter la dernière parole du capitaine anglais du Titanic qui sombrait : *Be British* ! C'est tout ce que nous demandons[54].

En somme, l'Ontario devrait reconsidérer le Règlement 17, même si l'on jugeait que la province n'avait pas d'obligation légale de le faire.

Évidemment, du côté de ceux qui s'opposaient à la motion, il était difficile d'affirmer le contraire de ce qui est demandé ici, c'est-à-dire que la province *n'a pas* à se montrer généreuse. La réponse offerte à cet argument du *fair-play* a été que la province de l'Ontario, en adoptant le Règlement 17 s'était *au contraire* montrée excessivement généreuse pour la minorité canadienne-française de l'Ontario. On essaiera de présenter le Règlement 17 comme garantissant dorénavant un accès à l'école en français qui n'était pas prévu véritablement par le Règlement 12 en vigueur depuis 1890. Bref, le Règlement 17 devait être vu comme un *gain* pour les Canadiens français de l'Ontario[55]. Deux intervenants dans ce débat, tous deux de la province d'Ontario, les députés Nickle et Edwards, vont faire

---

[54] Rodolphe Lemieux, *Hansard*, 1916, p. 3896.

[55] Cette idée peut paraître tirée par les cheveux, mais dans le Sud-Ouest de l'Ontario, certains leaders communautaires canadiens-français appuyèrent le Règlement 17, y voyant effectivement un progrès par rapport à la situation antérieure. Voir l'article de Jack Cécillon dans cet ouvrage.

grand cas de l'accusation – fausse selon eux – faite à la province d'Ontario de se montrer tyrannique envers sa minorité française. Pour Nickle, ce règlement « n'enlève rien aux Canadiens français ; de fait il leur confère un avantage que la loi ne leur reconnaissait pas », parce que selon ce nouveau règlement il y a une période de deux ans pendant laquelle l'enfant recevra une éducation en langue française[56]. De son côté, Edwards affirme que le Règlement 17 est

> [...] une concession ; bien plus, c'est une concession très large et très libérale. C'est perdre son temps, c'est commettre une faute, je dirais même un crime, que de faire croire à une partie de la population de ce pays qu'elle est maltraitée et que les règlements scolaires de la province d'Ontario proscri[vent] l'enseignement de sa langue maternelle[57].

En un mot, l'appel à la générosité a, selon ces deux intervenants, déjà été entendu.

Mais le principal argument en ce qui a trait au fédéralisme canadien par les détracteurs de la motion consiste clairement à nier que les francophones de l'Ontario aient quelque droit que ce soit à une éducation en langue française. Le député Clark signalera à quel point ceux qui défendent la motion invoquent des principes contradictoires pour justifier une demande qui, au final, n'a aucune base, ni juridique, ni parlementaire, ni constitutionnelle. Il ajoutera :

> En lisant ce projet de résolution, l'on s'étonne des discours qui ont été prononcés en faveur de son adoption. Il y a deux jours qu'on nous parle du droit – du droit inaliénable – des Canadiens français au parler [*sic*] de leur langue maternelle dans les écoles publiques de l'Ontario, quand ce projet de résolution n'a trait qu'à des privilèges et ne contient pas un traître mot au sujet de droits[58].

Le député MacDonell résumera le mieux le contenu de la motion Lapointe : « La motion de mon honorable ami n'est qu'un appel à

---

[56] Je ne discute pas ici de la véracité du propos. On sait que le Règlement 17 ne prévoit pas d'enseignement en langue française à un enfant qui connaît déjà l'anglais. Les « deux années » en langue française prévues par le Règlement 17 visent à amener l'enfant à pouvoir étudier en anglais au plus tard à partir de la troisième année du primaire.

[57] John W. Edwards, *Hansard*, 1916, p. 3923.

[58] Hugh Clark, *Hansard*, 1916, p. 3971.

la générosité», étant donné que «les droits constitutionnels qu'on invoque n'existent pas[59]».

En somme, on peut dire que même si les partisans de la motion font référence aux droits et privilèges des francophones du Canada, et même s'ils se réclament de la tradition canadienne ou de l'acte de l'Amérique du Nord britannique, les arguments présentés sont faibles ; les acteurs sont bien conscients, d'un côté comme de l'autre de ce débat, que la seule chose que protège l'article 93 de l'AANB, c'est le droit à une éducation dans la religion de la minorité, et non dans sa langue. D'où l'appel au *fair-play* britannique.

Quid de l'argumentaire des nationalistes canadiens-français qui fait du Canada un pacte entre des peuples fondateurs ? De manière sans doute assez surprenante étant donné l'espace que prend cet argumentaire dans la presse canadienne-française, il n'est à peu près pas utilisé à la Chambre des communes. Ernest Lapointe dira que la «Confédération canadienne est le résultat d'un compromis[60]» pour en appeler, lui aussi, à la notion de *fair-play.* La notion de «peuple fondateur» n'est pour sa part jamais utilisée au pluriel. Lorsqu'on utilise cette expression, à deux reprises seulement dans le débat, c'est pour défendre l'idée que les Canadiens français auraient été les fondateurs de l'Ontario, en ce sens qu'ils auraient été les premiers à coloniser le territoire appelé à devenir province canadienne[61]. Ils auraient des droits découlant de cette ancienneté.

Si l'expression «pacte entre les peuples fondateurs» est totalement absente des débats, on fait néanmoins allusion à ce principe. Ernest Lapointe indique que «notre société est basée entièrement sur le respect mutuel des droits des deux grandes races canadiennes[62]». Le député Marcil fait pour sa part référence à «une union dont le résultat a été le développement de ce grand dominion[63]». Mais, à la vérité, ce n'est qu'en fouillant longuement que l'on trouve quelques passages épars faisant vaguement référence à l'idée qu'il existerait entre les principaux peuples du Canada un

---

[59] Angus C. Macdonell, *Hansard*, 1916, p. 3956.
[60] Ernest Lapointe, *Hansard*, 1916, p. 3850.
[61] Voir *Hansard*, p. 3852 et 3940.
[62] Ernest Lapointe, *Hansard*, 1916, p. 3850.
[63] Charles Marcil, *Hansard*, 1916, p. 3918.

pacte formel. Ironiquement, la seule référence explicite à l'idée que 1867 ait été l'occasion d'un pacte provient de la bouche du député Nickle, un farouche opposant de la motion, qui défend vigoureusement l'idée que le Règlement 17 est en tout point justifiable. Pour lui, « la Confédération fut un pacte par lequel les citoyens d'une province concédèrent certains droits à ceux de l'autre province[64] ». Nickle expliquera que les Canadiens anglais désiraient en 1867 une union législative, mais que cette union a été rejetée au profit d'une confédération de manière à accommoder le désir des Canadiens français du Québec de voir protégés un certain nombre de privilèges. La conclusion de Nickle ne pourrait être plus limpide : il existe *effectivement* un pacte, qui limite à la seule province de Québec les prétentions en matière de droits linguistiques des Canadiens français. Bref, en demandant l'éducation en langue française en Ontario, les Canadiens français trahissent l'esprit et la lettre du pacte qu'est l'AANB de 1867.

Quel est le meilleur moyen d'assurer l'unité nationale et l'harmonie au Canada ?

Wilfrid Laurier justifiera le dépôt de la motion Lapointe en expliquant que le Canada a la maturité politique nécessaire pour discuter sereinement d'un grief présenté par une partie de la population. Il ne présentera pas la motion comme un moyen de régler une crise, mais au contraire comme un moyen de clarifier les enjeux. Cela dit, il est à peu près le seul député à ne pas présenter la situation scolaire ontarienne comme une grave crise, tous les autres faisant clairement référence au caractère critique de l'enjeu. Il faut dire que depuis que la province de Québec a décidé d'autoriser ses commissions scolaires à aider financièrement les écoles bilingues ontariennes récalcitrantes au Règlement 17, la presse anglo-canadienne porte un regard indigné (qui s'accompagne d'une parole tonitruante) sur ce qu'elle nomme les « agitateurs » canadiens-français qui refusent de se conformer à la loi ontarienne. Bref, pour la plupart des députés il y a *crise*, et chacun y va de ses suggestions pour mettre fin à celle-ci.

---

[64] William F. Nickle, *Hansard*, 1916, p. 3899.

Du côté de ceux qui appuient la motion, la seule véritable manière de sortir de cette crise et d'assurer l'harmonie entre les peuples du Canada serait d'abolir le Règlement 17 pour retourner à la situation qui prévalait jusque-là. Nous l'avons vu, la majorité anglo-canadienne doit ainsi se montrer charitable en s'empêchant de faire ce qu'elle peut légalement accomplir. Mais pour y parvenir, il faut pouvoir débattre de cet enjeu.

Le chef du Parti libéral pense ainsi que la motion présentée en Chambre a comme principale vertu de permettre le dialogue, seule façon d'en arriver à un compromis qui sera jugé raisonnable par tous. Pour lui, il faut « en venir à une entente qui nous permette de dire à la minorité : "vous devriez borner vos revendications à ceci", et à la majorité : "vous devriez faire des concessions raisonnables ou, pour le moins, céder sur certains points". Je ne demande pas davantage[65]. » La plupart des députés qui vont prendre la parole pour défendre la motion insisteront sur l'importance de régler ce conflit de manière à éliminer les griefs des Canadiens français et donc de favoriser, notamment, leur participation à la guerre de l'Empire[66]. L'harmonie au Canada n'est envisageable que dans la mesure où ni l'un ni l'autre des partenaires n'a de grief, d'où la nécessité de répondre à celui que formulent les Canadiens français de l'Ontario. Évidemment, on insistera énormément sur le caractère raisonnable et limité des demandes de la minorité.

Ce sentiment n'est très certainement pas partagé par les députés qui s'opposent à la motion déposée en Chambre. Il y a d'abord ceux qui pensent que le conflit est amplifié par la partisannerie qui a marqué le débat à la Chambre des communes. C'est notamment le cas de M. D. O. L'Espérance, qui, tout en s'opposant au Règlement 17, se refusera à appuyer la motion libérale, n'y voyant qu'une manigance partisane ne pouvant avoir comme finalité que de désunir la population canadienne. Il prédit que

> [Wilfrid Laurier] se verra acclamer comme un héros par ces mêmes journaux qui, depuis quelques années, le condamnent et le vouent aux gémonies, cependant que moi et mes collègues qui, de concert avec moi,

---

[65] Wilfrid Laurier, *Hansard*, 1916, p. 3872.

[66] George P. Graham, *Hansard*, 1916, p. 3959.

> refusent de se prêter à cette tricherie politique, on nous stigmatisera comme traître à notre race, à notre culte, à notre religion et peut-être à nos propres enfants. Mais l'histoire, qui est juge en dernier ressort, et le chef de l'opposition ne saurait se dérober à son jugement, dira qu'il y a 20 ans[67], quand il aurait pu prêter main-forte à ses compatriotes, il a refusé de le faire. Et aujourd'hui il ne prend pas l'attitude voulue pour venir en aide à la minorité de l'Ontario[68].

Même son de cloche de la part du député conservateur Girard, qui s'opposera lui aussi à la motion libérale parce qu'elle ne blâme pas le gouvernement libéral du Manitoba, preuve accablante selon lui de la partisanerie de la motion déposée en Chambre. De tous les députés, incluant les députés favorables à la motion, Girard aura les mots les plus durs à l'endroit des gouvernements ontarien et manitobain. Il s'offusque que l'« on parle ici des blessés d'Ontario, mais [que l']on néglige absolument de parler des *assassinés* du Manitoba[69] ». Il n'hésitera pas à parler du « massacre des nôtres au Manitoba », de « l'assassinat complet des droits de nos compatriotes au Manitoba » par rien de moins que la « guillotine manitobaine[70] ». Puis il votera *contre* la motion.

Il y a une conviction qui s'exprime inlassablement par la bouche des députés conservateurs anglophones qui s'opposent à la motion. Ils vont tous, les uns après les autres, dénoncer le caractère artificiel de la crise. Elle serait entretenue facticement par des individus intéressés par le conflit, ceux que l'on appelle les « agitateurs professionnels », comme Henri Bourassa ou Samuel Genest. Étant entendu que pour ces députés la crise est artificielle et que ceux qui s'opposent au Règlement 17 dans les journaux ou dans la rue sont tout simplement mal informés, le fait de remettre en question le règlement ontarien en Chambre des communes ne peut que contrarier une opinion publique anglo-canadienne déjà échaudée par l'intervention récente du gouvernement québécois dans les affaires de sa province voisine. En un mot, on s'oppose à l'idée même de discuter des soi-disant griefs des Canadiens français parce

---

[67] Référence à la crise des écoles au Manitoba et à l'accord Greenway-Laurier.
[68] M. D. O. L'Espérance, *Hansard*, 1916, p. 3986.
[69] Joseph Girard, *Hansard*, 1916, p. 3997. Nous soulignons.
[70] Joseph Girard, *Hansard*, 1916, p. 3999.

que cela ne peut qu'aggraver le long de la frontière linguistique le clivage qui oppose les Canadiens. Pour le premier ministre Borden,

> [l]e dépôt de cette résolution est une démarche regrettable, surtout du point de vue de la province de Québec. Je ne vois pas qu'il puisse en résulter aucun bien ; je crois au contraire qu'elle peut faire beaucoup de mal ; elle ne peut pas manquer d'aviver des passions déjà suffisamment éveillées et de rendre plus tendues les relations entre les deux principales races qui habitent le pays[71].

Le principal grief à l'encontre de cette motion, c'est qu'elle devient prétexte à une discussion sur un enjeu qui ne pourra que diviser les races au pays. « Je soutiens qu'une agitation à propos d'une question de langue produit la dissension, la désintégration, au lieu de cimenter l'harmonie, l'union et la tolérance. Une résolution de ce genre est grosse de menaces[72] », dira le député Murphy. Ce type de perspective n'est pas surprenant, ou du moins on le retrouve chaque fois que des dissensions ont eu lieu dans l'histoire du Canada[73]. Selon cette manière de comprendre la dynamique linguistique canadienne, il n'y a pas de « véritables » problèmes de nature ethnolinguistique au Canada. Dans la vie de tous les jours, tout se passe bien et la cohabitation entre les divers groupes linguistiques se fait sans heurts. Mais dès que l'on accorde indûment de l'importance aux revendications de petits groupes d'individus non représentatifs de leur groupe ethnique, « l'on provoque des conflits qui seront difficilement apaisés[74] » parce qu'ils braquent les diverses ethnies les unes contre les autres. George Foster dit chercher « en vain [...] à quel mobile on a bien pu obéir en présentant cette résolution, sinon à penser de semer la discorde. Cela me fait

---

[71] Robert Borden, *Hansard*, 1916, p. 3869.

[72] Hugh B. Morphy, *Hansard*, 1916, p. 3944.

[73] On reprochera par exemple à la Commission sur le bilinguisme et le biculturalisme, dans les années 1960, non pas de répondre à une véritable crise, mais de l'avoir provoquée artificiellement. De la même manière, les débats entourant l'adoption d'une politique de bilinguisme à la ville d'Ottawa feront ressortir le même type d'arguments (voir François Charbonneau et Samuel Coeytaux, « L'affaire Lepage et le caractère symbolique de la politique de bilinguisme à la ville d'Ottawa (1970-2001) », *Journal of Canadian Studies / Revue d'études canadiennes*, vol. 47, n° 2, 2013, p. 119-149).

[74] Hugh Clark, *Hansard*, 1916, p. 3972.

l'effet d'une folle escapade d'enfant espiègle[75]. » Pour Frank Oliver, il « s'agit d'une question susceptible de discussions acrimonieuses ; c'est même pour cela que je désirais l'écarter[76] ». R. B. Bennett reprendra l'idée. Pour lui, l'Histoire condamnera « l'attitude de ceux qui ont assumé la responsabilité de saisir en ce moment le Parlement d'une question qui met les races en antagonisme et fomente les dissensions[77] ».

Pour la plupart de ces intervenants, il semble totalement incongru de discuter dans un parlement d'un « prétendu » grief formulé par des gens qui ne respectent pas la loi. Il ne saurait être envisageable de se ranger du côté de ceux qui, dans la ville d'Ottawa, bradent ouvertement la loi en refusant de soumettre les écoles bilingues au Règlement 17. Pour ces députés, plutôt qu'une discussion, il faut plutôt garantir le respect intégral de la loi, quitte à l'imposer par la force. Le député anglophone Graham, qui appuie la motion, pense au contraire que de ne pas discuter d'un grief sous peine qu'il risque de provoquer de l'animosité n'est jamais une bonne idée. Affirmant qu'il ne sait pas si le grief des Canadiens français est fondé ou non, il ajoute qu'il est normal d'en discuter puisque

> [...] ce grief existe dans nombre d'esprits, et nous, citoyens d'Ontario, nous devrions avoir assez de grandeur d'âme pour trouver le moyen de rendre justice aux enfants d'Ontario, sinon aux enfants des autres parties du pays. Et quel est le moyen ? Ni par la contrainte ni par voie de veto ou de refus de sanctions, ni par décision du tribunal ; non, mais plutôt par voie de conciliation amicale de part et d'autre. Il ne servirait [à] rien de dire « vous n'avez pas des griefs, voilà la loi ». Pareil argument ne saurait toucher celui qui est convaincu qu'il y a un grief[78].

Le député Graham pense qu'il est possible d'arriver à l'unité des races au pays par le dialogue, une position diamétralement opposée à celle des députés qui s'opposent à la motion.

Enfin, plusieurs détracteurs de la motion insisteront pour défendre le Règlement 17 en expliquant que la nature de l'Ontario,

---

[75] George Foster, *Hansard*, 1916, p. 3964.
[76] Frank Oliver, *Hansard*, 1916, p. 3948.
[77] R. B. Bennett, *Hansard*, 1916, p. 3786.
[78] George P. Graham, *Hansard*, 1916, p. 3963.

et surtout des provinces de l'Ouest, constituées de populations immigrantes, rend nécessaire l'uniformisation linguistique et culturelle de manière à éviter la création de ghettos ou de barrière entre les groupes ethniques du pays. Là-dessus, les arguments sont parfois contradictoires, puisque les députés qui affirment que l'Ontario se montre généreux envers sa minorité française en lui permettant d'avoir – grâce au Règlement 17 – un accès encore plus grand à l'école « en français » sont les mêmes qui vantent les mérites de l'homogénéisation ethnolinguistique. Pour le député Edwards, le pire facteur de désunion dans l'histoire du Canada a été le compromis Laurier-Greenway de 1896, qui permettait l'enseignement d'une autre langue que l'anglais au Manitoba, une demi-heure par jour, là où le nombre pouvait le justifier[79]. Il dira :

> Je n'hésite pas à l'affirmer, jamais dans l'histoire du Canada, nous n'avons vu infliger d'abus aussi intolérable à une province de la confédération. Le très honorable chef de l'opposition dota le Manitoba d'un système d'enseignement qui bannissait l'anglais de cette province, qui éliminait et proscrivait l'enseignement de la langue anglaise, pour y substituer une conglomération de langues, système en un mot qui rendait impossible l'unité nationale et encourageait la séparation des différents éléments de la population[80].

Même si personne n'est venu dire directement aux Communes que l'unité serait renforcée par le principe d'« un drapeau, une langue », plusieurs interventions pointent nettement dans cette direction.

En somme, ce débat oppose ceux qui pensent qu'il est possible d'arriver par le dialogue à un compromis et ceux qui au contraire croient qu'en discutant de ce prétendu grief à la Chambre des communes, on ne fait qu'encourager les éléments jugés extrémistes au détriment de l'unité nationale.

Conclusion

Au moment du vote, cent sept députés s'opposeront à la motion, alors que soixante députés lui accorderont leur appui. Elle n'aura

---

[79] L'école devait compter plus de dix élèves en zone rurale, plus de vingt-cinq en zone urbaine.

[80] John W. Edwards, *Hansard*, 1916, p. 3926.

aucune des conséquences souhaitées par les députés libéraux qui s'en faisaient les promoteurs, du moins pas dans l'immédiat. Queen's Park ne reconsidérera le Règlement 17 qu'en 1927 et ne l'abolira définitivement qu'en 1944.

Le débat est pourtant instructif dans la mesure où il montre bien comment tant les partisans que les opposants à cette motion en appellent à plusieurs sources d'autorité communes, qu'il s'agisse de l'histoire canadienne, de l'Empire britannique ou encore du fédéralisme canadien, pour n'en nommer que quelques-unes. Les députés canadiens-français en particulier possèdent une connaissance poussée de la tradition politique britannique et invoquent à l'appui de leurs thèses des exemples tirés soit de l'histoire britannique, soit des autres colonies ou dominions de l'Empire. Ce débat montre à quel point les députés canadiens-français agissent en sujets britanniques et se pensent comme tels. Le Règlement 17 n'est jamais présenté comme la conséquence logique de la domination anglo-saxonne à la suite de la Conquête, mais au contraire *comme une trahison de la tradition britannique*, qui consiste à se montrer généreux et charitable envers les minorités qui se trouvent sous son drapeau, à respecter les privilèges ou alors à agir avec modération (*fair-play*). En un mot, ce sont des britanophiles (ou du moins des gens qui, étant donné le contexte, se voient dans l'obligation de l'être) qui prennent la parole pour dénoncer le Règlement 17 à la Chambre des communes du Canada en ce mois de mai 1916.

De leur côté, les opposants à la motion semblent convaincus que les masses canadiennes-françaises ne comprennent pas le Règlement 17 et qu'en ce sens leur agitation ne peut être que la résultante de la propagande d'individus mal intentionnés. On sent clairement dans leurs propos un agacement doublé d'une certaine retenue, comme s'ils se refusaient à ce que leur parole aille aussi loin que leur pensée. Il faut voir qu'entre ce qui se dit dans les journaux anglo-canadiens et les propos souvent nuancés qui se tiennent à la Chambre des communes, il y a clairement un hiatus dont étaient conscients les députés qui ont pris la parole. Cela n'est sans doute pas étranger au fait que tous les intervenants anglophones, sans exception, qui ont pris la parole pour dénoncer la motion ont mis en garde leurs homologues francophones contre les dangers que la motion crée d'importants ressentiments dans la population anglo-canadienne.

Quant à l'argumentaire nationaliste canadien-français qui fait du Canada un pacte entre les peuples fondateurs, cette idée n'est à peu près pas invoquée comme argument pour demander l'adoption de la motion. Il est quand même assez intéressant de constater que cette idée, à savoir qu'il existerait une entente entre le Canada anglais et le Canada français qui garantisse notamment les droits des minorités, n'est pas invoquée dans l'enceinte même où doit logiquement avoir lieu le dialogue entre les représentants élus des deux « peuples fondateurs ». Et donc, sans exagérer la chose (puisque ce débat de trois jours ne représente pas le seul moment où les Canadiens français échangeront avec les Canadiens anglais au sujet de leurs griefs), on peut quand même comprendre pourquoi la thèse des « peuples fondateurs » a surtout eu des partisans au Canada français. Disons-le crûment : un seul des deux « pactisants » semble avoir été mis au courant du fait qu'il y a eu pacte…

Au final, ce débat à la Chambre des communes opposera de manière marquée les opinions publiques anglo- et franco-canadiennes. Sans en être la seule ni même la principale raison, il est clair que ce débat ne fera rien pour apaiser la hargne anglo-canadienne envers le Canada français. Cette hargne se manifestera à visage découvert et prendra une ampleur sans précédent lors de l'appel aux urnes de 1917, qui verra l'élection d'un gouvernement unioniste ne comptant que trois députés provenant du Québec, tous élus dans des comtés où l'on compte une majorité d'électeurs anglophones. Par dépit ou pour calmer le jeu, on déposera à l'Assemblée législative québécoise en janvier 1918 une motion clairement sécessionniste (motion Francœur), qui ne passera finalement pas au vote.

On sait que Napoléon-Antoine Belcourt[81] privilégiera à compter de 1919 une stratégie consistant à préférer l'ombre à la lumière, les coulisses à la scène. Il délaissera le combat sur la place publique et tentera plutôt de convaincre un certain nombre d'Anglo-Canadiens de bonne volonté de faire subrepticement pression sur le gouvernement ontarien de manière à convaincre celui-ci de la pertinence de

---

[81] Voir l'article de Geneviève Richer dans cet ouvrage.

rendre justice aux francophones de l'Ontario. Étant donné le succès ultérieur de Belcourt, on pourrait être amené à penser que la stratégie consistant à faire pression sur la place publique jusqu'à déposer une motion au Parlement canadien était malavisée, et qu'il aurait fallu préférer dès le début les chemins de traverse plutôt que l'autoroute. Cette conclusion, évidente aux premiers abords, est sans doute erronée, car il aura d'abord fallu ce violent *clash*[82] des opinions publiques pour que l'ACFÉO conclue à la nécessité d'un changement de stratégie. Qui plus est, c'est justement parce que plusieurs Anglo-Canadiens ont été rebutés par le fanatisme de leur propre opinion publique – fanatisme manifesté en 1916-1917 – qu'ils deviendront *alors* plus sensibles à la nécessité de repenser les voies d'un aménagement avec la minorité française de l'Ontario. Bref, ce sont sans doute les événements de 1916-1917 qui ont prédisposé les uns et les autres à une attitude de bonne entente menant à l'abrogation progressive du Règlement 17.

Pour nous qui nous intéressons à cet enjeu près d'un siècle plus tard, l'étrangeté du débat de 1916 à la Chambre des Communes doit nous rendre sensibles à la transformation de l'imaginaire politique canadien qui s'est produite dans les dernières décennies. Celle-ci sera rendue possible par la chute de l'Empire britannique dans les années 1950-1960, permettant enfin de repenser le fédéralisme canadien de manière à ce qu'il soit, entre autres choses, dorénavant compatible avec le principe du droit à l'éducation dans la langue de la minorité, du primaire jusqu'à la fin du secondaire, d'un océan à l'autre.

[82] William Henry Moore, *The Clash! A Study in Nationalities*, Toronto, University of Toronto press, 1918.

THOMAS CHAPAIS ET LE RÈGLEMENT 17[1]

DAMIEN-CLAUDE BÉLANGER
UNIVERSITÉ D'OTTAWA

Historien et homme politique, Thomas Chapais compte parmi les grandes figures du conservatisme canadien-français. Nommé conseiller législatif à Québec en 1892, puis sénateur à Ottawa en 1919, Chapais a occupé la chaire d'histoire du Canada à l'Université Laval pendant près de vingt ans. Son œuvre comprend une monumentale synthèse d'histoire du Canada en huit tomes, ainsi que des monographies sur Jean Talon et sur le marquis de Montcalm.

Chapais, dont la vie politique s'échelonne sur six décennies, a été de tous les combats politiques de son époque, notamment ceux touchant les droits des minorités hors Québec. Chapais mènera un rude combat, dans les pages du *Courrier du Canada*, qu'il dirige de 1884 à 1901, contre les politiques linguistiques et scolaires du gouvernement manitobain dans les années 1890, puis contre le compromis Laurier-Greenway, qui mettra fin à la crise des écoles du Manitoba. Il sera actif, mais de façon plus discrète, durant la crise des écoles du Keewatin, en 1912.

---

[1] Nous remercions Katherine Waddingham, Sean Graham, Aaron Boyes et Oxana Drozdova, ainsi que le personnel du Centre d'archives de Québec et de la Division des archives de l'Université Laval, pour l'aide qu'ils ont apportée dans le cadre de cette recherche. Cette étude a été rendue possible grâce à l'appui financier de l'Université d'Ottawa et du Conseil de recherches en sciences humaines du Canada.

L'historiographie indique que Chapais a également joué un rôle dans le mouvement d'opposition au Règlement 17 en Ontario. Gaétan Gervais note qu'il a été parmi les premières figures à s'opposer au règlement scolaire[2]. Robert Choquette, pour sa part, souligne que le lobbying de Chapais et de Louis-Philippe Pelletier auprès du premier ministre ontarien, James Whitney, ne pesait pas lourd devant les pressions inverses exercées par les milieux orangistes et irlandais[3]. Plus récemment, Nelson Michaud insiste sur l'influence exercée par Chapais, dans le contexte du Règlement 17, auprès des ministres canadiens-français du gouvernement conservateur de Robert Borden[4].

Ces bribes historiographiques incitent l'historien à poursuivre la recherche, car Chapais était un personnage discret, préférant généralement le lobbying à la tribune. Les archives de la famille Chapais conservées à l'Université Laval et au Centre d'archives de Québec révèlent en effet que l'historien et homme politique a joué un rôle important mais souvent feutré durant la crise du Règlement 17. Pendant cet épisode douloureux, il poursuit une stratégie de lobbyiste modérateur, cherchant à tempérer à la fois l'ardeur des francophobes et celle des nationalistes canadiens-français. Il cherche initialement à dissuader le gouvernement ontarien d'appliquer le règlement scolaire puis, lorsque le conflit s'enlise, préconise la patience et l'étapisme auprès des chefs de la résistance franco-ontarienne. Tout au long du conflit, Chapais cherche à minimiser l'agitation nationaliste qui, croit-il, ne fera qu'accroître l'hostilité des Anglo-Ontariens à l'égard du français.

Chapais poursuit une stratégie de modération par conviction, mais aussi pour des motifs partisans. Comme ce fut le cas pour la crise des écoles du Keewatin, la crise scolaire en Ontario met en cause un gouvernement provincial conservateur. Chapais cherche à ménager le gouvernement Whitney et craint que l'agitation

---

[2] Gaétan Gervais, « Le Règlement XVII (1912-1927) », *Revue du Nouvel-Ontario*, n° 18, 1996, p. 141.

[3] Robert Choquette, *Langue et religion. Histoire des conflits anglo-français en Ontario*, Ottawa, Presses de l'Université d'Ottawa, 1980, p. 175.

[4] Nelson Michaud, « Les écoles d'Ontario ou le dilemme des conservateurs québécois : confrontation des principes nationalistes et de la réalité politique », *Revue d'histoire de l'Amérique française*, vol. 49, hiver 1996, p. 401.

scolaire ne nuise à la cause conservatrice[5]. Intense, la partisannerie chapaisienne a été forgée durant les années 1870 et 1880, alors que le Parti libéral était toujours passablement associé au rougisme. Il n'est donc pas exagéré de dire que pour Chapais – dont le père avait été ministre dans le gouvernement Macdonald, – le Parti conservateur, c'est le parti de Dieu.

Fervent admirateur des institutions britanniques et chef de file loyaliste, Chapais partage tout de même les idées de base du nationalisme canadien-français en ce qui concerne la langue française et les droits des minorités françaises. Pour lui, la langue est gardienne de la foi – c'est d'ailleurs le titre qu'il donnera au discours de clôture qu'il prononcera au premier Congrès de la langue française, en 1912. Dans ce discours, il adressera d'ailleurs « un salut fraternel » aux « vaillants qui luttent là-bas, à l'Est et à l'Ouest, contre tant de difficultés et de périls ; à ces inlassables tenants de notre nationalité[6] ». Proche des ultramontains dans sa jeunesse, Chapais croit fermement à la mission apostolique des Canadiens français et possède une conception de la nation canadienne-française qui inclut pleinement les minorités françaises hors Québec.

Chapais participe à l'élan de fraternité qui amènera nombre d'élites et d'organismes du Québec à participer à la lutte contre le Règlement 17. En dépit de ce que postulent certains chercheurs, qui voient dans la crise scolaire un moment de rupture entre les Canadiens français du Québec et ceux de l'Ontario[7], l'agitation marque plutôt un temps fort de solidarité entre ces deux groupes[8]. Comme l'abbé Lionel Groulx, Thomas Chapais conçoit la crise du

---

[5] En revanche, durant la crise des écoles manitobaines, l'ardeur chapaisienne avait été amplifiée par des considérations partisanes, le compromis Laurier-Greenway ayant mis en cause deux gouvernements libéraux.

[6] Thomas Chapais, « La langue, gardienne de la foi, des traditions, de la nationalité », dans ses *Discours et conférences*, deuxième série, Québec, Garneau, 1913, p. 363.

[7] Voir notamment René Dionne, « 1910. Une première prise de parole collective en Ontario français », *Cahiers Charlevoix*, n° 1, 1996, p. 97 ; Yolande Grisé, « Ontarois, Une prise de parole », *Revue du Nouvel-Ontario*, n° 4, 1982, p. 85.

[8] Voir sur cette question Michel Bock, *Quand la nation débordait les frontières. Les minorités françaises dans la pensée de Lionel Groulx*, Montréal, Hurtubise HMH, 2004, p. 219-220, 282, 288 ; Marcel Martel, *Le deuil d'un pays imaginé : rêves, luttes et déroute du Canada français*, Ottawa, Presses de l'Université d'Ottawa, 1997, p. 32-33 ; Pierre Savard, « Relations avec le Québec », dans Cornelius Jaenen (dir.), *Les Franco-Ontariens*, Ottawa, Presses de l'Université d'Ottawa, 1993, p. 231-232.

Règlement 17 comme un enjeu canadien-français, national. Son intervention est sollicitée par les chefs de la résistance franco-ontarienne parce qu'ils envisagent leur lutte dans une optique canadienne-française et cherchent ainsi à mobiliser les leaders d'opinion du Québec et des autres provinces dans leur combat pour l'enseignement français.

Chapais a surtout été actif durant la première phase de la résistance au Règlement 17, qui dura, selon Gaétan Gervais, de 1912 à 1917 et qui fut marquée par l'agitation la plus intense[9]. Toutefois, en octobre 1910, avant même que ne soit promulgué le règlement scolaire, Chapais publie un article dans le *Bulletin du parler français* pour réfuter les thèses assimilationnistes de l'évêque de London (Ontario), Mgr Michael Francis Fallon, qui cherche à supprimer l'enseignement français dans son diocèse et qui jouera par la suite un rôle de premier plan dans la crise du Règlement 17. Sans nommer l'évêque, dont il respecte, du reste, « le caractère et l'autorité », Chapais s'insurge contre cette « école de catholiques de langue anglaise dont l'idée fixe est que, dans les pays où domine l'élément anglo-saxon, le catholicisme doit être coûte que coûte anglo-saxon[10] ». À ses yeux, les thèses de Fallon

> sont contraires à la justice, au droit naturel, à l'intérêt public, et [...] dans notre pays, elles sont à la fois anticanadiennes et anticatholiques. Anticanadiennes, parce qu'elles prétendent donner un démenti à notre histoire, qu'elles attaquent une possession d'[É]tat garantie par nos lois, qu'elles contiennent un ferment de discorde et de luttes fratricides. Anticatholiques, parce qu'elles compromettent la discipline, créent un réel péril pour la foi, et méconnaissent, par leur tyrannique exclusivisme, l'esprit de notre sainte mère l'Église, qui a toujours su se faire toute à tous et parler toutes les langues, afin d'être entendue par tous ses enfants[11].

Chapais aurait écrit cet article, qui fera l'objet de nombreux commentaires positifs dans la presse québécoise, à la demande de l'évêque auxiliaire de Québec, Mgr Paul-Eugène Roy. Un ami de

---

[9] Gaétan Gervais, *loc. cit.*, p. 140.

[10] Thomas Chapais, « La langue française au Canada », dans ses *Discours et conférences*, deuxième série, Québec, Garneau, 1913, p. 379.

[11] *Ibid.*, p. 380.

la famille Chapais, l'archevêque de Montréal, Mgr Paul Bruchési, aurait par ailleurs promis d'envoyer l'article à Rome, « à un cardinal, qui le fera lire au Pape[12] ».

La première intervention de Chapais au sujet du Règlement 17 sera discrète. En automne 1912, il adresse deux lettres au premier ministre conservateur de l'Ontario, Sir James Whitney, pour l'inciter à révoquer ou à adoucir le règlement litigieux. Chapais amorce son lobbying à une époque où l'opinion publique québécoise est encore assez mal renseignée sur la portée du Règlement 17. À ses yeux, dira-t-il plus tard, le premier ministre Whitney « était digne d'estime. Ses adversaires eux-mêmes rendaient hommage à la sincérité de sa parole, à l'intégrité de son caractère, et à la dignité de sa vie. Mais on peut être un honnête homme et commettre des fautes[13]. »

Dans sa première lettre, datée du 10 octobre 1912, Chapais insiste d'abord sur le tort que le Règlement 17 causera au Parti conservateur dans la province de Québec. Il espère sans doute que Whitney ne restera pas insensible devant de telles considérations partisanes. En effet, en 1911, le premier ministre avait modéré le langage d'une résolution de l'Assemblée législative de l'Ontario préconisant l'unilinguisme dans le réseau scolaire ontarien, pour ne pas nuire à l'alliance entre les conservateurs et les nationalistes du Québec en vue de la prochaine élection fédérale[14].

Chapais souligne par la suite que « *the French Canadian parents of Ontario have a natural and sacred right to see that their children are taught accurately their mother tongue* ». Tout en reconnaissant que « *this is a British country, that the majority of its people are English, and that the knowledge of English is material to our success in the many pursuits of life* », Chapais insiste toutefois « *that the restriction of French to the first course as a medium of instruction seems unfair and pedagogically unscientific*[15] ». Chapais confiera par la

---

[12] Lettre de Thomas Chapais à Joséphine Barnard, Québec, 30 décembre 1910, 6 p. mss. : 3, Archives de l'Université Laval (AUL), fonds famille Chapais (FFC), P225/B1/1/1,23.

[13] Thomas Chapais, « La question bilingue ontarienne », dans ses *Discours et conférences*, troisième série, Québec, Garneau, 1935, p. 60.

[14] Gaétan Gervais, *loc. cit.*, p. 137.

[15] Lettre de Thomas Chapais à James Whitney, Québec, 10 octobre 1912, 5 p. mss. : 1-3, Archives publiques de l'Ontario (APO), fonds Sir James Whitney (JWF), F5-1/B273280.

suite à son épouse, Hectorine Langevin, qu'il doutait de l'utilité de son intervention: « Ma lettre sera-t-elle utile à quelque chose? J'en doute, mais il y avait peut-être là un devoir à remplir[16]. »

Cependant, dans une longue réponse, Whitney semble indiquer qu'il est ouvert au compromis. Il souligne la nécessité d'imposer l'anglais dans les écoles franco-ontariennes, dont un bon nombre, selon lui, prodiguaient un enseignement unilingue français, mais il assure Chapais que

> *the new Regulation will, of course, be amended and changed from time to time as our experience shews the necessity for change, and you may rely upon it that the present government of Ontario will go a long way and will strain a point even in order to make sure that our French-Canadian fellow subjects shall receive fair play*[17].

Chapais saisit la balle au bond et suggère à Whitney, dans une deuxième lettre, d'améliorer l'enseignement de l'anglais dans les écoles franco-ontariennes, mais de ne pas appliquer les dispositions du Règlement 17 qui suppriment l'enseignement du français:

> *You know, my dear Sir James, that sometimes, when it is dangerous to touch an objectionable law, one may resort as a matter of expediency to a convenient and benevolent laxity in its application. Such a policy is justified by numerous precedents in England and elsewhere. There are on the Statute books of the mother country laws which have never been repealed and have been perhaps since over a century utterly inoperative*[18].

Chapais revient également à la charge sur la question des droits des minorités: « *I lay down as an indisputable principle that we, French Canadians, have an absolute right, not only to speak our mother tongue – nobody would contest it – but to teach it and have it taught properly and accurately in the schools maintained with our rates and taxes, in every province of the Dominion.* » Chapais insiste

---

[16] Lettre de Thomas Chapais à Hectorine Langevin, Québec, 12 octobre 1912, 3 p. mss.: 3, AUL, FFC, P225/B1/1/1,25.

[17] Copie d'une lettre de James Whitney à Thomas Chapais, Toronto, 16 octobre 1912, 4 p. dact.: 4, APO, JWF, F5-1/B273280.

[18] Copie d'une lettre de Thomas Chapais à James Whitney, Québec, 15 novembre 1912, 6 p. dact.: 4, APO, JWF, F5-1/B273280.

pour dire qu'il ne faut pas assimiler les droits scolaires à des privilèges. « *We don't claim a privilege, we ask for a right. But if it was a privilege, that privilege would have been bought with the suffering and the blood of our discoverers, heroes and martyrs*[19]. »

Peu après la rédaction de sa deuxième lettre à Whitney, Chapais confiera à une de ses nièces que

> nos efforts ne sont pas tout à fait sans résultat. Vous avez dû voir dans les journaux que le ministre de l'[É]ducation d'Ontario avait convié les représentants des commissions scolaires anglo-françaises à une conférence à Toronto. Cela indique un désir d'entrer en négociations. Dieu veuille que l'on arrive à une solution raisonnable et satisfaisante[20].

Néanmoins, dans une réponse qui se fera attendre longuement, Sir James prendra note, laconiquement, « *of all that you say on this very interesting subject* » et insistera de nouveau sur sa volonté d'agir avec justice et équité[21]. Déçu, Chapais espère toujours, avant que les tensions linguistiques ne s'enveniment davantage, de concert avec le ministre des Postes, Louis-Philippe Pelletier, pouvoir favoriser un compromis honorable qui préserverait l'enseignement français en Ontario tout en améliorant l'enseignement de la langue anglaise dans les écoles bilingues de la province.

L'argumentaire que Chapais développe dans ses lettres à Whitney restera, sauf exception, le même que dans ses interventions publiques. Il repose d'abord sur l'histoire et la légitimité qu'elle confère aux droits canadiens-français, puis sur le droit naturel. Un appel au *fair play* britannique et, plus tard, à l'unité nationale, complète le tout. Notons que le recours au droit positif est essentiellement absent de l'argumentaire chapaisien. Avocat dont le père et le beau-père ont participé, dans les années 1860, à l'élaboration de l'*Acte de l'Amérique du Nord britannique*, Chapais estime que les écoles bilingues de l'Ontario ne jouissent d'aucune protection constitutionnelle. Il développera cette idée dans un

---

[19] *Ibid.*, p. 2-4.

[20] Copie et fragment d'une lettre de Thomas Chapais à Hectorine Barnard, Québec, 16 novembre 1912, 1 p. dact., AUL, FFC, P225/B1/1/1,25.

[21] Copie d'une lettre de James Whitney à Thomas Chapais, Toronto, 28 décembre 1912, 1 p. dact., APO, JWF, F5-1/B273280.

mémorandum sur le Règlement 17 préparé à l'intention de Mgr Bruchési en 1916 :

> Il est faux et exagéré de dire que la loi de 1863 (26 Vict. Chap. 5), considérée comme le règlement final de la question des écoles séparées dans le Haut-Canada, a été déclarée, en bloc, avec ses 28 articles, absolument intangible. Ce qui est intangible, c'est le principe de la loi, c'est la *confessionnalité* de l'école. En dehors de cela, la juridiction de la législature est indéniable. Or, en fait, ni le [R]èglement XVII, ni la loi ontarienne 5 George V, chap. 45, ne mettent en cause la confessionnalité de l'école[22].

C'est pour cette raison, écrira-t-il dans la foulée du jugement du Comité judiciaire du Conseil privé reconnaissant la constitutionnalité du Règlement 17, que « nous avons toujours été d'avis que le vrai terrain de lutte, pour nos compatriotes d'Ontario, était celui du droit naturel, du droit historique, du droit politique et du véritable intérêt national[23] ».

En novembre 1912, dans la *Revue canadienne*, où il publie une chronique mensuelle de l'actualité, Chapais lance sa première salve publique contre le Règlement 17. Après avoir expliqué la portée et la teneur du règlement scolaire, Chapais insiste que ses « dispositions sont mal inspirées et vexatoires » et que « les parents canadiens-français de l'Ontario ont un droit naturel et sacré à ce que leurs enfants apprennent parfaitement leur langue naturelle ». Il souhaite ainsi un adoucissement du Règlement, dans un « esprit de libéralité et d'équité », et estime « qu'un homme à l'esprit large comme Sir James Whitney devrait être tenté par cette tâche éminemment patriotique[24] ». Chapais signalera d'ailleurs, en octobre 1913, que le Règlement 17 avait été légèrement adouci, tout en soulignant cependant que les modifications étaient mineures et que la situation restait intolérable[25].

Très tôt, Chapais est sollicité par les leaders franco-ontariens,

---

[22] Thomas Chapais, Mémorandum au sujet du désaveu de la loi d'Ontario 5 George V, chapitre 45 (brouillon), 9 p. mss: 1, Centre d'archives de Québec (CAQ), fonds Thomas Chapais (FTC), P36/1960-01-081/3. Souligné dans l'original.

[23] *Id.*, « À travers les faits et les œuvres », *Revue canadienne*, vol. 75, décembre 1916, p. 555.

[24] *Id.*, « À travers les faits et les œuvres », *Revue canadienne*, vol. 63, novembre 1912, p. 443-444.

[25] *Id.*, « À travers les faits et les œuvres », *Revue canadienne*, vol. 67, octobre 1913, p. 376.

notamment pour ses contacts auprès des conservateurs fédéraux. Par exemple, en 1913, un des chefs de la résistance au Règlement 17, l'oblat Charles Charlebois, écrira à Chapais pour lui demander son aide pour arranger « une entrevue absolument secrète entre les ministres canadiens-français du ministère Borden et deux membres de l'association d'éducation et vous, soit à Québec, Montréal ou Ottawa ». « À cette entrevue, poursuivra-t-il, nous pourrions exposer la question scolaire en Ontario, la discuter, et décider quelles démarches diplomatiques pourraient être faites pour aménager une solution favorable aux intéressés[26]. » Cette rencontre n'a vraisemblablement pas eu lieu, mais quelques semaines après la requête de Charlebois, Chapais indiquera à sa nièce, Hectorine Barnard, qu'il travaille « à préparer les voies pour le règlement – s'il est encore possible – de la douloureuse question scolaire de l'Ontario ». Chapais fait saisir le comité permanent du Congrès de la langue française de la question et réussit à convaincre ses membres, notamment Mgr Roy, que la solution à la crise ne passera pas par l'agitation, mais plutôt par « une négociation secrète avec Whitney ». Le comité mandera par la suite le père Charlebois à Québec pour le convaincre du bien-fondé de cette stratégie[27].

Les querelles partisanes s'immiscent dans la lutte contre le Règlement 17 dès 1912, alors que le conservateur Joseph-Ulric Vincent accuse le sénateur Napoléon-A. Belcourt d'avoir détourné l'ACFÉO au profit du Parti libéral. Plus tard, durant l'élection ontarienne de 1914, certains conservateurs accusent l'ACFÉO et *Le Droit* d'avoir fait campagne pour les libéraux[28]. Chapais formulera des accusations similaires contre *Le Droit* durant l'élection complémentaire qui se tiendra dans le comté fédéral de Châteauguay en 1913. Dans une lettre au père Charlebois, directeur du journal, Chapais insistera sur le fait qu'en agissant ainsi,

[26] Lettre de Charles Charlebois à Thomas Chapais, Ottawa, 26 novembre 1913, 4 p. mss. : 3, AUL, FFC, P225/B1/1/1,26. Charlebois fait référence ici à l'Association canadienne-française d'éducation d'Ontario (ACFÉO), organisme fondé en 1910 et qui sera le chef-lieu de la résistance au Règlement 17.

[27] Lettre de Thomas Chapais à Hectorine Barnard, Québec, 6 décembre 1913, 3 p. mss. : 3, AUL, FFC, P225/B1/1/1,26.

[28] Gaétan Gervais, *loc. cit.*, p. 144, 152.

Le Droit s'aliène des appuis potentiels parmi les conservateurs fédéraux :

> M. Pelletier est sympathique à votre lutte. Il a déjà fait des démarches en votre faveur. M. Borden est aussi bien disposé. À un moment donné nous pouvons avoir besoin d'eux. Pourquoi les indisposer d'avance ? C'est une faute, c'est une faute, soyez-en sûr. Les meilleures causes sont souvent perdues par des erreurs de tactique[29].

Le rapport Chapais-Charlebois n'est pas sans tension. Chapais restera méfiant par rapport à ce clerc, qu'il identifie aux radicaux et aux intransigeants qui, à ses yeux, nuisent au règlement de la crise scolaire[30].

L'historiographie contemporaine se souvient surtout de Thomas Chapais comme d'un extrémiste. À ce titre, on cite parfois la célèbre profession de foi ultramontaine qu'il fit lorsqu'il prit les rênes du *Courrier du Canada* en 1884, ou encore son opposition acharnée à la réforme de l'éducation et au suffrage féminin[31]. Pourtant, de son vivant, Chapais était surtout connu pour sa modération[32]. Cette modération s'exprimait d'abord sur les questions liées à l'affirmation nationale des Canadiens français.

Chapais avait tendance à miser sur des stratégies circonspectes pour affronter les défis auxquels était confronté le Canada français. Ce parti pris pour la modération débouche sur une volonté de rechercher des solutions étapistes.

> Quand on combat pour une cause, écrit-il en 1910, il ne faut pas songer au succès immédiat, à la victoire prochaine ; il ne faut pas se laisser décourager par les échecs même répétés, ni par les nuages qui barrent devant soi l'horizon. Il faut lutter quand même pour la vérité et la justice, et

---

[29] Lettre de Thomas Chapais à Charles Charlebois, Québec, 14 octobre 1913, 3 p. mss. : 1-2, Archives Deschâtelets (AD), fonds Charles Charlebois (FCC), C3/25.

[30] Lettre de Thomas Chapais à Hectorine Langevin, Québec, 8 mars 1913, 3 p. mss. : 3, AUL, FFC, P225/B1/1/1,26.

[31] Voir Gilles Boileau, « Thomas Chapais, sénateur et "historien" », *Histoire Québec*, 7, 2001, p. 39-40 ; Paul-André Linteau, René Durocher et Jean-Claude Robert, *Histoire du Québec contemporain, Tome I : De la Confédération à la Crise (1867-1929)*, nouvelle édition, Montréal, Boréal, 1989, p. 364.

[32] Voir par exemple Jean-Marie Turgeon, *Les vendredis de l'oncle Gaspard*, Québec, Laflamme, 1944, p. 173.

combattre, d'abord par devoir, et ensuite en vue de l'avenir, qui fréquemment répare les erreurs et les iniquités du présent[33].

Chapais misait ainsi souvent, dans ses interventions concernant la crise scolaire, sur la patience et sur l'importance de se contenter, pour l'instant, de demi-mesures. Par exemple, dans le contexte de négociations secrètes tenues à Ottawa en août 1914 entre Louis-Philippe Pelletier et des représentants du gouvernement Whitney, Chapais écrira au père Charlebois pour lui faire comprendre la nécessité pour l'ACFÉO de formuler des conditions minimales pour le règlement de la crise scolaire: « Il importe que le ministre comprenne bien la situation, et sache exactement ce qu'il faut s'efforcer d'obtenir d'abord, et ce que l'on peut accepter ensuite, faute de mieux, comme minimum[34]. »

Chapais n'est pas opposé à l'idée de lutter fermement pour la justice et la survivance. Il croyait d'ailleurs que « la nationalité canadienne-française a traversé de durs orages, résisté à de rudes assauts, et triomphé de redoutables épreuves. Après avoir lutté pour l'existence, elle a vu luire des jours plus heureux. La liberté et la paix ont été le fruit de ses combats[35]. » Néanmoins, dans ses écrits, Chapais insistait d'abord et avant tout sur l'importance de la conciliation dans l'élargissement des libertés religieuses et politiques des Canadiens français. À ses yeux, les revendications intempestives ont surtout nui, historiquement, à l'effort de survivance. La meilleure illustration de cette règle, croyait-il, se trouvait dans l'agitation patriote des années 1830. Chapais se désolait des patriotes qui, ayant repoussé les « dispositions bienveillantes de ce gouverneur éclairé », Lord Gosford, ont préféré suivre la voie de l'intransigeance. « Malheureusement, la sagesse était, à cette heure, absente de nos conseils », écrivait-il dans son *Cours d'histoire du Canada,* et « à la politique de conciliation on va voir succéder la politique de coercition, qui va achever de précipiter dans l'outrance nos chefs

---

[33] Thomas Chapais, « Le serment du roi », dans ses *Discours et conférences*, deuxième série, Québec, Garneau, 1913, p. 62.

[34] Lettre de Thomas Chapais à Charles Charlebois, Saint-Denis, 14 août 1914, 3 p. mss.: 1-2, AD, FCC, C3/49.

[35] Thomas Chapais, « La langue française au Canada », *loc. cit.*, p. 381.

inconscients du péril de leur attitude et du cataclysme vers lequel ils vont nous entraîner[36]. »

Chapais favorise ainsi le lobbyisme pragmatique et discret dans bien des dossiers, notamment dans celui du Règlement 17, parce qu'il est convaincu que l'agitation produira inévitablement un durcissement des positions adverses. À ses yeux, une résistance qui fortifie le sentiment nationaliste chez les Canadiens français n'est pas forcément, comme l'aurait cru l'abbé Lionel Groulx, une bonne chose, parce qu'elle risque aussi d'attiser le fanatisme des Canadiens anglais. D'ailleurs, à ce titre, il craignait constamment que les « excès de langage » (notamment l'usage par certains nationalistes de l'épithète « prussien » pour qualifier les Anglo-Ontariens) ne vienne « compliquer la situation de nos compatriotes d'Ontario[37] ».

Chapais a toujours été douloureusement conscient du rapport de force existant entre les Canadiens français et leurs concitoyens de langue anglaise. Quelques historiens ont souligné ses convictions bon-ententistes, mais il reste qu'il n'a pas participé aux activités de la Unity League ou du mouvement de la Bonne-Entente, et qu'on peut déceler un certain mépris pour les Anglo-Canadiens dans son œuvre d'historien. Dans son *Cours d'histoire du Canada*, par exemple, Chapais associe fréquemment les Canadiens anglais au fanatisme et à l'intolérance. Au fond, les tendances conciliatrices qu'on retrouve chez lui sont moins le résultat d'un bonententisme jovial que d'un froid réalisme.

Chapais est également un farouche partisan de l'ordre. Il est donc très mal à l'aise face aux appels à la désobéissance civile lancés par certains leaders franco-ontariens. À ses yeux, le Règlement 17 est inique, mais c'est la loi. Chapais est cependant moins catégorique à l'égard de la commission scolaire nommée par le gouvernement ontarien pour les catholiques d'Ottawa[38]. Pour lui, cette commission est « inconstitutionnelle », mais il usera tout de même

---

[36] *Id.*, *Cours d'histoire du Canada, Tome IV:* 1833-1841, Québec, Garneau, 1919, p. 88, 94, 96.

[37] Lettre de Thomas Chapais à Hectorine Barnard, Québec, 30 janvier 1915, 3 p. mss.: 3, AUL, FFC, P225/B1/1/1,28.

[38] Commission formée de trois membres nommés par le gouvernement provincial, qui l'a substituée à la Commission des écoles séparées d'Ottawa, dûment élue. Le Comité judiciaire du Conseil privé de Londres en exigera toutefois le démantèlement.

de son influence, en août 1915, pour organiser une entrevue entre le commissaire Arthur Charbonneau et l'archevêque de Montréal[39]. Comme Chapais, Mgr Bruchési s'oppose au Règlement 17, mais reste mal à l'aise devant une agitation qui s'intensifie et s'accompagne parfois d'une sévère critique des évêques irlandais de l'Ontario[40].

Chapais est ouvert au dialogue avec Charbonneau, entre autres, parce qu'il s'inquiète de l'atmosphère de crise qui règne alors dans l'archidiocèse d'Ottawa. Pour le sénateur Philippe Landry, Chapais aura toutefois contribué à légitimer un « faux » commissaire[41]. Chapais s'en défendra et mettra le nouveau président de l'ACFÉO en garde, dans une lettre, contre

> certains esprits étroits et ombrageux d'Ottawa qui, avec une prédilection marquée pour les énergumènes, manifestent une défiance injuste et injurieuse pour les meilleurs amis de la cause bilingue, si, par malheur il arrive que ceux-ci ne soient pas de leur avis sur telle ou telle question de tactique[42].

Chapais finira cependant par regretter d'avoir frayé avec Arthur Charbonneau, car celui-ci prétendra dans un discours en octobre 1915 que Chapais avait été consulté, en 1912, par le premier ministre Whitney, sur le dossier des écoles bilingues et qu'il avait donné son aval au Règlement 17, ce que Chapais niera évidemment catégoriquement. Rapporté par *Le Canada*, le discours de Charbonneau causera tout un émoi à l'ACFÉO[43].

Chapais poursuit ses interventions publiques contre le Règlement 17 durant la Première Guerre mondiale. Il prononcera

---

[39] Copie d'une lettre de Thomas Chapais à Philippe Landry, Saint-Denis, 27 août 1915, 3 p. mss. : 2, AUL, FFC, P225/B1/1/1,28. Le nouveau ministre des Postes, Thomas Chase-Casgrain, avait auparavant indiqué à Chapais que Charbonneau était « un de nos amis », c'est-à-dire un conservateur (lettre de Thomas Chase-Casgrain à Thomas Chapais, Ottawa, 30 juillet 1915, 2 p. dact. : 1, AUL, FFC, P225/B1/1/1,28).

[40] Gaétan Gervais, *loc. cit.*, p. 148.

[41] Lettre de Philippe Landry à Thomas Chapais, Québec, 26 août 1915, 2 p. mss. : 2, AUL, FFC, P225/B1/1/1,28.

[42] Copie d'une lettre de Thomas Chapais à Philippe Landry, Saint-Denis, 27 août 1915, 3 p. mss. : 2, AUL, FFC, P225/B1/1/1,28.

[43] Lettre d'Alexandre Grenon à Thomas Chapais, Ottawa, 24 décembre 1915, 3 p. dact. AUL, FFC, P225/B1/1/1,28.

d'ailleurs un important discours sur « La question bilingue ontarienne » devant l'Association catholique de la jeunesse canadienne-française (ACJC) à l'Université Laval en janvier 1915. Il présente son intervention comme un devoir moral : « La cause de nos compatriotes ontariens est une cause sacrée et lorsqu'ils crient: "au secours", nous ne pouvons rester sourds à leur voix. » Dans son discours, il cite de longs passages tirés de sa correspondance avec le premier ministre Whitney pour montrer, dit-il, « à nos compatriotes de là-bas que, dès la première heure, dans la province de Québec, on s'est intéressé à leur liberté en péril, et que l'on s'est efforcé, à leur insu, de leur être utile ». Chapais reprend sa lettre d'octobre 1912 presque intégralement, tout en omettant ses appels partisans – il n'insiste pas sur la dimension partisane de la crise scolaire dans ses interventions publiques – et en rajoutant un passage sur l'importance de l'unité nationale. En effet, pour Chapais, le pourrissement de la crise scolaire et le déclenchement de la Première Guerre mondiale rendent encore plus urgents les appels à « l'entente cordiale ». Son discours reprend également l'idée voulant que « les règlements dont se plaignent nos compatriotes ontariens sont injustes, parce qu'ils violent à la fois le droit naturel et le droit historique ». Or, selon Chapais, « on ne se bat pas impunément contre l'histoire. L'histoire est l'enchaînement logique des faits, et la puissance des faits est irréductible. » Loyaliste et partisan de la modération, Chapais rappelle aussi que les Franco-Ontariens « sont de bons et loyaux sujets britanniques, de bons et loyaux sujets canadiens. Leurs demandes ne sont ni extravagantes, ni subversives[44]. »

C'est à titre de conseiller officieux de Mgr Bruchési que Chapais aura peut-être eu son impact le plus appréciable sur le déroulement de la crise scolaire. En 1915, l'archevêque de Montréal souhaite mettre fin à l'agitation contre le Règlement 17, qu'il juge contre-productive, en attendant la décision du Comité judiciaire du Conseil privé, à Londres, qui se penche sur la constitutionnalité du règlement scolaire[45]. Chapais est cependant sceptique face

[44] Thomas Chapais, « La question bilingue ontarienne », *loc. cit.*, p. 59, 60, 67, 75.

[45] Lettre de Mgr Paul Bruchési à Thomas Chapais, Valleyfield, 3 août 1915, 3 p. mss.: 2, AUL, FFC, P225/B1/1/1,28.

aux recours juridiques contre le Règlement 17 et aurait d'ailleurs conseillé aux chefs de la résistance franco-ontarienne de ne pas porter la question du Règlement 17 devant les tribunaux[46].

En 1916, un mouvement s'organise au sein de l'ACFÉO pour demander au gouvernement Borden de désavouer une loi ontarienne encadrant le Règlement 17. À ce titre, on sollicite l'appui de Mgr Bruchési pour signer une requête d'évêques canadiens-français en faveur du désaveu. L'archevêque consulte sur cette question son ami de jeunesse, qui lui prépare un mémorandum[47]. Partisan de l'autonomie provinciale, Chapais conseille à l'archevêque de ne pas appuyer un mouvement qui, croit-il, est douteux dans ses principes juridiques et constitutionnels, ne mènerait vraisemblablement pas à un désaveu et, dans le cas où il y aurait désaveu, ne ferait qu'envenimer la situation, car le gouvernement ontarien reconduirait sans doute la législation offensante. Il lui conseille plutôt de faire du lobbying auprès du gouverneur général pour l'inciter à exercer son influence auprès des instances ontariennes en les encourageant, au nom de la justice et de l'unité nationale, à supprimer ou adoucir le Règlement 17. Il n'est pas surprenant que Chapais, qui possédait une grande admiration pour les classes dirigeantes de la Grande-Bretagne et leur prétendue magnanimité, suggère d'en appeler à un aristocrate britannique possédant un grand ascendant auprès des Canadiens de langue anglaise[48].

Mgr Bruchési et son évêque auxiliaire, Mgr Georges Gauthier,

---

[46] Chapais à Landry, 27 août 1915, *loc. cit,* : 2 ; copie d'une lettre de Mgr Paul Bruchési à Thomas Chapais, Montréal, 6 novembre 1916, 2 p. dact. : 2, CAQ, FTC, P36/1960-01-081/2.

[47] Thomas Chapais, Mémorandum au sujet du désaveu de la loi d'Ontario, *op. cit.* Chapais a également fait circuler son mémorandum dans les milieux conservateurs de Québec et d'Ottawa, notamment auprès du chef de l'opposition à l'Assemblée législative, Joseph-Mathias Tellier, qui avait exercé des pressions auprès des ministres canadiens-français du gouvernement Borden en faveur du désaveu, et du ministre des Postes, Thomas Chase-Casgrain, auquel le premier ministre a assigné la tâche de répondre aux évêques appuyant le désaveu. La réponse de Chase-Casgrain reprendra d'ailleurs plusieurs des arguments contre le désaveu mis de l'avant dans le mémorandum de Chapais. Voir la lettre de Thomas Chapais à Hectorine Langevin, Saint-Denis, 15 avril 1916, 3 p. mss. : 3 AUL, FFC, P225/B1/1/1,29 ; et la copie de la lettre de Thomas Chase-Casgrain à Mgr Louis-Nazaire Bégin *et al.*, Ottawa, 1er mai 1916, 18 p. dact., AUL, FFC, P225/B1/1/1,29.

[48] Le gouverneur-général Connaught était déjà intervenu dans la crise scolaire. En 1915, il convoque à Rideau Hall Thomas Chase-Casgrain, qui menace de quitter le cabinet devant l'inaction du gouvernement Borden dans le dossier du Règlement 17, et le convainc de rester en poste (Nelson Michaud, *loc. cit.*, p. 406).

ainsi qu'un autre évêque modéré, Mgr Émard, de Valleyfield, suivront les conseils de Chapais et feront parvenir une lettre au duc de Connaught en ce sens[49]. Sans l'appui de Bruchési et d'Émard, la requête en faveur d'un désaveu n'aura pas l'appui unanime des évêques du Québec. De toute façon, le premier ministre Borden ne compte pas y donner suite.

Borden s'oppose également, en mai 1916, à une motion parlementaire invitant le gouvernement de l'Ontario à rétablir l'enseignement du français. Initiée par un groupe de libéraux canadiens-français, cette motion met les députés conservateurs du Québec dans l'embarras. Plusieurs d'entre eux, dont Thomas Chase-Casgrain, finiront par se ranger avec Borden, arguant qu'une motion de la Chambre des communes dénonçant un règlement scolaire provincial serait une atteinte à l'autonomie des provinces[50]. « Nos pauvres amis s'en sont tirés comme ils l'ont pu, écrira Chapais à sa nièce. Leur situation – celle de nos ministres bas-canadiens – était pénible et difficile[51]. » Il poursuivra ses lamentations dans une lettre subséquente : « Et que le parti conservateur est malchanceux ! La question bilingue, telle qu'elle a été conduite, nous a donné tous les fruits que je présageais depuis longtemps. Je suis mécontent de tout le monde, et de moi-même par-dessus le marché[52]. » Chapais aurait d'ailleurs suggéré, début avril, aux ministres canadiens-français de présenter leur propre motion condamnant le Règlement 17 à la Chambre des communes pour couper l'herbe sous les pieds des libéraux, qui préparaient une motion plus musclée[53].

Néanmoins, Chapais reste convaincu qu'un règlement de la crise scolaire doit nécessairement passer par le Parti conservateur. Il appuie donc les ministres canadiens-français du gouvernement Borden, Pierre-Édouard Blondin, Thomas Chase-Casgrain et

---

[49] Copie d'une lettre de Mgr Paul Bruchési *et al.* au duc de Connaught, Montréal, 29 mars 1916, 2 p. dact., AUL, FFC, P225/B1/1/1,29.

[50] Nelson Michaud, « Les écoles d'Ontario... », *loc. cit.*, p. 407.

[51] Copie d'une lettre de Thomas Chapais à Hectorine Barnard, Québec, 13 mai 1916, 1 p. dact., AUL, FFC, P225/B1/1/1,29.

[52] Copie d'une lettre de Thomas Chapais à Hectorine Barnard, Québec, 20 mai 1916, 1 p. dact., AUL, FFC, P225/B1/1/1,29.

[53] Nelson Michaud, « Les écoles d'Ontario... », *loc. cit.*, p. 401.

Ésioff-Léon Patenaude, dans une campagne de lobbying auprès du premier ministre. Les chefs conservateurs du Québec souhaitent inviter le roi George V et son conseil privé à Londres à clarifier le statut de la langue française au Canada. Le premier ministre Borden refuse toutefois cette initiative, prétextant l'importance de préserver l'autonomie du Canada et des provinces[54]. Devant ce refus, Casgrain, Blondin et Patenaude chercheront néanmoins, sans succès, à mobiliser le cabinet fédéral contre le Règlement 17. En même temps, ils dénoncent l'agitation contre le règlement scolaire et, à l'instar de Chapais, conseillent à leurs compatriotes « d'agir avec modération et prudence, et de se faire des alliés et non des ennemis dans tous les groupes[55] ».

En parallèle avec son lobbyisme privé, Chapais continue à intervenir sur la place publique. Il réagit vivement, en février 1916, contre une lettre publiée dans le *Daily News* de Toronto qui prétendait que les droits scolaires de la minorité anglaise du Québec étaient bafoués. L'auteur de cette lettre, un certain S. Bond, répondait à ceux qui, au Québec, soutenaient que les Franco-Ontariens devaient pouvoir jouir de droits scolaires similaires à ceux accordés aux Anglo-Québécois. Le réquisitoire de Bond s'inscrit dans la foulée de la publication du *Tragedy of Quebec* de Robert Sellar, dont la première édition date de 1907. Cet ouvrage, qui va connaître un succès en librairie non seulement au Canada, mais aussi en Irlande du Nord, prétendait que les fermiers protestants du Québec avaient été progressivement « expulsés » de la province par le clergé catholique et un gouvernement hostile au protestantisme. Les thèses de Sellar se répandent progressivement en Ontario à l'époque du Règlement 17 et vont contribuer à mousser l'hostilité des protestants à l'égard des Canadiens français. Ainsi, lorsque les opposants au Règlement 17 invitent les Ontariens à suivre l'exemple québécois en matière de droits minoritaires, nombreux sont ceux qui, comme Bond, répondent que les protestants du Québec vivent en fait sous un régime d'injustice.

Dans un premier temps, Chapais rédigera deux longues lettres

---

[54] *Ibid.*, p. 403-404.

[55] E.-L. Patenaude, cité dans *ibid.*, p. 409.

qui seront publiées intégralement dans le *Daily News*: d'abord pour réfuter les thèses de Bond, puis pour réfuter celles du directeur du journal, J. S. Willison, qui se portera à la défense du Règlement 17[56]. Juriste et membre du comité catholique du Conseil de l'instruction publique, Chapais démontre avec de nombreuses preuves à l'appui que « la province de Québec est la seule où la minorité soit traitée avec autant de justice et de libéralité ». Il répète par ailleurs que les Franco-Ontariens possèdent des droits historiques et naturels et « que quelques heures additionnelles d'enseignement du français aux enfants canadiens-français de la province de l'Ontario ne saurait vraisemblablement ébranler la constitution provinciale ni enrayer la marche de la législature ontarienne[57] ». Les lettres que Chapais adresse au *Daily News* seront abondamment reprises et commentées dans la presse québécoise de l'époque.

Dans un deuxième temps, Chapais publiera un article solidement documenté sur les droits scolaires des Anglo-Québécois dans *La Nouvelle-France*. À la fois historien et homme politique, Chapais comprend très bien, dans le contexte du Règlement 17, l'importance politique que revêt l'histoire anglo-québécoise. L'article, qui connaîtra un certain retentissement dans les milieux intellectuels du Québec, démontre l'étendue des droits scolaires consentis à la minorité protestante à l'époque de la Confédération. Pour Chapais, l'histoire entourant l'élaboration de l'article 93 de l'*Acte de l'Amérique du Nord britannique* et les lois subséquentes qui élargiront les droits scolaires des protestants du Québec font ressortir « avec quelle largeur d'esprit, quelle libéralité, quelle générosité, la majorité bas-canadienne a toujours agi envers la minorité anglaise et protestante de notre province ». Par ailleurs, insiste-t-il,

---

[56] Chapais traduira par la suite son intervention dans le *Daily Mail* pour l'inclure dans un recueil d'œuvres choisies publié en 1935. Il publiera également sa conférence de 1915 sur les écoles bilingues de l'Ontario dans ce même recueil. Ce retour sur la crise scolaire n'est peut-être pas étranger aux accusations de complicité sur la question du Règlement 17 qui circulent depuis la conférence donnée par Arthur Charbonneau en octobre 1915.

[57] Thomas Chapais, « Fausses représentations », dans ses *Discours et conférences*, troisième série, Québec, Garneau, 1935, p. 93, 103.

la connaissance de cet « épisode politique » revêt « un intérêt tout spécial en ce moment[58] ».

En décembre 1916, Chapais espère toujours, écrit-il dans la *Revue canadienne*, une « solution honorable et équitable » à la crise scolaire[59]. Quand Mgr Arthur Béliveau, archevêque de Saint-Boniface, lui écrit en prévision d'une réunion des évêques catholiques de l'Ontario – l'archidiocèse de Saint-Boniface s'étend alors sur une partie du territoire ontarien – pour lui demander en quoi pourrait consister cette solution « honorable et équitable », Chapais répond dans une longue lettre. Comme Chapais, Mgr Béliveau est prêt à « aller aussi loin dans la voie des concessions pour amener la paix, sans toutefois sacrifier les nôtres[60] ». Devant l'échec relatif des recours juridiques, la tiédeur de l'intervention romaine et face à une agitation qu'il juge stérile, voire dangereuse, Chapais incite l'archevêque à miser sur le compromis et la patience. À ses yeux, le Règlement 17 est injuste, mais avec quelques modifications, notamment un amendement permettant deux heures de français par jour plutôt qu'une, la situation deviendrait « acceptable ». Évidemment, pour Chapais, « ce ne serait pas l'idéal. L'idéal, c'est la liberté[61] ».

Cette lettre de mars 1917 constitue un des derniers documents que nous avons retrouvés concernant le rôle que joua Thomas Chapais durant la crise du Règlement 17. Nous n'avons pas trouvé de preuves qui confirmeraient qu'il a été très actif dans son lobbying sur la question scolaire durant la deuxième phase de la crise. Il semble peu probable que Chapais, devenu sénateur, ait abandonné le dossier, mais sa période de lobbying intense est manifestement terminée. En 1916, la question scolaire domine presque sa correspondance ; à partir de 1917, elle s'efface rapidement, alors qu'il dirige l'essentiel de ses efforts de lobbying contre la conscription.

---

[58] *Id.*, « La province de Québec et la minorité anglaise », *La Nouvelle-France*, vol. XIV, avril 1916, p. 145.

[59] *Id.*, « À travers les faits et les œuvres », *Revue Canadienne*, vol. 75, décembre 1916, p. 556.

[60] Lettre de Mgr Arthur Béliveau à Thomas Chapais, Saint-Boniface, 10 mars 1917, 2 p. mss. : 1-2, AUL, FFC, P225/B1/1/1,30.

[61] Brouillon d'une lettre de Thomas Chapais à Mgr Arthur Béliveau, Québec, 28 mars 1917, 2 p. mss. : 1-2. AUL, FFC, P225/B1/1/1,30.

La fin de la crise scolaire ne suscitera aucun débordement triomphaliste chez Chapais. Au plus, en 1934, l'historien effleure la question des minorités dans la conclusion de son monumental *Cours d'histoire du Canada*, et ce, dans le contexte d'une discussion portant sur les acquis de la Confédération. Aux yeux de Chapais, « l'œuvre des constituants de 1864 et de 1867 n'a pas été frappée au sceau de la perfection ». Pourtant, poursuit-il, « leur œuvre essentielle c'est bien d'avoir institué l'État provincial, cette législature qui est absolument nôtre, où nous sommes les curateurs de nos plus intimes intérêts, et dont l'institution nous a fait atteindre enfin cet objectif vers lequel s'acheminait depuis un siècle, à travers tant de périls et de hasards, la nationalité franco-canadienne ». Chapais répondra par la suite aux critiques de la Confédération formulées dans les années 1920 par l'abbé Groulx et ses disciples, sans toutefois nommer la cible de sa riposte :

> Nous n'oublions pas que d'excellents esprits font entendre une note plus pessimiste. À leurs yeux, l'œuvre de 1867 est une faillite, et cela surtout parce que les minorités canadiennes-françaises, dans les autres provinces, ne jouissent pas de tous les droits dont jouissent les minorités dans celle de Québec. Assurément un tel état de choses est irritant et déplorable. Mais il faut bien se rendre compte qu'il n'est pas dû à l'existence de la [C]onfédération. Que nous voulions et que nous puissions demain dénouer le lien fédéral, et redevenir purement et simplement le Bas-Canada, sans union avec aucune autre province ; le sort de nos minorités dans l'Ontario, dans les Maritimes, dans l'Ouest, en deviendrait-il meilleur ? Il suffit d'un instant de réflexion pour que l'on se voi[e] acculé à la négative. Non, leur situation ne serait pas meilleure. Elles resteraient sans aucune sauvegarde, à la merci des majorités. Et, en réfléchissant davantage, on devrait même se convaincre que cette situation serait pire. Car, sous le régime de la [C]onfédération, il y a un [P]arlement fédéral ; il y a dans ce parlement des partis politiques ; il y a un ministère et une opposition. Et ce qui se passe dans telle ou telle province peut avoir, et fréquemment a sa répercussion dans le domaine de la politique fédérale. Alors s'entament des pourparlers, alors se conduisent silencieusement des tractations, alors se font sentir secrètement ou parfois ouvertement des pressions, qui, renforcés peut-être par un certain sentiment d'équité, peuvent aboutir à des redressements heureux. Supprimez la [C]onfédération et vous supprimerez ces

> influences. Et nos minorités extra-québécoises seront plus isolées et plus désarmées qu'aujourd'hui[62].

Durant la crise du Règlement 17, Groulx appelle à la résistance et dirige ses interventions exclusivement vers ses compatriotes de langue française. Pour lui, la résistance fortifie le sentiment national, et la solution à la plupart des maux des Canadiens français, incluant ceux des Franco-Ontariens, passe d'abord par une régénération nationaliste. Les interventions de l'abbé ne visent donc pas directement l'abrogation du Règlement 17 ; elles visent plutôt à fouetter le sentiment nationaliste des Canadiens français. Groulx n'est pas équivoque à l'égard du Règlement 17, mais il apprécie, sous certains regards, la crise engendrée par le règlement scolaire.

La perspective de Thomas Chapais est tout autre. D'une part, parce qu'il souhaite d'abord et avant tout voir abroger ou adoucir le Règlement 17 et, de ce fait, mettre un terme à la crise scolaire, et d'autre part, parce que sa stratégie est axée sur le compromis et la modération. Chapais craint une exaspération du sentiment nationaliste, et ses actions cherchent autant à empêcher les débordements nationalistes au Canada français qu'au Canada anglais – ses interventions publiques et privées visent en effet ses compatriotes des deux langues. Chapais combat le Règlement 17 sur la place publique, mais il préfère exercer une influence discrète auprès des décideurs publics. Sa discrétion va de pair avec son étapisme, mais elle répond également à des considérations partisanes – Chapais veut éviter de nuire à la cause conservatrice.

Thomas Chapais a sans doute joué un rôle important lors de la crise du Règlement 17. Son fonds de correspondance est rempli de requêtes, de mémoires et de témoignages reliés au règlement scolaire. Chapais est sollicité de toutes parts pour son expertise, ses contacts et son influence. Il conseille, il exerce des pressions, il s'exprime sur la place publique, toujours dans le but d'abroger ou d'adoucir le règlement scolaire. Il intervient également pour tempérer l'ardeur des chefs de la résistance franco-ontarienne. À ce titre, il est sans doute légitime de se demander si Chapais n'a pas nui à la campagne contre

---

[62] Thomas Chapais, *Cours d'histoire du Canada, Tome VIII : 1861-1867*, Québec, Garneau, 1934, p. 213-214.

le Règlement 17. Chose certaine, les leaders franco-ontariens, incluant le père Charlebois, apprécient le lobbyisme discret de Chapais auprès des politiciens conservateurs – Charlebois lui-même poursuit une stratégie alliant lobbyisme et agitation pour combattre le Règlement 17. En décembre 1913, par exemple, l'ACFÉO adresse la requête suivante au conseiller législatif Chapais: «Le Comité Exécutif de l'Association n'a jamais douté de votre dévouement à la cause d'Ontario, c'est pourquoi elle demande vos services encore une fois, par des démarches sages et amicales, de régler les graves difficultés scolaires de notre province[63].» Chapais s'est toujours exprimé contre le Règlement 17 lors de ses interventions publiques et son lobbying, dès le début, visait ultimement à rétablir la liberté scolaire. Son opposition au militantisme a peut-être freiné certaines initiatives, mais la stratégie des militants n'a pas toujours porté fruit et celle des modérés n'a pas toujours été nuisible.

[63] Lettre d'Alexandre Grenon à Thomas Chapais, Ottawa, 30 décembre 1913, 1 p. dact., AUL, FFC, P225/B1/1/1,26.

LE RÈGLEMENT 17 DEVANT LA JUSTICE. LES ALÉAS D'UNE PROTECTION CONSTITUTIONNELLE

PIERRE FOUCHER
UNIVERSITÉ D'OTTAWA

Le présent texte explore le rôle qu'a joué le droit constitutionnel dans l'épisode de la crise du Règlement 17 en Ontario, dans l'optique de démontrer les limites des garanties constitutionnelles de l'époque et les conséquences juridiques en ayant découlé. Si la population francophone de l'extérieur du Québec avait cru que ses droits seraient désormais bien protégés dans la jeune Confédération canadienne, elle a dû déchanter rapidement. En effet, toutes les mesures négociées entre 1864 et 1866 qui ont trouvé leur chemin dans le texte de la *Loi constitutionnelle de 1867* se sont avérées impuissantes à freiner les ardeurs des gouvernements qui voulaient implanter sur le territoire de leur province respective un système scolaire neutre, non confessionnel et unilingue anglais. Ces échecs du système juridique canadien allaient s'avérer lourds de conséquence pour la suite des choses : ils ouvraient la voie à des volontés politiques imperméables aux arguments de protection des minorités, mais aussi aux mesures constitutionnelles adoptées à la fin du siècle suivant, avec les résultats qu'on connaît. Dans la constante interaction entre le politique et le juridique en matière constitutionnelle, aucune de ces deux sphères n'a pu, entre 1912 et 1927, empêcher un gouvernement provincial résolu de procéder aux réformes qu'il entendait réaliser. Les limites du droit constitutionnel de l'époque ont cependant été repoussées, dans l'ère moderne, par l'adoption de la *Charte canadienne des droits et libertés* et la conscience accrue du pouvoir que peut exercer l'institution judiciaire par rapport au respect des compromis constitutionnels fondamentaux.

Notre réflexion débutera par un rappel des négociations de 1864-1866 et de la teneur de la disposition constitutionnelle qui porte sur l'éducation. Par la suite, il sera fait mention des crises scolaires ayant précédé celle du Règlement 17 pour en souligner l'impact national. La troisième partie résumera les arguments et les décisions judiciaires rendues au sujet du Règlement 17. Enfin, il sera fait état des conséquences de ces décisions sur les négociations constitutionnelles de la fin du XXe siècle et sur les jugements favorables aux droits des minorités francophones en matière scolaire. Nous entendons démontrer que le système scolaire franco-ontarien ne serait pas ce qu'il est devenu sans tout cet encadrement juridique, agissant à la fois comme une contrainte sur le pouvoir politique et comme un puissant levier pour les minorités.

Négociations constitutionnelles et article 93 de la Loi constitutionnelle de 1867

Les germes de la crise du Règlement 17 de 1912 étaient déjà présents dans les velléités gouvernementales des années 1850 en éducation. Au sein du Canada-Uni, les deux anciennes colonies qu'étaient le Haut et le Bas-Canada continuaient d'exploiter deux systèmes scolaires parallèles. Dans le Haut-Canada, le surintendant de l'éducation entre 1844 et 1876, Egerton Ryerson, était imbu des principes éducatifs suivants, inspirés de l'expérience américaine et assez avant-gardistes pour l'époque : une école publique, obligatoire, chrétienne mais gérée par l'État et ouverte à toutes les confessions, financée par les fonds publics et accessible à tous, riches ou pauvres. Sa carrière fut consacrée à chercher à implanter un tel système en Ontario[1].

---

[1] Voir R. D. Gidney, « Ryerson, Egerton », *Dictionnaire biographique du Canada en ligne*, 2000, http://www.biographi.ca/009004-119.01-f.php?id_nbr=5817&PHPSESSID=b16mpehj36e14jgm1p3i71iea0, consulté le 13 mars 2013.

Mais cette volonté se heurtait à la conception catholique de l'éducation, où l'influence de la foi se faisait sentir non seulement par les enseignants ou par les exercices spirituels à l'école, mais par toute une philosophie de vie imbue des valeurs catholiques, devant transparaître dans toutes les matières :

> *Its insistence* [de l'Église catholique] *on a Christ-centered, fully-permeated Catholic atmosphere, based upon the whole-person development of the child has been fundamental in the evolution and development of Canadian society*[2].

L'affidavit soumis par Mgr Taché, archevêque de Saint-Boniface, au Manitoba, dans le procès Barrett renchérit sur ce thème : l'école, c'est l'église des enfants ; elle a pour mission de développer la culture spirituelle des jeunes. L'école neutre et laïque n'est pas appropriée à cette fin[3]. Dans la même décision, Barrett se trouve un autre affidavit, cette fois soumis par le révérend George Bryce au nom de l'Église presbytérienne, qui affirme que cette confession est heureuse de se joindre aux autres confessions religieuses pour offrir aux jeunes une éducation séculière complétée par l'instruction religieuse du dimanche (*Sunday School*)[4].

Ces deux conceptions sont bien difficiles à réconcilier sur le plan des principes et de l'organisation scolaire, du curriculum, du choix des livres, du recrutement des enseignants, et elles ont forcément des répercussions sur le financement des écoles. Ryerson était contre les écoles séparées mais, dans le Canada-Uni, la minorité catholique du Haut-Canada était appuyée par la majorité catholique (et francophone) du Bas-Canada, de sorte qu'il était pratiquement impossible de les abolir ; il fallait donc trouver des compromis permettant la coexistence des deux systèmes :

> À plusieurs reprises, Ryerson se trouva donc obligé de défendre le statu quo et de justifier une série de compromis politiques détestables sur cette

---

[2] Kevin P. Pheehan, Q. C., *Catholic Education and the Canadian Constitution*, texte soumis lors de la réunion du Council of District Representatives du Catholic Principals' Council of Ontario, 20 février 2009 [en ligne] http://www.cpco.on.ca/cdr/Documents/2009/Constitution.pdf, consulté le 13 mars 2013.

[3] *Barrett v. City of Winnipeg*, 1891, 7 Man. L. R. 273, p. 277, par. 7 de l'affidavit de Mgr Taché.

[4] *Ibid.*, p. 280, par. 7 de l'affidavit du révérend Bryce.

question, dans le but de mettre en échec aussi bien les abolitionnistes que ceux qui souhaitaient l'extension du système catholique. Les droits supplémentaires qu'avaient gagnés les catholiques en 1853, 1855 et 1863 étaient modestes en comparaison de leurs demandes; Ryerson parvint dans une large mesure à préserver l'unité du système d'éducation[5].

Les questions scolaires ont divisé l'opinion et fait l'objet de maintes querelles dans les décennies 1840-1860. Au cœur des discussions se trouvaient des questions relatives au financement public de l'école. On discutait aussi de la neutralité confessionnelle du système scolaire et de sa gestion ultime par le gouvernement, ainsi que de l'embauche d'enseignants et d'enseignantes laïques et bien formés. L'Église catholique, quant à elle, défendait son droit d'exploiter ses propres établissements conformément à ses valeurs et croyances, ainsi que le droit des coreligionnaires catholiques d'élire leurs propres syndics d'école, de prélever leurs propres taxes scolaires et d'être exemptés de la taxe scolaire provinciale. L'Église entendait aussi former et recruter son propre personnel enseignant; enfin, elle exigeait que le système scolaire catholique reçoive sa juste part des subventions provinciales. Dans le Haut-Canada, le compromis final fut consacré dans deux lois: la *Loi sur les écoles communes*[6] et la *Loi sur les écoles séparées*[7] (aussi surnommée «*Loi Scott*», du nom de son parrain législatif). Cette dernière permettait aux contribuables d'une confession religieuse minoritaire dans un district scolaire donné de créer leur propre district, d'élire leurs propres syndics d'école et de percevoir leurs propres taxes scolaires, ce qui les exemptait alors du paiement de la taxe scolaire générale pour les écoles communes. Les écoles séparées pouvaient recruter leur propre personnel, choisir leurs livres et dispenser les cours de religion. Des inspecteurs gouvernementaux étaient cependant chargés de vérifier la qualité de l'instruction reçue.

Ces compromis fragiles, achevés en 1863, soit un an avant le

---

[5] Voir ci-dessus, note 1.

[6] *Common Schools Act* (1859, U. C.), «An Act Reporting Common Schools in Upper Canada, C. S. U. C. 1859, chap. 64». Les écoles «communes» étaient des écoles primaires, tandis que les «écoles de grammaire» (*grammar schools*) étaient des écoles secondaires.

[7] *Separate School (Scott) Act* (1863, U. C.), «An Act to Restore to Roman Catholics in Upper Canada Certain Rights in Respect to Separate Schools, S. Prov. C. 26 Vict., c. 5».

début des négociations constitutionnelles qui allaient présider à l'union des colonies britanniques d'Amérique du Nord en un seul Dominion, étaient encore frais à la mémoire des protagonistes de l'union fédérale. Celle-ci modifierait la donne : les catholiques du Haut-Canada seraient mis en minorité avec les nouveaux arrangements constitutionnels et ne pourraient plus compter sur le support politique de leurs coreligionnaires du Bas-Canada pour préserver les droits qu'ils avaient finalement acquis en 1863. Il en irait de même des protestants du Bas-Canada, qui avaient eux aussi gagné certaines protections législatives[8]. Le but des constituants n'était donc pas nécessairement de reconnaître des droits qu'il faudrait ensuite revendiquer devant les tribunaux, mais plutôt de protéger des acquis garantis par la loi. Quant aux deux autres colonies des Maritimes qui se joignirent finalement à la Confédération canadienne, le Nouveau-Brunswick et la Nouvelle-Écosse, il semble que le droit à la dissidence religieuse en éducation n'y ait pas existé dans la loi, à cette époque.

Lors des négociations constitutionnelles, on accorda beaucoup d'attention à la question scolaire. Le fait de remettre l'autorité législative en éducation aux provinces ne fut jamais vraiment contesté, mais dans la première mouture des résolutions de Québec, il était prévu que les droits et privilèges en matière d'écoles confessionnelles reconnus par la loi dans le Haut et le Bas-Canada seraient protégés. Au Nouveau-Brunswick comme en Nouvelle-Écosse, devant l'opposition des catholiques qui se sentaient floués, on se dit d'accord que si jamais ces provinces voulaient reconnaître législativement un droit aux écoles séparées, elles pourraient le faire après l'entrée en vigueur de la Confédération, ce à quoi ne s'objecteraient pas le Québec et l'Ontario. De plus, il fut prévu qu'en cas de diminution ou de suppression de droits ou de privilèges en matière scolaire accordés aux minorités religieuses avant ou après la Confédération, par toute province et par tout moyen (loi, règlement ou diminution du financement), il serait possible de faire appel au gouvernement fédéral ; si les recommandations de

---

[8] *Loi sur l'Éducation (Bas-Canada)*, Lois du Bas Canada 1861, chap. 15.

ce dernier n'étaient pas suivies, alors le Parlement fédéral aurait le pouvoir d'adopter une loi réparatrice.

Le tout fut couché par écrit et forme maintenant l'essence de l'article 93 de la *Loi constitutionnelle de 1867*[9]. Cette disposition constitutionnelle au texte alambiqué prévoit donc ce qui suit :

– l'éducation est de la compétence législative des provinces ;

– aucune loi ne peut préjudicier à des droits ou privilèges reconnus par la loi, avant l'entrée de la province dans la Confédération, à toute classe de personne en matière de confession religieuse (« *denominational* ») ;

– les droits des dissidents protestants ou catholiques romains du Bas-Canada seront les mêmes que ceux qu'avaient les catholiques dans le Haut-Canada lors de l'Union ;

– dans toute province où existe un système d'écoles séparées ou dissidentes reconnu par une loi, avant ou après l'entrée en vigueur de la Confédération, il sera possible de faire appel au gouverneur en conseil (le gouvernement fédéral) de toute loi ou décision d'une autorité provinciale affectant tout droit ou privilège de la minorité protestante ou catholique romaine ;

– si une province n'adopte pas de loi ou ne met pas en œuvre une décision du gouverneur en conseil, le Parlement pourra adopter une loi réparatrice, « en tant seulement que les circonstances de chaque cas l'exigeront[10] ».

La Cour suprême du Canada a eu l'occasion de dire ce qui suit à propos de ce compromis important :

> La protection des droits religieux des minorités constituait une préoccupation majeure lors des négociations qui ont abouti à la Confédération parce qu'on craignait que les minorités religieuses de l'Est et de l'Ouest canadiens ne soient livrées à la merci de majorités écrasantes[11].

La Cour poursuit en citant le député fédéral Charles Tupper, qui, lors de l'étude d'un projet de loi réparatrice fédérale, dit devant la Chambre des communes : « ...si l'on n'eût pas consenti à

---

[9] Pierre Carignan, « La raison d'être de l'article 93 de la *Loi constitutionnelle de 1867* à la lumière de la législation préexistante en matière d'éducation », *Revue juridique Thémis*, n° 20, 1986, p. 375-455.

[10] *Loi constitutionnelle de 1867*, art. 93.

[11] Renvoi relatif au *Projet de loi 30, an Act to Amend the Education Act (Ontario)*, [1987], 1 R. C. S. 1148, par. 27.

mettre dans l'Acte de la Confédération une disposition protégeant les droits des minorités, catholiques ou protestantes, dans ce pays, il n'y aurait pas eu de confédération[12] ».

Or, malgré ces belles paroles, la Constitution de 1867 échoua lamentablement à bien protéger les droits des minorités, tant sur le plan religieux que sur le plan linguistique. Ni les recours judiciaires ni les recours politiques prévus à l'article 93 de la *Loi constitutionnelle de 1867* ne furent utiles. Les réformes en éducation engendrèrent des crises constitutionnelles profondes qui dépassèrent largement le cadre scolaire et les frontières des provinces où elles avaient éclaté.

Dans ces débats, la religion prenait le devant de la scène, mais derrière elle se profilaient nettement les différences culturelles entre les deux groupes d'origine européenne qui entendaient exercer le pouvoir politique et régir leur société respective.

Crises scolaires, crises nationales

L'épisode du Règlement 17 est le troisième incident scolaire à secouer la jeune fédération canadienne. Deux autres crises majeures ont agité l'opinion et eu des répercussions sociales, juridiques, politiques et éducatives majeures : celles du Nouveau-Brunswick et du Manitoba. Il convient d'en dire un mot pour situer la crise du Règlement 17 dans le contexte canadien plus vaste dans lequel elle s'inscrit.

À peine quelques années après l'Union, le Nouveau-Brunswick entendit réformer son système scolaire[13]. La *Loi sur les écoles communes*[14] y fut adoptée en 1871 ; elle devait entrer en vigueur en janvier 1872. Elle se fondait sur les principes propres à l'école commune, défendus par Ryerson peu auparavant : une école accessible à tous ; des inspecteurs qualifiés et en nombre suffisant ; une subvention provinciale équitable ; une taxe foncière locale obligatoire pour tout propriétaire, ainsi qu'une taxe scolaire de district

---

[12] *Ibid.*

[13] La plupart des renseignements qui suivent sont tirés de Gaétan Migneault, *La crise scolaire de 1871 à 1875 au Nouveau-Brunswick, un produit de la Confédération*, Fredericton, éditions du BeauBassin, 2013.

[14] *An Act Relating to Common Schools*, 1871, 34 Vict., chap. 21.

pour tout résident; la liberté de conscience et le caractère non confessionnel des écoles. Elle suscita une levée de boucliers dans les milieux catholiques du Nouveau-Brunswick, qui réclamèrent notamment un droit à des écoles séparées confessionnelles comme dans le Haut-Canada, ce qui leur fut refusé par le gouvernement provincial. Un député fédéral acadien, Auguste Renaud, contesta devant les tribunaux la validité constitutionnelle de la loi provinciale. La Cour supérieure du Nouveau-Brunswick, division des appels, rejeta la demande[15]. Selon elle, l'article 93 de la *Loi constitutionnelle de 1867* ne protégeait que des droits confessionnels *reconnus par la loi* au moment de l'entrée de la province dans la Confédération. Or, la loi scolaire de 1858, en vigueur au Nouveau-Brunswick lors de l'adhésion de la colonie au Canada, ne faisait que garantir le droit de lire la Bible. Elle ne protégeait nullement le droit d'opérer des écoles séparées, financées par des taxes prélevées auprès des coreligionnaires et offrant en contrepartie l'exemption de la taxation publique. Elle ne garantissait pas le droit d'organiser des classes en fonction des croyances religieuses des élèves. En conséquence, l'article 93 de la nouvelle Constitution canadienne ne pouvait rien protéger. Le fait qu'en pratique, plusieurs « écoles de paroisse » étaient gérées comme des écoles confessionnelles, avec une intervention directe du clergé, ne changeait rien à leur statut juridique d'écoles publiques en droit.

Après plusieurs péripéties politico-juridiques au Parlement canadien (demande de désaveu fédéral de cette loi, demande que le gouvernement fédéral sollicite l'opinion du comité judiciaire du Conseil privé, demande de modification constitutionnelle reconnaissant le droit des catholiques des Maritimes à des écoles séparées, demande d'avis juridique au gouvernement britannique – lequel se dit d'opinion qu'il n'y avait pas lieu d'adopter une loi réparatrice fédérale sous le paragraphe 93(4)), il fut décidé que le gouvernement fédéral offrirait des fonds afin de financer un recours, devant le comité judiciaire du Conseil privé de Londres[16], de la part des

[15] *Ex parte Renaud*, 1873, 14 RNB 273 (C.S. App.).

[16] Le Comité judiciaire était le tribunal de dernière instance pour toutes les affaires judiciaires émanant des anciennes colonies, la Cour suprême du Canada n'ayant été créée qu'en 1875. Cette situation perdura jusqu'à 1949.

opposants à la réforme[17]. Le gouvernement conservateur fédéral de l'époque répugnait à se mêler d'éducation, une question de compétence strictement provinciale. L'appel au gouvernement fédéral prévu par l'article 93 se révélait donc futile en raison des tensions politiques fédérales-provinciales du moment.

En 1874, dans une autre instance, le Comité judiciaire confirma le jugement de la Cour du Nouveau-Brunswick[18]. Les motifs du jugement sont laconiques. Essentiellement, la Haute Juridiction se disait d'avis que la loi scolaire pré-confédérative ne conférait pas aux catholiques le droit à des écoles séparées au Nouveau-Brunswick, ni à la protection contre la taxation scolaire gouvernementale, pas plus qu'elle n'empêchait la neutralité religieuse des écoles[19]. En décidant que la loi de 1858 ne protégeait pas vraiment l'école catholique, la Cour supérieure du Nouveau-Brunswick ainsi que le Comité judiciaire du Conseil privé restreignaient l'étendue de la garantie constitutionnelle à une lecture étroite des lois pré-confédératives. Les « droits et privilèges reconnus » à des classes de personnes en matière confessionnelle se limitaient, selon la Cour, au droit d'instaurer des écoles séparées gérées, dans leur aspect religieux, par les coreligionnaires et financées en partie par eux et en partie par l'État. Ils ne s'étendaient pas à la prière matinale ni à la lecture de la Bible. Le fait que certaines écoles paroissiales étaient dirigées, en pratique, par le clergé ne comptait pas non plus. Ce n'était pas un droit reconnu par la loi.

Cet échec judiciaire ultime allait radicaliser l'opposition. Devant la multiplication des incidents de désobéissance civile par des catholiques, devant leur refus de payer la taxe ou de nommer des syndics selon la loi, le gouvernement provincial fit intervenir le shérif et ses miliciens. Une série de troubles violents à Caraquet conduisirent, en janvier 1875, au décès du jeune Acadien Louis Mailloux ainsi que du milicien John Gifford. Plusieurs mois

---

[17] Gaétan Migneault, *op.cit.*, chap. 6, p. 179-218

[18] *Maher v. Town of Portland*, U. K. P. C. 83, 6 août 1874.

[19] Cette dernière conclusion est contestable au vu de l'art. 8(5) de la loi de 1858, précitée, qui permettait la lecture de la Bible dans les écoles de paroisse, dans sa version Douai pour les catholiques. Selon la Cour, l'art. 93 ne couvrait pas cette mesure, puisque l'art. 8 s'appliquait à *toutes* les écoles de paroisse et non seulement aux écoles catholiques.

s'écoulèrent encore avant que la crise se résorbe quelque peu et que des compromis soient atteints. De plus, la crise fut l'occasion de la montée et de la radicalisation des loges orangistes dans la province, farouchement opposées aux droits des catholiques.

On constatera d'abord que cette crise était religieuse plutôt que linguistique, même si une opposition virulente provenait des régions acadiennes. Les catholiques irlandais anglophones étaient eux aussi furieux contre cette loi. On constatera ensuite que le compromis constitutionnel adopté en 1867 concernait d'abord et avant tout le Canada-Uni et que les colonies des Maritimes en étaient exclues. S'il n'existait effectivement pas de système d'écoles séparées dans la région de l'Atlantique avant 1867, cela était dû aux circonstances politiques locales. En pratique, les écoles de paroisse étaient confessionnelles, catholiques dans les villages majoritairement catholiques et protestantes dans les villes et villages protestants. Le gouvernement provincial finançait ces écoles. L'éducation reçue dans les écoles des villages catholiques correspondait à la vision de l'Église. La lecture fort étroite qu'ont faite les tribunaux des droits conférés par les lois pré-confédératives et de l'étendue des garanties reconnues par l'article 93 de la *Loi constitutionnelle de 1867* ne tient pas compte de la réalité de ces faits.

On constatera enfin que le recours fédéral à une loi réparatrice, conçu comme un mécanisme additionnel de protection des minorités et placé dans la Constitution à cette fin, s'avéra complètement inutile. Le contexte politique de l'époque était fort volatile. La Nouvelle-Écosse, mécontente des arrangements financiers découlant de la fédéralisation de la province, avait menacé de faire sécession en 1868 ; le gouvernement fédéral, pour calmer le jeu, lui avait consenti des subventions additionnelles, ce qui avait rendu le Nouveau-Brunswick furieux parce qu'il s'estimait injustement traité lui aussi. Bref, le gouvernement fédéral n'avait aucun intérêt à s'immiscer directement dans les questions scolaires provinciales au risque de fragiliser le jeune pays. Mais l'implication fédérale dans une crise somme toute locale montre que les enjeux linguistiques, religieux et culturels entre les deux peuples fondateurs ont toujours trouvé un écho retentissant sur la scène fédérale et font véritablement partie du tissu de la nation.

La seconde crise scolaire survint au Manitoba, à peu près dans les mêmes termes qu'au Nouveau-Brunswick, mais la connotation linguistique y était déjà beaucoup plus prégnante en raison de l'intervention du gouvernement provincial en matière de langue d'instruction[20]. Il faut d'abord dire un mot sur les circonstances de l'entrée de cette province dans la fédération. Les Métis, qui occupaient la Terre de Rupert, n'avaient pas été consultés au sujet de la possibilité que leur territoire soit annexé au Canada. En 1869, la révolte de la rivière Rouge eut pour conséquence que la liste des droits revendiqués par Riel et les Métis pour qu'ils consentent à la démarche incluaient la reconnaissance des droits confessionnels reconnus par la loi *ou la pratique*: on était donc au fait de la situation des catholiques des Maritimes et on voulait aussi écarter tout doute quant au statut des ordonnances du Conseil de l'Assiniboia, qui gérait le territoire au nom de la Compagnie de la Baie d'Hudson, qui en était propriétaire. L'article 22 de la *Loi sur le Manitoba*[21] interdit donc au législateur provincial de porter atteinte de façon préjudiciable à tout droit ou privilège reconnu en matière confessionnelle par la loi ou la coutume sur le territoire de la nouvelle province. Avant la création de celle-ci, les écoles de la Terre de Rupert et des Territoires du Nord-Ouest étaient essentiellement fondées, financées et gérées par les diverses confessions religieuses. Entre 1871 et 1890, le gouvernement provincial laissa ce système en place mais octroya des fonds publics à ces écoles.

Or la pendaison de Riel en 1885 divisa profondément le Canada. Cinq ans plus tard, en 1890, la législature du Manitoba fit de l'anglais la seule langue officielle et la seule langue des lois de la province[22]. Au niveau scolaire, elle créa des écoles publiques et non confessionnelles, financées par l'État ainsi que par une taxe scolaire, écoles où l'enseignement aurait lieu en anglais seule-

[20] La plupart des informations proviennent de Gordon Bale, « Law, Politics and the Manitoba School Question: Supreme Court and Privy Council », 1985, *Revue du Barreau Canadien*, n° 63, p. 461-518.

[21] *Loi de 1870 sur le Manitoba*, 33 Vict., chap. 3 (Can); confirmée par l'art. 5 de la *Loi constitutionnelle de 1871*, 34-35 Vict., chap. 28 (R.-U.).

[22] *An Act to Provide that the English Language Shall Be the Official Language of the Province of Manitoba*, S. M. 1890 chap. 14.

ment[23]. Tout comme au Nouveau-Brunswick vingt ans auparavant, les catholiques s'opposèrent avec force à cette mesure. Un contribuable catholique de Winnipeg, John Barrett, refusa de payer la taxe et contesta le règlement municipal qui en autorisait le prélèvement, au motif que la Constitution protégeait ses droits acquis par la pratique. Encore ici, après une demande faite par des députés fédéraux pour que le gouvernement canadien présente un renvoi à la Cour suprême, ce dernier préféra procéder comme dans l'affaire Maher : il embaucha et paya les avocats de Barrett. Dans un premier temps, le juge Killam de la Cour du banc du Roi de la province estima que le droit constitutionnel ne protégeait pas les catholiques manitobains[24]. La Cour d'appel du Manitoba entérina la décision, le juge franco-manitobain Joseph Dubuc étant le seul dissident[25]. Curieusement, la Cour suprême du Canada renversa le tout et fit triompher les catholiques[26]. Selon la Cour, l'article 22 de la *Loi sur le Manitoba* protégeait les pratiques préconfédératives, dont celle d'opérer des écoles gérées par les autorités religieuses et autorisées à prélever des taxes auprès de leurs coreligionnaires, sans devoir payer de taxes pour les écoles des autres confessions religieuses. Selon la Cour suprême, la nouvelle loi provinciale préjudiciait à ce droit en imposant, en pratique, une double taxation. Mais le comité judiciaire du Conseil privé revint à la position qu'il avait prise en 1874[27]. Certes, la Constitution protégeait maintenant les droits reconnus par la pratique, mais la réforme scolaire ne leur portait pas vraiment atteinte. En effet, les catholiques n'avaient pas perdu le droit d'établir leurs écoles et de prélever leurs taxes. Le fait qu'une nouvelle taxe scolaire ajoutait à leur fardeau fiscal ne changeait rien au fait que si préjudice il y avait, c'était en raison de l'attachement des catholiques à pratiquer leur foi à l'école et non en raison de l'action du gouvernement. En réalité, le Comité judiciaire blâmait les catholiques pour une infortune causée par l'action du gouvernement !

---

[23] *Public Schools Act*, S. M., 1890, chap. 28.
[24] *City of Winnipeg v. Barrett*, 1891, 7 Man. R., p. 274.
[25] *Barrett v. City of Winnipeg*, *id.*
[26] *Barrett v. City of Winnipeg*, 1891, 19 S. C. R., p. 374.
[27] *City of Winnipeg v. Barrett*, 1892, A. C., p. 445.

Il ne découla aucune émeute de cette décision, mais elle eut de sérieuses répercussions politiques nationales. En effet, deux ans plus tard, dans un curieux revirement et à l'encontre de l'avis des conseillers juridiques du gouvernement fédéral exprimé en 1872 et confirmé par les juristes du gouvernement britannique en 1873[28], le Comité judiciaire du Conseil privé confirma que les catholiques pouvaient en l'occurrence utiliser la procédure d'appel au gouverneur en conseil, suivie d'une loi fédérale réparatrice[29]. Cette procédure était disponible tant pour les droits conférés avant l'union que pour ceux octroyés par un gouvernement après celle-ci, et il n'était pas nécessaire de démontrer un préjudice, mais seulement que la mesure gouvernementale « affectait » la situation religieuse, ce qui était nettement le cas. Un projet de loi réparatrice fédérale fut effectivement présenté à la Chambre des communes, mais le gouvernement dut démissionner et l'élection fédérale qui suivit porta essentiellement sur la crise scolaire manitobaine. Les libéraux de Laurier furent élus et un compromis atteint avec le gouvernement provincial. Notamment, l'al. 2(10) du nouveau règlement scolaire prévoyait la possibilité d'une instruction bilingue dans toutes les écoles, en anglais la moitié de la journée et en français l'autre moitié[30]. C'était la première fois qu'on distinguait langue et foi à l'école dans une mesure législative explicite au XIXe siècle, signe que les mentalités évoluaient. Soulignons aussi que la réforme du Manitoba, contrairement à celle du Nouveau-Brunswick, entendait éradiquer l'instruction en français, mais la contestation judiciaire resta centrée sur la dimension religieuse de la loi plutôt que sur son aspect linguistique.

On constate donc la persistance de la dimension nationale du conflit ainsi que l'impuissance des tribunaux à ralentir les ardeurs réformistes des législateurs provinciaux. Néanmoins, la portée linguistique de l'article 93 de la *Loi constitutionnelle* n'était pas encore tranchée. La crise du Règlement 17 allait sonner le glas des espoirs

---

[28] Gaétan Migneault, *op. cit.* p. 189-190 et 196-197.

[29] *Brophy v. Attorney General for Manitoba*, [1895] A. C., p. 202.

[30] Jacques Leclerc, « Le compromis Laurier-Greenway », dans *L'Aménagement linguistique dans le monde* [en ligne] http://www.tlfq.ulaval.ca/AXL/amnord/manitoba-Laurier-Greenway.htm, consulté le 13 mars 2013.

constitutionnels des minorités francophones et confirmer la portée religieuse limitée de la protection accordée par l'article 93.

Le Règlement 17 devant les tribunaux: la langue n'est pas la gardienne de la foi

Le Règlement 17 portait sur la langue. Il ne cherchait pas à créer un réseau d'écoles publiques. Il ne cherchait pas à bannir les exercices religieux. Il ne cherchait pas à instaurer une taxe scolaire universelle pour financer l'instruction, ni à priver les confessions religieuses du droit d'élire leurs administrateurs scolaires et de gérer leurs écoles. Son objet était de rehausser la qualité de l'inspection scolaire, de rehausser la qualité des enseignants et de mieux contrôler leur certification, et d'amener tous les élèves à être scolarisés en anglais à partir de la 3e année du primaire. On voulait mettre fin aux écoles dites bilingues, dont plusieurs fonctionnaient uniquement en français. L'objectif semblait être de relever le niveau de l'instruction, jugé déficient.

Si l'épicentre de l'opposition se situait au sein de la Commission des écoles séparées d'Ottawa, celle-ci ne portait pas tant sur la religion que sur la langue. On sait que la Commission scolaire opta pour la désobéissance civile au Règlement. Elle délégua à son président, Samuel Genest, tous les pouvoirs que lui conférait la loi. Les enseignants unilingues anglophones étaient congédiés. La Commission scolaire continuait d'exploiter des écoles où l'instruction était dispensée en français par des religieux. Le gouvernement suspendit ses fonds; en réaction, la Commission scolaire demanda à la ville d'Ottawa la permission d'émettre des obligations en vue d'établir et de financer des écoles privées où l'instruction se déroulerait en français[31]. Inquiets, le commissaire scolaire Robert Mackell et plusieurs contribuables catholiques s'adressèrent alors aux tribunaux pour demander une injonction interdisant à la Commission scolaire de solliciter des emprunts et lui enjoignant de respecter le Règlement. Leurs arguments étaient simples: la loi

---

[31] Léo Michel Bourdon, « Le Règlement Dix-Sept: une étude du combat mené contre le Règlement XVII: échec des moyens juridiques, réussite des moyens politiques et participation du journal *Le Devoir* », thèse de maîtrise, École des études supérieures, Université d'Ottawa, 1980, p. 24-25.

était la même pour tout le monde et elle devait être respectée. La Commission scolaire catholique d'Ottawa ne pouvait pas opérer d'écoles privées; elle avait été instituée pour gérer des écoles séparées et disposait de pouvoirs à cette fin, dont celui de prélever des taxes. La Commission scolaire, défendue par Me Napoléon-A. Belcourt, choisit d'attaquer la constitutionnalité du Règlement lui-même; selon son argument, l'article 93 de la Constitution canadienne protégeait le droit des catholiques de choisir la langue d'instruction de leurs écoles, conformément au droit pré-confédératif du Haut-Canada. Le litige était donc résolument engagé sur la base de la langue et non sur celle de la religion ou de la taxation, comme dans les deux autres causes.

Le juge Falconbridge émit d'abord une injonction provisoire, en avril 1914, obligeant la Commission scolaire à se conformer au Règlement. Le juge Lennox prolongea l'injonction une fois, le 25 juin, et une seconde fois en septembre; il souligna alors que la Commission scolaire avait fait preuve de mauvaise foi en déléguant tous ses pouvoirs d'embaucher et de congédier les enseignants à son président, ce qui était illégal selon lui. Enfin, dans sa décision finale, rendue en novembre 1914, le juge Lennox disposa des arguments des opposants et accorda l'injonction permanente[32]. Il admit que les catholiques francophones pouvaient à juste titre se plaindre qu'ils subissaient un préjudice du fait de l'interdiction d'utiliser leur langue dans leurs écoles mais, selon lui, le pouvoir de la province sur l'éducation était «*unfettered*», sans limite, sauf en ce qui avait trait aux droits ou aux privilèges conférés par la loi pré-confédérative à des classes de personnes identifiées par leur religion. Il mentionna que ces questions de langue, comme les questions de religion, étaient toujours délicates à gérer. La raison et la logique étaient trop souvent laissées derrière. Il clama que c'était une chose parfaitement naturelle et légitime de vouloir protéger et promouvoir sa langue: tous les autres étrangers, tels que les Allemands et les Italiens, qui s'étaient installés en Ontario et pour qui l'anglais était une langue seconde, étaient dans la même

---

[32] *Mackell et als v. Ottawa Roman Catholic Separate School Trustees*, 1914, 32 O. L. R., p. 250.

situation que les francophones catholiques. Le juge Lennox rappella que, bien que toutes ces langues aient été tolérées en Ontario, la langue officielle de cette province, ainsi que celle de l'Empire, était l'anglais[33]. Ainsi, l'utilisation d'une autre langue était de la nature d'une concession et non d'un droit. Il ajouta que cette idée était bien illustrée dans l'article 133 de l'*Acte de l'Amérique du Nord britannique*[34]. Aucune autre disposition linguistique ne s'appliquait dans les autres provinces[35]. De manière évidente, aucune n'avait été considérée comme nécessaire puisque, en l'absence de clauses spéciales, l'anglais, la langue de l'Empire, serait naturellement la langue officielle de la province. Le juge Lennox était d'avis que l'usage du français était donc exclu en tant que droit même s'il n'était que toléré en tant que concession dans la province de l'Ontario.

La division d'appel de la Cour suprême de l'Ontario entendit l'affaire. Elle était présidée par le juge en chef Meredith, qui passait pour être sévère mais juste à l'endroit de sa Cour et de ses juges, et qui avait été le chef de l'opposition conservatrice de l'Ontario pendant longtemps. Durant son séjour en politique, il s'était farouchement opposé à toute extension des droits des catholiques, s'opposant par exemple à la garantie de sièges réservés aux catholiques dans les conseils des écoles secondaires, ou au droit des catholiques de choisir leurs manuels scolaires :

> En 1885, pour des motifs de conscience et parce que Macdonald refusait de répondre à ses griefs, Meredith lança une offensive contre les avantages selon lui indus dont bénéficiaient les écoles séparées : la garantie d'un siège

[33] En réalité, le juge Lennox employa l'expression « langue officielle » dans un sens bien laxiste. Aucune loi ne faisait de l'anglais la langue officielle du Royaume-Uni ou de l'Empire britannique. C'était plutôt un état de fait. Il est curieux qu'il en ait tiré la conclusion que l'anglais s'imposait comme seule langue de l'Ontario, alors que la pratique des écoles bilingues ou de langue française, elle, n'engendrait pour lui aucune conséquence juridique. Certaines pratiques étaient plus obligatoires que d'autres…

[34] L'article 133 imposait l'usage des deux langues dans les lois et autorisait l'une ou l'autre dans les débats du Parlement et des tribunaux fédéraux ainsi que dans les institutions québécoises correspondantes.

[35] Le juge Lennox oublie le Québec, visé par l'art. 133 précité, ainsi que le Manitoba, assujetti aux mêmes exigences en vertu de l'art. 23 de la *Loi sur le Manitoba* de 1870 et dont le statut constitutionnel est plus tard confirmé dans *Forest c. Attorney General for Manitoba*, [1979] 1 R. C. S., p. 1032.

aux catholiques dans tous les conseils d'écoles secondaires et l'utilisation de textes non approuvés dans les écoles séparées. Par la suite, il exigea aussi que les élections des écoles séparées, traditionnellement sous la mainmise du clergé, se fassent au scrutin secret et que l'enseignement se donne davantage en anglais dans les écoles francophones de l'Ontario[36].

Compte tenu des positions connues de Meredith et de son ascendant sur sa Cour, il n'est pas étonnant que la Cour d'appel ait entériné le premier jugement[37]. La Cour adopta une vision stricte et positiviste du droit. Le principe appliqué dans tous les cas d'écoles séparées était que ces écoles séparées avaient été créées par la volonté des protestants, des personnes de couleur ainsi que des catholiques romains qui désiraient qu'elles soient établies et supportées par leurs propres membres. Il était impossible, dit la Cour, de trouver dans la législation pré-confédérative une reconnaissance du droit à des écoles séparées basées sur les différences linguistiques ou sur n'importe quelle autre différence que la religion. Les catholiques francophones ne pouvaient donc pas, en vertu du seul article 93, créer leur propre système scolaire, distinct de celui des catholiques anglophones. Le juge Meredith affirma qu'il était incapable de trouver une preuve appuyant la prétention de Me Belcourt quant aux droits d'usage de la langue française dans les écoles séparées de la province, qui seraient garantis par un traité ou autrement aux francophones. S'il avait été inscrit dans les termes du *traité de Paris*, qui effectua la cession du Canada à la Grande-Bretagne, ce droit aurait alors été garanti aux personnes francophones du territoire cédé. Ce ne fut pas le cas. De toute manière, l'*Acte de l'Amérique du Nord britannique*, une loi impériale qui tenait lieu de constitution au Canada, aurait abrogé ces droits. La Cour constata que beaucoup d'attention avait été portée à l'éducation ainsi qu'à la langue, et que seul l'article 133 de la *Loi constitutionnelle de 1867* avait été jugé nécessaire. Cela semblait indiquer que lorsque les Pères avaient voulu conférer des droits linguistiques, ils l'avaient

---

[36] « Sir William Ralph Meredith », *Dictionnaire biographique du Canada en ligne*, http://www.biographi.ca/009004-119.01-f.php?BioId=42081, consulté le 12 août 2013.

[37] *Ottawa Roman Catholic Separate School Trustees v. Mackell*, 1915, 34 O. L. R. p. 338 (C. A. O.).

dit explicitement, de sorte qu'on ne pouvait plus les lire implicitement dans l'article 93. Les droits et privilèges protégés par la loi ne concernaient pas la langue mais bien l'instruction religieuse. La Cour se dit d'accord avec l'affirmation de Me Belcourt à l'effet que l'usage du français était un droit naturel appartenant aux francophones et que la législature était impuissante à le détruire ou le détériorer. Mais ce droit naturel devait céder devant l'intention claire du législateur, il ne saurait faire partie des droits conférés « par la loi » et protégés dans l'article 93. L'injonction fut donc maintenue. Le juge Meredith n'aurait pas fait grand cas de l'idée d'un principe constitutionnel non écrit de protection des minorités, développée un siècle plus tard par la Cour suprême du Canada[38] !

Curieusement, on avait évité de porter la cause devant la Cour suprême du Canada, la seule ayant reconnu, en 1892 et, en fait, dans toute l'histoire des droits scolaires constitutionnels au XIXe siècle, les droits des catholiques du Manitoba. Un appel fut logé devant le Comité judiciaire du Conseil privé de Londres. Comme les deux autres affaires mentionnées ci-haut, la décision anglaise était laconique[39]. Elle reprit l'idée selon laquelle la « classe de personnes » visée dans l'article 93 se distinguait seulement par sa religion. Si les catholiques avaient le droit de définir les « genres d'écoles » qu'ils pouvaient gérer en vertu de la *Loi Scott* de 1863, cela signifiait des écoles pour garçons ou filles ou des écoles primaires ou secondaires, mais pas des écoles francophones ou anglophones. Le droit naturel ne pouvait venir en aide aux catholiques. Leurs droits religieux n'étant pas affectés, ils n'avaient aucune raison juridique de se plaindre du Règlement 17.

Le mal était fait. On venait de réaliser, si cela n'avait pas été le cas en 1867, que la protection constitutionnelle en matière d'éducation ne comprenait pas le droit de choisir la langue d'instruction.

---

[38] *Renvoi relatif à la sécession du Québec*, [1998], 2 R. C. S., chap. 217, p. 79-82.

[39] *Ottawa Roman Catholic Separate School Trustees v. Mackell*, [1917], 1 A. C., p. 62 (C. P.).

Facteurs d'explication

Plusieurs facteurs peuvent expliquer les échecs judiciaires répétés des catholiques entre 1873 et 1917. Sur un plan purement juridique, force est de constater que le texte de l'article 93 faisait effectivement référence à des droits que l'on devait identifier ailleurs, dans des lois adoptées avant la création juridique du Canada. Or ces lois ne brillaient pas toujours par leur clarté. Il semble que la loi scolaire ontarienne de 1851 ait expressément reconnu le droit des conseils scolaires d'établir la langue d'instruction[40], droit qui ne se retrouverait ni dans la loi des écoles communes de 1859 ni dans la loi des écoles séparées de 1863. On en tira la conclusion que cette omission était voulue, et que le gouvernement s'était réservé le droit ultime de fixer la langue d'instruction. Cette conclusion n'était pas inéluctable. On aurait pu tout aussi bien dire que le silence du législateur équivalait à un acquiescement tacite. Pensait-on vraiment que les conseils scolaires locaux n'avaient pas un pouvoir au moins implicite de régir la langue de l'instruction dans leurs écoles ? Si oui, pourquoi n'était-il pas possible d'interpréter lesdites lois scolaires en conséquence et d'en faire un « droit ou privilège reconnu par la loi » aux classes de personnes en matière confessionnelle ? Certes, techniquement, la référence à la confessionnalité pointait vers la dimension religieuse de l'organisation de l'instruction. Mais rien n'interdisait, en principe, d'interpréter « par la loi » dans un sens large. Point n'aurait été besoin que le droit de choisir la langue d'instruction soit énuméré explicitement dans les lois scolaires pré-confédératives : il eût suffi de l'inclure dans les pouvoirs des syndics des écoles séparées les autorisant à choisir « le genre » d'écoles. Qui plus est, le fait que les commissions scolaires séparées assumaient ce pouvoir – il faut bien enseigner dans une langue ou une autre ! – sans objection du gouvernement pointait en faveur de l'inclusion de ce droit dans les pouvoirs de gestion scolaire propres aux commissions scolaires séparées. Par ailleurs, le silence de la Constitution de 1867 sur la question était-il voulu ? Avait-on volontairement discuté puis refusé d'inclure une protection de la langue d'enseignement dans l'article 93 ? Comment

---

[40] *Common Schools Act*, 13-14 Vict., chap. 48 (U. C.).

interpréter le silence tonitruant de la Constitution à ce sujet? Ou bien les Pères en avaient été conscients et avaient refusé d'en parler; ou encore ils n'en avaient eu cure et s'étaient satisfaits de la situation courante; ou enfin cela n'était pas entré dans leur échelle de valeurs, et la religion avait primé toute autre considération. Nous sommes de ceux qui pensent que l'omission de traiter de la langue dans l'article 93 n'avait pas découlé d'un silence volontaire. Personne n'a retrouvé dans les débats de l'époque de mention à l'effet que la langue d'instruction serait ou ne serait pas protégée par la Constitution. Ainsi, l'argument selon lequel l'article 93 couvrait implicitement la langue restait ouvert. Me Belcourt l'invoqua, mais il n'a pas eu gain de cause. La Cour aurait tout aussi bien pu lui donner raison. C'est ailleurs de ce côté qu'il faut chercher des explications à l'attitude restrictive des tribunaux.

Il est certain que l'ambiance hostile aux droits des « papistes » francophones et le « fanatisme » des orangistes de l'époque, joints à l'opiniâtreté du clergé catholique dans la défense de ses droits et à la position de l'Église face au caractère holistique de l'éducation religieuse, ont indirectement ou directement influencé les jugements. Les juges impliqués dans ces affaires étaient aussi des croyants de diverses confessions protestantes, dont l'attachement aux préceptes de leur religion ne faisait pas de doute; et aucun juge catholique n'eut l'occasion de trancher l'affaire ontarienne. Encore ici, faute d'une étude complète sur la correspondance ou les papiers personnels des juges qui ont statué dans l'affaire Mackell, il serait hasardeux d'affirmer que la persuasion religieuse ou politique de tel ou tel juge ait directement influencé sa lecture des droits constitutionnels. Mais on ne peut écarter le fait que la culture personnelle des magistrats ait pu les porter à recevoir avec scepticisme les arguments de la commission scolaire.

Un autre facteur, peu souvent évoqué, a pu jouer. Il s'agit de la culture juridique des tribunaux de l'époque. Nous sommes au début du XXe siècle, dans un jeune pays qui s'est formé en partie en réaction au républicanisme américain jugé trop désordonné. La formation juridique et la culture des juristes canadiens ou britanniques de l'époque ne portaient pas les droits constitutionnels en haute estime. Depuis 1803, ceux-ci avaient sous les yeux l'exemple de la Cour suprême des États-Unis, qui se permettait d'annuler les lois d'un parlement souverain parce qu'elles violaient des droits constitutionnels fondamentaux[41]. N'apprenait-on pas dans les centres de formation juridique et dans la pratique du droit que, selon l'idée du grand juriste Sir Albert Venn Dicey[42], les droits et libertés étaient la conséquence, et non la cause, du bon fonctionnement des institutions ? Que le Parlement était souverain[43] ? Que les provinces étaient souveraines dans leurs champs de compétence[44] ? Pour un juriste de l'époque, les droits constitutionnels consentis à des groupes représentaient une exception à ces principes généraux, exception qu'il convenait de limiter à ses propres termes et d'interpréter très restrictivement. Cette idée d'un compromis politique devant rester dans les strictes limites de ses termes a d'ailleurs joué un rôle jusque dans le milieu de la décennie 1980, alors que la majorité de la Cour suprême, sous la plume du juge Beetz, l'a utilisée pour conclure que le droit de parler sa langue officielle devant les tribunaux n'incluait pas le droit d'être compris par le juge directement sans l'aide d'un interprète[45]. Ce n'est qu'en 1999 que la thèse interprétative du compromis politique en matière linguistique fut abandonnée au profit de l'interprétation par l'objet[46]. Au début du XXe siècle, ni le Canada ni la communauté internationale ne fonctionnaient avec des chartes des droits interprétées par les tribunaux. Le Parlement, en common law, est souverain. Le Parlement provincial est aussi souverain que le Parlement fédéral, chacun dans ses champs de compétence. Si des limites à cette souveraineté devaient être imposées par la

---

[41] *Marbury v. Madison*, [1803], 5 U.S. 137.

[42] Dicey fut l'un des constitutionnalistes les plus influents de son époque. Dans son ouvrage *The Law of the Constitution*, il proclame la souveraineté du Parlement. A. V. Dicey, « Introduction to the Study of The Law of the Constitution », London, Macmillan, 1889.

[43] Doctrine fréquemment et explicitement reconnue au Canada : voir *Re : Canada Assistance Plan*, [1991], 2 R. C. S., p. 525.

[44] *Hodge v. R.*, [1883-84], 9 A. C., p. 117 (P. C.).

[45] *Société des Acadiens du Nouveau-Brunswick c. Association of Parents for Fairness in Education*, [1986], 1 R. C. S., p. 549.

[46] *R. c. Beaulac*, [1999], 1 R. C. S., p. 768. Tous les droits linguistiques s'interprètent selon leur objet, qui est le maintien et l'épanouissement des communautés linguistiques. Le fait qu'ils soient le fruit de compromis politiques n'y change rien et n'a aucune conséquence sur leur interprétation.

Constitution, selon la doxa de l'époque, cela ne pouvait se faire qu'en employant un langage explicite. Les appels de Me Belcourt au droit naturel, à la pratique et aux coutumes, ainsi qu'à une interprétation large des termes de la loi de 1863, aussi habiles fussent-ils, ne tombaient pas dans un terreau fertile.

Cet échec jurisprudentiel ultime marqua l'abandon par les francophones, pendant presque un siècle, de la voie judiciaire pour faire reconnaître et respecter leurs droits linguistiques. Mais le XXe siècle vit l'avènement de la *Déclaration universelle des droits de l'homme*[47] et l'explosion des instruments juridiques de protection des droits fondamentaux, tant sur le plan international[48] que fédéral[49] ou provincial[50]. Le droit constitutionnel devenait de nouveau pertinent, surtout pour redonner du pouvoir à ceux et celles qui ne pouvaient espérer profiter d'une influence politique suffisante pour infléchir les politiques gouvernementales. De plus, le débat Québec-Canada sur la place du français et le rôle des gouvernements allait conduire à des avancées juridiques sur lesquelles a plané l'esprit du Règlement 17, ce témoin éloquent des risques encourus par une minorité linguistique mal protégée par la constitution de son pays.

L'échec judiciaire du XIXe siècle devient la victoire constitutionnelle du XXe siècle

Quand la Commission Laurendeau-Dunton, en 1968, publia le second volume de son rapport sur l'éducation, elle fit une large place à la crise du Règlement 17[51]. Elle constata que dès le déclenchement de la crise manitobaine, la langue commençait à devenir un enjeu culturel aussi important que la religion. Elle constata aussi qu'à la suite de l'atténuation de la crise ontarienne, des « accom-

---

[47] *Déclaration universelle des droits de l'Homme*, A. G. O. N. U., résol. 217A (III), 10 décembre 1948.

[48] Entre autres, le *Pacte international des droits civils et politiques*, A. G. résol. 2200A (XXI) 16 décembre 1966, en vigueur le 23 mars 1976.

[49] La *Déclaration canadienne des droits*, S. C. 1960, chap. 44.

[50] Les diverses lois anti-discriminatoires datent de cette époque. Pour l'Ontario : *Human Rights Code*, S. O., 1962, chap. 93.

[51] Commission royale d'enquête sur le Bilinguisme et le Biculturalisme, *Rapport final*, livre 2 : « L'Éducation », Ottawa, Imprimeur de la Reine, 1968.

modements» avaient été mis en place dans ce qu'elle appela un «non-système» en marge des normes provinciales applicables, ce qui désavantageait les francophones tant sur le plan éducatif que sur le plan culturel. La Commission recommanda dans le premier volume de son rapport que les droits scolaires soient reconnus dans la Constitution par la création d'une nouvelle obligation constitutionnelle:

> Chaque province établira et soutiendra des écoles primaires et secondaires utilisant l'anglais comme unique ou principale langue d'enseignement et des écoles primaires et secondaires utilisant le français comme unique ou principale langue d'enseignement, dans les districts bilingues et les autres régions appropriées que déterminera la législation provinciale; mais aucun terme du présent article ne sera interprété comme interdisant les écoles où l'anglais et le français auraient une importance égale en tant que langue d'enseignement, ou celles qui pourraient dispenser l'enseignement dans une autre langue[52].

Évidemment, tout l'appareil juridique de la Commission reposait sur le concept de districts bilingues, qui n'a jamais été mis en œuvre. Mais l'idée était lancée, et la situation scolaire ontarienne découlant du Règlement 17 et de ses suites était bien présente dans l'esprit des commissaires. La Commission était consciente que des majorités provinciales hostiles pouvaient utiliser leur pouvoir pour retirer des droits aux minorités. Puisque l'instruction avait tant de liens avec la culture, le meilleur moyen de protéger la culture de la minorité consistait à établir des écoles où sa langue serait la seule ou la principale langue d'instruction. Il n'était cependant pas encore question d'un droit à des conseils scolaires gérés par la minorité; la Commission craignait que de petits conseils scolaires minoritaires ne puissent pas offrir une qualité d'éducation suffisante et comparable à celle de la majorité.

La revendication d'un droit à l'instruction dans la langue de la minorité s'appuyait donc en partie sur le constat que la Constitution de 1867 avait failli à la tâche. La *Loi constitutionnelle de 1867* n'avait pas pu protéger la langue française dans les écoles ontariennes. Il

---

[52] *Id.*, livre I: «Les langues officielles», Ottawa, Imprimeur de la Reine, 1967, par. 414.

fallait donc corriger le tir et doter les minorités linguistiques d'une garantie véritable afin qu'elles ne puissent plus se retrouver ainsi à la merci d'un gouvernement hostile ou indifférent.

Finalement, comme on le sait, l'article 23 de la *Charte canadienne des droits et libertés* fut adopté, mais il ne contenait aucun droit explicite à la gestion scolaire par les minorités. Il fallait donc retourner devant les tribunaux. Les temps avaient changé, les mentalités aussi. Le gouvernement ontarien décida de présenter un renvoi devant la Cour d'appel de la province pour tester la validité de réformes qu'il avait proposées en 1983, ainsi que pour vérifier la possibilité que l'article 23 de la *Charte* comprenne un droit de gestion.

Quand la Cour d'appel de l'Ontario rendit la première décision émanant d'une province anglaise autour de l'interprétation qu'il fallait donner à l'article 23 de la *Charte*, elle fit référence à l'arrêt Mackell, qui indiquait, à son avis, que l'abolition de l'instruction en français en Ontario et la perte par les francophones du contrôle de leurs écoles représentaient, ensemble, un des problèmes auxquels l'article 23 devait remédier[53]. En effet, c'est par le biais des conseils scolaires que les minorités religieuses cherchaient à protéger leurs droits ; c'est la perte du contrôle par les francophones de leurs écoles qui avait conduit à l'assimilation ; donc le droit de gestion faisait partie des remèdes que l'article 23 appliquait au Canada[54]. Par ailleurs, la Cour examina la question de l'application de ces droits aux écoles séparées catholiques, car en certains milieux, les catholiques anglophones prétendaient que les droits linguistiques ne sauraient scinder la clientèle scolaire confessionnelle ; on se rappellera que dans Mackell, l'un des enjeux avait justement consisté à vérifier si les catholiques francophones avaient droit à leurs propres écoles séparées en vertu de la loi pré-confédérative et de l'article 93 de la *Loi constitutionnelle de 1867*. La Cour d'appel cita plusieurs extraits du jugement du Comité judiciaire, qui confirmèrent ce que nous savons déjà, à savoir que tant qu'une loi provinciale ne portait pas préjudice aux droits confessionnels, elle relevait de la pleine autorité législative de la province. Ironiquement, l'arrêt Mackell servait

---

[53] *Re : Minority Language Education Rights (Ontario)*, [1984], 10 D. L. R. (4d), p. 491.

[54] *Ibid.*, p. 531.

maintenant de justification à l'imposition constitutionnelle d'une obligation d'offrir une instruction en français dans les écoles séparées. Cela n'affectait en rien les droits scolaires des catholiques. Si la province pouvait interdire le français dans les écoles séparées, elle pouvait aussi l'imposer; or ce que la province pouvait faire, a fortiori la Constitution pouvait le faire aussi.

Quelques années plus tard, dans l'affaire Mahe[55], la Cour suprême du Canada constata que les conseils scolaires confessionnels avaient historiquement servi de «bastion» à la minorité linguistique, même si sa langue n'était pas réellement protégée par la loi. Et l'arrêt Mackell fut encore une fois invoqué au soutien de la proposition selon laquelle l'article 23 s'appliquait aussi dans le réseau des écoles séparées. Selon le juge en chef Dickson, cela aurait pu conduire à la création de quatre structures de gestion scolaire en Ontario: catholique et publique, anglophone et francophone[56]. Selon lui, cette application aurait été malheureuse parce qu'elle aurait pu fractionner la clientèle francophone au point où les nombres n'auraient plus justifié le maintien de deux systèmes de langue française. Un tel aléa n'aurait toutefois pas changé la situation constitutionnelle: l'article 23 s'appliquerait à tous les réseaux scolaires, publics ou séparés, et la langue s'ajouterait à la religion comme facteur de création d'écoles homogènes.

On constate donc que les luttes scolaires du XIXe et du début du XXe siècle ont pavé la voie aux développements juridiques de la fin du XXe et du début du XXIe siècle.

Conclusion

Quels constats peut-on faire de cet exposé du sort du Règlement 17 devant la justice? Nous en tirons les observations suivantes:

– la contestation judiciaire se passait réellement entre l'Église catholique et le gouvernement des provinces, avec un gouvernement fédéral impotent qui refusait de s'en mêler sous prétexte de respecter l'autonomie provinciale, mais qui fut malgré lui attiré

---

[55] *Mahe c. Alberta*, [1990], 1 R. C. S., p. 342.

[56] C'est effectivement ce qui s'est produit: dans les années 1990 se mirent en place quatre réseaux scolaires différents: catholique francophone, catholique anglophone, public francophone, public anglophone.

dans la tourmente, preuve que la question linguistique sous-jacente à ces crises a toujours fait partie de la question nationale au Canada ;

– au Nouveau-Brunswick et au Manitoba, ce sont des individus catholiques, supportés par l'Église et financés par le gouvernement fédéral, qui ont refusé de payer les taxes ; en Ontario, c'est la Commission des écoles séparées d'Ottawa qui s'est lancée dans un vaste mouvement de résistance et de désobéissance civile. La contestation ne fut donc pas frontale, mais collatérale : on refusait de payer ou d'obtempérer et, poursuivis pour désobéissance à la loi, on se défendait en plaidant que la réforme était inconstitutionnelle ;

– manifestement, le gouvernement et les francophones catholiques ne s'entendaient pas sur le sens du pacte confédératif initial conclu en 1867, ni sur les compromis plus anciens consacrés par la loi de 1863 ; pour l'État, la langue ne faisait pas partie des droits conférés par la loi scolaire, tandis que pour les francophones, c'était implicite ;

– la validité du Règlement 17 a peut-être été maintenue en raison du fait que les juges, ayant eu à en préciser la portée et l'articulation avec le droit constitutionnel, ont réagi en fonction de leur culture juridique et de leurs convictions religieuses ;

– les décisions judiciaires ontariennes ont, pour la première fois, révélé une grave lacune de la Loi constitutionnelle de 1867, à savoir qu'elle ne protégeait pas les droits linguistiques en éducation. Les Pères pensaient peut-être que cela allait de soi, ou encore que les gouvernements provinciaux n'oseraient jamais toucher à la langue d'instruction. Si tel est le cas, ils avaient tort ;

– combiné à d'autres facteurs, ce constat d'une incohérence dans notre droit constitutionnel a mené à l'adoption de l'article 23 de la *Charte canadienne des droits et libertés* et à une protection plus explicite de ces droits linguistiques en éducation ;

– même si l'article 23 conservait un certain flou au sujet des droits de gestion scolaire, l'arrêt Mackell a servi de justification indirecte à la reconnaissance d'un tel droit ;

– ainsi, une défaite judiciaire s'est transformée, à long terme, en victoire constitutionnelle.

Si les catholiques francophones avaient gagné leur procès en 1916, que serait-il advenu du système scolaire de langue française en Ontario ? Les décisions judiciaires de 1874 et 1892 auraient été renversées, ouvrant peut-être la porte à de nouvelles revendications au Nouveau-Brunswick et au Manitoba par rapport à des écoles séparées catholiques francophones ; or ce fractionnement de la clientèle scolaire, comme le dit la Cour suprême dans *Mahe*, n'est pas souhaitable. Ensuite, même si l'enseignement en français avait été maintenu, il se serait confiné aux écoles catholiques puisque les écoles publiques ne disposaient d'aucune protection constitutionnelle[57]. Le réseau ontarien d'écoles de langue française aurait donc risqué fort d'être confiné aux écoles séparées catholiques. Dans le contexte moderne d'une francophonie ontarienne ouverte, plurielle et accueillante à l'immigration, je ne sais si un tel développement aurait été à l'avantage net des francophones.

Enfin, l'interaction entre les lois provinciales et les garanties constitutionnelles est constante. Au XIXe siècle, c'est l'action législative que l'on cherchait à contrer en invoquant la protection de la Constitution ; au XXe siècle, c'est plutôt l'inaction, ou une action incomplète et insatisfaisante, qui a fait l'objet des revendications judiciaires fondées sur le droit constitutionnel. De plus, la stratégie judiciaire s'inscrit toujours dans une trame sociale plus globale et le résultat du procès influence directement la suite des événements politiques. Cela s'est confirmé dans les crises scolaires anciennes et cela se confirme encore dans les débats constitutionnels modernes. Le droit, donc, encadre, permet et limite l'action, et son influence sur le cours de l'évolution de notre nation est directe. On observe une constante interaction entre le droit et la politique. La judiciarisation des droits collectifs n'est pas non plus l'apanage du monde moderne. Au Canada, langue, politique et droit constitutionnel ont toujours représenté un mélange détonant. Cela montre bien que le constitutionnalisme transcende le droit strict et que la question scolaire, même si on la croyait restreinte à des enjeux locaux et provinciaux, revêt une dimension nationale indéniable.

---

[57] Une position confirmée dans *Public School Boards' Assn. of Alberta c. Alberta (Procureur général)*, [2000], 2 R. C. S., p. 409.

LES REPRÉSENTATIONS DU RÈGLEMENT 17 DANS LA SPHÈRE LITTÉRAIRE ET ARTISTIQUE

FORTUNE ET INFORTUNES LITTÉRAIRES DU RÈGLEMENT 17[1]

LUCIE HOTTE
CHAIRE DE RECHERCHE SUR LES CULTURES
ET LITTÉRATURES FRANCOPHONES DU CANADA
UNIVERSITÉ D'OTTAWA

Nombreux sont ceux qui croient, à l'instar du critique Jules Tessier, que « [l]es peuples, surtout les minoritaires, doivent scruter tout autant leur passé que leur avenir afin d'y trouver une motivation et des éléments de définition qui leur permettent de se situer et de se trouver une spécificité par rapport aux autres communautés environnantes[2] ». Ces éléments de définition sont souvent des récits que l'on définit comme des mythes fondateurs. Ils permettent d'asseoir l'identité collective et d'assurer la cohésion sociale en se fondant sur une mémoire collective, selon la terminologie de Maurice Halbwachs[3], ou une mémoire sociale, dans celle

---

[1] Mes remerciements à Claudia Labrosse, coordonnatrice de la recherche à ma Chaire de recherche, qui a lu un grand nombre d'ouvrages afin de recenser ceux qui parlent du Règlement 17. Sans son aide, cet article n'aurait pas été possible.

[2] Jules Tessier, « Les Franco-Ontariens vus à travers leur littérature », dans Jacques Mathieu (dir.), *La mémoire dans la culture*, Québec, Presses de l'Université Laval, « Culture française d'Amérique », 1995, p. 184.

[3] Maurice Halbwachs, *La mémoire collective*, 2e éd. rev. et aug., Paris, Presses universitaires de France, 1968, 204 p.

de James Fentress et Chris Wickham[4]. Inspirés par des événements historiques, le plus souvent tragiques, ces récits acquièrent, à travers le temps, par leur réitération, une valeur mythique pour les membres de la communauté. La littérature constituerait, pour sa part, un mode de transmission privilégié de ces mythes fondateurs.

Or, comme le signale Jules Tessier, si « [a]vec la Déportation, les Acadiens se sont constitué un inépuisable capital d'estime, d'admiration et de sympathie[5] », si « [l]'Ouest canadien fait tout de suite penser aux Métis, à Louis Riel qui a réussi, lui aussi [comme Évangeline], à constituer des réserves d'estime et d'attachement pour ce peuple spolié de ses droits et dispersé, par voie terrestre, cette fois[6] », tel n'est pas le cas des Franco-Ontariens, qui, « perçus de l'extérieur, ne sont pas auréolés d'un mythe[7] ». Pourtant, dit-il,

> [l]es Franco-Ontariens, tout comme les autres communautés francophones d'Amérique, ont connu des périodes calamiteuses propices à l'élaboration d'une épopée, notamment lors de la persécution ouverte qu'ils ont subie pendant la triste période du Règlement XVII, de 1912 à 1927, alors que le français a été virtuellement mis hors la loi dans les écoles de la province[8].

René Dionne voit dans cette période mouvementée « une première prise de parole collective en Ontario français[9] » et soutient qu'une partie de la littérature de cette époque constitue « une littérature de combat », littérature pour laquelle, comme l'exprime de façon frappante Françis Dupuis-Déry, « [l]e champ de bataille est politique mais l'arme est littéraire[10] ». Qu'en est-il en fait de la fortune littéraire du Règlement 17 ? Est-il au cœur d'une littérature revendicatrice, d'une littérature de combat ? Sa représentation et

---

[4] James Fentress et Chris Wickham, *Social Memory*, Oxford (R.-U.) / Cambridge (Mass.), Blackwell, 1992, 229 p.

[5] Jules Tessier, *op. cit.*, p. 180.

[6] *Ibid.*

[7] *Ibid.*, p. 182.

[8] *Ibid.*, p. 182-183.

[9] René Dionne, « 1910. Une première prise de parole collective en Ontario français », *Cahiers Charlevoix*, n° 1, 1995, p. 15-124.

[10] Francis Dupuis-Déry, *Pour une littérature de combat*, Montréal, Éditions du Silence, 1998, p. 10.

son rôle sont-ils constants à travers le temps ? Pour répondre à ces questions, j'analyserai la présence du Règlement 17 dans la littérature à trois époques. La première est celle qui est contemporaine au Règlement et va de 1912 à 1927, la deuxième correspond à la prise de parole collective des années 1970 à 1989 et, enfin, une troisième période, de 1990 à aujourd'hui, marque la disparition progressive du Règlement 17 dans les textes littéraires.

Un cri de ralliement

Les premières œuvres qui font allusion au Règlement 17 paraissent dès 1912. Elles sont cependant fort peu nombreuses si l'on exclut les discours, pamphlets et autres textes journalistiques pour ne retenir que les œuvres proprement littéraires appartenant aux genres canoniques du théâtre, de la poésie, du roman ou des contes et récits. Un seul recueil de poésie, composé de six sonnets, *Les mamans ontariennes*[11] d'Émile Asselin, est entièrement consacré à la question scolaire. Les sonnets construisent un récit qui raconte le combat d'un jeune garçon. Après le poème d'envoi, qui énonce la souffrance du poète apparemment québécois (« Du fond du vieux Québec » [p. 9]) face aux souffrances que « son frère » subit aux mains d'un « tyran maudit », le poète s'adresse, dans le premier sonnet, aux « flots de l'Ottawa » empreints de la douleur des gens qui subissent « le joug de tyrans » (p. 13-16). Bien que le Règlement 17 ne soit pas explicitement évoqué au début du poème, il est clair que c'est de lui qu'il s'agit puisque le poète réconforte les fils ontariens en leur disant que si « [l]a haine a prétendu / Étouffer leur parler, [elle] n'a pas pris leur âme ! » (p. 16). Les deux prochains sonnets mettent en scène le garçon qui pleure « de douleur, de honte et de colère » (p. 17) parce qu'on veut fermer son école et ainsi lui faire perdre sa langue. Il s'oppose à son père, qui prône la soumission à la loi. Le garçon refuse, lui, tout compromis : « Le paragraphe insultant : règlement dix-sept. Non. » (p. 29). La mère prend parti pour son fils et annonce qu'elle s'est rendue à l'école avec un groupe de femmes afin de la faire rouvrir,

[11] J.-A. Émile Asselin, *Les mamans ontariennes*, Ottawa, Imprimerie du « Droit », 1917, 43 p.

faute d'hommes pour effectuer cette tâche : « Dans leur âme, eh bien, nous, les femmes, les mamans, / Nous monterons la garde auprès de nos enfants, / Nous saurons leur garder leur langue douce et sainte » (p. 36). Le sonnet IV annonce la victoire des francophones : « Nous souffrons aujourd'hui, mais nous vaincrons demain. » (p. 41). Le sonnet final fait écho au sonnet d'envoi : le poète affirme qu'il est touché aux larmes par les déboires de ses frères. Il conclut par le tercet suivant :

> Mes vers sont les accents d'une âme canadienne :
> Il doit bien se trouver, dans leur suite de mots,
> Un peu de la grandeur de l'âme ontarienne. (p. 43)

Quelques autres poèmes de divers auteurs paraissent soit dans les journaux de combat qui voient le jour à cette époque, soit dans des recueils qui regroupent des textes traitant de diverses thématiques[12]. Dans certains cas, les renvois au Règlement 17 sont très vagues et si d'aucuns y voient des allusions claires à la situation scolaire, cette lecture est souvent bien peu probante. Tel est le cas du poème intitulé « Je me souviens » que Rémi Tremblay inclut dans son recueil *Vers l'idéal* et dont la dernière strophe me semble plutôt s'inspirer du traité de Paris mettant fin à la Guerre de sept ans que du Règlement 17 :

> Je me souviens. Malgré ce qu'on a feint de croire,
> Je n'admetrai [*sic*] jamais qu'un malheureux traité,
> Nous dérobant le fruit d'une ultime victoire,
> Nous décerne un brevet d'infériorité.
> Nos pères, en tous lieux signalent leur vaillance,
> Se sont montrés du droit inflexibles gardiens
> Admirant leurs hauts faits, des gloires de la France
> Je me souviens[13].

Il en va de même du poème de son fils, Jules Tremblay, intitulé « Survivance », paru dans *Des mots, des vers* l'année précédente :

---

[12] Aucune recension complète des poèmes parus dans les journaux n'a été faite. Francine Gariépy avait cependant établi une première liste lors de ses études à la maîtrise à l'Université d'Ottawa, à laquelle je me suis référée.

[13] Rémi Tremblay, *Vers l'idéal*, Ottawa, Imprimerie commerciale, 1912, p. 145.

Quand Voltaire parlait de nos « arpents de neige »
A l'hétaïre Pompadour
A Louis agréant le cynique manège
D'innombrables valets de cour,
[...]
Tu t'effondras comme un géant,
Broyant sous tes débris les sycophantes mièvres
Qui se terraient dans leur néant
Si la défection prolongea ton martyre,
Après le geste Sainte-Foy,
Après que le triomphe eût porté le délire,
Avec une nouvelle foi,
Au sein des combattants qui rachetaient les Plaines;
[...]

En dépit des vendus, des vendeurs, et des lâches,
Titrés pour te tyranniser,
Gagistes odieux d'inavouables tâches
Qui te laissaient défranciser,
Tu descellas tes fers et rejetas la cangue,
En dédaignant l'obscur affront,
Bravant ceux qui voulaient expatrier ta langue,
Tu relevas plus haut le front.
[...][14]

Le cas de Jules Tremblay est particulièrement intéressant puisque ce poète, traducteur et journaliste a milité contre l'infâme Règlement 17 et a même publié un opuscule qui reprend son discours prononcé au ralliement des Franco-Canadiens du Nouvel-Ontario, à Sturgeon Falls, le mardi 24 juin 1913[15]. Étonnamment, sa poésie reste plutôt muette à ce sujet. Deux poèmes y font allusion de façon vague. Dans « Rapsodie », paru dans *Les ferments* en 1917, le poète file la métaphore du grain de blé afin d'illustrer la croissance du fait français au Canada et les défis qu'il doit

[14] Jules Tremblay, *Des mots, des vers*, Montréal, Beauchemin, 1911, p. 221-226.

[15] Jules Tremblay, *Le français en Ontario*. Discours prononcé au ralliement des Franco-Canadiens du Nouvel[-]Ontario, à Sturgeon Falls, le mardi 24 juin 1913, Montréal, Arthur Nault, 1913, 34 p.

affronter, dont la guerre qui fait rage en Europe et le Règlement 17 en Ontario :

> L'Europe n'est pas seule où la Justice pleure.
> On veut qu'en mes vertus la générosité meure
> Pour avoir trop aimé l'âme du sol natal,
> Et jusque dans mes bois, un gendarme brutal
> Veut me faire oublier le doux parler des mères
> Qui depuis si longtemps berçait mes œuvres chères.
> C'est un crime onéreux que d'être blé français,
> Il ne faut pas germer dans les champs que je sais
> Avoir été foulés par nos femmes normandes,
> Mais obéir aux vœux des sentences gourmandes,
> Qui voudraient étouffer de nielle et d'arrêts
> Les ferments immortels cimentés aux guérets.
>
> ✣
>
> Voix mélodieuse de France
> Tu chantes en Ontario
> Le poème de la souffrance
> En un clair élan de brio !
> [...][16]

Selon René Dionne, dans ce poème, « le poète personnifie le petit grain de blé en l'interrogeant sur le mystère de sa croissance ; il a pour réponse que c'est Dieu qui le fait naître et grandir : Dieu commande et lui n'a qu'à s'élancer là où le devoir l'appelle, par exemple, en ce temps de guerre, en hâtant la récolte qu'attendent les soldats canadiens[17] ». En fait, la guerre s'avère une source d'inspiration poétique beaucoup plus grande pour Jules Tremblay, qui y consacrera son dernier recueil, *Les ailes qui montent*[18], publié en 1918, qui a pour unique sujet la Première Guerre mondiale. La même année, il inclut dans son recueil *Aromes* [*sic*] *du terroir* un poème intitulé

---

[16] Jules Tremblay, *Les ferments*, Ottawa, Imprimerie Beauregard, 1917, p. 45-46.

[17] René Dionne, « *Ferments (Les)* », *Dictionnaire des écrits de l'Ontario français, 1613-1993*, Ottawa, Presses de l'Université d'Ottawa, 2010, p. 334.

[18] Jules Tremblay, *Les ailes qui montent. (Hommage au nouvel an 1919)*, éd. privée, Ottawa, Imprimerie Beauregard, 1918, 30 p.

«Moineau franc», qui porte l'exergue suivant: «Évidemment pour honorer la France la province d'Ontario limite à une heure par jour "l'usage" du français dans les écoles anciennes, et l'interdit dans les écoles nouvelles. *De par le Règlement XVII.*» Il s'agit là du poème qui parle le plus explicitement de la crise scolaire:

> Moineau, pour chanter
> Le cœur plus à l'aise
> Ta chanson française,
> Fais réglementer
> Bémol et dièze [*sic*].
>
> Car si Toronto
> L'entend plus qu'une heure,
> Il se peut qu'il meure
> De ton concerto
> En gamme majeure.
>
> Si, malgré l'édit,
> Tu franchis la zone,
> Toute face jaune,
> Depuis l'interdit,
> S'allonge d'une aune.
>
> Un cadi crochu,
> Belle âme d'ilote
> Que Berlin pilote
> T'adjuge fichu
> Dans la voix biglotte.
>
> Mais tu ris des lois
> Et chantes sans elles,
> Car les méchants zèles,
> Pas plus que les rois,
> Ne ferment tes ailes[19].

Côté théâtre, si de nombreuses pièces et des saynètes sont présentées au public dans les diverses salles de la ville d'Ottawa, une

---

[19] Jules Tremblay, *Aromes* [*sic*] *du terroir*, Ottawa, Imprimerie Beauregard, 1918, p. 47-48.

seule, « La petite maîtresse d'école » – publiée sous le titre *Le petit maître d'école* (1929) –, d'Armand Leclaire[20], un écrivain québécois, met en scène la crise scolaire[21]. L'ouvrage publié marque clairement la volonté de l'auteur d'intervenir, par la plume, dans la lutte contre le Règlement 17. Ainsi, le livre porte la dédicace : « À mes enfants. En souvenir de la lutte courageuse des petits Ontariens », qui l'inscrit explicitement dans la foulée de la crise scolaire résolue au moment de la parution du livre. En outre, dans son « Avant-propos », Armand Leclaire explique que la pièce a été « écrite sous l'impulsion du moment et jouée un peu partout dans les centres [c]anadiens-français de l'Ontario » (p. 4). Elle s'est depuis « masculinisée », dit-il, comme le veut « la mode », mais cela, comme son passage à l'imprimé, ne diminue selon lui nullement sa portée. Même les « typographes », « [c]es Barbe-Bleue des phrases auront beau faire ils ne l'empêcheront pas de raconter les faits tels qu'ils se sont passés » (p. 4). La pièce elle-même valorise la position des résistants et souligne l'appui qui vient du Québec à travers le personnage de Jean-Paul Rouvière, étudiant québécois qui se lie d'amitié avec le maître d'école, Fernand Bernier, et qui ouvrira à la fin de la pièce, à ses frais et dans sa maison, une école parallèle.

Les romans ne sont guère plus abondants. Outre les allusions qui se trouvent dans les romans d'Hector Bernier, *Ce que disait la flamme*[22], et de William Henry Moore, *Polly Masson*[23], seuls deux romans sont explicitement inspirés de la situation sociale. Il s'agit

---

[20] Armand Leclaire, *Le petit maître d'école*, Montréal, Éditions Edouard Garand, 1929, 28 p.

[21] Voir l'article d'Hélène Beauchamp dans cet ouvrage.

[22] – Nos frères de l'Ontario sont menacés d'une loi qui ouvre un abîme : sommes-nous touchés ? Leurs angoisses ont-elles franchi l'Outaouais pour pénétrer dans nos cœurs ? Qu'importe la race et qu'elle meure, pourvu que tu sois un ingénieur forestier brillant, que je sois médecin ?...

– Nous n'aimons pas notre race, nous ne nous aimons pas les uns les autres ! L'union canadienne-française est un mythe ! Des préjugés nous affaiblissent, des mesquineries nous séparent... Une pensée m'arrive : épouserions-nous la jeune fille d'un vaillant ouvrier des nôtres ? Hector Bernier, *Ce que disait la flamme*, Québec, Imprimerie de « L'Événement », 1913, p. 89-90.

[23] William Henry Moore, *Polly Masson*, Toronto, Dent & Sons, 1919, 339 p. Au sujet de Moore et du Règlement 17, voir l'article de Hans-Jürgen Lüsebrink dans cet ouvrage.

de *Plus qu'elle-même*[24]! de Luc Bérard et J. Albert Foisy, publié en 1921 à Québec, et de *L'appel de la race*[25] de l'abbé Lionel Groulx, qui paraît l'année suivante. Le premier est un roman édifiant, dans lequel la jeune héroïne franco-américaine, venue enseigner en Ontario pour défendre le droit des francophones, choisira, à la fin du livre, d'y rester et de ne pas rentrer aux États-Unis marier son fiancé, Wallace Reed, un industriel protestant américain. Le roman de Lionel Groulx raconte aussi une histoire de tension entre le devoir envers la communauté et les désirs individuels. Tous deux sont des romans à thèse qui ont comme objectif premier de sensibiliser et de mobiliser la population. Ils cherchent donc, comme les écrivains du XIXe siècle s'inspirant de la Déportation et étudiés par Robert Viau, à provoquer l'« indignation face à l'iniquité historique[26] », bien que ces romans ne soient pas des romans historiques puisque contemporains des événements politiques qu'ils relatent. Ils visent aussi à dénoncer les « insinuations malveillantes » et les « injures[27] ». Ainsi, *L'appel de la race*, entièrement construit sur le schéma du roman d'apprentissage, forme privilégiée par les romans à thèse, cherche à convaincre ses lecteurs de rejeter l'attrait de la culture et de la langue anglaises afin d'embrasser la culture et la langue françaises à travers l'histoire de Jules de Lantagnac, un avocat de quarante-trois ans qui a connu une belle carrière et a épousé une anglophone protestante. Selon Susan Suleiman, « on peut définir une histoire d'apprentissage (de *Bildung*) par deux transformations parallèles affectant le sujet : d'une part, la transformation ignorance (de soi) → connaissance (de soi) ; d'autre part, la transformation passivité → action[28] ». Cela correspond en tous points au cheminement du héros du roman de Groulx, Jules de Lantagnac, qui, après avoir renié ses origines pendant des années parce qu'il

---

[24] Luc Bérard et J.-Albert Foisy, *Plus qu'elle-même! Roman canadien*, Québec, la Cie d'Imprimerie commerciale limitée, 1921, 244 p.

[25] Lionel Groulx, *L'appel de la race*, Montréal, Fides, « Collection du nénuphar », 1956 [1922], 252 p.

[26] Robert Viau, « Le Grand Dérangement en littérature », dans Raoul Boudreau, Anne Marie Robichaud, Zénon Chiasson et Pierre M. Gérin (dir.), *Mélanges Marguerite Maillet*, Moncton, Chaires d'études acadiennes et Éditions d'Acadie, 1996, p. 374.

[27] *Ibid.*

[28] Susan Robin Suleiman, *Le roman à thèse ou L'autorité fictive*, Paris, Presses universitaires de France, « Écritures », 1983, p. 82.

était « [c]onvaincu que la voie du succès était anglaise et ambitieux de réussir une brillante carrière[29] », trouve son chemin de Damas lorsqu'il souhaite « jouer un rôle[30] ». Commence alors l'ardu travail de la reconquête de sa langue et de sa culture avec l'aide du père Fabien. Lantagnac passe alors de sa passivité initiale à l'action : élu député, il devient un fervent défenseur de la cause de l'éducation en français en Ontario même si le prix à payer en est sa famille, puisque deux de ses enfants choisiront la langue et la culture de leur mère, qui, elle, quittera son époux. Le message ne saurait être plus clair : la « race » est plus importante que les vœux sacrés du mariage, comme en témoigne le dialogue entre Lantagnac et son fils aîné à la toute fin du roman :

> – Ah ! père, quelle infortune pour vous et pour nous tous !
> – Oui, reprit Lantagnac, très abattu ; après cette séparation pire que la mort, il ne me reste plus à moi – c'est le mot du Père Fabien – : qu'une fiancée peut-être : la cause à laquelle je donnerai désormais ma vie[31].

D'aucuns prétendent que le roman de Groulx pourrait être une réponse nationaliste (canadienne-française) au roman de William Henry Moore, qui aborde lui aussi la question des rapports entre Canadiens français et Canadiens anglais à travers une histoire de relation amoureuse. Ainsi, Jean-Christian Pleau soutient que

> [t]out comme *L'appel de la race*, dont il préfigure en quelque sorte l'intrigue (quoique sous une forme inversée), le roman de Moore transpose son sujet politique sur le plan privé, et le rapport entre les « races » est analysé à travers les relations d'un couple « mixte » ; en l'occurrence un politicien francophobe voué à la cause de l'impérialisme britannique (William Larned) et, d'autre part, une jeune Canadienne française (la

---

[29] Yves Saint-Denis, « *Appel de la race (L')* », *Dictionnaire des écrits de l'Ontario français. 1913-1993*, *op. cit.*, p. 50.

[30] Lionel Groulx, *op. cit*, p. 100.

[31] *Ibid.*, p. 248.

Polly ou Pauline Masson du titre), bien intégrée à la haute société anglaise, et dont Larned finit par tomber amoureux[32].

Cependant, contrairement à ce qui se passe dans le roman de Groulx, le Règlement 17 ne constitue pas le cœur de la trame narrative politique[33], qui s'intéresse plutôt au mouvement de l'Imperial Federation ainsi qu'à la question du libre-échange et de l'abolition des tarifs douaniers. Les relations entre Canadiens français et Canadiens anglais sont plutôt liées à l'intrigue amoureuse : après avoir rencontré la jeune Polly Masson, le ministre des Travaux publics Larned devient plus conscient des tensions entre les deux communautés et des torts faits à la population canadienne-française. Il finira même par signer son arrêt de mort politique en prononçant un discours dans sa circonscription unilingue anglaise, dans lequel il fait l'éloge de la protection des minorités et demande à ses concitoyens de faire de même avec les Canadiens français[34]. Ainsi, dans *Polly Masson*, du moins dans la trame narrative de la vie privée, la tension entre les « races » finit par se résorber : l'amour étant plus fort que les préjugés.

Un dernier ouvrage, d'à peine soixante-quatre pages et très didactique, intitulé *Les garanties du français et le règlement XVII. Dialogue entre Nicolas Longtin maître d'école et Louis Bérubé, ouvrier*, sort des presses en 1927. Dans ce dialogue fictif, Nicolas Longtin argumente en faveur des droits linguistiques des Canadiens français en retraçant

---

[32] Jean-Christian Pleau, « *La Revue moderne* et le nationalisme, 1919-1920 », *Mens : revue d'histoire intellectuelle de l'Amérique française*, vol. 6, n° 2, printemps 2006, p. 217. Pleau se demande en note « si Groulx avait lu le roman de Moore ». Les similitudes sont en fait très peu nombreuses : Lantagnac et Larned sont députés, tous deux sont dans une relation exogame (Lantagnac est marié depuis plusieurs années à une anglophone, Larned rencontre une jeune francophone dont il s'éprend), mais la lutte de Lantagnac contre le Règlement 17 ne trouve pas d'écho chez Larned autre que son désir de justice sociale pour ses concitoyens francophones. La principale différence réside bien entendu dans le fait que, chez Masson, l'amour convertit Larned alors que chez Groulx, il a entraîné Lantagnac à délaisser son devoir face à sa « race ». Une comparaison approfondie des deux romans permettrait cependant de bien saisir les liens qui unissent le texte de Groulx à celui de Moore.

[33] La seule allusion claire à la question scolaire – sans que le Règlement 17 soit mentionné – se trouve à la fin du roman alors que Polly, de retour à la maison familiale en Ontario après un voyage en Angleterre avec sa sœur et son beau-frère, demande à de jeunes garçons voisins s'ils étudient les grands faits de l'histoire canadienne-française en français et qu'ils répondent : « *No. 'Tis forbidden, Miss Masson.* » William Henry Moore, *op. cit.*, p. 252.

[34] William Henry Moore, *op. cit.*, p. 295-296.

leur histoire depuis les garanties acquises lors de l'Acte de Québec, en 1774, jusqu'à la promulgation du Règlement 17. Le dialogue est découpé en sections qui portent sur diverses époques de l'histoire du Canada, telles que *L'acte de 1791*, ou *L'Acte de la Confédération*. La dernière partie porte sur le Règlement 17. Nicolas explique d'abord l'historique de ce Règlement, qui constitue selon lui « une fraude » puisque « [l]a mesure fut présentée au moment où la session allait être prorogée » et où « les députés sont ordinairement peu nombreux[35] ». Il énumère par la suite onze points saillants qui résument en fait les quinze articles du Règlement 17. Le texte imite le style juridique : « L'enseignement donné dans les écoles bilingues françaises ou anglo-françaises, devient, par le présent Règlement XVII, identique en tous points à celui des autres écoles publiques ou séparées[36]. » Ce livre porte donc à leur summum le didactisme et le prosélytisme présents dans l'ensemble des romans touchant au Règlement 17 publiés à l'époque.

La refondation identitaire

Une fois la crise terminée, le Règlement 17 disparaît de la littérature pendant plus de trente ans[37] pour ne réapparaître qu'à la fin des années 1970, au moment où un nouveau discours identitaire franco-ontarien se fait entendre. Les nombreuses crises scolaires faisant alors rage, dont celle de Penetanguishene (1979-1987)[38], ramènent en mémoire la crise de 1912-1927. Il n'est dès lors pas étonnant que le Règlement 17 resurgisse dans la littérature. Il ne fait cependant plus l'objet de poésie de circonstances – genre qui ne se pratique plus à l'époque –, mais on le retrouve dans quelques

[35] Nicolas Longtin, *Les garanties du français et le règlement XVII. Dialogue entre Nicolas Longtin maître d'école et Louis Bérubé, ouvrier*, Montréal, Imprimerie du Devoir, 1927, p. 55.

[36] *Ibid.*, p. 57.

[37] Du moins, mon assistante et moi n'avons pas pu identifier d'œuvre qui y fasse référence, si ce n'est quelques passages allusifs dans le roman *Belle et grave*, de Louis Bilodeau, qui se déroule à Ottawa (et ailleurs en Ontario) en 1943 (Montréal, Beauchemin, 1963, 169 p.).

[38] Voir Daniel Marchildon et Micheline Marchand, *La crise scolaire de Penetanguishene : au-delà des faits, il y a… Un historique sommaire et analytique, 1976-1989*, Penetanguishene, D. Marchildon, 2004, 286 p. Voir aussi « Les luttes pour les écoles secondaires de langue française », dans *La présence française en Ontario : 1610, passeport pour 2010* [en ligne] http://www.crccf.uottawa.ca/passeport/IV/IVD1c/IVD1c.html, consulté le 25 novembre 2012.

romans et dans des pièces de théâtre engagées produites par le Théâtre de la Corvée à Ottawa.

Le Théâtre de la Corvée présente deux pièces qui traitent de la crise scolaire entourant le Règlement 17: *La parole et la loi*[39] et «Jeanne[40]», qui adoptent des formes bien différentes[41]. Ces pièces font cependant toutes deux une large place aux événements historiques. Dans *La parole et la loi*, le thème des luttes scolaires permet de faire le lien entre le passé historique (le Règlement 17) et le présent (la lutte pour des écoles secondaires de langue française, mais aussi la place qu'occupe dans les années 1970 la langue française dans les écoles). La pièce, résolument postmoderne, fait appel à une esthétique brechtienne de la distanciation. Dans «Jeanne», l'action est entièrement située dans le passé. La pièce adopte donc une esthétique plus traditionnelle et un déroulement linéaire, bien que le personnage de Jeanne Lajoie ne soit pas représenté de façon univoque. Les deux pièces cherchent à puiser dans une mémoire collective ou plus précisément une mémoire sociale, que Jenéa Tallentire définit ainsi: «*Social memory can be generally understood as the shared narratives of a community's past, which are essential to its identity and cohesion*[42].» Elles misent sur la connaissance déjà acquise du Règlement 17 et surtout sur le sens que la communauté lui accorde afin de lui faire jouer un rôle adapté à la situation sociale des années 1970 et 1980.

Il en va de même du roman historique à thèse de Paul-François Sylvestre, *Obéissance ou Résistance*[43] (1986), qui raconte les effets néfastes du Règlement 17 sur une petite communauté du sud de l'Ontario. Dans deux autres romans, *La quête d'Alexandre*

---

[39] La Corvée et Le théâtre de la Vieille 17, *La parole et la loi* suivi de *Les murs de nos villages ou Une journée dans la vie d'un village*, Sudbury, Prise de parole, «Bibliothèque canadienne-française»,, 2007, 322 p.

[40] Daniel J. Chartrand, «Jeanne», texte inédit disponible auprès de Théâtre-Action.

[41] Pour une analyse plus approfondie de ces pièces, voir l'article de Johanne Melançon dans cet ouvrage.

[42] Jenéa Tallentire, «Strategies of Memory: History, Social Memory, and the Community», *Histoire sociale/Social History*, vol. XXXIV, nº 67, mai 2011, p. 198.

[43] Paul-François Sylvestre, *Obéissance ou résistance*, Montréal, Bellarmin, 1986, 150 p.

d'Hélène Brodeur[44] (1981) et *Temps pascal*[45] de Daniel Poliquin (1982), la crise scolaire ne joue qu'un rôle anecdotique dans la diégèse.

Afin de visualiser plus clairement les fonctions du Règlement 17 dans ces romans, situons-les sur une échelle de la gradation de la présence de l'histoire dans les textes. À un extrême se trouvent les textes avec une forte présence de l'Histoire, plus près de l'historiographie que de la littérature ; à l'autre, la fiction où la référence historique, si elle s'y trouve, ne figure que comme mention ou allusion.

S'inspirant de Claude Lévis-Strauss, qui affirme, dans *La pensée sauvage*, que « l'orientation de l'historien et du romancier historique vise les deux extrémités de l'échelle de l'intelligibilité des faits[46] », Robert Viau propose de distinguer entre deux modes de représentation de l'Histoire dans les textes littéraires : la fiction historique et l'Histoire romancée. Dans le premier cas, comme le signale David Baguley dans son article sur le récit de guerre, l'écrivain devient historien afin de renseigner

> son lecteur sur les faits de la guerre, la chronologie des événements, présentant une immense quantité d'information historique, reproduisant même des documents et ajoutant des précisions par des notes en bas de page, jusqu'à discourir longuement sur la philosophie de la guerre et les théories de l'histoire[47].

Le but est d'instruire les lecteurs : le texte littéraire a alors, comme l'historiographie, une visée didactique. Dans le second cas, l'écrivain se sert d'un personnage-témoin qu'il place dans une situation

---

[44] Hélène Brodeur, *La quête d'Alexandre. Les chroniques du Nouvel-Ontario, tome 1*, Sudbury, Prise de parole, « Bibliothèque canadienne-française », 2012 [1981], 393 p.

[45] Daniel Poliquin, *Temps pascal*, 2e éd., Ottawa, Le Nordir, « Bibliothèque canadienne-française, 2003 [1982], 162 p.

[46] Robert Viau, « Discours révolutionnaire et discours romanesque : Louis Riel et les révoltes des Métis », *Cahiers franco-canadiens de l'Ouest*, vol. 1, no 2, automne 1989, p. 198.

[47] David Baguley, « Le récit de guerre, narration et focalisation dans *La débâcle* », *Littérature*, no 50, p. 79. Cité par Robert Viau, *op. cit.*, p. 199.

historique. Selon Robert Viau, cette fictionnalisation de l'histoire permet à l'écrivain de présenter son interprétation des faits et d'imposer sa vision du passé à ses lecteurs. Il soutient que « [c]e qui importe n'est plus l'intelligibilité des faits historiques, mais leur transformation en éléments de propagande[48] ». L'objectif serait alors de convaincre. Bien que des romans historiques puissent effectivement être des romans à thèse, il me semble néanmoins que l'observation de Robert Viau, qui décrit bien les œuvres qu'il analyse, ne peut cependant pas être érigée en règle absolue. Le roman d'Hélène Brodeur, par exemple, est sans conteste un roman historique, mais il n'est pas pour autant un roman à thèse. En outre, même l'historiographie, comme l'ont souligné les spécialistes du roman historique postmoderne, n'est pas une présentation neutre de l'histoire. Il en va bien entendu de même de la fiction historique et de l'Histoire romancée. La distinction s'avère néanmoins pertinente puisque, dans le premier cas, le texte littéraire mime le texte historiographique alors que l'Histoire romancée fait effectivement une place plus grande à la fiction. Enfin, à l'autre extrémité se trouve la fiction[49] dont la diégèse se déroule à une époque contemporaine à l'écriture, même si des événements historiques peuvent être mentionnés par les personnages. En effet, pour qu'il y ait fiction historique ou Histoire romancée, il faut qu'il existe un écart temporel entre l'époque racontée et le moment de l'écriture[50].

Sur cette échelle, les romans de Sylvestre et Brodeur se trouvent du côté des genres qui privilégient une forte présence de l'Histoire alors que celui de Poliquin y fait brièvement allusion, la fiction y occupant une place largement supérieure aux données historiques factuelles.

---

[48] Robert Viau, *ibid.*

[49] Un autre type de roman historique s'insère entre l'Histoire romancée et la fiction. Il s'agit de la fiction historique postmoderne, qui n'apparaît en Ontario français qu'à la fin des années 1990. Il en sera question en détail plus loin.

[50] Selon Gilles Nélod, pour qu'un événement soit considéré historique, il doit avoir eu lieu avant la date de naissance de l'écrivain. Voir Gilles Nélod, *Panorama du roman historique*, Paris / Bruxelles, Éditions Sodi, 1969, p. 19 et sq.

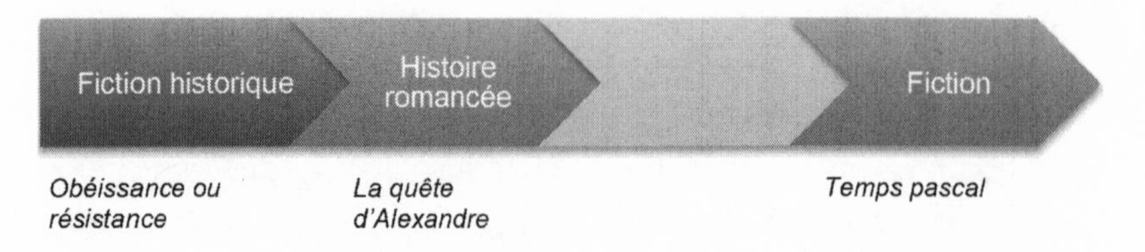

En effet, chez Sylvestre, la fiction s'éclipse quasi totalement devant l'Histoire. *Obéissance ou résistance* comporte d'ailleurs, outre les trente-cinq brefs tableaux narratifs, un épilogue, une chronologie des événements historiques et une bibliographie des ouvrages consultés. Il s'agit d'une fiction historique : Sylvestre cherche à instruire ses lecteurs en leur fournissant autant d'information qu'il le peut. Il serait même possible de soutenir qu'*Obéissance ou résistance* mise sur la mémoire sociale en tant que « *potential source of strength, resistance, and re-creation of identity for the community itself*[51] ». En effet, le roman de Sylvestre vise à susciter une prise de position idéologique et identitaire.

Chez Brodeur, l'Histoire joue aussi un rôle important mais il s'agit plutôt d'« Histoire romancée », puisque le romanesque l'emporte sur les faits historiques, qui sont au service de la fiction. Dans *La quête d'Alexandre*, les personnages ne sont pas inspirés par des personnages publics réels. Ils représentent plutôt des gens ordinaires qui vivent dans le Nouvel-Ontario entre 1912 et 1916. Hélène Brodeur signale d'ailleurs dans son avant-propos qu'elle souhaitait, à travers ses personnages imaginaires, « faire revivre une époque révolue de l'histoire de l'Ontario-Nord ». Aussi, même si les personnages sont fictifs, même si les toponymes sont inventés, elle n'hésite pas à affirmer : « Tout le reste est vrai[52]. » Par cette boutade, Brodeur informe son lecteur que les grands événements mentionnés, tels la construction du chemin de fer, les incendies de 1911 et 1916 ainsi, bien entendu, que le Règlement 17, proviennent de l'Histoire. Ces divers événements servent cependant des fins différentes : certains ne sont qu'anecdotiques et contribuent à l'effet de réel, comme la construction du chemin de fer, d'autres servent à éprouver les personnages, comme l'incendie de

[51] Jenéa Tallentire, *loc. cit.*, p. 198.
[52] Hélène Brodeur, *op. cit.*, p. 9.

forêt de 1916 qui poussera l'assassin du frère d'Alexandre à se confesser à lui. Le Règlement 17, lui, ne sert que de prétexte à la décision d'Alexandre Sellier de rester plus longtemps en Ontario : il accepte d'enseigner à l'école de Miska afin qu'elle ne ferme pas[53]. Toutefois, d'un point de vue purement narratif, il doit prolonger son séjour en Ontario afin que l'intrigue amoureuse puisse se déployer. La narration ne s'attarde donc pas sur la crise scolaire, qu'elle n'explicite nullement. La fiction prédomine, dans ce roman, sur l'historiographie. Le roman de Brodeur n'utilise donc pas les données historiques pour consolider l'identité collective et mobiliser les lecteurs. Il se sert d'une autre fonction de la mémoire sociale, soit le fait qu'elle peut devenir « *a transmission of meanings and ideals rather than empirical facts : it is "not stable at the level of information ; it is stable, rather, at the level of shared meanings and remembered images"*[54] ». Le roman de Brodeur convoque donc ces souvenirs dont la signification est déjà déterminée par la communauté.

Temps pascal, pour sa part, n'est pas un roman historique : la trame narrative principale est contemporaine à l'écriture. Cependant, dans les années 1980, alors que l'affirmation collective est à l'ordre du jour et que Poliquin, de son propre aveu, fait son « service littéraire », le Règlement 17 se doit d'être évoqué ne serait-ce que pour caractériser davantage le personnage de Médéric Dutrisac, en tant qu'homme révolté et militant[55]. Ce sont donc, ici aussi, les valeurs dont est investie la crise scolaire qui sont convoquées dans le texte.

L'absence signifiante du Règlement 17

Depuis ces années de prise de parole collective, le Règlement 17 a fait quelques incursions, fort peu nombreuses, en littérature. Il joue un rôle assez important dans le roman historique (Histoire romancée) de Jean Mohsen Fahmy, *Frères ennemis* (2009), dont l'action se déroule en 1914, et qui met en scène des frères jumeaux dont l'un – Lionel – s'engage dans l'armée et va se battre en Europe et l'autre – Armand – travaille au journal *Le Devoir*,

---

[53] *Ibid.*, p. 94.
[54] Jenéa Tallentire, *loc. cit.*, p. 198.
[55] Daniel Poliquin, *Temps pascal*, *op. cit.*, p. 125.

adopte la philosophie de son héros et patron Henri Bourassa – avec qui il milite contre la conscription – et participe à la campagne contre le Règlement 17. On trouve également deux allusions au Règlement 17 dans le roman historique (Histoire romancée) pour jeunes adultes[56] *La première guerre de Toronto*, de Daniel Marchildon, qui raconte l'histoire d'un jeune boxeur de la Ville Reine revenant du front en 1918, blessé, alors que la grippe espagnole fait des ravages. Dans ces deux romans, la Première Guerre mondiale occupe à l'évidence la place de choix au détriment du Règlement 17. Ces romans illustrent de fait le regain d'intérêt, durant les quinze dernières années, pour ce conflit armé en littérature et au cinéma, tant au Canada et aux États-Unis qu'en Europe, comme en témoignent les films *Passchendaele* (2008) du réalisateur canadien Paul Gross ou *Joyeux Noël* (2005) du réalisateur français Christian Carion[57], ou encore les romans *Three Day Road* (2006) du romancier canadien Joseph Boyden et *Deafening* (2003) de la romancière d'Ottawa Frances Itani. Un autre roman franco-ontarien se déroule à cette époque troublée : *La kermesse* de Daniel Poliquin.

Daniel Poliquin n'en est pas à son premier roman historique. En 1998, il fait paraître *L'homme de paille*, vaste fresque qui se déroule au moment de la Guerre de la Conquête. Cependant, comme le signale François Ouellet, dans ce roman « la dimension poétique transcende [...] la vision historique[58] ». En 2006, avec *La kermesse*[59], il récidive et publie un autre roman historique qui se passe, lui, à Ottawa, mais où la dimension poétique transcende encore une fois l'Histoire. La raison en est que les romans historiques de Daniel Poliquin n'appartiennent ni à la fiction historique, ni à l'Histoire romancée. Ils s'inscrivent plutôt dans un nouveau sous-genre romanesque que l'on nomme le roman historique postmoderne. Selon Linda Hutcheon, qui a théorisé ce genre littéraire, le roman

---

[56] Hormis ce roman dont le public visé est essentiellement de jeunes adultes, cette étude n'a pas recensé la présence du Règlement 17 dans la littérature pour enfants.

[57] *Wikipédia* liste quatorze films portant sur la Première Guerre mondiale produits depuis 2000.

[58] François Ouellet, « Présentation », *Voix et Images*, vol. 27, nº 3, (81), 2002, p. 402.

[59] Daniel Poliquin, *La kermesse*, Montréal, Boréal, 2006, 327 p.

historique postmoderne valorise l'Histoire tout en la remettant constamment en question : « *it reinstalls historical contexts as significant and even determining, but in so doing, it problematizes the entire notion of historical knowledge*[60] ». Ces romans tournent certes leur regard vers le passé, mais ce regard est plus critique et problématique que laudatif puisqu'il questionne toute possibilité de vraiment connaître le passé. Le roman historique postmoderne

> *can often enact the problematic nature of the relation of writing history to narrativization and, thus, to fictionalization, thereby raising the same questions about the cognitive status of historical knowledge with which current philosophers of history are also grappling. What is the ontological nature of historical documents? Are they the stand-in for the past? What is meant – in ideological terms – by our "natural" understanding of historical explanation*[61] *?*

Plus encore, le roman historique postmoderne souligne le fait que l'on n'a accès au passé que par les discours tenus sur lui. Il se fonde ainsi sur la croyance que l'historiographie est univoque et privilégie une version au détriment des autres, alors que le roman est fondamentalement plurivoque et pluriel. Celui-ci peut donc rendre, mieux que l'historiographie, l'esprit d'une époque.

Fiction historique	Histoire romancée	Fiction historique postmoderne	Fiction
La première guerre de Toronto 1re guerre + grippe espagnole	*Frères ennemis* 1re guerre + conscription	*La kermesse* 1re guerre + quartier Flatte Le Breton (Ottawa)	

Or, bien que le roman de Poliquin se déroule durant les années 1910 et 1920, en grande partie à Ottawa, il ne mentionne pas le Règlement 17, alors que la Première Guerre mondiale comme la vie quotidienne des habitants du quartier du Flatte Le Breton occupent, elles, une place de choix dans la trame narrative. Une

---

[60] Linda Hutcheon, *A Poetics of Postmodernism : History, Theory, Fiction*, New York / London, Routledge, 1988, p. 89.

[61] *Ibid.*, p. 92-93.

référence au Règlement 17 n'aurait certainement pas été incongrue dans ce roman. Comment expliquer son absence ? Est-ce une façon de ne pas convoquer les valeurs qui sont associées à cet événement historique qui a acquis une valeur idéologique renouvelée sur la scène publique à cause de la crise entourant la décision du gouvernement provincial de fermer l'hôpital Montfort, seul hôpital francophone de l'Ontario, en 1997 ? Comme l'a bien démontré Marcel Martel[62], le Règlement 17 a servi à définir la lutte pour empêcher la fermeture de l'hôpital Montfort ; en parler dans le roman ferait certainement surgir dans l'esprit du lecteur franco-ontarien ces nouvelles strates de sens qui y sont désormais associées. Le roman aurait pu aussi être l'occasion de redéfinir le Règlement 17 et de rejeter les interprétations qui lui ont été assignées – comme c'est le cas, depuis les années 1970, en littérature acadienne, des mythes d'Évangeline et de la Déportation[63]. Mais Poliquin, qui a produit de remarquables romans historiques postmodernes, a préféré ne pas s'attaquer à notre « mythe fondateur ». Peut-être est-il encore trop récent et trop fragile ?

Conclusion

Bref, le Règlement 17 n'a pas connu une grande fortune littéraire. Pis encore, plus on s'éloigne de lui dans le temps, moins il est présent dans les textes littéraires. Mais surtout, son rôle dans les textes littéraires se transforme de façon significative à travers le temps. Au début du XXe siècle, les textes sont au service de la réalité : ils sont écrits dans le but de défendre l'éducation de langue française en Ontario, de mobiliser la population, de convaincre les principaux acteurs de soutenir cette cause. Il s'agit d'une littérature engagée et militante, une véritable littérature de combat. Si la pièce de Daniel Chartrand et le roman de Paul-François Sylvestre

---

[62] Marcel Martel, « Usage du passé et mémoire collective franco-ontarienne : le souvenir du Règlement 17 dans la bataille pour sauver l'hôpital Montfort », *Mens : revue d'histoire intellectuelle de l'Amérique française*, vol. 6, n° 1, automne 2005, p. 69-94.

[63] Voir Robert Viau, « Le Grand Dérangement en littérature », *op. cit.* L'auteur affirme qu'à partir des années 1970, « [l]es romanciers récusent l'idéologie sur laquelle étaient fondés [les romans précédents] : le messianisme compensatoire, la mission providentielle de la nation, la langue gardienne de la foi, la survivance par la terre, mais aussi la revanche sanglante, l'exaltation de la race, le culte du héros… » (p. 384).

continuent dans cette voie en adoptant la forme du texte à thèse et en mobilisant le pouvoir de refondation identitaire de cet événement historique marquant, *La parole et la loi* présente ses revendications sociales sous une forme plus littéraire et plus moderne. Son message est aussi (nécessairement ?) moins univoque. Dans *La quête d'Alexandre* et *Temps pascal*, le Règlement 17 est un événement historique révolu qui permet de donner un cachet de réalisme aux romans tout en valorisant l'histoire de la communauté. Force est cependant de constater qu'il est peu présent dans les textes littéraires plus récents, et ce, même dans les romans qui se déroulent entre 1912 et 1927. Ainsi, *Frères ennemis*, *La première guerre de Toronto* et *La kermesse* lui préfèrent la Première Guerre mondiale. En revanche, les œuvres gagnent en qualité littéraire. En fait, la littérarité des œuvres est clairement inversement proportionnelle à la présence du Règlement 17 en leur sein. Dans ces conditions, serait-il plus juste de parler des infortunes littéraires du Règlement 17 ?

Bibliographie

Asselin, J.-A. Émile, *Les mamans ontariennes*, Ottawa, Imprimerie du « Droit », 1917, 43 p.

Baguley, David, « Le récit de guerre, narration et focalisation dans *La débâcle* », *Littérature*, n° 50, p.

Beauchamp, Hélène, « Théâtre, sociabilité et mobilisation : l'exemple de la salle Sainte-Anne d'Ottawa », dans Michel Bock et François Charbonneau (dir.), *Le siècle du Règlement 17*, Sudbury, Prise de parole, « Agora », 2015, p. 355-379.

Bérard, Luc et J.-Albert Foisy, *Plus qu'elle-même! Roman canadien*, Québec, la Cie d'Imprimerie commerciale limitée, 1921, 244 p.

Bernier, Hector, *Ce que disait la flamme*, Québec, Imprimerie de « L'Événement », 1913, 452 p.

Bilodeau, Louis, *Belle et grave*, Montréal, Beauchemin, 1963, 169 p.

Brodeur, Hélène, *La quête d'Alexandre. Les chroniques du Nouvel-Ontario, tome 1*, Sudbury, Prise de parole, « Bibliothèque canadienne-française », 2012 [1981], 393 p.

Chartrand, Daniel J., « Jeanne », texte inédit, 43 f.

Dionne, René, « 1910. Une première prise de parole collective en Ontario français », *Cahiers Charlevoix*, n° 1, 1995, p. 15-124.

Dionne, René, « *Ferments (Les)* », *Dictionnaire des écrits de l'Ontario français, 1613-1993*, Ottawa, Presses de l'Université d'Ottawa, 2010, p. 334.

Dupuis-Déry, Francis, *Pour une littérature de combat*, Montréal, Éditions du Silence, 1998, 27 p.

Fentress, James et Chris Wickham, *Social Memory*, Oxford (R-U) / Cambridge (Mass.), Blackwell, 1992, 229 p.

Groulx, Lionel, *L'appel de la race*, Montréal, Fides, « Collection du nénuphar », 1956 [1922], 252 p.

Halbwachs, Maurice, *La mémoire collective*, 2e éd. rev. et aug., Paris, Presses universitaires de France, 1968, 204 p.

Hutcheon, Linda, *A Poetics of Postmodernism : History, Theory, Fiction*, New York / London, Routledge, 1988, 268 p.

La Corvée et Le théâtre de la Vieille 17, *La parole et la loi* suivi de *Les murs de nos villages ou Une journée dans la vie d'un village*, Sudbury, Prise de parole, « Bibliothèque canadienne-française », 2007, 322 p.

Leclaire, Armand, *Le petit maître d'école*, Montréal, Éditions Edouard Garand, 1929, 28 p.

« Les luttes pour les écoles secondaires de langue française », *La présence française en Ontario : 1610, passeport pour 2010* [en ligne] http://www.crccf.uottawa.ca/passeport/IV/IVD1c/IVD1c.html

Longtin, Nicolas, *Les garanties du français et le règlement XVII. Dialogue entre Nicolas Longtin maître d'école et Louis Bérubé, ouvrier*, Montréal, Imprimerie du Devoir, 1927, 64 p.

Lüsebrink, Hans-Jürgen, « Un anglophone contre le Règlement 17 : William Henry Moore », dans Michel Bock et François Charbonneau (dir.), *Le siècle du Règlement 17*, Sudbury, Prise de parole, « Agora », 2015, p. 77-99.

Marchildon, Daniel et Micheline Marchand, *La crise scolaire de Penetanguishene : au-delà des faits, il y a... Un historique sommaire et analytique, 1976-1989*, Penetanguishene, D. Marchildon, 2004, 286 p.

Martel, Marcel, « Usage du passé et mémoire collective franco-ontarienne : le souvenir du Règlement 17 dans la bataille pour sauver l'hôpital Montfort », *Mens, Revue d'histoire intellectuelle de l'Amérique française*, vol. 6, n° 1, automne, 2005, p. 69-94.

Melançon, Johanne, « Le Règlement 17 et le théâtre franco-ontarien : les exemples de *La parole et la loi* et « Jeanne », dans Michel Bock et François Charbonneau (dir.), *Le siècle du Règlement 17*, Sudbury, Prise de parole, « Agora », 2015, p. 357-379.

Moore, William Henry, *Polly Masson*, Toronto, Dent & Sons, 1919, 339 p.

Nélod, Gilles, *Panorama du roman historique,* Paris / Bruxelles, Éditions Sodi, 1969, 497 p.

Ouellet, François, « Présentation », *Voix et Images*, vol. 27, n° 3, (81), 2002, p. 401-403.

Pleau, Jean-Christian « *La Revue moderne* et le nationalisme, 1919-1920 », *Mens, Revue d'histoire intellectuelle de l'Amérique française*, vol. 6, n° 2, printemps 2006, p. 205-237.

Poliquin, Daniel, *La kermesse*, Montréal, Boréal, 2006, 327 p.

Poliquin, Daniel, *Temps pascal*, 2e éd., Ottawa, Le Nordir, « Bibliothèque canadienne-française », 2003 [1982], 162 p.

Saint-Denis, Yves, « *Appel de la race (L')* », *Dictionnaire des écrits de l'Ontario français. 1913-1993*, Ottawa, Presses de l'Université d'Ottawa, 2010, p. 50.

Suleiman, Susan Robin, *Le roman à thèse ou L'autorité fictive*, Paris, Presses universitaires de France, « Écritures », 1983, 314 p.

Sylvestre, Paul-François, *Obéissance ou résistance*, Montréal, Bellarmin, 1986, 150 p.

Tallentire, Jenéa, « Strategies of Memory : History, Social Memory, and the Community », *Histoire sociale / Social History*, vol. XXXIV, n° 67, mai 2011, p. 197-212.

Tessier, Jules, « Les Franco-Ontariens vus à travers leur littérature », dans Jacques Mathieu (dir.), *La mémoire dans la culture*, Québec, Presses de l'Université Laval, « Culture française d'Amérique », 1995, p. 179-204.

Tremblay, Jules, *Aromes* [*sic*] *du terroir*, Ottawa, Imprimerie Beauregard, 1918, 73 p.

Tremblay, Jules, *Des mots, des vers*, Montréal, Beauchemin, 1911, 228 p.

Tremblay, Jules, *Les ailes qui montent. (Hommage au nouvel an 1919)*, éd. privée, Ottawa, Imprimerie Beauregard, 1918, 30 p.

Tremblay, Jules, *Les ferments*, Ottawa, Imprimerie Beauregard, 1917, 74 p.

Tremblay, Jules, *Le français en Ontario. Discours prononcé au ralliement des Franco-Canadiens du Nouvel Ontario, à Sturgeon Falls, le mardi 24 juin 1913*, Montréal, Arthur Nault, 1913, 34 p.

Tremblay, Rémi, *Vers l'idéal*, Ottawa, Imprimerie commerciale, 1912, 346 p.
Viau, Robert, « Discours révolutionnaire et discours romanesque : Louis Riel et les révoltes des Métis », *Cahiers franco-canadiens de l'Ouest*, vol. 1, n° 2, automne 1989, p. 197-212.
Viau, Robert, « Le Grand Dérangement en littérature », dans Raoul Boudreau, Anne Marie Robichaud, Zénon Chiasson et Pierre M. Gérin (dir.), *Mélanges Marguerite Maillet*, Moncton, Chaires d'études acadiennes et Éditions d'Acadie, 1996, p. 373-387.

THÉÂTRE, SOCIABILITÉ ET MOBILISATION : L'EXEMPLE DE LA SALLE SAINTE-ANNE D'OTTAWA

Hélène Beauchamp

La lecture du quotidien *Le Droit* (1913-1919) m'a permis de mettre en perspective l'offre théâtrale ayant eu cours pendant les années de la crise du Règlement 17. Dès ses premières éditions, *Le Droit* parle du théâtre et des activités artistiques qui ont lieu à Ottawa et à Hull. Les cercles dramatiques et les salles qui accueillent les spectacles s'y annoncent. Preuve que la scène artistique prend de l'importance, le quotidien publie à compter de juin 1916 une rubrique hebdomadaire « Théâtre et Musique » signée Cyrano et consacrée « au mouvement théâtral et musical dans Ottawa et Hull ». En décembre 1916 on[1] propose une réflexion sur la « saison théâtrale », et on estime que « la situation du théâtre français à la salle Sainte-Anne est donc maintenant plus que satisfaisante ». La salle Sainte-Anne est en effet au cœur des événements théâtraux et politiques de cette période, et nous en présentons ici l'histoire. Signe des temps qui changent et de la fin de cette période de grande production et de création d'œuvres théâtrales, cette rubrique est remplacée en juin 1918 par une « Page littéraire » où seront publiés des textes et des poèmes édifiants.

---

[1] Les articles ne sont pas signés, ou alors de pseudonymes.

Les textes qui annoncent les spectacles et qui résument les pièces, tout comme les articles qui en rendent compte après coup et invitent les spectateurs à s'y rendre, sont d'année en année de plus en plus précis. Ceux qui les écrivent notent ce qui les touche et qui est susceptible de toucher les lecteurs. La connaissance de la scène artistique et le sens à donner aux spectacles offerts évoluent rapidement. En ce qui concerne les pièces choisies, par exemple, il est presque de rigueur au début de cette période qu'elles puissent à la fois émouvoir, édifier et faire rire. Beau défi! À compter de 1916, les cercles dramatiques manifestent leur préférence pour les pièces « canadiennes », et les opinions se nuancent. Pour ce qui est du jeu des acteurs, les commentaires sont d'abord plutôt vagues et approbateurs. On manque manifestement de guides de lecture et de moyens critiques. Mais à compter de 1917, les commentateurs vont suggérer, par exemple, qu'un jeu « naturel » est préférable à un jeu affecté et en quête de l'effet sur le spectateur. Dans un article du 19 juin 1917, Guy Vautour observe que de jeunes actrices ont compris que « la meilleure manière de plaire était de ne pas trop se contrefaire. Pas d'affectation! Point de mièvrerie![2] ».

Tout en analysant le répertoire joué à Ottawa pendant ces années, j'ai voulu savoir quel théâtre on avait présenté ailleurs, à d'autres époques fortement marquées par des événements politiques, et j'ai consulté des études sur l'offre des théâtres pendant les Révolutions françaises de 1789 et de 1830.

Puis j'ai tenté d'imaginer les spectateurs, ceux de la Basse-Ville d'Ottawa, ceux de l'élite et ceux du clergé, leurs réactions et leurs points de vue. Le prix des billets leur convenait-il? Quelle était l'atmosphère des salles les soirs de spectacle? Quelles étaient les discussions à l'entracte et le lendemain?

En première ligne

La salle Sainte-Anne d'Ottawa

C'est à la salle Sainte-Anne d'Ottawa, nommée « salle des Francs-Canadiens » dès son érection en 1874, qu'on a d'abord présenté du

[2] « À la salle S[ain]te-Anne », *Le Droit*, 19 juin 1917, p. 4.

théâtre en français à Ottawa[3], et comme il en sera abondamment question pendant les années de la crise du Règlement 17, j'en propose un historique succinct. Lieu de rassemblement et de socialisation, la salle paroissiale héberge, entre autres organismes et sociétés, le Cercle dramatique de la Salle. C'est Napoléon Taylor, fonctionnaire aux Postes arrivé à Ottawa au printemps de 1886, qui prend en charge les destinées du cercle et de la salle jusqu'en 1912 et qui continuera de s'y impliquer jusqu'à son départ en 1920. Il sera le maître d'œuvre de son agrandissement en 1893, se chargeant volontiers des travaux avec quelques paroissiens dévoués.

L'inauguration du 25 août 1893 est marquée par une représentation du « magnifique drame *Les pirates de la savane* » d'Anicet Bourgeois et Ferdinand Dugué[4], sur une scène qui est maintenant d'une profondeur adéquate. Quatre spectacles, soit deux drames et deux comédies, sont donnés en 1894 et dans les années suivantes : c'est le début d'une tradition où drames et mélodrames alternent avec des vaudevilles. Reconnaissances, naufrage en mer, testaments, enfants disparus, exercice de la justice, retrouvailles se succèdent dans ces histoires dont les péripéties se suivent à grand rythme dans une durée condensée puis étalée sur plusieurs années. Pour Marie-Laurence Netter « le mélodrame, né pendant la Révolution [...], devient le genre par excellence du théâtre populaire au XIXe siècle parce qu'il possède au plus haut point ce caractère magique qui alimente le rêve[5] ». Par ailleurs, il est tout à fait certain qu'il s'agit là d'un divertissement populaire et accessible.

Une des pièces jouées en 1894, *Chicot*, est d'Antoine-Victor Braseau, un comédien qui se permet ici des allusions satiriques à l'actualité quand Chicot l'aventurier se moque des fonctionnaires et attaque les « pendards d'Ottawa », en référence à l'affaire Louis Riel.

---

[3] Edgar Boutet, « Molière et CYRANO » (article du 28/4/56) dans *85 ans de théâtre à Hull*, non paginé, [Hull], Société historique de l'ouest du Québec, 1969.

[4] Il s'agit probablement du texte « arrangé spécialement pour les Cercles de jeunes gens » par J. G. W. McGown, dont les adaptations sont publiées à Montréal, chez Beauchemin, à partir de 1890.

[5] Marie-Laurence Netter, « Imagination, imaginaire et convention dans le théâtre de la Révolution française », dans Philippe Bourdin et Gérard Loubinoux (dir.), *Les arts de la scène & la révolution française*, Vizille, Musée de la Révolution française, Presses Universitaires Blaise-Pascal, 2004, p. 379.

En 1904, c'est le *Félix Poutré* de Louis Fréchette que l'on joue, montrant l'action d'un patriote qui cherche à échapper à la répression suite à l'insurrection de 1838. Cette pièce est au répertoire des cercles dramatiques locaux; elle revient sans cesse à l'affiche, comme un leitmotiv, un appel, une motivation à continuer l'affirmation de l'identité canadienne et de la langue française.

En 1907, il est question d'agrandir la salle Sainte-Anne, les responsables demandant que soit aménagé un « puits aux décors », ce qui laisse supposer un calendrier très fourni de représentations, données par le Cercle dramatique de la Salle et par les troupes de tournée. La décision est prise en avril 1911 de supprimer ce premier bâtiment et de reconstruire à neuf sur le même site, rue Saint-Patrick, du côté ouest de l'église.

Église Sainte-Anne et Salle Sainte-Anne, après 1912

Source : Inconnue

Napoléon Taylor

Source : Jules Tremblay, 1925.

La nouvelle salle est inaugurée le 1er janvier 1912. Elle sera désormais gérée par le Cercle social, dont l'objectif est d'obtenir l'adhésion de tous les paroissiens et dont le mandat premier est de percevoir des revenus provenant de la vente de billets pour divers événements et de la location du théâtre et des autres salles[6]. Dans *Le Droit*, on parle désormais de la « magnifique salle S[ain]te-Anne » que le Cercle social améliore d'année en année : il y installe des fauteuils confortables en 1914, abaisse le niveau du plancher de l'orchestre pour accommoder les musiciens, les acteurs et les spectateurs. Puis des tapis recouvrent le plancher des allées et des rideaux neufs sont accrochés. En avril 1917, de nouveaux décors « rendront les séances plus attrayantes ». Et enfin, on planifie la construction d'une

[6] Jules Tremblay, *S[ain]te-Anne d'Ottawa. Un résumé d'histoire 1873-1923*, (Ottawa), La Cie d'Imprimerie d'Ottawa Limitée, 1925, p. 195.

rallonge du côté sud, dont l'inauguration a lieu le 2 juillet 1917. Lucien Brault résume comme suit l'importance de cette salle :

> Pendant la crise scolaire ontarienne [...], la salle S[ain]te-Anne fut le centre des revendications des Canadiens français. Elle fut le foyer où venait se réchauffer le patriotisme ardent et éclairé des citoyens qui aimaient et voulaient conserver leur langue et leur nationalité. Dans cette salle se sont déroulées de belles pages de notre histoire franco-ontarienne[7].

Théâtres et cercles dramatiques

À Ottawa et à Hull, ce sont les « cercles » dramatiques et les « groupes » qui produisent les spectacles, créent les nouveaux textes, assurent les représentations et les tournées. Les « cercles » sont associés à une salle paroissiale, et les deux types de formation portent le nom de leur fondateur et directeur artistique. Le Cercle Ernest Saint-Jean (1909-1938) joue à la salle Notre-Dame de Hull[8], reconstruite après la déflagration d'avril 1900. Pour Edgar Boutet, elle est le foyer de l'art dramatique dans cette ville de 1903 à 1945. Le Groupe Wilfrid Sanche (1912-1925) et le Groupe Marchand (1916-1920) jouent à la salle Notre-Dame et au Théâtre Odéon, construit en 1909 par la Compagnie d'Amusement de Hull[9].

À Ottawa, ces troupes et celles qui viennent en tournée de Montréal et d'ailleurs jouent surtout à la salle Sainte-Anne, et parfois au Monument national et au Théâtre Russell. Le Monument national, construit en 1906 à l'angle des rues George et Dalhousie, programme surtout des activités patriotiques, des soirées récréatives et musicales, des « soirées de famille » où musique, chants, monologues et extraits de textes dramatiques s'enchaînent. L'Institut canadien-français y est hébergé de 1906 à 1920[10]. Le Théâtre Russell, construit à l'angle des rues Sparks et Elgin en

---

[7] Lucien Brault, *S[ain]te-Anne d'Ottawa 1873-1973*, Ottawa, Imprimerie Beauregard, [1973], p. 53.

[8] Il y a huit cent vingt-quatre places et quatre loges dans la salle Notre-Dame.

[9] À l'angle des rues Principale et Courcelette. L'Odéon est le théâtre attitré du Groupe Wilfrid Sanche de 1909 à 1917.

[10] L'Institut canadien-français, fondé en 1852, aura son Cercle dramatique (1858-1948) mais ses activités seront plutôt privées et irrégulières. Ses locaux sont endommagés par le feu en 1904, l'obligeant à se loger temporairement au Monument national, dont la salle est de sept cents fauteuils.

1897 et rebâti en 1901, est l'un des plus luxueux théâtres canadiens de l'époque, avec mille cinq cents fauteuils, quatorze loges et une scène spacieuse pour les grands déploiements. Sir Wilfrid et Lady Laurier y sont des spectateurs assidus ainsi que « l'élite » de la capitale pour l'opéra, les tournées européennes et des soirées organisées, par exemple et exceptionnellement pendant la crise scolaire, pour des levées de fonds.

Le répertoire

J'entends par répertoire « la liste des pièces, des œuvres qui forment le fonds d'un théâtre et sont susceptibles d'être reprises[11] ». Les cercles dramatiques de l'Outaouais ont un tel répertoire de pièces, qui sont très attendues de la population en général et dont les représentations sont portées par des comédiens vedettes. Amateurs de talent, ces comédiens détiennent des emplois dans différents ministères et bibliothèques, ou même aux Postes canadiennes. Très tôt, les distributions sont mixtes pour des pièces qui comportent peu de personnages féminins. Connus et aimés, les acteurs savent comment répondre aux attentes de leurs spectateurs et pratiquent le mélange des genres avec grande expertise : comédie, comédie à thèse, grand drame patriotique et héroïque, opérette, drame historique, tableau, mélodrame, drame romantique... Le public d'alors, selon Jean Béraud, « aimait les sentiments forts, les tirades éloquentes, les apartés menaçants, les mimiques *bien senties*, les longs attendrissements, et l'on y réagissait vigoureusement[12] ».

Une soirée est habituellement composée d'un drame ou d'un mélodrame et d'une comédie. On veut faire vivre toute la gamme des émotions aux spectateurs[13]. Sous l'effet du vaudeville, les spectacles comportent toujours des chansons, soit dans le corps du texte dramatique, comme dans les pièces d'Eugène Labiche et dans les

---

[11] Définition du *Petit Robert*, 2004. Sur les cercles dramatiques, le répertoire, les représentations et les lieux, consulter la thèse de Marcel Fortin, *Le théâtre d'expression française dans l'Outaouais des origines à 1967*, Université d'Ottawa, 1986.

[12] Jean Béraud, *350 ans de théâtre au Canada français*, Ottawa, Cercle du Livre de France, 1958, p. 98.

[13] En juin 1915, par exemple, *Monsieur l'aumônier*, pièce militaire en un acte de Théodore Botrel, est présentée avec la comédie en un acte de Charles LeRoy-Villars, *Le sous-préfet de Vazicourt-les-Briquettes.*

opérettes, soit données pendant l'entracte ou pour clore la soirée, dans des tableaux ou des envolées patriotiques dont le message se veut d'actualité. Il y a parfois des chœurs. Un ensemble de musiciens, voire même un orchestre de bonne taille est aussi au programme, et le nom du directeur musical ou du chef d'orchestre figure aux côtés de celui du directeur artistique (on ne parle pas encore de metteur en scène)[14].

The Russell House – Gravure d'E. Haberer.
Tirée des *Canadian Illustrated News* du 4 février 1882

Très peu de textes classiques sont portés à la scène, sauf par la Société des Débats français de l'Université d'Ottawa (1898-1943), qui joue annuellement au Théâtre Russell. Le New York Metropolitan Opera et le Boston Grand Opera viennent également au Russell, et Sarah Bernhardt s'y arrête en 1917 pour dire *Camille*, des extraits du *Marchand de Venise* et de *Cléopâtre*, et sa pièce en un acte sur la Première Guerre mondiale *Du théâtre au*

[14] Le 1er décembre 1915, par exemple, *Les piastres rouges* de Charles LeRoy-Villars, est présentée par le Cercle dramatique Sainte-Anne, sous la direction artistique d'A. P. Archambault, et avec le concours de l'orchestre du Cercle social, sous la direction d'A. P. Pontbriand.

champ d'honneur. Ces occasions sont sûrement hors de portée pour une bonne partie du public francophone.

Quelles sont les pièces dont les spectateurs raffolent? *Les deux timides*, *La cagnotte*, *La poudre aux yeux* d'Eugène Labiche prennent souvent l'affiche, moins souvent cependant que les pièces d'Horace Kearney, auteur qui donne aux comédiens l'occasion de jeux physiques, de jeux de mots, de quiproquos, et aux spectateurs, l'occasion de ces grands rires qui font du bien. Pierre Franz l'affirme dans son étude sur le mélodrame :

> L'être humain va d'abord au théâtre pour se divertir, y compris, voire davantage, durant les périodes troublées de son histoire : si intense que soit l'actualité politique, les spectacles frivoles conservent alors leurs adeptes. [...] s'il est un genre qui s'est maintenu, même pendant la Terreur, c'est la comédie[15].

Les romans à succès de Jules Verne ont aussi la faveur du public : *Famille sans nom*, adapté par Germain Beaulieu d'Ottawa sous le titre *Jean sans nom*, grand drame patriotique et héroïque en six actes et un prologue ; *Le tour du monde en 80 jours*, adapté par l'auteur français très prolifique Adolphe d'Ennery ; *Michel Strogoff*, adapté par Joseph George Walter McGown. Le poète québécois Pamphile Lemay adapte lui-même pour la scène son poème *Les vengeances* sous le titre *Tonkourou*, drame qui s'étend sur plus de vingt ans et où il est question de vengeance, bien entendu, mais aussi d'orphelins et d'enlèvements, de naufrage et de reconnaissance, et où les multiples péripéties tiennent parfois de l'invraisemblable. Et toujours, semble-t-il, le vice est tragiquement puni, la vertu récompensée et le bonheur, chèrement conquis.

Les drames ont la toute première préférence, ceux d'auteurs français qui écrivent en collaboration et dont les œuvres ont conséquemment un style commun : Auguste Anicet-Bourgeois (*Les pirates de la savane*, *Le bossu*), Charles LeRoy-Villars (*Les piastres rouges* et *Le gondolier de la mort*, grand drame vénitien) et surtout Adolphe

---

[15] Franz, Pierre, « Le mélodrame » dans « Naissance d'un public », *Europe*, n° 703-704, 1987, p. 30, cité par Sylvie Vieilledent, dans *1830 aux théâtres*, Paris, Honoré Champion, 2009, p. 13.

d'Ennery (*Les deux orphelines*, *Le marchand de coco*, *La femme du peuple*, l'un des plus grand succès du groupe Saint-Jean). Le nom de Joseph George Walter McGown revient souvent, lui qui adapte « pour les cercles de jeunes gens » une quantité impressionnante de romans et de pièces : *Le forgeron de Strasbourg*, *Jean le maudit ou Le fils du forçat*, *Michel Strogoff*, *Le portefeuille rouge*, dont les textes sont publiés chez Beauchemin, à Montréal.

Théâtre et engagement

Des pièces liées à l'actualité

À compter de 1914, le vocabulaire et le ton utilisés pour la présentation des spectacles sont symptomatiques de l'époque et reflet de l'actualité. Il y est toujours question de patriotisme et d'héroïsme, ne serait-ce que pour bien marquer les intentions des artistes et souligner les causes de l'heure. On préfère les textes qui coïncident avec les situations vécues et, de plus, on les remet en contexte pendant les entractes ou en fin de soirée par les chants, musiques, déclamations dont se chargent les comédiens avec, par exemple, l'utilisation de costumes appropriés et de drapeaux. Ces soirées prennent alors les couleurs de l'engagement. On pratique aussi le transfert de ce que vivent les personnages, qu'ils soient fictifs ou tirés de l'histoire, sur la situation connue à Ottawa. C'est de l'interprétation par association. Les moments historiques préférés sont les guerres françaises de 1830 et de 1870 et les pièces qui en traitent, comme *Wasserbourg ou L'esprit prussien*, drame patriotique joué à Sainte-Anne en décembre 1914 par le Cercle de la paroisse. On en rend compte dans *Le Droit* :

> À une époque aussi troublée que la nôtre, nos artistes ont fait preuve d'un bon goût et d'un tact parfait en retraçant un sujet de tant d'actualité et où l'on voit tracées en main de maître [*sic*] les sublimes vertus de ces braves Alsaciens de 1870. Au bon goût et au tact doit s'ajouter un autre éloge, celui d'avoir rendu la pièce en artistes qui sentent et qui vivent, et leur première apparition a été un triomphe[16].

---

[16] Le Cercle S[ain]te-Anne vient de renaître, et il s'agit de la première production du nouveau groupe. « L'espion prussien à la Salle S[ain]te-Anne », *Le Droit*, 26 décembre 1914, p. 6.

En juin 1915, on présente *Monsieur l'Aumônier*, pièce militaire en un acte de Théodore Botrel, qui « remporta un véritable triomphe »[17]. Le personnage de l'aumônier est apparu depuis le début de la guerre et il en acquiert un statut certain. Quant à Botrel, on inclut souvent ses chansons patriotiques dans les spectacles[18] et dans les manuels de « bonnes chansons ». Et pour faire d'une pierre deux coups, l'auteur de l'article du 2 juin 1915 ajoute : « Ce sont eux, en effet [les jeunes du Cercle S[ain]te-Anne], qui conservent le beau parler de France tout en développant les goûts littéraires et artistiques de leurs compatriotes ». On attribue au théâtre des effets positifs sur la qualité de la langue parlée et sur la culture des spectateurs.

En décembre 1915, *Félix Poutré* revient à l'affiche. Le commentateur élabore une réflexion qui repose sur une comparaison extrême, mais qui est sûrement guidée tant par la compassion que par la conviction de la justesse des actions entreprises.

> Cette pièce est emblématique, dans notre époque de guerre générale en Europe et de persécution odieuse dans la Province d'Ontario. Les belles paroles que les Patriotes prononçaient en faveur de leur cause, le public les appliquait immédiatement à la cause des Canadiens français dans cette province. Si la résistance actuelle n'est pas sanglante, elle n'est pas moins énergique et elle n'en sera pas moins glorieuse[19].

La petite maîtresse d'école

Le lien le plus direct entre situation politique, engagement et théâtre survient en 1916 avec la création de *La petite maîtresse d'école* d'Armand Leclaire à la salle Sainte-Anne[20]. Rappelons d'abord le contexte immédiat. Les sénateurs Napoléon Belcourt et Philippe Landry se sont faits les principaux défenseurs de la cause franco-ontarienne et, le 3 mai 1916, ils prennent la parole à la salle Sainte-Anne sur les droits scolaires et la question du désaveu par le gouvernement de l'Ontario. Le 22 mai, Philippe Landry quitte la

---

[17] « Beau succès à S[ain]te-Anne », *Le Droit*, 2 juin 1915, p. 4.

[18] Ses tournées au Canada français, en 1903 et 1922, furent triomphales.

[19] « Soirée d'adieu à la Salle S[ain]te-Anne », *Le Droit*, 9 décembre 1915, p. 8.

[20] La pièce sera publiée sous le titre *Le petit maître d'école*, Montréal, Éditions Édouard Garand, [1929].

présidence du Sénat pour s'engager directement dans la lutte et en juin, avant son départ pour Londres avec le sénateur Belcourt pour plaider la question scolaire devant le comité judiciaire du Conseil privé, il prononce son discours d'adieu à la salle Sainte-Anne. La pièce est créée le 6 juin.

L'action de *La petite maîtresse d'école* se passe dans un village ontarien où une jeune institutrice, Jeannine Bernier, enseigne dans une école bilingue et apprend que le Règlement 17 vient d'être sanctionné par le gouvernement de l'Ontario et qu'il ne sera plus permis de parler français dans les écoles. Elle se heurte à l'inspecteur George Bostock, et maintient son engagement avec l'appui de ses élèves, de son père Lucien Bernier, vieux professeur de chant, et d'un jeune étudiant québécois en vacances, Jean-Paul Rouvière, venu prendre des leçons de chant et dont le personnage rappelle le rôle du Québec dans ces luttes. La pièce est jouée par Armand Leclaire et sa troupe, avec sa femme, Rose-Alma Leclaire[21], et le jeune acteur hullois Oscar Auger, alors âgé de quinze ans, dans le rôle de l'élève Pitou.

Le lendemain de la première, on résume la pièce à la Une du *Droit* sous le titre « À la salle S[aint]te-Anne ». Le 10 juin, un article suggère que : « *La petite maîtresse d'école*, ce n'est pas simplement du théâtre, c'est de l'histoire, et de l'histoire toute chaude » qui éveille les « fibres les plus profondes du patriotisme, les aspirations les plus sublimes de la race, [qui] forment le nœud secret et fort de ce beau drame[22] ». Le 17 juin, on confirme « sa belle tenue littéraire, la beauté de son intrigue, son actualité et surtout son allure patriotique ».

> M. Armand Leclaire [...] remue les sentiments les plus nobles, les plus sublimes ; pour nous émouvoir, il fait appel à notre amour de notre langue, à notre ferme détermination de lutter pour nos droits et à notre volonté de vaincre[23].

C'est un texte écrit dans l'urgence et dans l'émotion, qui nourrit la résistance. Dans l'avant-propos de la publication, Leclaire revient sur

---

[21] Rose-Alma Leclaire est la sœur de Bella Ouellette, l'épouse de Fred Barry.

[22] « "La petite maîtresse d'école", chef-d'œuvre littéraire et patriotique », sous la rubrique « Théâtre et Musique », *Le Droit,* 10 juin 1916, p. 5.

[23] « "La petite maîtresse d'école" à la salle S[ain]te-Anne, le 20 juin », sous la rubrique « Théâtre et Musique », *Le Droit,* 17 juin 1916, p. 7.

ce moment historique, lui qui, comédien, est souvent venu à Ottawa avec les compagnies montréalaises de Julien Daoust et de Fred Barry.

> Je me trouvais à Ottawa lors de l'effervescence causée par l'application du Règlement XVII dans la province d'Ontario. Il fallait être sur les lieux pour se rendre compte de l'âpreté de la lutte. [...] J'étais jeune, enthousiaste, je résolus de me lancer dans l'arène. Je saisis ma plume la plus indignée et, trois jours après, "La petite maîtresse d'école", comme elle s'appelait alors, fut toute étonnée de venir au monde. Cette pièce fut donc écrite sous l'impulsion du moment et jouée un peu partout dans les centres Canadiens-français de l'Ontario[24].

Il est plutôt rare qu'une pièce porte précisément sur les événements qui agitent un groupe social au moment où ils se produisent. Il s'agit ici, comme le suggère Lucile Garbagnati, des rapports possibles « entre le spectacle de la vie et la vie elle-même » quand « le public qui regarde la pièce est le même que le peuple qui agit l'histoire[25] ». C'est cependant une pièce de circonstance, qui répondait à une urgence, qui s'est bien intégrée aux événements d'alors, mais qui n'a pas résisté au temps.

Théâtre et motivation

La salle Sainte-Anne où se produisent, certains soirs, des événements de nature politique et, le lendemain, des pièces de théâtre, est ce lieu où les liens s'établissent entre les différents types d'engagements. Les enjeux sont ainsi saisis par association. Cette salle est très sollicitée et son calendrier, bien rempli. Pour le Cercle social qui la gère, le défi est d'équilibrer les événements gratuits et payants, les grands rassemblements et les représentations théâtrales.

> Le Cercle social a la gérance de la salle, la fournit gratuitement pour assemblées patriotiques et autres. Mais le Cercle organise [des] soirées

---

[24] Leclaire, Armand, *Le petit maître d'école*, Montréal, Éditions Edouard Garand, 1929, p. 4. La tournée dans l'Outaouais, du 11 au 20 juin, sous les auspices du Cercle social Sainte-Anne, fut suivie d'une reprise à Montréal dans la semaine du 2 avril 1917.

[25] Lucile Garbagnati, « Introduction », dans Lucile Garbagnati et Marita Gilli (dir.), *Théâtre et révolution*, Paris, Annales littéraires de l'Université de Besançon, s.d., p. 11.

> pour rencontrer les nombreuses obligations contractées pour la construction et l'entretien de cette salle[26].

Parfois, on annonce l'événement politique en faisant appel aux émotions habituellement associées au divertissement.

> Mardi soir, à la salle S[ain]te-Anne, grand ralliement des Canadiens français au sujet de la question scolaire. Il y aura des sensations à cette assemblée. Et l'on sait que les assemblées à la salle S[aint]e-Anne ont un cachet tout particulier. Qu'on s'y rende en foule[27].

Plus largement, on souhaite situer les événements de ces années-là dans un continuum historique et, par exemple, on prend l'occasion de la représentation du *Félix Poutré* en décembre 1915 pour rappeler l'histoire et les événements passés. « On peut dire que la soirée d'hier a été une soirée exclusivement canadienne française, car tout y parlait de notre histoire et les airs nationaux ont été répétés plusieurs fois[28]. »

On souhaite aussi donner une ampleur internationale à la réflexion politique en cours. En avril 1917, on invite M. l'abbé Charles Thellier de Poncheville à donner une conférence sur Verdun, lui qui était alors aumônier de la 28e division d'infanterie et qui a publié *Dix mois à Verdun,* un témoignage sur sa vie auprès des hommes des tranchées en première ligne. *Le Droit* rend compte de cette soirée « dans une salle encore vibrante des protestations majestueuses du plus fort de la lutte pour la défense des écoles bilingues d'Ottawa ». M. Charles Leclerc, secrétaire de l'Union Saint-Joseph, remercie le conférencier en soulignant que « ses allusions à la question bilingue [...] sont allées droit au cœur des "blessés" de l'Ontario », ceux-là qui « souffrent sur les bords de l'Ottawa ». « À l'instar des héros de Verdun, les gardiens de la première ligne de défense de la civilisation française en Amérique, dans les tranchées ontariennes, ne connaissent qu'une consigne : on ne passe pas[29] ! »

---

[26] « La Salle S[ain]te-Anne », *Le Droit,* 26 février 1916, p. 8.
[27] « À la Salle S[ain]te-Anne », *Le Droit,* 21 février 1916, p. 6.
[28] « Soirée d'adieu à la Salle S[ain]te-Anne », *Le Droit,* 9 décembre 1915, p. 8.
[29] « M. l'abbé Thellier de Poncheville à S[ain]te-Anne », *Le Droit,* 23 avril 1917, p. 4.

Les rapprochements font peut-être sourire aujourd'hui, mais disent toute l'émotion qui est alors vécue par celles et ceux qui continuent sans relâche une action dont ils sentent qu'elle est essentielle à leur survie.

Théâtre et solidarité

Comme le théâtre est alors un divertissement très populaire porté par des comédiens vedettes, on en vient à associer certaines représentations à des causes qui en tirent un bénéfice. Sociétés et organismes parrainent les soirées: l'Union Saint-Joseph, la Société Saint-Jean-Baptiste d'Ottawa et celle de Hull, les Enfants de Marie de la paroisse Saint-Jean Baptiste, la Fédération des femmes canadiennes-françaises. La tournée de *La petite maîtresse d'école* s'organise sous les auspices du Cercle social Sainte-Anne. Certaines soirées où se retrouvent « l'élite » et « un nombreux clergé » sont données sous le « haut patronage » de Sir Wilfrid et de Lady Laurier, ou encore du Gouverneur général en fonction.

À l'occasion de soirées théâtrales dédiées à des causes spécifiques, les recettes leur sont généreusement versées. C'est ce que je pourrais nommer le théâtre de la solidarité sociale. En août 1915, la troupe de Julien Daoust invite cordialement les instituteurs et leurs élèves à assister gratuitement à une de leurs représentations; en janvier 1916, la troupe d'Edmond Daoust joue « au profit des institutrices de l'école Guigues ». Le 9 mai 1916, une importante soirée est organisée au Théâtre Russell au profit des écoles bilingues de l'Ontario, soirée qui se termine sur l'annonce par Sir Wilfrid Laurier, à partir de sa loge, d'un montant de 553,50 $ reçu de Québec, produit de séances données par des élèves. En 1917, on joue au profit des régions dévastées de la France et de la Belgique, de la Croix Rouge canadienne et de l'Hospice Saint-Charles, de la Société Saint-Vincent de Paul et des soldats canadiens-français.

Une autre forme d'engagement, artistique et théâtral, transparaît peu à peu à travers les articles publiés et les ajouts au répertoire. Il s'agit cette fois de ce que l'on pourrait apparenter à une défense et illustration du théâtre « canadien » alors que le cinéma exerce sa séduction et que l'Église formule des critiques de plus en plus sévères sur le théâtre, la danse, le cinéma et la mode.

Un théâtre « canadien » dans / de l'Outaouais

À compter de 1917, les artisans de ce théâtre semblent vouloir s'affirmer comme gens de théâtre à part entière en valorisant leurs auteurs et leur pratique de la scène. Si l'on en croit les articles publiés dans *Le Droit*, cette position se manifeste d'abord par un refus critique très senti de ceux qui viennent « d'ailleurs » et d'une dramaturgie davantage française que canadienne.

En effet, les troupes de Montréal ont joué de façon répétée sur les scènes d'Ottawa. Julien Daoust, Edmond Daoust, Palmieri, Fred Barry et Albert Duquesne sont venus fréquemment de l'été 1915 jusqu'en 1917, de même que la Troupe Villerai et la Troupe Castel. Les acteurs montréalais ont interprété les textes de Julien Daoust[30], mais aussi les drames et mélodrames dont les spectateurs sont friands[31]. Les artisans locaux se sont-ils sentis envahis, dépossédés de leur public ?

Toujours est-il qu'ils réagissent en mettant à l'affiche des textes écrits ou adaptés par des auteurs « canadiens », alors que les acteurs, pour leur part, quittent un style de jeu associé au mélodrame et à la recherche de l'effet, au profit d'un style dit « naturel ». À compter de 1917, les propos des commentateurs se fixent sur le théâtre écrit et joué par ceux de la scène locale. La résistance sera désormais culturelle.

Une écriture nouvelle

Louis Fréchette n'est pas un auteur de l'Outaouais, mais son *Félix Poutré* revient si souvent à l'affiche qu'il fait sûrement partie intégrante de l'imaginaire local, surtout pour cette population de la Basse-Ville d'Ottawa dont les origines se situent justement dans la région des Deux-Montagnes et de la Rivière du Chêne. À l'occasion des fêtes jubilaires de M. le curé Myrand, le Cercle Sainte-Anne joue d'ailleurs en son honneur *Papineau*, ce grand drame

---

[30] *La conscience d'un prêtre*, *Le triomphe de la croix*, *Le chemin des larmes*, *La création du monde*.

[31] *Les deux orphelines* d'Adolphe d'Ennery, *Jeanne la maudite* d'Armand Delbès et Marquet, *Le fils de l'aveugle*, grand drame à sensations de Gabriel Hugelmann, *Le sang français* de Fernand Meynet, *Le roman d'un jeune homme pauvre*, d'après le roman d'Octave Feuillet, *Le secret d'une tombe*, *Prêtre-martyr*…

historique en neuf tableaux, la musique étant assurée par l'orchestre du Cercle social Sainte-Anne[32].

Étonnamment, on ne reprend pas les comédies de deux auteurs de la région, Régis Roy, historien et fonctionnaire[33], et Augustin Laperrière[34]. En revanche, la popularité des pièces d'Horace J. Kearney est constante[35]. *La revanche de Frésimus*, écrit en 1898 pour le Cercle dramatique de Papineauville, connaît un succès immédiat sur toutes les scènes de l'Outaouais et sa publication en 1924 lui assurera un rayonnement au-delà de la région, jusque dans l'Ouest et en Nouvelle-Angleterre. Kearney crée un personnage de « tramp », heureux mélange du héros de la farce italienne et de la commedia dell'arte[36], et il a surtout la chance de trouver en Léonard Beaulne et les acteurs de l'Outaouais ceux qui font le mieux valoir ses personnages comiques. Ils triompheront dans *Louison et son garçon vont à l'exposition* ou *Un héritage à l'horizon* ou *Le testament*, mélodrame en 5 actes créé en 1910[37]. On y fait la connaissance de Louison Ladouceur, cultivateur, de Lagritte, sa femme, et de P'tit Louis, qui parlent la langue de Kearney dont la couleur locale est indéniable, avec ses expressions typiques : « sainte-bénite de misère à poil », « des bâdreux de pleins de plans », « un monsieur habillé *swell* », « il faudrait

---

[32] L'événement doit revêtir une certaine importance puisque *Le Droit* publie le texte de « l'adresse » faite au curé Joseph-Alfred Myrand et sa réponse.

[33] Régis Roy, *Théâtre comique*, édition préparée par Mariel O'Neill-Karch et Pierre Karch, Ottawa, Éditions David, 2006.

[34] Augustin Laperrière, *Les pauvres de Paris, Une partie de plaisir à la caverne de Wakefield ou Un monsieur dans une position critique et Monsieur Toupet ou Jean Bellegueule*, édition préparée par Mariel O'Neill-Karch et Pierre Karch, Ottawa, Éditions David, 2002.

[35] Né en 1858 à Longueuil, Kearney a étudié au Collège Sainte-Marie de Montréal et en pharmacie à l'Université de Montréal. Il réside à Papineauville, où il fonde le Cercle dramatique et littéraire de Papineauville, puis s'installe à Hull, où il est chef de gare (1883-1901) puis protonotaire adjoint du district de Hull (1901-1937), tout en assurant la gérance du Théâtre Odéon.

[36] Frésimus dénonce le complot mené par Calandre, espérant ainsi s'emparer de la fortune de l'industriel Van Hore en épousant sa fille. Or, Frésimus n'est nul autre que Dubois, victime d'un complot semblable six ans plus tôt, et qui n'est revenu depuis que pour confondre le coupable.

[37] Un homme ambitieux veut devenir riche. Tous les moyens sont bons : ruiner un ami, voler et enfin demander la main de la fille de cet ami en échange d'un chèque à endosser. Il décide de tuer un homme. Il dévalise un notaire mais ses complices sont pris. Lors de son arrestation, il donne tout son argent à celui qu'il a ruiné. Note : Les titres à plusieurs articulations sont fréquents, de même que les titres différents pour une même pièce, sans doute pour signifier une réécriture qui met l'accent sur l'un ou l'autre des éléments de l'intrigue.

qu'il serait pas mal *mean* pour pas trouver cette job-là bien tapée». Les dialogues sont vifs et laissent la part belle au jeu expressif.

Léonard Beaulne, comédien, avec des accessoires de jeu et de costumes, vers 1910. Université d'Ottawa, CRCCF, Fonds Léonard-Beaulne (P198).

Léonard Beaulne en compagnie de deux autres comédiens avec des accessoires de théâtre, vers 1910. Université d'Ottawa, CRCCF, Fonds Léonard-Beaulne (P198).

Kearney écrit aussi *Les bévues de Nicolas*, *L'amour n'a pas d'âge* et *Amour, guerre et patrie* ou *Pierrot Picotte s'enrôle*, créée par le Groupe Sanche en 1919, un mélodrame dont l'action se situe pendant la guerre de 1914-1918[38]. Très souvent portés à la scène, les personnages de Kearney réussissent sûrement à diminuer les tensions et à ramener un peu de légèreté dans ces années difficiles. Toutes proportions gardées, Kearney est un peu le Molière de l'Outaouais,

---

[38] La pièce raconte comment l'amitié de Louis et Jeanne se transforme en amour alors que Louis s'enrôle. Pour le rejoindre, elle suit un cours d'infirmière, le retrouve, l'enlève des bras d'une autre. Ils reviennent ensemble au pays.

celui dont les comédiens reprennent les pièces pour renflouer la caisse, retrouver l'énergie du jeu et la bonne humeur du public.

Jules Tremblay, auteur, conférencier, journaliste, poète et traducteur s'engage aussi dans l'écriture pour la scène. *Au large* accompagne les trois chœurs de Théodore Botrel au Théâtre Russell en 1916; en 1917, *Dans le filet*, dialogue en vers, est présenté lors d'une soirée patriotique, au Russell toujours. Cela n'en fait pas un auteur dramatique, mais montre à quel point le théâtre attire alors les gens de lettres.

On commence à jouer les pièces d'Antonin Proulx en 1917. Né à Hull, dramaturge et romancier, il travaille au journal *Le Temps*[39]. Il devient conservateur adjoint à la Bibliothèque Carnegie en 1906, écrit une dizaine de pièces toutes créées à Ottawa, dont neuf sont publiées, et qui reçoivent « un accueil sympathique ». *L'intime souffrance*, dû à sa « plume toujours agréable », est un drame en un acte, à trois personnages, qui se passe dans un salon[40]. La langue est châtiée. Il y a là une écriture tout à l'opposé de celle des pièces à effets et à décors multiples. Les représentations sont données au Théâtre Français, rue Dalhousie, en novembre 1917, et le commentaire publié dans *Le Droit* fait état d'une « étude de sentiments délicats et profonds dont la fine analyse est un régal pour l'intelligence et le cœur; le velouté et le coulant des phrases donnent également à l'oreille sa légitime part de plaisir[41] ».

Fin novembre 1917, on annonce du « théâtre canadien » avec *Le retour du poilu*, du même Antonin Proulx, qui sera jouée à Hull puis à la salle Sainte-Anne. Comme c'est souvent le cas, la pièce porte deux titres: *Dévotion* pour la pièce publiée et *Le retour du poilu* pour la pièce jouée[42]. L'annonce est accompagnée du commentaire suivant:

---

[39] *Le Temps*, quotidien puis hebdomadaire, est publié de 1894 à 1916. Ses bureaux sont au 552 Sussex.

[40] Madame Le Cartier a deux filles, une sérieuse et réfléchie, une autre au caractère plus emporté. Elles aiment le même, lui en aime une et l'autre se sacrifiera donc.

[41] « Au Théâtre Français », *Le Droit*, 19 novembre 1917, p. 6.

[42] Pour sauver du déshonneur une famille française noble venue refaire fortune au Canada, un médecin, fiancé à la fille de la maison, se laisse accuser d'un crime commis par le fils. Le retour du fils ayant expié ses crimes dans la légion étrangère rétablit l'ordre et permet le mariage.

> Et le public aime ces représentations de la vie sur les planches, parce que, sous une forme plus ramassée que dans le roman, il peut suivre une intrigue, une scène, fictive si vous voulez, mais qui pourrait être vraie – qui l'est souvent dans la vie réelle – et dont il a l'intuition plus ou moins vive. [...] Les bonnes pièces nous en avons besoin qui soient de "chez-nous", peignent nos mœurs, nos coutumes, notre mentalité, enfin, nous présentent un miroir où nous nous retrouvons en beauté et en laideur.

Le retour du poilu est de nouveau commenté comme pour amorcer cette fois la définition d'un théâtre canadien de création en ce début du XXe siècle.

> L'auteur fait appel à la raison, au sentiment et au goût artistique des spectateurs ; pièce bien écrite, attachante, intéressante, instructive, morale ; c'est du vrai théâtre français et non du mélodrame. La forme n'est pas sacrifiée aux effets de scène, à ce qu'on appelle les coups de théâtre. Il se trouve peu de drames où les situations sont plus dramatiques, plus poignantes, où l'intérêt est mieux ménagé, le comique plus irrésistible et de meilleur aloi[43].

Pour que le théâtre advienne

Les acteurs de l'Outaouais ont très rapidement développé leur art en ces années de grande effervescence. Les commentaires sur leur jeu sont toujours favorables au début, mais vagues ; les commentateurs peinent à décrire ou à expliquer ce travail de scène et la nature des prestations publiques. À l'occasion du *Reliquaire*, texte tiré des poésies de François Coppée et joué en octobre 1914, on note que Léonard Beaulne est un « désopilant comédien » et, comme il joue sur plusieurs registres, on ajoute : « Le jeu de M. Beaulne n'est pas moins bon dans la tragédie ». La litote dit bien l'embarras où se trouve l'auteur de l'article.

À compter de janvier 1918, les opinions se manifestent avec davantage de précision et les préférences pour un jeu naturel et simple sont de plus en plus marquées. Comme on a eu la chance, dans l'Outaouais, de voir beaucoup de théâtre depuis cinq ans et de chercher les meilleures façons de l'apprécier, on s'avance même

---

[43] « Le retour du poilu », dans la rubrique « Nouvelles de Hull », *Le Droit*, 3 décembre 1917, p. 3.

sur le terrain des comparaisons. Cherche-t-on à marquer un territoire ? À afficher une fierté légitime ?

> Nos amateurs sont les égaux, sinon les supérieurs de tous les étrangers qui sont venus ici depuis quelques années. De plus, le choix des pièces représentées par les amateurs est fait avec beaucoup plus de discernement et de goût que celui des étrangers et plusieurs fois nous avons dû déplorer l'absence de délicatesse et même de sens moral qu'il y avait dans le choix des pièces de certains professionnels[44].

Les éloges aux acteurs à l'occasion de la présentation de *L'aventurière* au Russell, en 1918, sont plus précis :

> Nos artistes possèdent au plus haut point le naturel qui nous a fait entendre pendant une soirée de superbes vers français ; [...] ils ont acquis une diction parfaite qui nous donne de la belle poésie, comme un artiste musicien peut nous exécuter une berceuse ; ils ont le jeu, l'expression et l'intonation qui nous font oublier l'encadrement de la rime et de la césure. Ils savent enfin nous faire trouver dans la poésie ce qu'il y a d'enlevant, de beau et de doux, surtout quand elle est française[45].

Des compliments sont enfin adressés aux comédiennes dont on a vu très régulièrement les noms dans les distributions, mais sans plus : Mme Beaulne joue « avec une grâce exquise », Madeleine Reinhardt est « l'interprète si souventes fois applaudie » et Mlle J. Deslauriers est « la petite actrice préférée du public, qui par sa diction impeccable et son geste naturel sait imager son jeu de la façon nous dirions, la plus parfaite ».

Une création théâtrale sous surveillance

Dans leur étude sur *L'Église et le théâtre au Québec*, Jean Laflamme et Rémi Tourangeau rappellent les réticences du clergé et de l'Église du Québec à l'endroit du théâtre, et les interdictions dont l'art de la scène a été l'objet. « Mgr Bruchési mène une lutte vigoureuse à Montréal. Les lettres pastorales se succèdent pour dénoncer la danse et le théâtre, celles de Mgr Taschereau, de Mgr Fabre et surtout

---

[44] « *Le diable* à la Salle S[ain]te-Anne », *Le Droit*, 23 janvier 1918, p. 6.

[45] « *L'aventurière* au Russell », *Le Droit*, 25 avril 1918, p. 8.

de Mgr Bruchési, le 16 décembre 1901[46].» Pendant les années précédant immédiatement la Première Grande guerre, les interventions épiscopales s'apaisent. Mais on sait que Mgr Bruchési, évêque conservateur, s'oppose à tout changement et que les bibliothèques, la mode féminine, la presse populaire attirent ses foudres. C'est ce qui explique sans doute la prudence des commentateurs du *Droit*, et cette façon qu'ils ont de toujours remarquer à quel point, dans les pièces choisies, le bien est récompensé et le mal sévèrement puni.

Même si le clergé de l'Outaouais connaît et reconnaît l'importance du théâtre comme occasion de ralliement et comme événement à même de rejoindre toutes les classes sociales, c'est de nouveau l'offensive en juin 1918. À la Une du *Droit* paraît ce titre: «L'apothéose du vice». On y fait état du «retour du monde au paganisme, de l'influence néfaste du cinéma moderne sur les mœurs et le sens religieux des peuples». On cite Charles Leclerc qui décrie le cinéma dans *Le Prévoyant*: «Règle générale, le cinéma n'est rien autre chose qu'une école de débauche[47].»

En fin de compte, c'est la grippe espagnole qui aura le dernier mot. En octobre 1918, pour enrayer l'épidémie, le Bureau de la Santé d'Ottawa ordonne la fermeture des théâtres, écoles, séminaires et salles publiques et prévoit la transformation d'édifices publics en hôpitaux temporaires. La fermeture est pour un temps indéfini.

Ce fut une époque de grande intensité

Ces années de la crise scolaire et de la Première Grande guerre furent des années d'une rare intensité, une grande époque pour le théâtre, ses comédiens et ses auteurs. Ce court article ne laisse entrevoir qu'une infime partie de tout ce qui s'est alors produit, de la richesse qui s'est alors développée et des controverses qui se sont élevées. Un répertoire s'est maintenu et, mieux encore, s'est renouvelé en intégrant des œuvres écrites et adaptées par des auteurs locaux, motivées par une pensée politique de l'urgence et par le plaisir manifeste du jeu: le plaisir du théâtre même. Tous les ingrédients y

---

[46] Jean Laflamme et Rémi Tourangeau, *L'Église et le théâtre au Québec*, Montréal, Fides, 1979, p. 225.

[47] *Le Prévoyant*, périodique publié par l'Union Saint-Joseph pour ses membres, d'août 1900 à mai 1925.

étaient, même ceux nécessaires à une résistance aux préjugés. Une lecture plus approfondie des éditions quotidiennes du *Droit* nous en apprendrait encore plus sur la force de ces artistes qui savaient quel art de la scène ils valorisaient et défendaient par leur constance et leur créativité. Ils ont osé s'affirmer alors que les politiques tentaient justement de leur enlever le moyen même de leur expression, soit la langue, instrument premier de communication au théâtre. Cette affirmation culturelle est indéniablement politique.

La salle Sainte-Anne a connu ses heures de gloire: spectacles, conférences, réunions. Elle est devenue un lieu symbole de la résistance. Gérée par le Cercle social, constamment améliorée, elle est endommagée par les flammes en novembre 1920, puis reconstruite pour une utilisation plus strictement paroissiale, toujours sous la gouverne du curé Joseph-Alfred Myrand.

Les artistes, pour leur part, poursuivront leur quête d'une formation et d'une pratique professionnelles: Laurette Larocque Auger et Oscar Auger quitteront Ottawa en 1929 pour un séjour de formation à Paris, dont ils reviendront pour poursuivre leur carrière, d'abord à Ottawa puis à Montréal, elle devenue Jean Despréz, lui, Jacques Auger. Léonard Beaulne dirigera la Société des débats français de l'Université d'Ottawa et s'aventurera dans un répertoire qui inclura les textes classiques. Il créera sa propre école de diction[48]. En 1933, la première édition du Festival national d'art dramatique, fondé à l'initiative du Gouverneur général Lord Bessborough, a lieu au Ottawa Little Theatre, donnant l'occasion aux comédiens francophones de défendre avec vigueur et succès des œuvres de création et de répertoire.

Il y aura bien entendu d'autres luttes scolaires, culturelles et linguistiques mais les événements qui ont eu lieu de 1912 à 1920 resteront ancrés dans les mémoires.

[48] Consulter les articles sur Jacques Auger, Léonard Beaulne, Jean Despréz dans le *Dictionnaire des artistes du théâtre québécois*, Montréal, Jeu / Québec Amérique, 2008.

Références

Audet, Francis. J., *Historique des journaux d'Ottawa*, Bureau et Frères, 1896, 45 p.

Béraud, Jean, *350 ans de théâtre au Canada français*, Ottawa, Cercle du Livre de France, 1958, 319 p.

Boutet, Edgar, *85 ans de théâtre à Hull*, [Hull], Société historique de l'ouest du Québec, 1969, [60 p.].

Brault, Lucien, *S[ain]te-Anne d'Ottawa 1873-1973*, Ottawa, Imprimerie Beauregard, [1973], 80 p.

Daniels, Barry et Jacqueline Razgonnikoff, *Patriotes en scène: Le théâtre de la République (1790-1799): un épisode méconnu de l'histoire de la Comédie-Française*, Vizille, Musée de la Révolution française / Versailles, Artlys, 2007, 270 p.

Fortin, Marcel, « Le théâtre d'expression française dans l'Outaouais des origines à 196 », thèse de doctorat, Université d'Ottawa, 1986.

Franz, Pierre, « Le mélodrame », dans « Naissance d'un public », *Europe*, n°s 703-704, 1987, p. 30, cité par Sylvie Vielledent, dans *1830 aux théâtres*, Paris, Honoré Champion, 2009.

Garbagnati, Lucile, « Introduction », dans Lucile Garbagnati et Marita Gilli (dir.), *Actes du colloque théâtre et Révolution*, Paris, Les Belles Lettres, 1988 ?, 237 p.

Laflamme, Jean et Rémi Tourangeau, *L'Église et le théâtre au Québec*, Montréal, Fides, 1979, 355 p.

Netter, Marie-Laurence, « Imagination, imaginaire et convention dans le théâtre de la Révolution française », dans Philippe Bourdin et Gérard Loubinoux (dir.), *Les arts de la scène & la Révolution française*, Clermont-Ferrand, Presses universitaires Blaise-Pascal, 2004, 606 p.

Tremblay, Jules, *Sainte-Anne d'Ottawa. Un résumé d'histoire 1873-1923*, [Ottawa], La Cie d'Imprimerie d'Ottawa, Limitée, 1925, 408 p.

Vaïs, Michel (dir.), *Dictionnaire des artistes du théâtre québécois*, Montréal, Jeu / Québec Amérique, 2008, 422 p.

Vielledent, Sylvie, *1830 aux théâtres*, Paris, Honoré Champion, 2009, 669 p.

Pièces de théâtre

Braseau, Antoine Victor, *Chicot*, Montréal, Librairie Beauchemin, [entre 1900 et 1967], 40 p.

Fréchette, Louis, *Félix Poutré*, Montréal, s. é., 1871, 47 p.

___ *Papineau*, Montréal, Chapleau & Lavigne, 1880, 100 p.

Girard, Rodolphe, *Les ailes cassées*, Ottawa, Le Courrier fédéral, 1921, 23 p.

Kearney, Horace J., *La revanche de Frésimus*, Hull, Imprimerie Provost, 1924, 33 p.

___ *Amour, guerre et patrie*, Hull, Imprimerie Provost, 1925, 38 p.

___ *Un héritage à l'horizon ou Louison et son garçon vont à l'exposition*, manuscrit, Bibliothèque et archives nationales du Québec, Centre Gatineau, Fonds Romulus Beauparlant, p. 22.

Laperrière, Augustin, *Les pauvres de Paris, Une partie de plaisir à la caverne de Wakefield ou Un monsieur dans une position critique et Monsieur Toupet ou Jean Bellegueule*, édition préparée par Mariel O'Neill-Karch et Pierre Karch, Ottawa, Éditions David, 2002, 211 p.

Leclaire, Armand, *Le petit maître d'école*, Montréal, Éditions Édouard Garand, [1929], 28 p.

Lemay, Pamphile, *Les vengeances*, Québec, Imprimé par Léon Bossue dit Lyonnais, rue Saint-François, Saint-Roch, 1876, 44 p.

McGown, Joseph George Walter, *Michel Strogoff*, ressource électronique, Montréal, [s. é., 189-?]

___ *Les pirates de la Savane*, Montréal, Librairie Beauchemin, [entre 1900 et 1908], 88 p.

___ *Le forgeron de Strasbourg*, Montréal, C.O. Beauchemin & fils, [entre 1886 et 1902], 97 p.

___ *Jean Le Maudit ou Le fils du forçat*, Montréal, Librairie Beauchemin, [entre 1900 et 1908], 69 p.

Proulx, Antonin, *Le prix du bonheur*, Montréal, éditions Édouard Garand, « Théâtre canadien », 1931, 39 p.

___ *L'intime souffrance*, Montréal, éditions Édouard Garand, « Théâtre canadien », [1930], 14 p.

___ *De l'audace, jeune homme!*, Montréal, éditions Édouard Garand, « Théâtre canadien », [1930], 14 p.

___ *L'enjoleuse, Dévotion, L'amour à la poste*, Ottawa, Ateliers typographiques de l'Imprimerie canadienne, 1916, 289 p.

Roy, Régis, *Théâtre comique*, édition préparée par Mariel O'Neill-Karch et Pierre Karch, Ottawa, Éditions David, 2006, 358 p.

LE RÈGLEMENT 17 ET LE THÉÂTRE FRANCO-ONTARIEN : LES EXEMPLES DE *LA PAROLE ET LA LOI* ET « JEANNE »

Johanne Melançon
Université Laurentienne

Dans le contexte d'une littérature en train de se faire et de se définir, l'identitaire constitue tant la source de bien des œuvres que leur grille de lecture. Le choix d'un élément fortement lié à l'identité comme source d'inspiration ou sujet d'une œuvre ou d'un spectacle, aussi bien que le recours à l'ethnocritique, peuvent cependant constituer un piège, surtout pour les littératures minoritaires. En effet, si un symbole identitaire ou un fait historique lié à la construction de la nation, par exemple, apparaît consensuel à une époque où il s'impose comme élément fondateur d'une identité collective ou nationale, sa lecture peut changer au fil du temps. Par exemple, une œuvre littéraire ou une production artistique peuvent en proposer une critique ou une relecture qui en modifie l'interprétation, forçant ainsi le public à déplacer son horizon d'attente. C'est bien, semble-t-il, ce qui s'est passé avec le Règlement 17, du moins en ce qui concerne le théâtre franco-ontarien.

Ainsi, pour l'historien Robert Choquette, l'épisode – disons-le : l'épopée, et même la Croisade, comme l'Histoire nous le présente – du Règlement 17 cristallise l'identité franco-ontarienne : « Les Franco-Ontariens ont gagné. Ils jouissent à nouveau d'écoles élémentaires françaises. Dans le creuset de cette bataille qui dura quinze ans, ils se sont forgés [*sic*] une identité[1]. » Cette analyse, en pleine crise linguistique et scolaire, au moment où s'ouvre une école parallèle à Penetanguishene, ne peut, pourrait-on penser, que faire consensus. De même, dans son *Histoire de la littérature franco-ontarienne des origines à nos jours* (1997), René Dionne, qui élabore sa périodisation de l'histoire littéraire de l'Ontario français depuis la fin des années 1970, considère que la période débutant en 1910 (année de la fondation de l'ACFÉO en réaction au projet du gouvernement ontarien de mettre en place le Règlement 17) et se terminant en 1927 (année de l'abrogation de la loi) constitue le moment de « l'affirmation de l'identité collective » des Franco-Ontariens[2]. Le fait historique, qui est de facto érigé en mythe fondateur d'une identité collective, vient ici sanctionner la périodisation de l'histoire littéraire franco-ontarienne, distincte de la québécoise ou même de la canadienne-française. Pourtant, peu d'œuvres littéraires de l'Ontario français font écho au Règlement 17 ou en font leur matière première[3]. Toutefois, ce moment de l'histoire de l'Ontario français a nourri deux textes de théâtre qui ont connu une production professionnelle, soit la création collective *La parole et la loi*, créée en 1979 et dont le texte a été publié chez Prise de parole en 1980, et « Jeanne » de Daniel Chartrand, texte de 1984 resté inédit[4]. Mais comment le Règlement 17 est-il traité dans la fable de ces deux pièces ? Comment cherche-t-on à le présenter ? Quelle leçon nous invite-t-on à tirer de l'Histoire ?

Les deux pièces ont été produites par le Théâtre d'la Corvée d'Ottawa. Prenant en considération que cette troupe se voulait un

---

[1] Robert Choquette, *L'Ontario français. Historique*, Montréal, Études vivantes, « L'Ontario français », 1980, p. 196. On croirait entendre la « Chanson de la victoire », tableau de *La parole et la loi* : « Victoire ! Ils ont supprimé le Règlement 17, / [...] / On s'est battus et on a gagné, / Les Franco-Ontariens sont sauvés. // [...] Ils l'ont supprimé le Règlement ; / Dire qu'on se battait depuis déjà quinze ans, / [...] // On a sauvé nos écoles séparées, / Autant dire qu'on a tout gagné. / Nos enfants resteront canadiens-français / On est vainqueurs et on va le rester » (*PL*, 74).

[2] René Dionne, *Histoire de la littérature franco-ontarienne des origines à nos jours, tome 1*, Sudbury, Prise de parole, 1997, p. 16.

[3] Voir à ce sujet l'article de Lucie Hotte dans cet ouvrage.

[4] Le manuscrit est conservé dans le fonds d'archives de Théâtre-Action.

« théâtre de revendication socio-politique[5] » et qu'elle visait à travers ses pièces non seulement à susciter la réflexion mais à construire une mémoire collective, il s'agira ici non pas tant de déterminer dans quelle mesure les deux pièces restent fidèles ou non à l'Histoire, mais plutôt, en les considérant comme des mises en récit littéraires[6] de l'Histoire, et donc où le fait historique s'inscrit d'emblée dans une fiction, de cerner comment le Règlement 17, comme moment de l'histoire de l'Ontario français, a nourri l'imaginaire littéraire sous forme de pièce de théâtre, comment et dans quelle mesure les deux pièces reconstruisent le passé, quel pacte de lecture elles mettent en œuvre et par le fait même quelle interprétation elles en proposent.

Toutefois, plusieurs écueils parsèment la route de celui ou celle qui cherche à analyser un texte de théâtre. En effet, comment tenir compte de la théâtralité simplement à partir du texte dramatique ? De plus, dans le cas de *La parole et loi*, il faut garder en mémoire qu'il s'agit d'un texte publié alors que le texte de « Jeanne », bien qu'il ait été mis en scène, est resté à l'état de tapuscrit. Il faut aussi faire la distinction entre une création collective qui a connu plus de cent cinquante représentations[7] et un texte d'auteur dont la représentation fit un four, du moins si l'on en croit la critique parue dans la revue *Liaison*[8]. Mais le plus grand écueil est celui de l'écart herméneutique entre le texte – « troué » (Ubersfeld) ou « paresseux » (Eco) – et sa représentation. Dans le cas de ces deux pièces, en l'absence de documents permettant d'avoir accès à leur représentation, la présente analyse propose une réflexion qui s'appuie essentiellement sur le texte, mais en tenant compte, dans la mesure du possible, d'une certaine « mise en place » grâce aux didascalies.

---

[5] Joël Beddows, « L'institution théâtrale franco-ontarienne (1971-1991) : entre mission communautaire et ambition professionnelle », thèse de doctorat, Graduate Centre for the Study of Drama, Université de Toronto, 2003, p. 128.

[6] Paul Ricœur, *Temps et récit, tome I*, « L'ordre philosophique », Paris, Seuil, 1983, 324 p.

[7] Voir Dominique Lafon, « Du bien-fondé de la réédition d'œuvres fondatrices », préface dans [collectif], *La parole et la loi* suivi de *Les murs de nos villages*, Sudbury, Prise de parole, « Bibliothèque canadienne-française », 2007, p. 8.

[8] Danielle Foucart, « Une pièce injuste pour une héroïne », *Liaison*, n° 31, 1984, p. 63.

La parole et la loi (1979)

Dans le but de faire réfléchir et réagir le spectateur – et en cela, reflétant le mandat du Théâtre d'la Corvée –, *La parole et la loi*, le texte « le plus revendicateur du corpus franco-ontarien[9] », opte pour une esthétique de la distanciation[10]. Cette pièce en vingt-sept tableaux met en scène – et en parallèle – le Règlement 17 promulgué en 1912 et les luttes scolaires des années 1970, en faisant un lien explicite avec la crise scolaire de Sturgeon Falls (1968-1976) dans le tableau « Les Femmes », où trois générations de militantes comparent leurs luttes. La pièce n'est donc pas une simple mise en récit qui cherche à reconstruire, de façon chronologique, un épisode de l'histoire de l'Ontario français – bien que, selon la metteure en scène Brigitte Haentjens, il s'agisse de « créer un spectacle *historique*[11] ». Elle constitue plutôt un exposé des problèmes linguistiques dans le milieu scolaire des années 1970 et une réflexion sur l'identité franco-ontarienne à partir d'un fait historique, le Règlement 17, en faisant le lien avec le présent sur le plan politique et social, que ce soit la *Loi sur les langues officielles* ou l'assimilation des jeunes. La lutte scolaire reste au centre de la fable au moment où elle est toujours d'actualité – la crise scolaire de Penetanguishene est à son apogée de 1979 à 1982 –, et où la langue reste le principal vecteur de l'identité franco-ontarienne dans une société de plus en plus laïque. En fait, *La parole et la loi* contient autant de tableaux ancrés dans le passé (douze) que dans le présent (douze), et trois tableaux font le pont entre les deux temporalités, le présent dominant à partir de la moitié de la pièce. L'histoire se répétant, comme chacun sait, le fait historique est ici mis au service d'une réflexion critique sur la situation contemporaine, mais sans nostalgie ni apologie, bien au contraire. Pour ce

---

[9] Joël Beddows, *op. cit.*, p. 134.

[10] Rappelons que l'esthétique brechtienne de la distanciation cherche à rompre la vraisemblance de la représentation, à instaurer une *distance* entre le spectateur et la représentation de façon à favoriser une attitude critique de sa part, pour lui permettre de poser un jugement rationnel sur le spectacle.

[11] Brigitte Haentjens, « La création en milieu minoritaire : une passion exaltante et peut-être mortelle… », dans Robert Dickson, Annette Ribordy et Micheline Tremblay (dir.), *Toutes les photos finissent-elles par se ressembler ? Actes du forum sur la situation des arts au Canada français*, Sudbury, Prise de parole, 1999, p. 64.

faire, la trame narrative brouille régulièrement les frontières entre passé (historique) et présent.

Le début de la pièce expose le projet de la troupe alors que « [*t*]*ous les comédiens entrent en scène avec des valises contenant les accessoires nécessaires aux changements de personnages*[12] ». D'entrée de jeu, pas de recours à la vraisemblance : le spectateur sait qu'il vient au théâtre et qu'il assistera à une représentation prenant ses distances avec le réel ; la visée du spectacle est clairement exprimée dès la « Chanson du début » : « On va vous la raconter, notre histoire // Des temps présents, des temps passés // Des faits connus, puis des choses cachées » (*PL*, 23). Il s'agit bel et bien d'un récit, mais à la fois du présent et du passé. Plus encore, ce récit se propose de dévoiler – dénoncer ? – des « choses cachées » et donc d'aller au-delà du constat factuel et de l'histoire officielle. Ainsi, l'« Introduction de Monsieur Loyal » confirme l'esthétique de la distanciation en soulignant la mise en abyme. En effet, le spectateur pourra voir les comédiens et les comédiennes « jouer et recréer, par la magie de l'illusion théâtrale, l'histoire de notre histoire » (*PL*, 25). Pour souligner davantage cette mise à distance, le discours de Monsieur Loyal a recours à des stratégies rhétoriques comme l'ironie ou l'exagération et même la caricature :

> [...] l'infâme Règlement 17 renaîtra, devant vos yeux, des cendres du passé et vous serez les témoins du combat épique qu'ont livré nos valeureux et héroïques ancêtres.
>
> Oui, chers spectateurs, un combat épique, acharné, ensanglanté, une lutte sans merci qui a ravagé l'Ontario pendant 13 ans ! [...]
>
> Ce soir, vous connaîtrez les forces motrices derrière cet immense carnage : l'économie, l'éducation, la politique et même la religion (*PL*, 25).

On est bien dans le registre épique, et, comme dans un *ring* de boxe, « Monseigneur Fallon, le fanatique » (*PL*, 25) ainsi que « [s]on allié, Whitney, le premier ministre et son cabinet d'orangistes, qui utilisaient leur pouvoir pour anéantir les francophones »

---

[12] *La parole et la loi*, Sudbury, Prise de parole, « Bibliothèque canadienne-française », 2007, p. 23. Dorénavant, toutes les références au texte seront indiquées entre parenthèses à la suite de la citation par le sigle *PL* suivi du folio.

(*PL*, 25-26) s'opposent à « notre grand héros [...] Sam[13] Genest[14] (*Applaudissements*) » (*PL*, 26). De même, pour contextualiser l'adoption du Règlement 17, dans le tableau « Les journaux », comme nous le précise la didascalie, « [*l*]*es comédiens annoncent à tour de rôle les événements. Entre chaque date, il y a un roulement de tambour. À la fin de la scène, tous doivent être sortis, dos au public ou dans la salle* » (*PL*, 43). Sur le ton de la proclamation – mais peut-être aussi pour rappeler la solennité des exécutions ? – suggéré par les roulements de tambour, le texte se contente d'énumérer des faits historiques, de 1885 à 1912, ayant mené à la promulgation de la loi : une date, un fait, à la façon de l'Histoire dans sa forme la plus objective, bien qu'évidemment le choix des faits retenus ne soit pas laissé au hasard. Pour tout dire, ce choix insiste sur les événements et les lois qui ont permis à l'anglais, lentement mais sûrement, d'assurer sa suprématie sur le français et présente les principaux architectes (le premier ministre Whitney et Mgr Fallon) du Règlement 17. C'est là un exemple où, si le texte conserve une certaine objectivité (énumération de dates et de faits), la mise en scène (les roulements de tambour) suggère une interprétation du texte. Ce tableau confirme aussi que la pièce choisit certains moments de l'Histoire. D'ailleurs, on peut dire que *La parole et la loi*, en optant pour une structure en tableaux plutôt qu'une division en actes et en scènes, constitue une mise en récit fragmentée et presque anhistorique de l'Histoire puisqu'elle ne construit pas de mise en intrigue. De plus, elle a abondamment recours aux ellipses et l'organisation du récit, bien qu'ayant un rapport avec l'Histoire, se refuse à la chronologie – et à organiser les tableaux de façon chronologique –, mettant presque constamment en parallèle le passé et le présent, que ce soit par juxtaposition de scènes ou par télescopage dans la même scène. Ainsi, la juxtaposition d'une scène ancrée dans le passé (l'Histoire), immédiatement suivie d'une scène ancrée au présent, invite le spectateur à établir un lien entre

---

[13] Noter la familiarité avec laquelle est ici désigné le héros.

[14] Mgr Michael Francis Fallon était à l'époque évêque du diocèse de London et a été le chef de la cabale irlandaise en faveur du Règlement 17. Samuel Genest a été président de la Commission des écoles séparées d'Ottawa (1913-1930) et l'un des dirigeants de la résistance au Règlement 17 à Ottawa.

les deux que le texte même n'exprime pas. Le public est ainsi amené à réagir, à interpréter, voire à formuler un jugement. Par exemple, le tableau « La messe » (*PL*, 50-52), scène chantée où deux chœurs, les Français et le Pouvoir, s'affrontent, le Pouvoir menaçant les Français de promulguer une loi (Règlement 17) pour les assimiler, est suivi d'un tableau ancré au présent, « L'éloge, la maladie, les solutions » (*PL*, 53-57). « *Entrant dans un grand fracas de cymbales* » (*PL*, 53), un comédien déclame un texte, « *scandé par les cymbales* » (*PL*, 53) – marquant ainsi l'ironie –, qui s'avère une définition idéalisée des Franco-Ontariens : c'est l'éloge.

> Les Franco-Ontariens sont un peuple ayant une langue commune et vivante, une identité culturelle très forte. C'est un peuple qui ne se contente pas d'un passé glorieux, mais qui continue à marquer l'histoire de ses combats incessants. C'est un peuple majoritaire, en voie d'expansion. Un peuple bien intégré dans le système nord-américain, ouvert, libéré et à l'avant-garde. C'est un peuple groupé et dominé par un sentiment d'union et de cohésion sociale, économique, politique, et culturelle ! (*PL*, 53)

Pour souligner l'ironie de ce discours, la mise en scène montre aussi le contraire de ce qu'il affirme : « [*p*]*endant le discours, les comédiens sont réapparus, l'air harassé. Ils ont formé un cercle, dos à dos, en se tenant par les bras. À la dernière réplique, ils commencent à tirer chacun de leur côté* » (*PL*, 53). La suite du tableau nous renseigne sur la maladie, soit « la disparition des Franco-Ontariens » (c'est un comédien resté seul sur scène qui en fait le constat) et « [*o*]*n a beau faire des enquêtes, des études, des rapports, on n'a pas encore résolu le mystère !* » (*PL*, 54). Cette réplique constitue une critique évidente de la situation présente, et la suite du texte cerne différentes causes de cette disparition, comme le prix plus élevé des livres en français, l'anglais comme langue de travail, les mariages exogames, ou des causes qui sont parfois de l'ordre du préjugé, comme la « bonne musique » qui n'existe qu'en anglais (*PL*, 54-55). Les comédiens suggèrent ensuite des solutions, farfelues ou inacceptables : l'assimilation, « vivre dans les réserves avec les Indiens » (*PL*, 56), se barricader chez soi, se suicider, tuer tous les Anglais, s'en aller au Québec. Ici, le recours évident à l'ironie et à l'exagération – ou comme l'analyse Dominique Lafon, au carnavalesque[15] –, associé à la juxtaposition temporelle des scènes, amène le public à constater que la situation n'a pas vraiment changé soixante ans après la « victoire ». Qu'a donc valu la lutte dont on a fait l'éloge, à partir de laquelle on a construit l'identité – idéalisée – de toute une communauté ? En réalité, *La parole et la loi* invite le spectateur à revoir sa définition de l'identité franco-ontarienne. L'effet est le même lorsqu'au tableau « L'épique » (*PL*, 58-65), présentant la bataille de l'école Guigues de façon caricaturale, succède le tableau « NON ! » (*PL*, 66-68) qui, nous ramenant au réel et au présent de la représentation – « [*l*]*es comédiens jouent leurs propres rôles* » (*PL*, 66) précise la didascalie – montrant l'exaspération de l'un des comédiens devant les luttes toujours à mener, mais surtout devant l'absurdité d'une situation où « on lutte contre le pouvoir, mais c'est lui qui nous… nous… nous subventionne ! » (*PL*, 68). De même, le tableau « Scène des non » (*PL*, 76-77), où « [à] *chaque revendication présentée face au public, le comédien masqué qui représente le ministre répond : "Non."* » avec un « *rythme* [qui] *doit aller en s'accélérant pour que les "non" coupent de plus en plus tôt les phrases* », succède à la « Chanson de la victoire » (*PL*, 74-75), qui proclame qu'« [o]n est vainqueur et on va le rester » (*PL*, 74) et que « [l]es Franco-Ontariens sont sauvés » (*PL*, 75), soulignant ainsi la dérision de cette « victoire » et le fossé entre le discours des élites triomphantes (restées tournées vers le passé) et la réalité contemporaine.

Le téléscopage a le même effet lorsque dans une même scène le passé et le présent sont convoqués l'un en face de l'autre. La pièce offre deux exemples de cette rencontre. D'abord, le tableau « Règlement 17 et Davis » (*PL*, 44-45), où le texte de 1912 de « l'infâme Règlement 17 » (*PL*, 25) devient un personnage, en dialogue avec le premier ministre conservateur William Davis, dont le gouvernement est au pouvoir au moment de la création de la pièce, démontrant ainsi que l'Histoire se répète malgré la « victoire ». Le tableau « Les femmes » (*PL*, 80-84), où trois générations de femmes

---

[15] Dominique Lafon, « De la naissance à l'âge d'homme : le théâtre franco-ontarien à la lumière du carnavalesque », dans Denis Bourque et Anne Brown (dir.), *Les littératures d'expression française d'Amérique du Nord et le carnavalesque*, Moncton, Éditions d'Acadie et Chaire d'études acadiennes, 1998, p. 207-234.

se rencontrent avec « *Desneiges, la femme de l'école Guigues, Noëlla, la femme de Sturgeon Falls*[16], *et Marianne, la femme de "C'est l'Temps"*[17] » (*PL*, 80), représente – et juxtapose – la réalité de la femme et de la militante de chaque époque, montrant lui aussi que lutter pour ses droits est toujours au cœur de la réalité d'un Franco-Ontarien. Si Desneiges s'est battue avec son épingle à chapeau, Noëlla a « couché dans le gymnase avec [s]a plus vieille, un soir » (*PL*, 81) et Marianne a « passé une nuit en prison » (*PL*, 82) pour avoir refusé de payer sa contravention rédigée en anglais. Toute la scène permet de montrer à la fois comment la société a changé – et donc à quel point le discours traditionnel est dépassé, en particulier la religion –, mais en même temps aussi comment la situation du Franco-Ontarien, elle, n'a pas vraiment changé puisqu'il doit toujours et encore lutter. En effet, alors que la génération de Desneiges a obtenu des écoles primaires françaises, celle de Noëlla a dû se battre pour obtenir des écoles secondaires dans une société où l'éducation devient de plus en plus importante pour améliorer sa condition socio-économique. Mais obtenir des écoles secondaires où l'on peut poursuivre ses études en français n'est pas la fin des luttes, car comme le dit Marianne, « c'est bien beau de se battre pour des écoles françaises, mais il faut aller plus loin. Bien tiens, saviez-vous qu'on peut même pas rédiger notre testament en français, ici, en Ontario ? » (*PL*, 83). La scène propose aussi un discours féministe et permet donc également de sensibiliser le public à cet enjeu social. En outre, elle rappelle sur un ton ironique l'ambiguïté de la situation du Franco-Ontarien qui est désormais « subventionné[18] » pour revendiquer ses droits.

Ces télescopages ne font pas que rompre l'illusion théâtrale, ils brouillent la linéarité du récit historique et, ce faisant, non

---

[16] Au sujet du conflit scolaire de Sturgeon Falls (1968-1976), on pourra consulter la page qui lui est consacrée sur le site *La présence française en Ontario : 1610, passeport pour 2010* [en ligne] http ://www.crccf.uottawa.ca/passeport/IV/IVD1c/IVD1c02.html, consulté le 8 août 2013.

[17] Fondé en septembre 1975, le mouvement « C'est l'temps » a été le premier mouvement de revendication pour l'obtention de services juridiques en français en Ontario. On pourra consulter le *Rapport sur le mouvement C'est l'temps (1975-1977)* de Linda Cardinal de la Chaire de recherche sur la francophonie et les politiques publiques (Université d'Ottawa) [en ligne] http :// www.sciencessociales.uottawa.ca/crfpp/fra/mouvement.asp, consulté le 8 août 2013.

[18] Voir la crise existentielle de Daniel dans le tableau « NON! » (*PL*, 68) et la remarque (« *en riant* ») de Marianne dans le tableau « Les femmes » (*PL*, 83-84).

seulement en constituent une critique mais forcent la réflexion. En fait, dans *La parole et la loi*, plusieurs stratégies rhétoriques permettent d'adopter un point de vue critique : par exemple, le recours à l'ironie et à la caricature pour rappeler des faits historiques dans les tableaux « Congrès de l'ACFÉO » (*PL*, 46-49) et « L'épique » (*PL*, 58-65), ou pour faire le portrait de personnages historiques, comme le « Sermon de Mgr Fallon » (*PL*, 37-38), la juxtaposition de tableaux ancrés dans des temporalités différentes, ou encore le télescopage de deux temporalités dans une même scène.

Ces stratégies « achroniques » – non-respect de la « réalité » historique des événements et des personnages, et surtout juxtaposition et télescopage du passé et du présent – court-circuitent l'Histoire, ou du moins la mise en récit chronologique des événements pour en reconstituer l'histoire, et offrent un texte à la temporalité éclatée, terreau fertile pour la critique de l'Histoire. Ces choix permettent, à partir d'un événement hautement symbolique, d'opérer une sortie de l'Histoire – et du destin collectif associé au symbole du Règlement 17. Ou, comme le formule Dominique Lafon dans la préface à la réédition de *La parole et loi*, ils permettent de revendiquer une « pratique théâtrale dégagée de son devoir de mémoire[19] ». Car, nous l'avons vu, au-delà du texte, la mise en scène (du moins ce que nous pouvons en déduire des indications scéniques) cherche à provoquer cette réflexion critique. *La parole et la loi* met en scène un refus de raconter *cette* histoire, mais surtout de la raconter de *cette* façon, c'est-à-dire comme on l'a toujours racontée. En fait, en déconstruisant la trame historique pour renouveler le récit du Règlement 17, *La parole et la loi*, un texte dramatique conscient que le fait de raconter constitue toujours une interprétation des faits, souligne la relativité de tout discours historique, mais plus encore, il revendique, dans sa mise en récit de l'Histoire, le droit d'alimenter la perspective critique sur le présent, en posant un jugement sur le passé. La subversion de la trame chronologique (ou historique) s'ajoute à celle de la convention de l'illusion théâtrale pour appuyer la démarche du Théâtre d'la Corvée dans sa volonté de faire réfléchir le spectateur. Le pacte de lecture ainsi instauré

---

[19] Dominique Lafon, « Du bien-fondé de la réédition d'œuvres fondatrices », *op. cit.*, p. 11-12.

oblige à revoir l'interprétation consensuelle de l'Histoire. « Je me souviens » prend ici un tout autre sens.

Bien que l'Histoire se répète, au même problème (ou ce qui peut être perçu comme tel), soit la question de la langue d'enseignement dans les écoles, *La parole et la loi* refuse d'appliquer le même remède et de tirer les mêmes leçons ou les mêmes conclusions. La pièce suggère aussi que d'autres luttes, plus sociales, bien que liées à la langue – comme la place du français dans les démarches d'ordre légal (voir le tableau « Les femmes ») –, doivent être menées. Mais le plus important est que cette pièce propose une nouvelle identité franco-ontarienne en rejetant avec force celle que l'Histoire, à travers le Règlement 17, semble avoir imposée. Car il faut bien le dire, si La Corvée est critique envers la loi, elle l'est aussi – et peut-être même davantage – envers les élites qui ont mené la « bataille », comme en témoigne le tableau « Congrès de l'ACFÉO » (*PL*, 46-49), qui propose une caricature grinçante des leaders de l'époque et de leur organisation, montrant comment les stratégies de lutte qu'ils prônaient – en particulier le recours au pape – peuvent sembler dérisoires aujourd'hui tout autant que leur triomphalisme. Du moins est-ce ainsi qu'il faut comprendre la didascalie à la fin du tableau « Chanson de la victoire » : « *Pendant le dernier refrain apparaît, derrière les comédiens et en hauteur, un comédien masqué*[20] *qui éclate de rire* » (*PL*, 75). Le message est clair : devant la nécessité de sortir de ce « passé dépassé », on rejette l'idéologie de la survivance, comme l'affirme le tableau « L'enterrement[21] » (*PL*, 87-89) ; voire on en a assez des luttes pour la survie. En fait, comme l'analyse Dominique Lafon, avec cette « approche conjuguant histoire et revendication identitaire[22] », on assiste bel et bien à un renversement du discours identitaire[23] :

> C'est sur cette habile actualisation du propos par la symétrie des sujets que repose, en grande partie, la force d'un spectacle non point fermé sur

---

[20] Qui renvoie, bien évidemment, au « Pouvoir ».

[21] On se souviendra également de l'intervention de la troupe du Théâtre d'la Corvée à la fin du documentaire de Paul Lapointe, *J'ai besoin d'un nom* (1980).

[22] Dominique Lafon, « Du bien-fondé de la réédition d'œuvres fondatrices », *op. cit.*, p. 7.

[23] Dominique Lafon, « De la naissance à l'âge d'homme : le théâtre franco-ontarien à la lumière du carnavalesque », *op. cit.*, p. 214.

> l'Histoire [...], mais véritablement engagé dans la communauté comme « reflet de la réalité franco-ontarienne », mandat qu'affirmait la troupe, on s'en souvient, dès *la Patente*. L'avant-dernière scène dépasse cette mission sociale en renversant, par un remarquable procédé carnavalesque, la dialectique de l'assimilation et de la survie[24].

Il est par ailleurs fort à propos qu'une partie importante du message – voulant que la victoire, contrairement au discours de l'ACFÉO, n'est pas définitive et qu'il faut encore se battre –, soit illustrée par le tableau « L'épique » (*PL*, 58-65), l'épopée, on le sait, étant le genre narratif par excellence pour témoigner des hauts faits des héros de l'Histoire et constituant le lieu d'origine de la rencontre entre histoire et fiction. La caricature des sœurs Desloges – et leur « devoir divin » d'enseigner en français, « cette noble langue » (*PL*, 60) –, qui tiennent bon pendant trois jours [!], puis celle de Samuel Genest qui « apparaît en héros » (*PL*, 61) et, de fait, l'ensemble de la scène relatant « l'immortelle » et « légendaire bataille de l'école Guigues » (*PL*, 63-64) du 5 janvier 1916, aboutissent à une conclusion sans équivoque, qui constitue une leçon pour le présent (n'est-ce pas l'objet de l'Histoire en tant que mémoire ?) : « [...] la bataille gagnée, on s'endormit pour soixante ans » (*PL*, 65), conclut le narrateur, sur qui repose une bonne partie de la charge critique de ce tableau. Cette critique d'une vision et d'une attitude figées dans le passé est aussi très perceptible dans le tableau « La famille » (*PL*, 68-73), en particulier dans la dernière tirade du père, qui rappelle à ses enfants, fièrement et avec nostalgie, les luttes de leurs aïeux à travers l'épisode de l'école Guigues et avec la Patente : « Je m'en souviens, c'était en 1926 ou 1927 qu'ils ont défait le Règlement 17. On a finalement eu nos droits. Finalement, ils l'ont supprimé. Finalement, on a obtenu la VICTOIRE ! » (*PL*, 73). Ce présent qui glorifie le passé sans le remettre en question, en tenant pour acquis que la « VICTOIRE » est définitive (« finalement » est répété trois fois), c'est justement ce que critique La Corvée.

Certes, c'est avec « L'enterrement », avant-dernier tableau de la pièce avant « La chanson de la fin » (*PL*, 90), que le message est exprimé avec le plus de force. Il s'agit non seulement d'enterrer

[24] Dominique Lafon, « Du bien-fondé de la réédition d'œuvres fondatrices », *op. cit.*, p. 11.

l'Histoire – de façon solennelle et selon un rituel religieux alors que « *les comédiens entrent en cortège de pleureuses* » (*PL*, 87) –, mais surtout les valeurs et les symboles identitaires traditionnels qui en découlent ou lui sont associés, que ce soit le petit pain, la soupe aux pois, la chemise carreautée ou la ceinture fléchée (*PL*, 87-88). Bref, c'est bien l'élite, avec son idéologie de la survivance et sa conception de l'identité franco-ontarienne prônant la lutte pour la Cause, qui est ici déboulonnée: « MONSIEUR LOYAL: On jette la survie... / TROUPE: On garde la vie! » (*PL*, 89). Sont aussi rejetées les stratégies de lutte et les attitudes comme « L'espoir dans le passé... / La crainte de pas parler correctement... Les rapports sur la situation franco-ontarienne... » (*PL*, 88) – moment où « *les comédiens rient franchement* », nous dit la didascalie (*PL*, 88) –, incluant « Les fonctionnaires de la cause... / ...subventionnés, institutionnalisés, récupérés » (*PL*, 88). C'est donc non seulement un rejet du passé, mais aussi un rejet du présent qu'affirme la pièce. Le tableau final (« La chanson de la fin »), qui se substitue à la « chanson de la victoire » qui n'en était peut-être pas une, affirme cette nouvelle vision des choses avec force: « L'histoire, c'est à chacun de la faire, / On est tannés d'être minoritaires, / Des temps passés, des temps présents, / On a le goût de regarder devant! » (*PL*, 90). Comme le souligne Dominique Lafon,

> [l]a chanson qui clôt le spectacle marque la volonté d'en finir avec l'obligation de *chercher son identité* comme de réveiller la mémoire des glorieuses luttes du passé et exprime la ferme intention de tourner la page d'un théâtre engagé et didactique. [...] Au nécessaire enterrement succède l'annonce d'une renaissance à laquelle le public est convié[25].

Dans *La parole et la loi*, le Règlement 17 devient donc l'événement fondateur d'une nouvelle identité franco-ontarienne par renversement ironique et en faisant éclater le temps de l'Histoire: il est associé dans cette pièce à une identité figée dans le passé (la stratégie du repli sur soi, l'idéologie de la survivance), à une identification aux incessantes luttes (donc au constant statut de

---

[25] Dominique Lafon, « De la naissance à l'âge d'homme: le théâtre franco-ontarien à la lumière du carnavalesque », *op. cit.*, p. 215.

minoritaire). Sa déconstruction par la fragmentation et l'achronie de sa mise en récit ainsi que par le recours à la mise en abyme pour court-circuiter l'illusion théâtrale indique qu'il est temps de se voir autrement, de rompre avec l'Histoire telle qu'elle a été mise en récit jusqu'alors. En fait, il s'agit bel et bien de « tourner la page » ; la chanson de la fin ne peut d'ailleurs être plus claire : « On n'en fera plus des shows sur le passé ! » (*PL*, 90). Et pourtant…

« Jeanne » (1984)

Écrite par Daniel Chartrand, seul membre fondateur encore au sein de la troupe de La Corvée au début des années 1980, *Jeanne* se présente comme une pièce en quatre scènes[26] qui raconte la lutte de Jeanne Lajoie et du Cercle Lorrain de Pembroke pour fonder une école libre bilingue dans le contexte du Règlement 17. La pièce débute à l'automne 1923, au moment de l'arrivée puis du renvoi, deux mois plus tard, de l'institutrice de l'école Saint-John, et se termine en 1926 alors qu'elle doit quitter ses fonctions pour cause de maladie, avec un court épisode posthume en 1941 pour lui rendre hommage, sorte d'épilogue sous la forme d'un discours du Frère Urbain-Marie, personne réelle qui publiera sa biographie l'année suivante[27]. La pièce raconte donc, de façon chronologique, un épisode de la crise scolaire liée au Règlement 17, celui de l'école libre de Pembroke, à travers le récit de la vie de Jeanne, devenue « l'héroïne de Pembroke » – c'est le sous-titre de la biographie que lui consacre le Frère Urbain-Marie, à la suite du témoignage d'Alfred Longpré intitulé *L'éveil de la race*[28] – ou encore la « Pucelle de Pembroke » selon les mots de Lionel Groulx, en référence bien sûr à Jeanne d'Arc, la « Pucelle d'Orléans ». La pièce de Chartrand nous présente une jeune femme en proie à ses démons intérieurs alors que, d'abord gênée d'être propulsée à l'avant-plan de cette lutte, elle finit par manipuler les gens autour d'elle, par prendre

---

[26] Le tapuscrit propose un découpage en quatre scènes pour la pièce, mais il faudrait davantage parler d'*actes* à l'intérieur desquels les scènes n'ont pas été identifiées.

[27] Frère Urbain-Marie [Armand Delisle], F. I. C., *Jeanne Lajoie. « L'héroïne de Pembroke »*, Laprairie, Éditions de l'Abeille [Procure des Frères de l'Instruction Chrétienne], 1942, 96 p.

[28] Alfred Longpré, *L'éveil de la race. Un épisode de la résistance franco-ontarienne (Pembroke, 1923-1927)*, [Ottawa], Imprimerie du « Droit », [1930], 63 p.

toute la place et se croire indispensable, avant de devoir partir au sanatorium pour y mourir en héroïne et martyre pour la Cause. Le sujet de la pièce n'est donc pas tant le Règlement 17 que la figure emblématique de Jeanne Lajoie en tant que cofondatrice de l'école libre de Pembroke, sujet qui ne pouvait qu'avoir un écho dans le contexte de la lutte scolaire de Penetanguishene (1979-1982) et de son « école de la résistance ». Pourtant, la pièce ne cherche pas à faire de lien avec le présent. « Jeanne » présente plutôt un destin individuel – exemplaire, bien sûr, puisqu'on y fait le portrait d'une héroïne – tout en renvoyant au destin collectif de la communauté de Pembroke et des Franco-Ontariens, en ayant recours à une dramaturgie mimétique, c'est-à-dire qui cherche à reproduire le réel. Ce choix en fait une pièce résolument tournée vers le passé.

Cependant ce n'est pas tant l'Histoire qu'une biographie – une mise en récit véridique d'une vie individuelle – qui forme la trame narrative de la pièce, présentée comme une mise en récit fictive de faits historiques et de données biographiques. Il s'agit d'une reconstruction – et même par moment une reconstitution – du passé : il est clair que les événements relatés et le personnage de Jeanne sont directement inspirés de l'ouvrage publié en 1930, peu de temps après la mort de Jeanne Lajoie, par Alfred Longpré, à l'époque président du Cercle Lorrain et cofondateur de l'école Jeanne-d'Arc. Dans le témoignage de Longpré, le chapitre consacré à Jeanne Lajoie constitue davantage un plaidoyer, voire une hagiographie de l'institutrice – Longpré veut « venger » la mémoire de Jeanne Lajoie, qu'il n'est pas loin de tenir pour sainte[29] – qu'un témoignage objectif ou une consignation des faits, bien qu'il soit aussi cela en partie puisqu'il se présente comme une autobiographie. On y rappelle surtout les événements liés à la fondation de l'école Jeanne-d'Arc, de façon souvent factuelle, citant à l'appui des articles de journaux et des lettres. La pièce s'inspire aussi clairement de la biographie du Frère Urbain-Marie, qui cite longuement l'ouvrage d'Alfred Longpré pour faire le portrait de Jeanne et

---

[29] À la fin du chapitre XII de *L'éveil de la race*, Alfred Longpré rend ainsi hommage à Jeanne Lajoie : « [...] car avec Mlle Lajoie, ce n'est pas un héroïsme de quelques jours, c'est un martyre de sept ans enduré jusqu'à la mort pour le triomphe de la langue française. » (Alfred Longpré, *op. cit.*, p. 43.)

dont les sources incluent la correspondance avec son frère, le curé Lajoie, et des articles du *Droit* et du *Devoir*[30]. Par contre, si les personnages de la pièce ont réellement existé, et si certains événements ou situations comme la rencontre avec le curé Sloan, la lettre à l'ACFÉO, l'inauguration de l'école – d'abord dans la salle à dîner d'une maison privée puis dans son bâtiment propre que le curé a refusé de bénir – et les évanouissements de Jeanne sont factuels, toute la mise en intrigue relève de la fiction. Dans cette pièce, la mise en récit de l'Histoire se fait donc par un mélange de récit véridique et de récit fictif où le véridique, surtout biographique, est rendu principalement par des récits, sous formes d'apartés ou de discours. Ainsi, au début de la pièce, le personnage d'Emma Pelletier raconte, dans une scène qui se veut un prologue[31], la vie de Jeanne jusqu'à son arrivée à Pembroke en 1923. On y insiste sur son renvoi de l'école le 5 novembre 1923 et la lutte du Cercle Lorrain pour la faire réembaucher, brossant par le fait même le contexte du Règlement 17. Dans cette même scène, Jeanne prononce un discours, qui prend parfois des airs de sermon, où elle relate son renvoi de l'école Saint-John à cause du Règlement 17: «Ils m'ont ben fait comprendre que c'était pas d'ma faute, que c'était le [R]èglement 17. Le [R]èglement 17, y dit que y'aura pas plus qu'une heure de français à l'école. Y dit qu'on peut parler en français rien qu'pour mieux enseigner l'anglais. Je l'sais, ça [*sic*] pas d'allure, mais c'est comme ça» (J, 11). Son allocution, finalement beaucoup plus idéologique que factuelle, devient bientôt un prêche pour la Cause et dans le dernier segment de son discours, où le niveau de langue est beaucoup plus soutenu. C'est

---

[30] Le Frère Urbain-Marie précise également qu'il a puisé dans les notes biographiques du frère de Jeanne, le curé Lajoie, et que François Bérubé, du Cercle Lorrain, qui a bien connu l'institutrice, a relu son texte. (Frère Urbain-Marie [Armand Delisle], *op. cit.*, p. 4-5.)

[31] C'est ce qu'indique cette didascalie: «*Emma Pelletier entre en scène. Durant son prologue, elle sera sur le côté de la scène*» (J, 1).

l'idéologie de survivance et un profond sentiment d'injustice qui s'expriment alors que Jeanne reçoit sa mission de Dieu[32] :

> Quand les Canadiens-français [*sic*] du pays entier vont voir l'injustice qui nous est faite, y'aura un vent qui va balayer le pays, de fond en comble. Et pas un politicien à Queen's Park pourra rester debout dans la tempête de notre indignation. Pour qui ce gouvernement se prend-il, pour tenter d'arracher la foi du cœur de nos enfants ? Quelle sorte d'hommes infâmes sont-ils, pour nous priver de la langue de nos ancêtres, trois cents ans dans ce pays qu'on a ouvert, qu'on a bâti, avec nos mains, notre sang, nos vies ! Langue et foi, ce sont ici les deux pierres qui soutiennent la nation canadienne-française ! Indissociables ! Enlevez-en une, et l'édifice entier s'écroule. Mais la puissance des hommes n'est rien devant notre bouclier et notre lance : foi et langue, données à nous par Dieu, notre Seigneur ! Mes amis, l'heure est grave. Serons-nous dignes de cette épreuve ? Pourrons-nous relever le défi qui nous est lancé par le Très-Haut, afin que nous lui confirmions que, oui ! Nous sommes son peuple choisi ! Mes amis, nous n'osons pas perdre. Arrachons la victoire des griffes de l'ennemi. Il le faut ! IL LE FAUT [J, 13] !

Enfin, à la scène 3, Alfred Longpré raconte les débuts de l'école Jeanne-d'Arc, ainsi nommée « en l'honneur de Jeanne, pour y faire plaisir » (J, 22), insistant sur les difficultés surmontées – après tout, il s'agit de faire le portrait d'une héroïne – comme l'exiguïté des locaux, les retards dans la livraison des meubles, la difficulté à obtenir des manuels scolaires en français. Dans la même scène, s'éloignant des données factuelles, il témoigne également du contrôle de Jeanne sur toute l'administration de l'école, des éléments documentés de façon beaucoup moins précise dans la biographie du Frère Urbain-Marie :

> Jeanne, à l'arrêtait pas d'pousser sur moé : « accélérer le processus » qu'à l'appelait ça. J'vous dis, quand à l'était pas contente j'me sentais p'tit moé ! J'me sentais en première année ! [...] Bâtard, pour qui qu'à s'prenait ? [...]

---

[32] Cet aspect pourrait d'ailleurs être abordé en faisant une comparaison entre le scénario présenté par Daniel Chartrand à Théâtre-Action et la version de la pièce sous forme de tapuscrit. Le scénario propose en effet une pièce qui s'ouvre par le carillon de l'église, alors que Jeanne sort de la grand-messe, et se clôt par le glas, nous faisant comprendre qu'elle vient de rendre son dernier souffle. Au milieu du scénario elle « est seule [et] elle reçoit sa mission de Dieu ». (CRCCF, fonds Théâtre-Action, boîte C64/26/2, « Scénario de "Jeanne Lajoie" ».)

> À voulait toute faire elle[-]même, seulement que quand y'en avait trop, à nous traitait de fainéants [J, 28] !

Le récit d'Alfred Longpré, bien que s'appuyant sur des faits avérés, tourne également en dérision l'ouverture de l'école dans ses nouveaux locaux :

> Maudit, le curé Sloan a même pas voulu la bénir, y'a fallu que j'aille à Québec rapporter d'la terre des Plaines d'Abraham. J'l'ai faite bénir par le cardinal Bégin, pis une fois revenu, on voulait la mélanger à la terre en avant d'l'école. Ça faisait symbolique. Était g'lée dure. (*Silence. Il se met les mains dans les poches.*) J'me rappelle même pas où s'qu'on l'a mis[33] [J, 28].

Ces récits et discours visent à reconstituer l'histoire en s'appuyant sur des faits et en construisant une mise en intrigue chronologique, bien que celle-ci ne respecte pas parfaitement celle des faits réels[34]. La pièce ne cherche pas à établir quelque distance que ce soit avec l'Histoire ni ne propose aucun élément pour établir un lien avec le présent, ce qui ne permet pas de prendre de recul vis-à-vis des événements ou des faits, et donc empêche de poser un regard critique. Le recours à des personnages ayant réellement existé et à des récits construits à partir de faits avérés répond à l'exigence de vraisemblance, sinon de vérité, davantage qu'il ne contribue à nourrir la fiction. Cependant, le choix de peindre des personnages qui sont parfois caricaturaux – par exemple Emma Pelletier dépeinte comme une véritable commère au début de la pièce –, de même que les maladresses de l'écriture – comme les incohérences dans le niveau de langue des personnages ou dans le choix du tutoiement plutôt que du vouvoiement, qui n'est pas constant – s'inscrivent en contradiction avec l'exigence de vraisemblance par ailleurs visiblement privilégiée. Il en va de même pour

---

[33] Le Frère Urbain-Marie rapporte ainsi cet épisode où le curé Sloan refuse de bénir la nouvelle école : « M. Alfred Longpré répondit par un geste digne de figurer dans une épopée. Il se rendit à Québec, remplit une boîte de terre prise sur les plaines d'Abraham et, quinze jours avant la mort du cardinal Bégin, alla la lui faire bénir. » (Frère Urbain-Marie [Armand Delisle], *op. cit*, 1942, p. 60.)

[34] Par exemple, la rencontre avec le curé Sloan est un fait documenté par la correspondance de Jeanne Lajoie. Cependant, contrairement à la mise en intrigue de la pièce, la soirée au Cercle Lorrain a eu lieu après la rencontre avec le curé Sloan.

le traitement de certains faits, comme la bénédiction de la nouvelle école. Le fil des événements est linéaire, sans aucune achronie, et les longs récits et discours en font une pièce statique ; ne reste que la figure de « l'héroïne », à qui, de son propre aveu, Daniel Chartrand a voulu rendre son « humanité » pour ne pas que l'on « commette l'erreur que nous avons faite avec tous nos "héros" franco-ontariens : en faire des images de carton, à deux dimensions[35] ».

Or qu'en est-il ? Comment nous est présentée Jeanne Lajoie ? Quelles valeurs représente-t-elle ? Une analyse du personnage nous permet de retrouver certaines des valeurs morales – et des vertus – que ses biographes lui prêtent : le sens du devoir[36], l'importance de lutter pour la Cause[37], l'identité basée sur la langue et la foi[38], la lutte inspirée par Dieu[39], le désintéressement[40]. Mais Jeanne est une figure ambiguë dans la pièce : si elle est engagée, elle est aussi

---

[35] Voir la citation complète : « Jeanne Lajoie est un de ces êtres exceptionnels, passionné et passionnant, qui est passé à l'histoire. [...] c'est une femme qui a mené une vie exemplaire, sans tache, du moins d'après son biographe. En rester là serai[t] commettre l'erreur que nous avons faite avec tous nos "héros" franco-ontariens : en faire des images de carton, à deux dimensions. Ce qui me pousse à mettre en scène le personnage de Jeanne Lajoie, c'est sa complexité, ses facettes multi-dimensionnelles [*sic*] qui en font, d'un côté, une Jeanne d'Arc des temps nouveaux, mais qui d'un autre, nous démontre[nt] son humanité. Ce qui est fascinant chez Jeanne, ce sont ses motivations, ses amours, ses peurs. C'est l'histoire d'une femme que les circonstances dépassent, et qui a une terrible crainte de ne pas être à la hauteur de la situation. C'est cette crainte qui l'a fait vivre, c'est cette crainte qui l'a tué[e]. » (Daniel Chartrand, lettre à Théâtre Action pour demander un appui pour une recommandation auprès du CAO, C64/26/2, fonds Théâtre Action, CRCCF.)

[36] « JEANNE : [...] Qu'il fonde une école libre, qu'il se batte pour les droits qui nous reviennent, non monsieur Bérubé, moi j'appelle ça faire son devoir... » (Archives de Théâtre-Action, Daniel Chartrand, « Jeanne », tapuscrit, 26 mars 1984, f. 8. Désormais, toutes les références au texte seront indiquées entre parenthèses à la suite de la citation par le sigle J suivi du numéro de feuillet.)

[37] « JEANNE : Il a avalé sa fierté pour le bien de la cause. » (J, 8) ; « JEANNE : Non ! On est tous des soldats pour la cause ! » (J, 21).

[38] « JEANNE : [...] Quelle sorte d'hommes infâmes sont-ils, pour nous priver de la langue de nos ancêtres, trois cents ans dans ce pays qu'on a ouvert, qu'on a bâti, avec nos mains, notre sang, nos vies ! Langue et foi, ce sont là les deux pierres qui soutiennent la nation canadienne-française ! [...] » (J, 13).

[39] « JEANNE : [...] Mes amis, l'heure est grave. Serons-nous dignes de cette épreuve ? Pourrons-nous relever le défi qui nous est lancé par le Très-Haut [...] » (J, 13).

[40] « JEANNE : [...] Quand je parle, quand j'écris, c'est pas pour moi, c'est pour eux. [...] » (J, 20).

obstinée, têtue, sinon quelque peu orgueilleuse[41], et sa détermination se transforme en opiniâtreté[42]. Est-ce là son humanité ? Son attitude envers l'Église est aussi ambiguë, comme en témoigne la scène où elle discute avec le curé Sloan, en partie sous le couvert d'une confession, et avoue que c'est la haine qui alimente désormais ses actions : « Je me confesse aussi du péché de la haine, mon père. De la haine contre Sœur Béatrix. De la haine contre vous, surtout, à cause de votre cruauté » (J, 20). Et c'est dans ce mouvement d'expression de sa haine qu'elle finit par le tutoyer, l'invectiver[43] et même le gifler, comme en témoigne la didascalie[44]. On a peine à croire à sa simplicité et à son désintéressement alors qu'à la fin de la pièce elle offre une bague avec un grenat à son amie Yvonne, dont c'est la pierre de naissance. On a peine aussi à croire à sa vertu lorsque, au cours de la partie de cartes, elle accepte la « limonade » de M. Longpré qu'« [i]l sort d'un "flask" de sa poche » (J, 32), « la meilleure piquette du comté » (J, 33), qui donnera à Jeanne de « belles joues roses » (J, 33). Pourtant, la fin de la pièce nous la montre exprimant son désir « d'aller jusqu'au bout » (J, 40), en martyre prête à mourir pour la cause[45], tout comme Jeanne d'Arc. Son amie Yvonne tente alors de lui faire entendre raison parce que, « [d]e nos jours, les héros sont ceux qui survivent pour ce qu'ils croient » (J, 43), s'inscrivant ainsi en faux contre les valeurs

---

[41] « JEANNE : Mais j'ai pas fini ici ! J'ai trop mis de temps pis d'énergie pour lâcher ! J'ai bâti cette école là [*sic*] avec mon sang pis ma sueur. Pourquoi j'irais tout r'commencer ? » (J, 36). Aussi, elle voit comme un complot pour l'éloigner de Pembroke, parce qu'elle y prend trop de place, la lettre reçue de Windsor pour lui offrir une direction d'école (J, 35-36).

[42] « JEANNE : Envoye ! Dis le [*sic*] donc : j'suis rendue trop dangereuse pour vous autres. Tant que j'suivais les ordres, ça marchait sur des roulettes, mais aussitôt que j'veux faire à mon idée : wô, c'est pas dans nos plans ça, fille. » ; et « JEANNE : Vous aimez pas ça que j'vous montre pas le respect que j'vous dois ? Ça fait pas l'affaire à l'Association que ça soit une femme qui porte les culottes, han ? Les p'tites créatures comme moi, c'est fait pour prendre son trou, pis d'faire ce qu'on y dit, pas vrai Alfred ? » (J, 38).

[43] « JEANNE : Comment oses-tu ! Ça prend un hypocrite comme toi pour penser que tout l'monde l'est ! tu peux pus reconnaître quelqu'chose de beau et de vrai, tellement t'es cynique. J'perds mon temps à parler à un homme qui connaît le prix de tout mais la valeur de rien ! » (J, 21).

[44] « *Jeanne se lève, arrache l'étole à Sloan et le gifle.* » (J, 21).

[45] « JEANNE : Il faut que je puisse finir ! Quand j'commence quelque chose, c'est pour aller jusqu'au bout ! / YVONNE : Jusqu'au bout, jusqu'au bout, comment ? En mourant pour la cause ? / JEANNE : Tu dis ça comme si c'était quelque chose de sale. / YVONNE : Non, pas sale. Inutile. » (J, 40).

héroïques que représente alors Jeanne. Enfin, comment faut-il interpréter, après cette intervention d'Yvonne, l'épilogue où le Frère Urbain-Marie vante les grandes qualités chrétiennes de Jeanne, en partie en contradiction avec la scène qui a précédé, où Jeanne s'était mise en colère contre Alfred Longpré et François Bérubé lors d'une partie de cartes ?

> Dieu l'avait douée d'une sagesse extraordinaire et d'une incomparable force. Elle avait reçu du ciel les rares qualités qui la rendaient aimable à tout le monde. Elle ne cherchait pas à être richement vêtue, ni de [*sic*] relever sa beauté par l'éclat des perles[46] et autres vains ornements, mais tout son soin était de se parer de vertus afin de plaire à Jésus-Christ (J, 43).

Le pacte de lecture est donc ici brouillé. L'inspiration et l'organisation du récit restent trop près de l'Histoire, surtout avec le choix de mettre en scène des personnages qui ont réellement existé[47], pour que le spectateur ne croie pas à une tentative de reconstituer cet épisode de l'Histoire. Mais ce réalisme entre en contradiction avec le traitement des personnages, qui sont tous peints, à un moment ou un autre, avec des traits caricaturaux. Finalement, on arrive mal à cerner quel sens il faut donner à cet épisode de l'Histoire lié au Règlement 17. Jeanne, l'héroïne, aurait-elle été une victime de la Cause ?

Que conclure ?

On l'a vu, si les deux pièces s'inspirent du même moment charnière de l'histoire de l'Ontario français, force est de constater qu'il n'y a pas que cinq années qui les séparent. La manière de travailler le matériau historique, la mise en récit, de même que l'interprétation qu'elles proposent de l'Histoire creusent un fossé entre les deux. Dans *La parole et la loi*, l'esthétique de la distanciation, l'ironie et la caricature sont les outils privilégiés pour amener le public

---

[46] On se souviendra que la photo de Jeanne Lajoie que l'Histoire a retenue nous la montre avec un collier de perles. On peut voir cette photographie sur une des pages que le CRCCF consacre au Règlement 17 [en ligne] http://www.crccf.uottawa.ca/reglement17/?q=archive/jeanne-lajoie, consulté le 21 décembre 2012.

[47] Seule Yvonne n'appartient pas à l'Histoire, du moins selon les témoignages d'Alfred Longpré et du Frère Urbain-Marie. En fait, Yvonne est le nom d'une des sœurs de Jeanne.

à développer une réflexion critique. Plus encore, le choix de structurer la pièce en tableaux de même que le traitement des faits et des événements dans leur rapport au temps permettent une mise à distance d'une certaine identité franco-ontarienne, et une sortie de l'Histoire qui seule permet une refondation de cette identité. Dans « Jeanne », on plonge résolument dans le passé, et le traitement linéaire et statique du matériau biographique et historique ne laisse que peu de place à la remise en question. Tout au plus, l'ambiguïté du personnage de Jeanne et la vraisemblance plus ou moins grande de certaines situations auraient pu ouvrir une brèche, mais elles brouillent plutôt le pacte de lecture. Toutefois, y avait-il vraiment une intention de revisiter l'Histoire et les valeurs associées au Règlement 17 et à la lutte pour la Cause ? Tenter de faire le portrait d'une héroïne incarnant les valeurs du passé en montrant son « humanité », était-ce en arriver à souligner des défauts présumés ? Pas plus Jeanne que ceux qui en ont fait une héroïne n'ont voulu prêter l'oreille à ce qu'Yvonne avait à dire. Après *La parole et la loi*, le théâtre ne pouvait peut-être plus mettre en récit le Règlement 17 en répétant l'Histoire.

Bibliographie

Œuvres étudiées

Archives de Théâtre-Action, Chartrand, Daniel, «Jeanne», tapuscrit, 26 mars 1984, 43 f.

Théâtre d'la Corvée, *La parole et la loi*, suivi de La Vieille 17, *Les murs de nos villages*, Sudbury, Prise de parole, «Bibliothèque canadienne-française», 2007, 322 p.

*Sur Jeanne Lajoie et la pièce «*Jeanne*»*

Archives du CRCCF, Fonds Théâtre-Action, boîte C64/26/2, synopsis (1 p.) – banque de textes non publiés – cahier les pages blanches + «Scénario "Jeanne Lajoie" (titre provisoire)» (1 p.) + lettre de Daniel Chartrand à Théâtre Action (2 p.)

Danielle Foucart, «Une pièce injuste pour une héroïne», *Liaison*, n° 31, 1984, p. 63.

Frère Urbain-Marie [Armand Delisle], F. I. C., *Jeanne Lajoie. «L'héroïne de Pembroke»*, Laprairie, Éditions de l'Abeille [Procure des Frères de l'Instruction Chrétienne], 1942, 96 p.

Longpré, Alfred, *L'éveil de la race. Un épisode de la résistance franco-ontarienne (Pembroke, 1923-1927)*, [Ottawa], Imprimerie du «Droit», [1930], 63 p.

Sur La parole et la loi

Lafon, Dominique, «Du bien-fondé de la réédition d'œuvres fondatrices», préface dans [Collectif], *La parole et la loi* suivi de *Les murs de nos villages*, Sudbury, Prise de parole, «Bibliothèque canadienne-française», 2007, p. 5-15.

Lafon, Dominique, «De la naissance à l'âge d'homme: le théâtre franco-ontarien à la lumière du carnavalesque», dans Denis Bourque et Anne Brown (dir.), *Les littératures d'expression française d'Amérique du Nord et le carnavalesque*, Moncton, Éditions d'Acadie et Chaire d'études acadiennes, 1998, p. 207-234.

Sur le théâtre franco-ontarien

Beddows, Joël, «L'institution théâtrale franco-ontarienne (1971-1991): entre mission communautaire et ambition professionnelle», thèse de doctorat, Graduate Centre for the Study of Drama, Université de Toronto, 2003, 377 p.

Beddows, Joël, «Tracer ses frontières: vers un théâtre franco-ontarien de création à Ottawa», dans Hélène Beauchamp et Joël Beddows (dir.), *Les théâtres professionnels du Canada francophone entre mémoire et rupture*, Ottawa, Le Nordir, 2001, p. 49-68.

Chevrier, Michel, *The Oral Stage: A Comparative Study of Franco-Ontarian Drama from 1970 to 2000*, Sarrebruck, VDM Verlag Dr. Muller, 2009, 19 p.

Haentjens, Brigitte, «La création en milieu minoritaire: une passion exaltante et peut-être mortelle...», dans Robert Dickson, Annette Ribordy et Micheline

Tremblay (dir.), *Toutes les photos finissent-elles par se ressembler. Actes du forum sur la situation des arts au Canada français*, Sudbury, Prise de parole, 1999, p. 63-70.

Paré, François, « La dramaturgie franco-ontarienne : la langue et la loi », *Jeu : revue de théâtre*, n° 73, 1994, p. 28-34.

Sur l'Ontario français et la littérature franco-ontarienne

Choquette, Robert, *L'Ontario français. Historique*, Montréal, Études vivantes, « L'Ontario français », 1980, 272 p.

Dionne, René, *Histoire de la littérature franco-ontarienne des origines à nos jours, tome 1*, Sudbury, Prise de parole, 1997, 364 p.

LA CRISE SCOLAIRE
ET LA RECONFIGURATION DU CHAMP
INTELLECTUEL CANADIEN-FRANÇAIS

LE GERME D'UN DIVORCE : LA LANGUE, LA FOI ET LE RÈGLEMENT 17

Michel Bock
Chaire de recherche sur l'histoire de la francophonie canadienne
Université d'Ottawa

Coup d'éclat, provocation et pied de nez. De tels qualificatifs décrivent bien l'intention des organisateurs du grand Congrès des Canadiens français de 1910. Deux ans et demi avant que le gouvernement conservateur de James Whitney n'eût adopté le Règlement 17 dans le dessein de bannir, éventuellement, l'usage du français des écoles de la province, environ mille deux cents personnes convergeaient sur Ottawa pour discuter et débattre de l'avenir des Canadiens français en terre ontarienne. Les organisateurs du congrès avaient voulu lancer, de cette façon, un avertissement clair aux adversaires des écoles dites « bilingues[1] », qui leur paraissaient se multiplier à une vitesse fulgurante parmi les milieux orangistes et irlando-catholiques : la population canadienne-française ne se laisserait pas faire et se montrerait déterminée à défendre son droit de vivre, même en Ontario, selon les exigences de son caractère national propre. Du Congrès de 1910 naquit l'Association

[1] Le gouvernement provincial ne tolérait, depuis le XIXe siècle, que l'existence d'écoles « bilingues », à l'intérieur desquelles la place du français pouvait toutefois varier considérablement d'un endroit à l'autre. Ce n'est qu'en 1968 que les écoles bilingues, restaurées au lendemain de la crise du Règlement 17, purent devenir officiellement françaises.

canadienne-française d'éducation d'Ontario (ACFÉO), qui devait hériter de la mission de structurer les efforts de résistance des Franco-Ontariens au Règlement 17. Sans nécessairement négliger la discussion et la négociation, il faut bien reconnaître que la stratégie de l'ACFÉO logeait résolument à l'enseigne de la dissidence, voire de la désobéissance, du moins pendant les premières années de la crise scolaire. Aux yeux de l'élite canadienne-française de la province, largement concentrée à Ottawa, la défense de l'école bilingue devait passer par un investissement musclé de l'espace public. Si les orangistes et les irlando-catholiques cherchaient la bagarre, semblait-elle dire, ils n'auraient qu'à bien se tenir…

Avançons dans le temps d'une quinzaine d'années, environ. En 1926, à quelques mois seulement du dénouement de la crise scolaire, l'élite ottavienne mettait sur pied, dans la plus grande discrétion, une société secrète, l'Ordre de Jacques-Cartier (OJC). Au cours des années 1920, la stratégie des chefs de la résistance avait été plus variée et, surtout, plus modérée en faisant une place grandissante à la discussion, au compromis et à la négociation. L'OJC – ou « la Patente », pour les initiés – chercherait désormais à mobiliser la population canadienne-française non plus en l'incitant à monter aux barricades, mais en appliquant la méthode du noyautage et de la cooptation. Certes, l'ACFÉO, devenue à certains égards la face publique de l'OJC en Ontario, existait toujours et poursuivrait fidèlement son œuvre de consolidation et d'expansion institutionnelles. Au cours des quatre décennies suivantes, toutefois, aucune crise majeure ne vint défrayer la chronique, aucun appel aux armes ne retentit en Ontario français et aucune manifestation semblable au Congrès de 1910, ni par l'envergure ni par l'intention, ne fut organisée. Plutôt que de multiplier les bravades sur la place publique, l'élite franco-ontarienne estimait plus fécond d'agir dans l'ombre. Aux affrontements ouverts, aux collisions frontales, bref, à la dissidence, elle devait préférer désormais la discrétion.

Que s'était-il donc passé pour provoquer une telle mutation du climat idéologique franco-ontarien entre 1910 et 1926, entre la fondation de l'ACFÉO et celle de l'OJC, deux moments qui en représentent, d'une certaine manière, les pôles symboliques ? Une partie de la réponse, à tout le moins, est à chercher du côté de la reconfiguration globale du champ intellectuel canadien-français pendant l'entre-deux-guerres, reconfiguration dont la crise scolaire fut un élément en même temps qu'elle en subit les répercussions. La modération idéologique que connut l'élite franco-ontarienne pendant les années 1920 était le résultat de facteurs à la fois internes (franco-ontariens, canadiens-français et canadiens) et externes (c'est-à-dire relevant, en particulier, du monde romain). L'historiographie, jusqu'à présent, a peu problématisé la crise du Règlement 17 en fonction de l'évolution de l'échiquier intellectuel global du Canada français et a souvent eu tendance à la concevoir comme un événement particulier se déroulant sous plusieurs aspects en vase clos[2]. Le Règlement 17, dernier des grands conflits

---

[2] Lionel Groulx, *L'enseignement français au Canada. Tome II : Les écoles des minorités*. Montréal, Librairie Granger Frères, 1933, 271 p. ; Franklin Walker, *Catholic Education and Politics in Ontario : A Documentary Study*, Don Mills, T. Nelson, 1964, 507 p. ; Peter N. Oliver, « The Resolution of the Ontario Bilingual School Crisis, 1919-1929 », *Revue d'études canadiennes*, vol. 4, n° 4, novembre 1969, p. 26-38 ; Robert Choquette, *Langue et religion. Histoire des conflits anglo-français en Ontario*, Ottawa, Presses de l'Université d'Ottawa, 1977, 268 p. ; Victor Simon, *Le Règlement XVII. Sa mise en vigueur à travers l'Ontario, 1912-1917*, Sudbury, Société historique du Nouvel-Ontario, 1983, 58 p. ; Chad Gaffield, *Aux origines de l'identité franco-ontarienne. Éducation, culture, économie*, Ottawa, Presses de l'Université d'Ottawa, 1993, 284 p. ; David Welch, « Early Franco-Ontarian Schooling as a Reflection and Creator of Community Identity », *Ontario History*, vol. 85, n° 4, décembre 1993, p. 321-347 ; Gaétan Gervais, « Le Règlement XVII (1912-1927) », *Revue du Nouvel-Ontario*, n° 18, 1996, p. 123-192 ; Jack Cécillon, *Prayers, Petitions, and Protests : The Catholic Church and the Ontario Schools Crisis in the Windsor Border Region, 1910-1928*, Montréal / Kingston, McGill-Queen's University Press, 2013, 336 p. ; Geneviève Richer, « "L'apôtre infatigable de l'irrédentisme français" : la lutte de Napoléon-Antoine Belcourt en faveur de la langue française en Ontario durant les années 1910 et 1920 », *Francophonies d'Amérique*, n° 31, printemps 2011, p. 87-108 ; Michel Bock, « Le Vatican et l'ACFÉO au moment du Règlement XVII », dans Martin Pâquet, Matteo Sanfilippo et Jean-Philippe Warren (dir.), *Le Saint-Siège, le Québec et l'Amérique française*, Québec, Presses de l'Université Laval, 2013, p. 257-275 ; Pierre Savard, « Relations avec le Québec », dans Cornelius J. Jaenen (dir.), *Les Franco-Ontariens*, Ottawa, Presses de l'Université d'Ottawa, 1993, p. 231-263 ; Marcel Martel, *Le deuil d'un pays imaginé. Rêves, luttes et déroute du Canada français*, Ottawa, Presses de l'Université d'Ottawa, 1997, 204 p. ; Michel Bock, « Les Franco-Ontariens et le "réveil" de la nation : la crise du Règlement XVII dans le parcours intellectuel de Lionel Groulx », *Francophonies d'Amérique*, n° 13, été 2002, p. 157-177 ; Hélène Pelletier-Baillargeon, *Olivar Asselin et son temps. Tome I : Le militant*, Montréal, Fides, 1996, 780 p. ; Martin Lavallée, « "Assumer la haute direction de la vie de la race" : la Société Saint-Jean-Baptiste de Montréal (1915-1924) », *Mens : revue d'histoire intellectuelle et culturelle*, vol. 12, n° 1, 2011, p. 7-55 ; Yolande Grisé, « Ontarois : une prise de parole », *Revue du Nouvel-Ontario*, n° 4, 1982, p. 81-88 ; René Dionne, « 1910. Une première prise de parole collective en Ontario français », *Cahiers Charlevoix*, n° 1, 1995, p. 15-124 ; Yves Frenette, *Brève histoire des Canadiens français*, Montréal, Boréal, 1998, 209 p.

scolaires postconfédéraux, correspond toutefois à un point tournant dans l'histoire politique, nationale et religieuse du Canada français, à un moment dont l'étude permet d'observer et de mesurer les éléments qui agissaient sur son champ intellectuel pour en provoquer la reconfiguration. L'argumentaire que développèrent les animateurs de la résistance franco-ontarienne, au début de la crise, correspondait parfaitement à l'orthodoxie nationaliste de l'époque en ce sens qu'il reposait sur l'union jugée inviolable, voire « sacrée[3] » de la langue et de la foi. Au début du siècle, il était encore possible d'interpréter la doctrine sociale de l'Église au prisme du nationalisme, de sorte qu'il serait sans doute venu à l'esprit de bien peu de gens de dissocier action catholique et action nationale[4]. Les nationalistes liaient, par le fait même, le destin de l'Église au pays à la « survivance » du peuple canadien-français, ainsi que l'avait fait Henri Bourassa devant l'archevêque Bourne de Westminster au grand Congrès eucharistique de Montréal, en 1910, et que s'apprêtait à le faire Lionel Groulx à sa suite[5]. La force de cette conviction autorisait les dirigeants franco-ontariens à adopter une attitude intransigeante, voire belliqueuse envers ceux qu'ils considéraient volontiers comme des « fanatiques » et qu'ils rangeaient parmi les « ennemis » de leur cause.

Quinze ans plus tard, le ton s'était adouci, les méthodes étaient plus modérées et on était déjà moins prompt à dégainer. Surtout, il était devenu beaucoup plus difficile de postuler, sans scrupules, que la langue était « gardienne » de la foi. En effet, le sens que donnaient les nationalistes canadiens-français « orthodoxes », que nous qualifierons, par souci de commodité, de « groulxistes », à la doctrine sociale de l'Église fut mis à rude épreuve par la hiérarchie vaticane, laquelle tâchait d'émanciper la question religieuse de

[3] Voir Gabriel Dussault, « La sacralité de la langue française au Québec », dans Simon Langlois et Yves Martin (dir.), *L'horizon de la culture. Hommage à Fernand Dumont*, Québec, Presses de l'Université Laval, 1995, p. 473-485.

[4] Voir, notamment, Jean-Philippe Warren, « La découverte de la "question sociale". Sociologie et mouvements d'action jeunesse canadiens-français », *Revue d'histoire de l'Amérique française*, vol. 55, n° 4, printemps 2002, p. 539-572 ; Yvan Lamonde, *Histoire sociale des idées au Québec*. Volume II : *1896-1929*, Montréal, Fides, 2004, 323 p.

[5] Voir Michel Bock, *Quand la nation débordait les frontières. Les minorités françaises dans la pensée de Lionel Groulx*, Montréal, Hurtubise HMH, 2004, 456 p.

toute considération politique et nationale, tant au Canada que sur la scène européenne, si bien qu'au lendemain de la crise scolaire, le consensus dont avait fait l'objet, depuis la fin du XIXe siècle, l'union étroite des questions nationale et religieuse commençait déjà à s'affaiblir à l'intérieur des milieux intellectuels et cléricaux. La crise du Règlement 17, en contribuant à exposer les limites de la thèse de la « langue, gardienne de la foi », correspond, à plusieurs égards, au point culminant du nationalisme catholique d'inspiration « groulxiste », lequel aurait du mal, par la suite, à maintenir l'hégémonie relative qui avait été la sienne dans le champ intellectuel canadien-français. Le phénomène, faut-il le mentionner, ne serait pas sans conséquence sur la qualité des relations qu'entretiendraient, dès lors, le Québec et l'Ontario français.

La langue, gardienne de la foi : une certitude

Les nuages s'assemblent…

Au moment du déclenchement de la crise scolaire, le mouvement nationaliste canadien-français puisait depuis plusieurs années à trois grandes sources[6]. Du messianisme qui avait gagné les milieux cléricaux et littéraires pendant la seconde moitié du XIXe siècle, il retenait plusieurs choses : d'abord, que le peuple canadien-français était investi d'une mission civilisatrice et évangélisatrice en Amérique ; puis, que l'identité ou la « référence » canadienne-française était fondée sur le partage d'une mémoire commune, sur le sentiment que les Canadiens français possédaient une même expérience historique et, par conséquent, un même destin ; enfin, que la tâche de structurer et d'institutionnaliser l'organisation sociale des Canadiens français revenait non pas à l'État, mais bien à l'Église, qui se voyait ainsi transformée en une sorte d'« Église-nation », comme l'ont déjà relevé plusieurs chercheurs. Des combats menés contre l'impérialisme britannique, le mouvement nationaliste retenait la nécessité de revendiquer vigoureusement le

[6] Nous avons développé plus longuement les idées contenues dans ce paragraphe dans Michel Bock, « Se souvenir et oublier : la mémoire du Canada français, hier et aujourd'hui », dans Joseph Yvon Thériault, Anne Gilbert et Linda Cardinal (dir.), *L'espace francophone en milieu minoritaire au Canada. Nouveaux enjeux, nouvelles mobilisations*, Montréal, Fides, 2008, p. 161-203.

respect et la promotion de la dualité nationale du Canada – ou encore de la thèse des deux peuples fondateurs –, en particulier à l'extérieur du Québec, où les rébellions métisses et une longue série de crises scolaires avaient permis de prendre la pleine mesure de la vulnérabilité de la présence franco-catholique. De la doctrine sociale de l'Église, dont le coup d'envoi avait été donné par la publication de l'encyclique *Rerum Novarum* en 1891, les nationalistes retenaient la double nécessité d'œuvrer à la rechristianisation de la société, toujours définie en termes nationaux et canadiens-français, et de responsabiliser les laïcs à cette fin, c'est-à-dire de les faire intervenir sur la place publique en tant que fidèles, envers et contre l'ultramontanisme le plus intransigeant, lequel poursuivait ainsi le déclin irrémédiable qu'il avait amorcé au lendemain de la Confédération. Selon la perspective nationaliste, faire de l'action nationale, c'était nécessairement faire de l'action catholique, car le danger qui planait sur l'avenir du Canada français n'était pas d'ordre politique ou institutionnel au sens strict, mais plutôt d'ordre spirituel. Autrement dit, le mal n'était pas dans les structures ou dans le régime, auxquels on consacrait somme toute peu de réflexion, mais plutôt dans les esprits, d'abord et avant tout, qu'il s'agissait de rechristianiser et de « renationaliser ». Le relèvement national qu'on appelait de ses vœux ne représentait pas une fin en soi, il participait d'une œuvre qui le contenait et le transcendait à la fois, une œuvre de rédemption, pour tout dire. C'est dans ce sens qu'il faut comprendre la signification essentielle du vieil adage, « la langue, gardienne de la foi ».

Il y a, convenons-en, quelque chose d'un peu idéal-typique dans cette façon de saisir le nationalisme canadien-français au début du XXe siècle, lequel pouvait receler une plus grande diversité d'approches et de contenus – les articles publiés dans cet ouvrage collectif en témoignent d'ailleurs éloquemment. Celui toutefois qui réaliserait la synthèse la plus achevée de l'idéologie nationaliste telle que nous venons de l'esquisser était sans aucun doute Lionel Groulx, dont les années d'ascension dans le monde intellectuel correspondent parfaitement à celles du Règlement 17. En fait, le parcours de l'abbé Groulx était intimement lié à l'histoire de la crise scolaire, qui contribua de manière significative à compléter sa compréhension du problème canadien-français, en même temps qu'elle lui fournit une cause dans laquelle il put s'investir pleinement, l'une de ses premières, à vrai dire. Au demeurant, l'influence intellectuelle de Groulx sur plusieurs des chefs de la résistance franco-ontarienne serait très grande[7].

Le déclenchement de la crise du Règlement 17 survint donc dans un contexte favorable aux affrontements ouverts. En 1910, l'élite canadienne-française de l'Ontario (celle d'Ottawa, en particulier) était déjà sur le pied de guerre. Les impérialistes et les orangistes n'avaient clairement pas déposé les armes et souhaitaient plus que jamais renforcer le caractère anglais du pays, et à plus forte raison à l'extérieur du Québec, où de nombreuses communautés canadiennes-françaises avaient essaimé depuis la Confédération. En plus de croiser le fer sur l'épineuse question de la participation du Canada aux campagnes militaires de l'Empire britannique, impérialistes canadiens-anglais et nationalistes canadiens-français s'affrontèrent aussi à maintes reprises sur la question scolaire[8]. Au XIXe siècle, au Canada comme ailleurs dans le monde occidental, l'école n'était plus qu'un simple outil de consolidation communautaire. Elle était devenue un instrument de construction sociétale, générateur de mémoire collective ayant pour mission de susciter l'adhésion de l'individu à un imaginaire national transcendant ses appartenances premières ou locales[9]. Le projet national impérialiste exigeait, par conséquent, que l'école favorisât l'intégration linguistique, culturelle et religieuse des minorités ethniques, ce que ne pouvaient tolérer les nationalistes canadiens-français, que les crises scolaires du Nouveau-Brunswick, du Manitoba, de l'Alberta et de la Saskatchewan avaient galvanisés. À leurs yeux, l'école, qui devait permettre, à l'inverse, de résister à

---

[7] Voir Michel Bock, *Quand la nation débordait les frontières*, *op. cit.*, p. 219-296.

[8] Sylvie Lacombe, *La rencontre de deux peuples élus. Comparaison des ambitions nationale et impériale au Canada entre 1896 et 1920*, Québec, Presses de l'Université Laval, 2002, 291 p. ; Carl Berger, *The Sense of Power: Studies in the Ideas of Canadian Imperialism, 1867-1914*, Toronto, University of Toronto Press, 1970, 277 p.

[9] Joseph Yvon Thériault, « De l'école de la nation aux écoles communautaires ou de l'école d'en haut à l'école d'en bas », dans *Faire société. Société civile et espaces francophones*, Sudbury, Prise de parole, 2007, p. 191-209 ; Bruce Curtis, *Building the Educational State: Canada West, 1836-1871*, London, Althouse Press, 1988, 450 p. ; Benedict Anderson, *L'imaginaire national. Réflexions sur l'origine et l'essor du nationalisme*, Paris, La Découverte, 1996, 212 p.

l'intégration, représentait plutôt un instrument d'autonomie institutionnelle et, par conséquent, d'émancipation nationale. Le rôle que devait jouer l'école hors Québec se situait donc au cœur de l'affrontement entre deux projets nationaux semblables à plusieurs égards, mais incompatibles, l'un visant l'hégémonie, l'autre, la « survivance ».

Les impérialistes et les orangistes reçurent, ironiquement, l'appui d'une partie du clergé irlandais, qui cherchait lui aussi à contenir le bilinguisme à l'intérieur des frontières du Québec et à angliciser les institutions scolaires et ecclésiastiques des catholiques ontariens, question de les mettre à l'abri des intentions homogénéisantes et « déconfessionnalisantes », si le lecteur nous passe le terme, de la majorité anglo-protestante. Au début du XXe siècle, la « rebilinguisation » de l'Université d'Ottawa, après trente ans d'unilinguisme anglais, avait déplu à certains d'entre eux, dont le vice-recteur, Michael Francis Fallon. Après avoir pris la route de l'exil aux États-Unis, Fallon rentra au pays pour assumer la direction de l'évêché de London, dans le sud de l'Ontario, à partir duquel il se consacrerait à revendiquer auprès de Toronto la suppression des écoles bilingues de la province[10]. En 1910, Fallon et ses acolytes encensèrent le discours de Mgr Francis Bourne au grand Congrès eucharistique de Montréal, discours dans lequel l'archevêque de Westminster avait formulé un vibrant plaidoyer en faveur de l'anglicisation complète de l'Église canadienne, condition *sine qua non*, à son avis, de son expansion au pays. Le discours du prélat britannique avait suscité une réplique musclée de la part d'Henri Bourassa, encore tout auréolé par la fondation, quelques mois plus tôt, du *Devoir*. Relisons un extrait de l'intervention devenue instantanément célèbre de Bourassa, laquelle aurait fait « trépigne[r], applaudi[r], crie[r] » l'assistance qui se serait « abandonn[ée] à son délire », selon ce qu'en rapporterait plus tard le jeune abbé Groulx, présent dans la foule, debout sur son siège, l'oreille tendue[11] :

---

[10] Voir Robert Choquette, *Langue et religion, op. cit.*, p. 21-89 ; Jack Cécillon, « Turbulent Times in the Diocese of London : Bishop Fallon and the French-Language Controversy, 1910-18 », *Ontario History*, vol. 87, n° 4, décembre 1995, p. 369-395.

[11] Lionel Groulx, *Mes mémoires. Tome 2 : 1920-1928*, Montréal, Fides, 1971, p. 200.

> La province de Québec ne mériterait pas son titre de fille aînée de l'Église au Canada et en Amérique si elle se désintéressait des causes catholiques des autres provinces de la [C]onfédération.
>
> Nous avons – et permettez, Éminence, qu'au nom de mes compatriotes je revendique pour eux cet honneur – nous avons les premiers accordé à ceux qui ne partagent pas nos croyances religieuses la plénitude de leur liberté dans l'éducation de leurs enfants. Nous avons bien fait ; mais nous avons acquis par là le droit et le devoir de réclamer la plénitude des droits des minorités catholiques dans toutes les provinces protestantes de la Confédération.
>
> [...] Je ne veux pas, par un nationalisme étroit, dire ce qui serait le contraire de ma pensée – et ne dites pas, mes compatriotes – que l'Église catholique doit être française au Canada. Non ; mais dites avec moi que, chez trois millions de catholiques, descendants des premiers apôtres de la chrétienté en Amérique, la meilleure sauvegarde de la foi, c'est la conservation de l'idiome dans lequel, pendant trois cents ans, ils ont adoré le Christ[12].

Si la foule massée devant l'église Notre-Dame porta Bourassa aux nues, le chef du parti irlandais, Mgr Fallon, vit dans son discours une « attaque brutale » dirigée contre l'archevêque de Westminster, avec lequel il se dit, au demeurant, en parfaite conformité de sentiment. Le fondateur du *Devoir* était même devenu, à ses yeux, « l'influence la plus dangereuse » au Canada « en ce qui a[vait] trait aux meilleurs intérêts de l'Église catholique d'un bout à l'autre du pays[13] ». L'intervention de Bourassa ne fit rien pour calmer l'ardeur belliqueuse de Fallon, qui redoubla d'effort pour obtenir la suppression du bilinguisme scolaire en Ontario.

« Les luttes ne nous feront pas peur. »

C'est dans ce contexte de tensions linguistiques, culturelles et religieuses aiguës qu'eut lieu à Ottawa le grand Congrès d'éducation des Canadiens français de l'Ontario, que convoqua l'élite canadienne-française de la province en s'appuyant largement sur les capacités de mobilisation que leur offrait le réseau paroissial franco-ontarien.

---

[12] Henri Bourassa, *Religion, langue, nationalité*, Montréal, Imprimerie du Devoir, [1910], p. 12, 14.

[13] Michael Francis Bourne, cité dans Robert Choquette, *Langue et religion*, *op. cit.*, p. 100.

Les concepteurs du projet puisèrent directement leur inspiration dans les exemples que leur avaient fournis, au fil des années, leurs « frères » de la Nouvelle-Angleterre et de l'Acadie :

> Les comptes rendus que la presse nous a faits des admirables congrès, tenus par nos frères des provinces maritimes et de la Nouvelle[-] Angleterre, et l'affirmation solennellement réitérée que ces congrès sont pour nos frères acadiens et franco-américains le principe efficace d'un grand avancement religieux et national, sont une des raisons qui nous a [*sic*] puissamment engagés à entreprendre ce mouvement patriotique[14].

La réponse de la collectivité, qui envoya mille deux cents délégués au Monument national d'Ottawa du 18 au 20 janvier 1910, dépassa largement, répétons-le, les attentes des organisateurs[15]. À plusieurs égards, le Congrès peut être considéré comme de véritables États généraux de l'Ontario français. Convoqué dans un contexte de crise politique, le rassemblement permit aux participants de dresser la liste de leurs doléances et leur fournit un lieu de contestation et de revendication public. Le sentiment d'urgence était palpable, puisqu'on sentait bien que c'était l'existence même de la collectivité canadienne-française en Ontario qui était en jeu et que les menaces dont elle faisait l'objet exigeaient une riposte musclée. René Dionne a écrit que le Congrès représentait la première « prise de parole collective » en Ontario français, laquelle favorisa l'émergence d'une « conscience franco-ontarienne[16] ». L'abbé Alexandre Beausoleil, l'un des principaux organisateurs du rassemblement, expliqua en ces termes le besoin de tenir un tel rassemblement :

> La nécessité de réunir en une convention les Canadiens-Français d'Ontario s'imposait donc avant toute autre tentative d'action ; il fallait faire le

---

[14] A. Constantineau et J. B. T. Caron, lettre circulaire du Comité du congrès projeté des Canadiens français d'Ontario, février 1909, CRCCF, FACFO, C2/1/4 [en ligne] http://www.crccf.uottawa.ca/passeport/III/D/D1a/IIID1a06_b.html, consulté le 26 juillet 2013. Sur les congrès patriotiques canadiens-français, voir Gaétan Gervais, « L'Ontario français et les grands congrès patriotiques canadiens-français (1883-1952) », *Cahiers Charlevoix*, n° 2, 1997, p. 9-155.

[15] Gaétan Gervais, « Le Règlement XVII », *loc. cit.*, p. 133.

[16] René Dionne, *loc. cit.*, p. 29.

dénombrement de nos forces, souder étroitement ensemble tous ces groupes nationaux dispersés par toute la province, étudier notre état social, donner une direction sage, ferme en même temps qu'uniforme, à nos efforts ; en un mot, *former bloc devant l'opinion*[17].

L'intention des organisateurs et des participants était donc double. Non seulement espéraient-ils solidariser les Canadiens français de l'Ontario et les tirer de l'isolement que leur dispersion dans la province avait pu engendrer, ils comptaient également faire une démonstration de force afin de « former bloc devant l'opinion », de ne laisser personne douter, parmi leurs adversaires, de la fermeté de leur résolution à imposer le respect de leurs droits « nationaux ». Le caractère éminemment politique du rassemblement paraît évident. Pendant le Congrès, ce même Beausoleil fit une véritable profession de foi en la ténacité de ses compatriotes :

Nous sommes plus de 235 000 Canadiens-Français ici sur le sol d'Ontario ; nous y sommes pour y rester ; nous y sommes pour y vivre en citoyens paisibles mais déterminés à garder le précieux héritage de nos traditions nationales, notre langue, notre foi ; les luttes ne nous feront pas peur, pas plus que les tracasseries administratives n'amoindriront la ferveur de nos réclamations ; nous sommes unis à tout jamais ; nous formons bloc ; désormais, nos sympathies et nos votes iront du côté où nous trouverons justice et bienveillance[18].

Les orateurs qui se succédèrent sur la tribune furent nombreux à exprimer un sentiment semblable. Même le député provincial Georges Pharand, pourtant membre des *Tories* provinciaux, parti par lequel le mal viendrait deux ans plus tard, y alla d'une déclaration aux accents plus que romantiques :

[Q]ui n'admirerait le spectacle de toute une race se levant comme un seul homme ? Se levant, non pour provoquer qui que ce soit, non pour blesser les sentiments de ceux qui nous entourent, mais bien pour s'affirmer. Se levant pour montrer qu'elle n'a pas dégénéré, qu'elle est digne de ses

[17] Alexandre Beausoleil, cité dans Gaétan Gervais, « L'Ontario français et les grands congrès patriotiques canadiens-français (1883-1952) », *loc. cit.*, p. 73. Nous soulignons.

[18] Alexandre Beausoleil, cité dans Gaétan Gervais, « Le Règlement XVII », *loc. cit.*, p. 134.

ancêtres, de ceux qui ont été les premiers explorateurs et les premiers missionnaires de notre belle et grande province d'Ontario[19].

Le ton, chez Pharand, était un peu plus modéré, mais il n'en souligna pas moins le besoin qu'éprouvaient les Franco-Ontariens de prendre la parole collectivement et publiquement. Le sénateur libéral Napoléon-Antoine Belcourt prit soin, à son tour, de préciser que ses compatriotes « n'entreten[aient] aucun préjugé contre la langue de la grande majorité du peuple canadien » et qu'ils continueraient de se faire un devoir d'apprendre l'anglais[20]. Il n'en rappela pas moins que la langue française n'était pas une « intruse » en Amérique et encore moins en Ontario, où on la parlait depuis le XVIIe siècle[21]. L'argumentation des participants au Congrès était largement fondée sur le souvenir de la présence ancestrale des Français et des Canadiens français dans la province, dont l'ancienneté se portait garante de la pérennité.

Les congressistes débattirent de plusieurs aspects du problème national canadien-français. On parla d'éducation, bien sûr, mais aussi de colonisation, de travail forestier et minier, de culture intellectuelle, morale et religieuse, etc.[22] Mais le clou du rassemblement fut sans conteste la mise sur pied de l'Association canadienne-française d'éducation d'Ontario, que les participants envisagèrent comme un « regroupement compact, solide et permanent de tous nos compatriotes d'Ontario en un bloc national[23] ». L'ACFÉO, avec son énorme bureau de direction à Ottawa et ses sections locales disséminées un peu partout dans la province, se comporterait dès lors comme une grande assemblée délibérative, pour ne pas dire quasi-parlementaire, et contribuerait puissamment à la mobilisation de la population canadienne-française de la province.

---

[19] Georges Pharand, cité dans René Dionne, « 1910. Une première prise de parole collective en Ontario français », *loc. cit.*, p. 93.

[20] Napoléon-Antoine Belcourt, cité dans *ibid.*, p. 78.

[21] *Ibid.*

[22] Gaétan Gervais, « Le Règlement XVII », *loc. cit.*, p. 134.

[23] Cité dans *ibid.*

Combattre les « fanatiques » et les « persécuteurs » : le déclenchement de la crise scolaire

Nous l'avons dit, la tenue même du congrès représentait un geste d'éclat, un véritable pied de nez, très public, lancé aux orangistes et aux irlando-catholiques, un geste qui provoqua toutefois ces derniers à redoubler d'efforts pour obtenir la suppression des écoles bilingues sous prétexte que l'Ontario était une province anglaise, membre de l'Empire, et que, de toute manière, les compétences pédagogiques des enseignants de langue française étaient largement insuffisantes – ce que l'ACFÉO reconnaissait, au demeurant[24]. L'évêque Fallon, de son côté, continuait de rejeter la thèse de la langue, gardienne de la foi :

> Je n'admets pas en principe que perdre sa langue, c'est perdre sa foi. Voyez les Allemands ; ils ont conservé leur langue et ont perdu la foi. Il en est de même des Prussiens et des Anglais. Les Irlandais ont perdu leur langue, mais Dieu merci, ils ont conservé leur foi. Personne ne peut contester que les Français qui ont conservé leur langue sont sur le bord de l'abime [*sic*] et sur le point de perdre la foi[25].

Les démarches qu'entreprit Fallon auprès du gouvernement Whitney vinrent s'ajouter à celles des loges orangistes, lesquelles se soldèrent par l'adoption, à l'été de 1912, du Règlement 17. La riposte de l'ACFÉO, en revanche, ne se fit pas attendre. Forte de l'autorité morale que lui avait conférée le Congrès de 1910, l'Association jeta le gant en faisant connaître péremptoirement aux commissions scolaires de la province la « ligne de conduite à suivre dans la lutte qu'il leur fa[llai]t entreprendre pour conserver l'enseignement du français dans leurs écoles[26] ». « Cette lutte », expliqua-t-elle, « [était] provoquée par les fanatiques de la province d'Ontario

---

[24] Robert Choquette, *Langue et religion*, *op. cit.*, p. 77-86.

[25] « Traduction fidèle du discours prononcé à la retraite ecclésiastique le 14 juillet 1910, à Sandwich, comté d'Essex », CRCCF, FACFO, C2/93/1 [en ligne] http://www.crccf.uottawa.ca/passeport/IV/IVD1a/IVD1a04-1-2_b.html, consulté le 27 juillet 2013.

[26] Alex Grenon, secrétaire de l'ACFÉO, lettre circulaire de l'ACFÉO aux commissions scolaires franco-ontariennes, 19 septembre 1912, p. 1, CRCCF, FACFO, C2/84/7 [en ligne] http://www.crccf.uottawa.ca/passeport/IV/IVD1a/IVD1a02-1_b.html, consulté le 27 juillet 2013.

et non par nous[27].» Il s'agissait, autrement dit, de défier ouvertement le gouvernement provincial, qui subissait, aux yeux de l'Association, la domination complète des «[O]ntariens fanatiques [qui] [voulaient] tout simplement nous enlever notre langue pour nous conduire plus sûrement à la perte de notre foi et pour augmenter leur nombre en s'emparant de nos enfants[28]». L'image, qui n'était pas sans frôler l'hyperbole, était saisissante: les Ontariens «fanatiques», qui semblaient tout droit sortis d'un conte de fées, n'étaient pas loin d'être assimilés à des ogres ravisseurs, pour ne pas dire dévoreurs, d'enfants. L'ACFÉO développa un triple argumentaire fondé sur le droit constitutionnel des Canadiens français en matière scolaire (la Confédération résultant, répétait-elle jusqu'à plus soif, d'un pacte entre deux peuples fondateurs égaux en droits partout pays), sur l'erreur pédagogique que représentait l'assimilation des enfants et, enfin, sur le droit naturel des parents de choisir par eux-mêmes la langue d'instruction de leur progéniture. La Commission des écoles séparées d'Ottawa (CESO) avait été la première à faire connaître son opposition au Règlement 17 et son intention de l'ignorer, tout simplement. L'ACFÉO enjoignit tous les conseillers scolaires canadiens-français de la province d'imiter le geste de la CESO et d'envoyer copie, «dûment adoptée et signée», de la résolution suivante au ministère de l'Éducation à Toronto:

> Attendu que les parents, tous contribuables de cet arrondissement scolaire, exigent l'enseignement et l'usage du français dans tous les cours de cette école.
>
> Attendu qu'ils exigent aussi l'enseignement de l'anglais pendant un temps convenable.
>
> Attendu aussi que les parents ont ce droit par nature et par le fait qu'ils soutiennent cette école, il est proposé [...] que les instituteurs et institutrices des écoles de cet arrondissement soient OBLIGÉS d'enseigner la lecture, la grammaire, l'épellation et la littérature françaises et que la langue en usage pour l'enseignement de l'histoire et de la géographie soit la langue française, de même pour l'arithmétique, jusqu'à la troisième forme inclusivement.

---

[27] *Ibid.*
[28] *Ibid.*

> Qu'ils soient aussi obligés d'enseigner la lecture, l'épellation, la grammaire et la littérature anglaises en se servant de l'anglais pour l'enseignement de ces matières, suivant le cas et la capacité des élèves.
>
> Qu'ils soient obligés en plus de se servir de la langue française dans les relations entre maîtres et élèves.
>
> Que copie de cette motion dûment adoptée et signée soit affichée dans toutes les classes[29].

Autrement dit, l'ACFÉO exhortait la population canadienne-française à entreprendre une vaste campagne de désobéissance civile. L'adoption d'une telle résolution était le seul moyen, conclut l'Association, de mettre les Canadiens français « en sûreté contre les vaines et injustes menaces de nos persécuteurs[30] ». Ses dirigeants multiplièrent les démarches auprès des gouvernements, des tribunaux et de la hiérarchie vaticane (nous y reviendrons), obtinrent l'appui des nationalistes, du clergé et d'une partie de la classe politique du Québec, soutinrent la fondation d'écoles dites « libres » (comme à Pembroke, à Green Valley et à Windsor, notamment) et contribuèrent à l'organisation de grandes manifestations publiques rassemblant parfois des milliers de personnes pour revendiquer le retrait du Règlement 17. En 1913, l'ACFÉO se lança dans le journalisme de combat en appuyant la fondation du quotidien *Le Droit*, que mirent sur pied les oblats canadiens-français de la capitale par le truchement du Syndicat d'œuvres sociales. La direction du journal fut confiée au père Charles Charlebois, « groulxiste » intransigeant que l'on considère souvent comme la cheville ouvrière de la résistance franco-ontarienne. La devise du *Droit*, « L'avenir est à ceux qui luttent », traduisait bien la combativité de son caractère, tout comme son article programmatique, véritable pièce d'anthologie, que l'on pouvait lire à la une de sa toute première livraison, le 27 mars 1913 :

> C'est avec le journal que, de nos jours, on renverse les gouvernements et que l'on consolide les empires. C'est par lui que l'on façonne l'opinion publique et que l'on sème dans le peuple les idées bonnes ou mauvaises. Le journal, c'est l'arme invincible des minorités ; il détruit les préjugés les plus enracinés, il donne de la cohésion aux efforts des faibles en groupant

[29] *Ibid.*, p. 2. Les majuscules sont de Grenon.

[30] *Ibid.*

> mieux leurs énergies; il arrête les ambitions des despotes en dévoilant leurs intrigues.
>
> Malgré ses inévitables défauts, le journal est donc une nécessité et un devoir des temps présents. Au milieu d'un monde où les timides ont toujours tort et où les neutres ne comptent pas, il faut prendre les meilleurs moyens de faire triompher nos croyances et nos légitimes aspirations. Et, comme le dit le Père Palau, s. j., si l'on ne se résigne pas à lutter pour le règne du bien, on devra se résigner au despotisme du mal.
>
> C'est à cause de ces considérations qu'un groupe important de Canadiens-français [*sic*] d'Ontario ont jugé opportun de fonder le « Syndicat d'[œ]uvres [s]ociales ».
>
> Vu la situation pénible faite aux écoles catholiques françaises de notre province, les directeurs du « Syndicat » ont pensé que leur premier devoir était de publier un journal quotidien afin de mieux renseigner notre peuple et de prouver à nos adversaires que nous entendons lutter jusqu'au bout et avec des armes loyales.
>
> [...] [Q]uand l'avenir d'un demi-million de Canadiens-français [*sic*] est en jeu, il n'est pas permis de négliger les moyens de lutte. Et, quelle meilleure arme qu'un journal, surtout un journal quotidien qui soit avant tout et par-dessus tout au service de la religion catholique, de la langue française et du droit égal pour tous[31].

La guerre était engagée. Nous pourrions multiplier les exemples de cette ardeur au combat qui caractérisait la résistance franco-ontarienne au moment du déclenchement de la crise du Règlement 17. N'allons pas croire, toutefois, que le succès était toujours au rendez-vous. Force est de reconnaître, en effet, qu'il était plus grand à Ottawa et dans l'Est que dans le Nord-Est et, surtout, le Sud-Ouest, où les écoles dissidentes éprouvèrent beaucoup plus de mal à tenir le coup[32]. Il n'en faut pas moins constater que, pendant les cinq ou six premières années du conflit scolaire, c'est une audacieuse et bruyante campagne de dissidence que tentaient d'orchestrer l'ACFÉO et ses acolytes.

---

[31] « Notre programme », *Le Droit*, 27 mars 1913, p. 1.

[32] Victor Simon, *Le Règlement XVII. Sa mise en vigueur à travers l'Ontario, 1912-1917*, *op. cit.*, 58 p.

La langue, gardienne de la foi : un doute

Rome et la question scolaire

La conviction des dirigeants de la résistance franco-ontarienne ne fléchirait pas, mais leurs méthodes suivraient le cours de la modération, il faut bien le constater. Surtout, il deviendrait de plus en plus difficile pour eux de continuer de lier la sauvegarde de la foi à la défense de la langue française. La crise scolaire, rappelons-le, opposait les franco-catholiques non seulement aux anglo-protestants, mais aussi aux irlando-catholiques, qui se livraient mutuellement une guerre sourde depuis plusieurs années pour le contrôle des structures scolaires, paroissiales et diocésaines en Ontario[33]. De part et d'autre on tenta de s'attirer les bonnes grâces du Saint-Siège et de ses représentants, en particulier le délégué apostolique au Canada, Peregrin Stagni, lequel répugnait toutefois à jouer les médiateurs entre les deux factions adverses[34]. L'inaction de Stagni eut finalement raison du sang-froid du président de l'ACFÉO, le bouillant sénateur conservateur Philippe Landry, qui lui expédia une lettre remplie de remontrances dans laquelle il donna libre cours à sa frustration : « La persécution sévit pire que jamais. Les appels à Rome se succèdent les uns [aux] autres lorsque votre présence ici semblerait devoir les empêcher. [...] N'est-ce pas Notre Seigneur qui a dit : "Ceux qui ne sont pas avec moi sont contre moi"[35]. »

L'ACFÉO ne semblait pas encore près d'abandonner son attitude de défi, fût-ce à l'endroit de la hiérarchie romaine. À mesure que les « suppliques », les mémoires et les missives se succédaient, l'intensité de la rivalité alla augmentant et finit par décider le Vatican à agir. En 1915, Stagni expédia à Rome deux rapports sur la question scolaire ontarienne qui condamnaient sans ambages la résistance franco-ontarienne et tâchèrent d'en déconstruire les

---

[33] Voir Robert Choquette, *Langue et religion*, *op. cit.* ; et, du même auteur, *L'Église catholique dans l'Ontario français du dix-neuvième siècle*, Ottawa, Presses de l'Université d'Ottawa, 1984, 365 p.

[34] Nous avons développé certaines des idées contenues dans cette section dans Michel Bock, « Le Vatican et l'ACFÉO au moment du Règlement XVII », *loc. cit.*, p. 257-275.

[35] Lettre de Philippe Landry à Peregrin Stagni, 8 juin 1915, CRCCF, FACFO, C2/85/8.

principaux arguments[36]. Non seulement la constitution canadienne ne protégeait d'aucune manière les droits scolaires des minorités linguistiques, la thèse de la langue « gardienne » de la foi n'était fondée sur aucune preuve concluante, de sorte qu'il était impossible de postuler que la perte de sa langue maternelle menait à l'apostasie. Par ailleurs, le délégué apostolique blâma sévèrement le directeur du *Droit*, Charles Charlebois, ainsi que son confrère oblat, Albert Lortie, dont les esprits lui paraissaient « embrouillés » par un « nationalisme excessif » au point où ils en oubliaient le message du Christ. Les salves trop publiques qu'ils multipliaient contre le clergé irlandais offraient au laïcat, par ailleurs, un fort mauvais exemple de fraternité et contribuaient à donner, de surcroît, une dimension religieuse à un conflit politique qui, en réalité, en était entièrement dépourvu. De tels procédés servaient de caution à l'intransigeance d'agitateurs comme le président de l'ACFÉO, Philippe Landry, une personne « dangereuse », déplorait Stagni, qui n'éprouvait aucun scrupule à houspiller l'autorité ecclésiastique[37].

Stagni prévint ses supérieurs romains que les agissements des dirigeants du *Droit* et de l'ACFÉO risquaient selon lui de provoquer inutilement la majorité anglo-protestante et de mettre en péril, par conséquent, les écoles séparées (c'est-à-dire catholiques) de la province, qu'il fallait au contraire mettre à l'abri de toute ingérence politique. L'évêque Fallon n'aurait pas mieux dit. Quelques mois plus tard, en 1916, le verdict pontifical tomba comme un couperet sur les espoirs des nationalistes canadiens-français avec la publication de l'encyclique *Commisso Divinitus*[38]. Benoît XV, tout en permettant aux Franco-Ontariens de revendiquer pacifiquement ce que bon leur semblait, n'en reconnut pas moins au gouvernement ontarien le droit d'exiger que les enfants de la province apprissent l'anglais. Dans l'ordre des priorités, il ne fallait jamais perdre de vue, poursuivit-il, que ce qui importait par-

---

[36] Pour une traduction anglaise des rapports de Stagni, voir John Zucchi, *The View from Rome. Archbishop Stagni's 1915 Reports on the Ontario Bilingual Schools Question*, Montréal / Kingston, McGill-Queen's University Press, 2002, 131 p.

[37] *Ibid.*, p. xlvii.

[38] Benoît XV, « Lettre *Commisso Divinitus*. La question des langues. Lettre du Souverain Pontife à l'épiscopat canadien (version officielle française) », 8 septembre 1916, CRCCF, FACFO, C2/150/2.

dessus tout, c'était la protection des écoles catholiques, que le Règlement 17 ne menaçait pas, contrairement aux prétentions des Canadiens français, qui persistaient à lier la sauvegarde de la foi à celle de la langue. Enfin, il était important que la presse catholique fît preuve de modération et qu'elle s'abstînt de semer la discorde au sein de l'Église. Ce commentaire, de toute évidence, visait en particulier le directeur du *Droit*, le père Charlebois. Manifestement, le pape avait bien médité les rapports de son ambassadeur au Canada.

À l'intérieur des milieux nationalistes canadiens-français, tant ceux du Québec que ceux de l'Ontario français, l'intervention du pape sema la consternation. N'était-ce pas le fondement même de l'argumentaire nationaliste que la hiérarchie romaine avait rejeté sans ambages, soit l'indissociabilité des dimensions religieuse et culturelle de l'identité nationale des Canadiens français? Publiquement, on tenta de faire contre mauvaise fortune bon cœur en soulignant le fait que le pape n'avait pas formellement interdit aux Franco-Ontariens de revendiquer la fin du régime scolaire de 1912, mais le sentiment d'abattement était palpable. L'intervention romaine n'était toutefois pas parvenue à calmer l'acrimonie des relations entre les factions canadienne-française et irlandaise, de sorte que Benoît XV fut contraint de revenir à la charge en 1918 en publiant une seconde encyclique sur la crise du Règlement 17, intitulée *Litteris Apostolicis*[39]. Les Franco-Ontariens, répéta le pape, pouvaient participer comme ils l'entendaient à la vie démocratique de leur pays – sans toutefois que cela leur permît de remettre en cause l'autorité dûment constituée – mais les questions religieuse et nationale (ou politique) étaient de nature foncièrement différente, la première devant par conséquent maintenir son entière autonomie par rapport à la seconde. Autrement dit, il eût été inutile et, surtout, trop risqué de brouiller les cartes et de pousser la majorité anglo-protestante à supprimer les écoles catholiques. La question scolaire franco-ontarienne n'était tout simplement pas une question religieuse et la défense de l'école française (ou bilingue) ne devait à aucun moment menacer l'existence de l'école

[39] Benoît XV, « *Litteris Apostolicis* », 7 juin 1918, CRCCF, FACFO, C2/150/2.

catholique. Là-dessus, le souverain pontife n'admettait aucune méprise.

L'ACFÉO exprima au pape la « joie indicible » qu'elle éprouvait devant une si « haute marque de bienveillance »[40] mais, concrètement, elle dut prendre note que Rome, en définitive, l'avait larguée. Qui, dans un tel contexte, eût continué de soutenir ouvertement que l'avenir spirituel des Canadiens français dépendait de leur capacité de maintenir intégrale leur identité nationale, que la langue était toujours gardienne de la foi ? Le père oblat Rodrigue Villeneuve, futur cardinal et archevêque de Québec, alors professeur à Ottawa, dit même craindre que l'intervention du Saint-Siège n'allât jusqu'à entamer la foi de « notre pauvre peuple ». Il fit connaître ses inquiétudes à son grand ami de l'époque, Lionel Groulx, qui, depuis Montréal, lui avoua à son tour qu'il « ne croyai[t] pas qu'il pût être si dur de s'incliner devant la parole pontificale » et que cette « aventure » l'avait rendu « presque charitable à l'égard des catholiques d'autres pays qu'[il] trouvai[t] parfois bien insubordonnés et bien suffisants ». Dans la métropole, releva-t-il, les laïcs digéraient fort mal l'intervention de Rome et du pape, dont la « désaffection a[vait] fait hélas! un grand bout de chemin »[41].

Le fragile équilibre entre les questions nationale et religieuse

Nous avons montré ailleurs l'intimité des liens qui rattachaient l'abbé Groulx aux milieux nationalistes de l'Ontario français et, en particulier, à l'ACFÉO. Dans les réseaux nationalistes, la nouvelle de la double intervention du pape, qu'il n'était guère possible d'ignorer, se répandit comme une traînée de poudre. Les « groulxistes » durent supputer avec beaucoup de précaution l'écho qu'auraient invariablement, dans les officines du pouvoir romain, leurs déclarations et leurs prises de position sur les questions nationales et religieuses. En 1922, par exemple, au moment où il préparait la grande enquête de *L'Action française* sur l'avenir politique du

---

[40] Lettre de Philippe Landry à Benoît XV, 1er mars 1919, CFCCF, FACFO, C2/151/8.

[41] Échange de lettres entre Rodrigue Villeneuve et Lionel Groulx, 4 et 20 novembre 1916, BAnQ, FLG, P1/A,3696.

Canada français, l'abbé Groulx ne manqua pas d'obtenir au préalable la bénédiction du théologien (nationaliste) Louis-Adolphe Pâquet, question de s'assurer qu'il pouvait, en toute quiétude théologique, envisager la rupture éventuelle du lien confédéral et la création subséquente d'un État français et catholique indépendant[42]. Il était devenu impératif pour *L'Action française* – qui comptait plusieurs collaborateurs franco-ontariens et qui avait fait de la crise du Règlement 17 l'un de ses principaux dossiers – d'éviter qu'on pût l'accuser de confondre, encore une fois, le politique et le religieux. Pâquet donna sa bénédiction au projet de Groulx, qui put ainsi mener et publier son enquête, non sans allumer quelques flammèches, toutefois, entre lui et certains des principaux « chefs » des minorités canadiennes-françaises, dont le sénateur Belcourt. L'attaque la plus virulente contre les velléités « séparatistes » de *L'Action française* et des groulxistes provint toutefois de nul autre qu'Henri Bourassa, qu'avait fortement influencé l'encyclique *Ubi Arcano Dei*, publiée en décembre 1922 et dans laquelle le nouveau pape, Pie XI, réprouvait le « nationalisme immodéré ». Le directeur du *Devoir* dénonça vertement la propension qu'il attribuait « à ces jeunes Canadiens français brillants, éloquents » à instrumentaliser le catholicisme, universel par définition, et à le réduire à une affaire politique et nationale[43]. En ce qui avait trait aux irlando-catholiques, entre autres, Bourassa se rangea clairement du côté de la hiérarchie vaticane, à savoir que la communauté de foi devait l'emporter sur toute forme de clivage linguistique ou politique[44] : « Ne demandons donc pas à l'Église d'être française au Canada ; soyons certains qu'elle n'y sera ni anglaise, ni irlandaise. Ici, comme ailleurs, et toujours, elle est et restera l'Église catholique, apostolique et romaine, l'Église du Christ mort pour tous les hommes, l'Église de Dieu qui appelle tous ses enfants à partager la gloire de

---

[42] Voir Susan Mann Trofimenkoff, *Action française. French Canadian Nationalism in the Twenties*, Toronto, University of Toronto Press, 1975, 157 p. ; Jean-Claude Dupuis, « La pensée politique de *L'Action française* de Montréal (1917-1928) », *Les Cahiers d'histoire du Québec au XXe siècle*, n° 2, été 1994, p. 27-43.

[43] Henri Bourassa, « Le point tournant de l'anti-séparatisme militant [conférence du 23 novembre 1923] », *L'Action nationale*, mai-juin 1964, p. 847-868.

[44] *Ibid.*, p. 861.

l'éternelle patrie[45]. » Dans l'esprit de Bourassa, il n'était plus tout à fait aussi clair qu'en 1910, alors qu'il avait pris à partie l'évêque de Westminster, que la langue fût toujours « gardienne » de la foi. En définitive, la foi ne lui semblait plus avoir besoin d'autre défenderesse qu'elle-même…

Les groulxistes n'étaient pas encore au bout de leur peine, toutefois. L'onde de choc engendrée en 1926 par la condamnation, en France, de *L'Action française* de Charles Maurras pour cause de « nationalisme outrancier » (accusation qui n'était pas sans rappeler celle qu'avait lancée Stagni à l'endroit des pères Charlebois et Lortie dans ses rapports de 1915 sur la question scolaire) se ferait sentir jusqu'au Canada français. Les groulxistes avaient beau clairement subordonner leur nationalisme à leur catholicisme – qui demeuraient, en revanche, inséparables – et rejeter sans ambages l'absolutisation du politique qui caractérisait le mouvement maurrassien (ou à tout le moins son noyau dur), il n'en demeurait pas moins qu'au lendemain de la condamnation de 1926, ils avaient l'impression de devoir marcher sur des œufs sinon de risquer à tout moment qu'on les inclût sans discernement parmi les « nationalistes outranciers[46] ». À l'un de ses jeunes disciples, René Chaloult, l'abbé Groulx fit part de ses inquiétudes, pour ne pas dire de ses angoisses, et de la nécessité qu'il y avait désormais à faire montre d'une prudence extrême : « Le *nationalisme* est mal coté à Rome, après les exagérations que l'on a commises en certains pays. Il faut espérer que la crise servira plutôt à clarifier les idées qu'à les embrouiller. Et tenons-nous bien dans la mesure et la vérité, afin de faire face aux malicieux qui n'attendent qu'un prétexte pour nous dénoncer[47]. » Lorsque, l'année suivante, un groupe de nationalistes franco-américains du Rhode-Island, les « sentinellistes », reçurent une sentence d'excommunication après avoir eu l'audace de traîner devant les tribunaux civils l'évêque irlandais du lieu

[45] *Ibid.*, p. 868.

[46] Pour une synthèse de débat historiographique sur le maurrassisme au Canada français, voir Michel Bock, « L'influence du maurrassisme au Canada français : retour sur le cas de Lionel Groulx », dans Olivier Dard (dir.), *Charles Maurras et l'étranger. L'étranger et Charles Maurras*, Berne, Peter Lang, 2009, p. 135-152.

[47] Lettre de Lionel Groulx à René Chaloult, 25 février 1927, BAnQ, FLG, P1/A, 704. Les italiques sont de Groulx.

pour contester son intention de financer un collège de langue anglaise à même la dîme paroissiale, les groulxistes, qui ne savaient plus très bien sur quel pied danser, préférèrent tout simplement se terrer[48]. Bourassa, au contraire, choisit d'invectiver les sentinellistes dans une série de cinq articles accablants à leur endroit qui parurent dans *Le Devoir* en janvier 1929[49]. À la fin des années 1920, il semblait beaucoup plus difficile, voire plus hasardeux qu'en 1910, de faire de la question nationale canadienne-française une question religieuse.

L'ACFÉO, pour sa part, prit bonne note du durcissement du Saint-Siège vis-à-vis du nationalisme. Le vicaire apostolique de l'Ontario-Nord et ancien représentant du clergé canadien-français au Vatican, Joseph Hallé, conseilla d'ailleurs à l'Association d'éviter à tout prix qu'on pût l'accuser à Rome de « faire du nationalisme[50] » si elle comptait ne pas s'aliéner la hiérarchie ecclésiastique outre mesure. D'ailleurs, à partir des années 1920, les relations entre Canadiens français et Irlandais de l'Ontario, sans aller jusqu'à dire qu'elles seraient au beau fixe, évolueraient graduellement[51]. La résistance franco-ontarienne se résigna à tempérer son ardeur au combat et à chercher d'autres moyens pour faire triompher sa cause. Le retour du sénateur Napoléon Belcourt à la présidence de l'ACFÉO, en 1921, trois ans après la publication de la seconde encyclique pontificale sur les écoles ontariennes, y fut pour beaucoup[52]. Modéré et conciliateur, Belcourt tendit de nombreuses perches à la majorité de langue anglaise, dont une partie à tout le moins se montra réceptive à ses avances. La modération idéologique de l'Association coïncida non seulement avec l'essoufflement des efforts de résistance, mais aussi avec l'émergence, au lendemain de la Première Guerre mondiale, d'un nouveau climat intellectuel au Canada anglais, lequel entraîna une profonde remise en question de l'intimité, devenue soudain trop

---

48 Sur la crise sentinelliste, voir Yves Roby, *Les Franco-Américains de la Nouvelle-Angleterre*, Sillery, Septentrion, 2000, p. 238-265.

49 Henri Bourassa, « L'Affaire de Providence et la crise religieuse en Nouvelle-Angleterre », série de cinq articles parus dans *Le Devoir* du 15 au 19 janvier 1929.

50 « Notes de Mgr Hallé », [après 1923], CRCCF, FACFO, C2/153/7

51 Voir l'article de Jean-Philippe Croteau dans ce recueil.

52 Belcourt avait été le premier à assumer la présidence de l'ACFÉO, de 1910 à 1912.

grande aux yeux d'une certaine élite, des liens qui rattachaient le Canada à l'Empire britannique. Dans ces milieux, le vieil impérialisme céda le pas, pendant les années 1920, à un nouveau nationalisme que l'on souhaitait plus authentiquement canadien et dont l'ascension culminerait avec l'adoption, en 1931, du Statut de Westminster, qui accorderait aux dominions britanniques le droit de forger leur propre personnalité internationale. C'est dans ce contexte que se firent entendre au Canada anglais de nouvelles voix réclamant que l'on prît des mesures pour rebâtir les ponts entre les deux peuples fondateurs, dont les relations avaient été mises à mal par la guerre et la crise de la conscription de 1917, certes, mais aussi par la crise des écoles franco-ontariennes, dont on estimait désormais qu'elle avait trop duré. La mise sur pied de la Unity League par les principales têtes dirigeantes de ce mouvement – avec le puissant concours de Belcourt lui-même – représentait l'une des manifestations les plus éloquentes du changement d'opinion qui avait commencé à se faire sentir au Canada anglais[53].

N'allons pas croire que la négociation et la discussion avaient été absentes des stratégies de l'ACFÉO depuis le déclenchement de la crise scolaire. À l'inverse, les années 1920 furent aussi témoins de quelques coups d'éclat mémorables, comme la fondation d'une « école libre » à Pembroke, laquelle permit à l'institutrice dissidente Jeanne Lajoie (la « Pucelle de Pembroke ») de rejoindre les rangs des « héros » de la cause franco-ontarienne[54]. Dans l'ensemble, toutefois, le ton de l'ACFÉO évolua considérablement après 1918. On ne parla plus guère, comme aux premiers temps de la lutte, des « fanatiques » de l'Ontario ni des « persécuteurs » qui avaient fomenté la crise. L'heure, clairement, était à la pondération et à la réconciliation. Publiquement, on cessa largement d'insister sur l'iniquité des mesures prises par les « adversaires » de l'école bilingue. On croyait plus sage, au contraire, de troquer son épée contre une

---

[53] Nous ne nous éterniserons pas sur ce point, puisque le présent recueil contient de nombreux articles qui analysent le phénomène sous plusieurs aspects. Voir, en particulier, les contributions de Hans-Jürgen Lüsebrink, Geneviève Richer, Gratien Allaire et Serge Dupuis.

[54] « L'école libre de Pembroke », dans *Le Règlement XVII* (exposition virtuelle), CRCCF [en ligne] http://www.crccf.uottawa.ca/reglement17/page/lecole-libre-de-pembroke, consulté le 30 juillet 2013.

branche d'olivier. Dans le discours du président Belcourt, entre autres, le Règlement 17 était toujours un mal en soi, certes, mais un mal auquel il fallait *aussi* remédier parce qu'il continuait de porter atteinte à l'unité nationale, que les séquelles de la guerre et de la crise de la conscription continuaient de menacer.

La fin des années 1920: un tournant

En 1926, l'élite canadienne-française d'Ottawa prit la décision, sans grand coup d'éclat, de mettre sur pied une société secrète, l'Ordre de Jacques-Cartier, pour favoriser le progrès national des Canadiens français non seulement en Ontario, mais partout au pays, une société secrète qui, par définition, agirait dans l'ombre et se tiendrait à l'écart des grandes manifestations publiques. La comparaison entre la logique qui présida à la fondation de l'Ordre et celle qu'on retrouve à l'origine de l'ACFÉO est saisissante. Si, en 1910, le grand Congrès des Canadiens français de l'Ontario avait fait loger l'ACFÉO à l'enseigne de la dissidence et de la résistance ouverte, les fondateurs de la « Patente », seize ans plus tard, logeraient résolument, pour leur part, à l'enseigne de la discrétion. Il est difficile de ne pas lier la mise sur pied de l'Ordre, qui noyauterait rapidement, d'ailleurs, l'ACFÉO, à la transformation du contexte politique, national et religieux qu'avait connue le Canada français depuis une dizaine d'années. En abandonnant toute velléité de résistance ouverte ou frontale, certains, parmi les groulxistes « orthodoxes », avaient senti, sans doute avec déplaisir, la nécessité de prendre note de la disgrâce dans laquelle était tombé le nationalisme au sein de la hiérarchie vaticane, laquelle contribuerait à dénouer le lien, central dans le groulxisme, qui raccordait les questions nationale et religieuse. Au lendemain de la crise scolaire, l'Ontario français entra en effet dans une phase de développement tranquille qui, sans dire qu'elle serait exempte de débats, ne susciterait, publiquement, aucune crise majeure, du moins pas avant qu'une bonne quarantaine d'années ne se fussent écoulées.

D'ailleurs, ce nouveau chapitre de l'histoire de l'Ontario français débuta par une sorte de « révolution de palais », pour emprunter à Robert Choquette, par laquelle au moins trois des dirigeants de la résistance au Règlement 17 parmi les plus intransigeants furent limogés : le père Charlebois, qu'on écarta en 1930 de la direction du *Droit* avant de l'exiler, quatre ans plus tard, au scolasticat de Sainte-Agathe-des-Monts – résultat qu'avait souhaité le délégué apostolique Stagni dès les années 1910, soit dit en passant – ; Samuel Genest, qui perdit la présidence de la Commission des écoles séparées d'Ottawa qu'il avait occupée de 1913 à 1931, tenant tête avec une rare opiniâtreté tant à la minorité irlandaise en son sein qu'au gouvernement provincial ; et Aurélien Bélanger, l'un des principaux organisateurs du Congrès de 1910, militant de la première heure et député à l'Assemblée législative de l'Ontario, qui fut congédié en 1931 de son poste d'inspecteur des écoles bilingues d'Ottawa[55]. Des renvois que Lionel Groulx, entre autres, n'oublierait pas de dénoncer dans ses mémoires, plusieurs années plus tard, en déplorant qu'« [u]ne équipe de politiciens » eût supplanté « l'équipe des lutteurs[56] ». Déjà, en 1927, Groulx s'insurgea, dans les pages de *L'Action française*, devant la propension qu'avaient certains à attribuer la victoire de la restauration des écoles bilingues à ceux qu'il appelait dérisoirement « nos bons pacifistes » :

> Le gouvernement de Toronto ferait-il aujourd'hui ce qu'il s'apprête à faire, si les Franco-Ontariens n'avaient écouté que les prédicants de tolérance parmi eux, n'avaient, depuis dix-sept ans, revendiqué virilement les droits de l'école française, agité l'opinion et jusqu'à faire de la question de leurs écoles, une question de politique générale où se sont vues engagées la paix générale du pays et les destinées du parti conservateur ? [...] Il est clair comme le jour, pour tout esprit sensé, que les négociateurs de ces derniers temps, dont il ne faut pas nier le mérite, n'ont fait que recueillir les fruits de la lutte et que cette négociation même n'eût jamais eu lieu, si le gouvernement de M. Ferguson [premier ministre ontarien] n'y eût été poussé par d'irrésistibles nécessités[57].

La prose de Groulx ne manquait pas de faconde, mais force est de reconnaître, en même temps, que le caractère ferrailleur qu'on

---

[55] Voir Robert Choquette, *La foi gardienne de la langue en Ontario, 1900-1950*, Montréal, Bellarmin, 1987, p. 210-213, 219-222.

[56] Lionel Groulx, *Mes mémoires. Tome 1 : 1878-1920*, Montréal, Fides, 1970, p. 361-362.

[57] Jacques Brassier [pseudonyme de L. Groulx], « Les écoles ontariennes », *L'Action française*, septembre 1927, p. 178-179.

lui connaissait était tempéré par le fait qu'il choisit de signer ce texte fort discrètement sous l'un de ses pseudonymes préférés, Jacques Brassier. Par ailleurs, l'article, qui comptait à peine deux paragraphes, se démarquait clairement par sa brièveté, sans compter que Groulx l'avait simplement inclus dans la section « Notes diverses », sorte de fourre-tout rassemblant plusieurs nouvelles éparses et toujours publiées en fin de livraison. Le peu de cas que semblait faire *L'Action française* de la résolution de la crise scolaire, qui aurait presque pu passer inaperçue, contrastait singulièrement avec la place proéminente qu'elle lui avait systématiquement accordée depuis sa fondation en 1917. La victoire méritait d'être célébrée, certes, mais à l'intérieur de limites convenables. Dans le contexte intellectuel de la fin des années 1920, le triomphalisme, de toute évidence, n'était plus de mise…

Au-delà du changement de stratégie qu'ils poussèrent les milieux nationalistes de l'Ontario français à adopter, les défis posés au maintien de l'union étroite des questions nationale et religieuse eurent, inévitablement, des conséquences à l'échelle du champ intellectuel canadien-français dans son ensemble. La remise en question de l'orthodoxie groulxiste, pour ainsi dire, continuerait de se faire sous l'impulsion, d'une part, d'une gauche catholique de plus en plus soucieuse de distinguer l'une de l'autre les sphères religieuse et temporelle. En témoigne la mise sur pied du Comité national d'Action catholique (CNAC), organisme visant à regrouper l'ensemble des mouvements de l'Action catholique spécialisée (Jeunesse ouvrière catholique, Jeunesse étudiante catholique, Jeunesse agricole catholique, etc.) qui avaient proliféré à la faveur de la Crise des années 1930. L'Association catholique de la jeunesse canadienne-française (ACJC), que l'abbé Groulx avait contribué à mettre sur pied au début du siècle et qui avait momentanément cru pouvoir exercer par elle-même cette fonction de groupement et de coordination à l'échelle nationale, fut toutefois écartée par l'épiscopat canadien-français, qui était déterminé à démêler les questions nationales et politiques des questions spirituelles et sociales[58]. D'autre part, l'orthodoxie groulxiste aurait aussi à répondre, pendant les années 1930, au défi que lui lancerait cette fois une droite nationaliste qui, à l'inverse, accordait bien plus d'importance à la réforme des institutions politiques et à la formation d'un État national en bonne et due forme qu'à la rechristianisation de la société. Des groupes et des organes comme, entre autres, les Jeunesses patriotes et le journal *La Nation*, en fleuretant avec le maurrassisme et certaines idéologies fascisantes, s'écartaient de l'orthodoxie nationaliste en ne subordonnant plus aussi clairement que leurs prédécesseurs leur nationalisme à leur catholicisme et en faisant de la question du régime politique en enjeu national de première importance. Dans un cas comme dans l'autre, la défense des minorités canadiennes-françaises, sans nécessairement disparaître, passait à l'arrière-plan. La gauche catholique, qui cherchait à s'émanciper de la question nationale, ne serait pas portée à en faire une priorité très grande, alors que la droite nationaliste y verrait même, dans certains cas, un obstacle potentiel à la consolidation de l'État national des Canadiens français[59].

Dans les années 1930, les nationalistes orthodoxes étaient

---

[58] On consultera, sur ces questions, les titres suivants : Yvan Lamonde, *La modernité au Québec. Tome 1 : La crise de l'homme et de l'esprit, 1929-1939*, Montréal, Fides, 2011, 323 p. ; E.-Martin Meunier et Jean-Philippe Warren, *Sortir de la « Grande Noirceur ». L'horizon personnaliste de la Révolution tranquille*, Sillery, Septentrion, 2002, 209 p. ; Jean-Philippe Warren, « La découverte de la "question sociale". Sociologie et mouvements d'action jeunesse canadiens-français », *op. cit.*, p. 539-572 ; Michael Gauvreau, *The Catholic Origins of Quebec's Quiet Revolution, 1931-1970*, Montréal / Kingston, McGill-Queen's University Press, 2005, 501 p. ; Michael Gauvreau, « Catholicisme, nationalisme et fédéralisme dans la pensée de Claude Ryan », *Revue d'histoire de l'Amérique française*, vol. 62, n°s 3-4, hiver-printemps 2009, p. 429-472 ; Louise Bienvenue, *Quand la jeunesse entre en scène. L'Action catholique avant la Révolution tranquille*, Montréal, Boréal, 2003, 291 p. ; Gisèle Huot, « De l'esprit, du cœur et des lettres. La correspondance Georges-Henri Lévesque – Lionel Groulx (1934-1937) », *Cahiers d'histoire du Québec au XXe siècle*, n° 2 (été 1994), p. 85-118.

[59] Voir Olivier Dard, « De la rue de Rome au Canada français : influences ou transferts ? », *Mens : revue d'histoire intellectuelle de l'Amérique française*, vol. 8, n° 1, automne 2007, p. 7-66 ; Yvan Lamonde, *La modernité au Québec*, *op. cit.*, 323 p. ; Robert Comeau, « Lionel Groulx, les indépendantistes de *La Nation* et le séparatisme (1936-1938) », *Revue d'histoire de l'Amérique française*, vol. 26, n° 1, juin 1972, p. 83-102 ; Denis Chouinard, « Des contestataires pragmatiques : les Jeune-Canada, 1932-1938 », *Revue d'histoire de l'Amérique française*, vol. 40, n° 1, été 1986, p. 5-28 ; Michel Bock, *Quand la nation débordait les frontières*, *op. cit.*, p. 298-343 ; André J. Bélanger, *L'apolitisme des idéologies québécoises. Le grand tournant de 1934-1936*, Québec, Presses de l'Université Laval, 1974, 392 p.

écartelés, débordés sur leur gauche comme sur leur droite. Ils tenteraient de convaincre les uns de ne pas renier le cadre national dans lequel l'action catholique devait selon eux s'incarner, et les autres de ne pas substituer une réflexion sur les institutions politiques du Québec et du Canada à la réalisation de la mission spirituelle de la nation canadienne-française. En Ontario français, cette droite nationaliste ne semble pas avoir eu d'équivalent. Néanmoins, les groulxistes, qui s'étaient d'une certaine façon terrés dans l'Ordre de Jacques-Cartier[60], durent en découdre avec l'Action catholique spécialisée, qui leur mènerait une chaude concurrence, en particulier après la guerre, pour le recrutement de la jeunesse franco-ontarienne[61]. L'autonomisation graduelle des questions nationale et religieuse, qu'avaient annoncée l'intervention pontificale dans la crise scolaire et les débats intellectuels des années 1920, était bien entamée.

Conclusion

La « langue, gardienne de la foi » était bien plus qu'un simple adage. Depuis le milieu du XIXe siècle, le Canada français, en tant que collectivité nationale, s'était largement institutionnalisé à l'intérieur des cadres sociaux de l'Église catholique. En revanche, l'Église portait une certaine idée du Canada français, qu'elle contribuait à définir comme une communauté de langue, de culture, de mémoire et de foi. C'était cette conception de l'identité nationale qui avait conduit l'institution ecclésiastique à repousser ses propres frontières afin d'y englober les minorités canadiennes-françaises et de les rattacher, par le fait même, au « foyer » de la nation qu'était le Québec. La difficulté qu'il pouvait y avoir à maintenir l'union étroite des questions nationale et religieuse n'était pas étrangère aux lézardes qui, lentement, menaceraient l'intégrité de l'édifice conceptuel et institutionnel du Canada français dans sa forme traditionaliste. À la fin des années 1920, les défenseurs de la thèse

---

60 Voir Denise Robillard, *L'Ordre de Jacques-Cartier, 1926-1965. Une société secrète pour les Canadiens français catholiques*, Montréal, Fides, 2009, 541 p.

61 Voir Michel Bock, « Une guerre sourde: la rivalité Ottawa – Sudbury et la jeunesse franco-ontarienne (1949-1965) », *Québec Studies*, n° 46, automne 2008 – hiver 2009, p. 19-31.

de la « langue, gardienne de la foi » avaient perdu un peu de leur ingénuité...

À plusieurs égards, l'étude de la crise du Règlement 17 permet de prendre la mesure des facteurs qui ont provoqué la reconfiguration du champ intellectuel canadien-français en obligeant les nationalistes orthodoxes – ou « groulxistes » – à le partager avec de nouveaux acteurs et à modifier, parfois, leurs stratégies. Les chercheurs n'ont pas toujours tenu compte de l'importance de la crise des écoles franco-ontariennes en tentant de reconstituer cette histoire. D'une certaine manière, on peut considérer que l'agitation suscitée par le Règlement 17 correspond au point culminant du nationalisme groulxiste. De même, son dénouement devait en préfigurer les premières remises en question substantielles, lesquelles contribueraient graduellement à miner de l'intérieur le projet national canadien-français et à en provoquer, à long terme, la désinstitutionnalisation. Évitons tout malentendu : l'« éclatement » du Canada français surviendrait quelque quarante ans plus tard, pendant la Révolution tranquille. Seulement, si c'est à ce moment qu'on atteindrait, en définitive, le point d'ébullition, c'est qu'on avait allumé le feu sous la marmite bien plus tôt.

CHRONOLOGIE DU RÈGLEMENT 17

Préparée par Simon-Pierre Chaplain-Corriveau et Michel Bock

La montée des tensions

1807	Adoption de la première loi scolaire du Haut-Canada attribuant des fonds aux *grammar schools.*
1816	Adoption de la *Loi des écoles communes* par l'Assemblée législative du Haut-Canada.
1841	Adoption de la première loi scolaire reconnaissant l'existence des écoles séparées au Canada-Ouest (Haut-Canada).
1845	Les Sœurs Grises de la Croix ouvrent une école française pour filles.
1863	La *Loi Scott* clarifie le statut des écoles séparées.
1867	Adoption de l'*Acte de l'Amérique du Nord britannique*, dont l'article 93 garantit les droits scolaires existant au moment de l'Union.
1871	La *Loi scolaire de 1871*, proposée par Ryerson, prône la tolérance à l'égard des écoles françaises.
1876	Création du ministère de l'Éducation de l'Ontario.
1885	Le gouvernement d'Oliver Mowat impose l'enseignement de l'anglais dans les écoles de la province.
Mars 1889	Le premier ministre Mowat défend l'existence des écoles de langue française remise en question par le chef du parti conservateur de l'Ontario, William Meredith.
1889	George W. Ross, ministre de l'Éducation, nomme une commission pour enquêter sur l'enseignement de l'anglais dans les écoles de Prescott et de Russell.
1890	Le ministre de l'Éducation décrète que toutes matières scolaires devront désormais être enseignées en anglais, l'enseignement en français n'étant permis que dans les cas où les enfants ne comprendraient pas l'anglais.

1898	L'oblat Michael Fallon quitte son poste de vice-recteur de l'Université d'Ottawa alors que ses confrères canadiens-français réintroduisent le français dans l'institution, qui ne fonctionne qu'en anglais depuis 1874.
1907	L'inspecteur bilingue Télesphore Rochon établit à Ottawa une école modèle anglaise-française.
1908	F. W. Merchant est chargé par le gouvernement de faire enquête sur les écoles anglaises-françaises de la région de l'Est.
1908	James P. Whitney et ses troupes conservatrices remportent les élections provinciales.
1909	Fallon est nommé évêque de London et rentre des États-Unis pour diriger son diocèse.
18-20 janvier 1910	Tenue du Congrès d'éducation des Canadiens-Français d'Ontario et fondation de l'Association canadienne-française d'éducation d'Ontario (ACFÉO).
9 février 1910	Une délégation de soixante orangistes rencontre le premier ministre Whitney pour dénoncer l'existence des écoles anglaises-françaises.
18 février 1910	Une délégation de l'ACFÉO rencontre à son tour le premier ministre Whitney pour proposer des recommandations destinées à améliorer le système des écoles bilingues.
1910	Henri Bourassa fonde le quotidien *Le Devoir*.
1911	Les conservateurs fédéraux de Robert Borden défont les libéraux de Wilfrid Laurier.
11 mars 1911	Le député conservateur Howard Ferguson déclare à l'Assemblée législative de l'Ontario que la seule langue d'instruction en Ontario est l'anglais.
Décembre 1911	Réélection du gouvernement conservateur de Whitney.
2 janvier 1912	Fallon écrit au gouvernement pour réclamer que seul l'anglais soit utilisé dans les écoles de la province.
8 février 1912	F. W. Merchant dépose son *Report on the Condition of English-French Schools in the Province of Ontario.*
13 avril 1912	Le premier ministre Whitney exprime à l'Assemblée son désir de soutenir l'enseignement de langue anglaise.
Juin 1912	Tenue du Premier Congrès de la langue française à Québec.

La crise du Règlement 17

25 juin 1912	Le «Circular of Instruction No. 17», le Règlement 17, est publié.
Juillet 1912	La Commission des écoles séparées d'Ottawa décide d'ignorer le Règlement 17.

Octobre 1912	Le ministère de l'Éducation émet un nouvel arrêt, le Règlement 17I, stipulant que les écoles et les commissions scolaires dissidentes seront privées de leurs subventions.
14 novembre 1912	À Ottawa, mille personnes manifestent et demandent le retrait du Règlement 17.
Fin 1912	Le Syndicat des œuvres sociales est fondé.
27 décembre 1912	Whitney rencontre des représentants des commissions scolaires qui soutiennent que le Règlement 17 est *ultra vires.*
Janvier 1913	Whitney ouvre la porte à la négociation et annonce que le gouvernement consultera les inspecteurs pour traiter du Règlement.
Mars 1913	La question des lois scolaires est débattue à l'Assemblée législative de l'Ontario.
Mars 1913	Le père jésuite Guillaume Lebel organise à Sudbury une rencontre de deux cents personnes qui exigent le retrait du Règlement 17.
27 mars 1913	Le Syndicat des œuvres sociales fonde le quotidien *Le Droit.*
9 avril 1913	À l'école de Cochrane, les élèves canadiens-français quittent leurs classes à l'arrivée d'un inspecteur provincial.
1er mai 1913	Une délégation de dirigeants franco-ontariens menée par le père Charles Charlebois rencontre Olivar Asselin, président de la Société Saint-Jean-Baptiste de Montréal.
24 juin 1913	La campagne du « Sou de la pensée française » ramasse des fonds au sein des paroisses québécoises, destinés à la lutte franco-ontarienne.
Août 1913	Le gouvernement ontarien publie une version révisée du Règlement 17 qui permet désormais l'usage du français dans les écoles de la province dans les cas où les élèves ne comprendraient pas l'anglais. Ce léger assouplissement ne s'applique pas, toutefois, au-delà de la première forme.
Septembre 1913	La Commission des écoles séparées d'Ottawa refuse de se conformer à la version révisée du Règlement 17.
Octobre 1913	Le gouvernement prive la Commission des écoles séparées d'Ottawa de sa subvention annuelle.
29 avril 1914	Le juge en chef de l'Ontario accorde l'injonction Mackell, qui interdit à la Commission des écoles séparées d'Ottawa d'emprunter les sommes nécessaires pour rémunérer ses instituteurs et entretenir les écoles dissidentes.
5 juin 1914	Les conservateurs de Whitney remportent les élections provinciales.
11 juin 1914	Whitney répond négativement à la proposition faite par l'évêque de Haileybury, Élie-Anicet Latulippe, en faveur de la création d'un système d'écoles françaises.

Été 1914	Les anglo-catholiques d'Ottawa font parvenir leur brochure *The Ottawa School Question* à Rome.
Septembre 1914	À la rentrée, plusieurs écoles restent fermées alors que la Commission des écoles séparées d'Ottawa manque d'argent.
11 septembre 1914	Le juge Lennox reconduit l'injonction Mackell.
Août 1914	Déclenchement de la Première Guerre mondiale.
28 novembre 1914	La Commission des écoles séparées d'Ottawa, que représente le sénateur Belcourt, est déboutée devant un tribunal ontarien, qui déclare le Règlement 17 *intra vires*.
17 décembre 1914	Le président de la Commission des écoles séparées d'Ottawa, Samuel Genest, est reconnu coupable de ne pas avoir respecté l'injonction Mackell.
21 décembre 1914	Un grand rassemblement pour « les blessés de l'Ontario » a lieu à Montréal.
1915	Le sénateur Philippe Landry devient président de l'ACFÉO.
11 janvier 1915	Dans un discours prononcé à l'Assemblée législative du Québec, le premier ministre Lomer Gouin offre son appui à la cause franco-ontarienne.
13 janvier 1915	Adoption, par l'Assemblée législative du Québec, de la motion Bullock en guise d'appui à la cause franco-ontarienne.
Janvier 1915	Le cardinal Bégin publie une lettre dans laquelle il se porte à la défense des droits scolaires des Francos-Ontariens.
Février 1915	Le curé M. J. Whelan, d'Ottawa, publie une lettre ouverte au cardinal Bégin et au premier ministre Gouin dans laquelle il dénonce l'attitude provocatrice des Canadiens français qui souhaitent, soutient-il, imposer le français aux anglophones.
8 avril 1915	L'Assemblée législative de l'Ontario adopte une loi supprimant la Commission des écoles séparées d'Ottawa.
Juin 1915	L'épiscopat canadien-français envoie une requête au pape Benoît XV appuyant de manière inconditionnelle la résistance franco-ontarienne au Règlement 17.
12 juillet 1915	La Cour d'appel de l'Ontario statue que le Règlement 17 est légal et que l'enseignement dans une autre langue que l'anglais est une concession et non pas un droit.
20 juillet 1915	Le gouvernement nomme les trois membres de « la petite commission », qui remplace la Commission des écoles séparées d'Ottawa dûment élue qu'il a supprimée en avril.
15 octobre 1915	Les institutrices Béatrice et Diane Desloges, de l'école Guigues d'Ottawa, donnent leurs leçons dans une chapelle et un garage.
18 novembre 1915	Le juge en chef W. R. Meredith déclare le Règlement 17 légal et constitutionnel.

Janvier 1916	Les demoiselles Desloges et des mères de famille, armées de leurs épingles à chapeau, repoussent les policiers et reprennent possession de l'école Guigues.
31 janvier 1916	Trois mille enfants investissent les rues d'Ottawa pour demander que leurs instituteurs puissent recevoir leur salaire.
Février 1916	Tenue du quatrième congrès de l'ACFÉO, qui réunit les sénateurs Belcourt et Landry, Armand Lavergne et Henri Bourassa.
Février 1916	Adoption, par l'Assemblée législative du Québec, de la loi Galipeault, qui autorise les commissions scolaires du Québec à contribuer financièrement à la cause franco-ontarienne.
3 février 1916	Dix-sept écoles bilingues ferment leurs portes en raison d'une grève des enseignants.
23 février 1916	L'ACFÉO dépose une requête au gouvernement fédéral dans le dessein d'obtenir le désaveu de la loi provinciale créant « la petite commission ».
10 mars 1915	Débat sur la question du Règlement 17 au Sénat.
Le 14 avril 1916	Le chef libéral Rowell propose au gouvernement de l'Ontario de faire une nouvelle étude de la situation scolaire.
10 mai 1916	Défaite, à la Chambre des communes, d'une motion présentée par le député libéral Ernest Lapointe, qui exhortait Queen's Park à restaurer les droits scolaires des Franco-Ontariens.
22 mai 1916	Le sénateur Philippe Landry abandonne la présidence du Sénat ontarien afin de mieux se consacrer à la lutte scolaire.
8 septembre 1916	Publication de l'encyclique *Comisso divinitus* par Benoît XV, qui tente de refaire l'unité de l'Église canadienne.
19 juin 1916	Les sénateurs Landry et Belcourt, qui s'embarquent pour Londres pour plaider la cause des Franco-Ontariens devant le Comité judiciaire du Conseil privé, sont salués par des milliers de personnes à Montréal.
Novembre 1916	Les conseillers scolaires ouvrent une « école libre » à Green-Valley.
2 novembre 1916	Le Comité judiciaire du Conseil privé rend son jugement en déclarant le Règlement 17 *intra vires*, mais en annulant la loi à l'origine de la « petite commission ».
24 janvier 1917	Réunion des évêques catholiques de l'Ontario pour débattre de la question scolaire.
12 avril 1917	Adoption, à l'Assemblée législative de l'Ontario, d'une loi permettant au gouvernement de remplacer la commission scolaire d'Ottawa si elle persiste à refuser d'appliquer le Règlement 17.
Juin 1917	Une requête appuyée par dix mille noms demande que le siège archiépiscopal d'Ottawa soit confié à un Canadien français.

Juillet 1917	Adoption, par le Parlement fédéral, d'une loi sur le service militaire obligatoire et déclenchement de la crise de la conscription.
Septembre 1917	Émeute de Ford-City, après que des paroissiens eurent repoussé le curé de Notre-Dame-du-Lac, François-Xavier Laurendeau, un proche de l'évêque Fallon.
2 octobre 1917	Menacé d'emprisonnement, Genest est contraint de publier des copies certifiées des livres de chèque et des feuilles de paye de la Commission des écoles séparées d'Ottawa.
Décembre 1917	La Cour d'appel de l'Ontario déclare que le gouvernement a le droit d'adopter une autre loi lui permettant de remplacer la commission scolaire.

Le dénouement de la crise

7 juin 1918	Publication de l'encyclique *Litteris Apostolicis* par Benoît XV, qui tente à nouveau de calmer l'animosité entre catholiques irlandais et canadiens-français.
7 juin 1918	Fallon refuse de quitter son diocèse, malgré la demande de la hiérarchie ecclésiastique.
Novembre 1918	William Henry Moore publie *The Clash: A Study in Nationalities.*
1919	Les Fermiers-Unis remportent les élections aux dépens des conservateurs.
1919	Le Sénateur Belcourt revient à la présidence de l'ACFÉO.
1919	Arthur Hawkes publie *The Birthright.*
1919	Percival Morley publie *Bridging the Chasm. A Study of the Ontario-Quebec Question.*
1921	Le gouvernement ontarien publie la brochure *Public Schools in French-Speaking Districts* reconnaissant notamment que le Règlement 17 contredit le Règlement 15 de 1890.
1921	Fondation de la Unity League, qui réclame le rétablissement des droits scolaires des Franco-Ontariens.
1922	Lionel Groulx publie un roman, *L'appel de la race*, dont l'action se déroule à Ottawa dans le contexte de la crise scolaire.
1923	Les Fermiers-Unis sont défaits par les conservateurs.
1923	L'ACFÉO exprime sa reconnaissance envers la Unity League.
1923	L'Université d'Ottawa ouvre son École normale destinée à la formation des futurs instituteurs de langue française.
1923	L'institutrice Jeanne Lajoie est remplacée par une religieuse de langue anglaise à Pembroke. La population canadienne-française fonde alors une école « libre », l'école Jeanne d'Arc, qui accueillera Lajoie.

1924	Le député franco-ontarien Aurélien Bélanger réclame à l'Assemblée législative de l'Ontario un traitement équitable pour les écoles bilingues.
1925	Le Règlement 17 représente un obstacle à la collaboration entre les premiers ministres de l'Ontario et du Québec, Howard Ferguson et Louis-Alexandre Taschereau.
3 et 6 avril 1925	Aurélien Bélanger prononce de vibrants discours en faveur des droits scolaires des Franco-Ontariens.
Avril 1925	Ferguson promet une enquête complète sur la question scolaire.
21 octobre 1925	F. W. Merchant est nommé à la tête d'une commission d'enquête sur les écoles fréquentées par les étudiants parlant français.
1926	Création de l'Ordre de Jacques-Cartier à Ottawa.
Mars 1927	Ferguson publie dans *La Presse* un « message fraternel » à la population québécoise.
Septembre 1927	Le rapport de la Commission Merchant-Scott-Côté, qui prône le rétablissement des écoles bilingues, est rendu public.
21 septembre 1927	Ferguson annonce que son gouvernement se pliera aux recommandations du rapport Merchant-Scott-Côté.
5 octobre 1927	L'ACFÉO appelle ses partisans à accueillir favorablement les pistes de solution proposées par le rapport Merchant-Scott-Côté.
8 octobre 1927	La Commission des écoles séparées d'Ottawa adopte une résolution affirmant sa volonté de travailler en collaboration avec le gouvernement Ferguson.
1er novembre 1927	Le nouveau régime scolaire entre en vigueur, mettant un terme à la crise du Règlement 17.
1944	Disparition définitive du Règlement 17 des statuts de la province.

BIBLIOGRAPHIE

PRÉPARÉE PAR SIMON-PIERRE CHAPLAIN-CORRIVEAU ET MICHEL BOCK

Archibald, Clinton, « La pensée politique des Franco-Ontariens au XXe siècle », *Revue du Nouvel-Ontario*, n° 2, 1979, p. 13-40.

Arend, Sylvie, « Les élites ontariennes et le Règlement 17 : analyse comparative et implications pour l'avenir », dans *La culture franco-ontarienne. Traditions et réalités nouvelles. Franco-Ontarian culture : Traditions and New Perspectives. Actes du colloque*, Toronto, Université York, 1982, p. 1-22.

Arès, Richard, « Un siècle de vie française en dehors du Québec », *Revue d'histoire de l'Amérique française*, vol. 21, n° 3a, 1967, p. 531-570.

Association canadienne d'éducation de langue française, *L'enseignement français au Canada*, Québec, 1951, 311 p.

Association canadienne-française d'éducation d'Ontario, *Bref historique des Canadiens-Français d'Ontario*, Ottawa, Imprimerie du « Droit », 1941, 16 p.

Barber, Marilyn, « The Ontario Bilingual Issue », thèse de maîtrise, Kingston, Université Queen's, 1964, 178 p.

Barber, Marilyn, « The Ontario Bilingual Schools Issue : Sources of Conflict », *The Canadian Historical Review*, vol. 48, n° 3, septembre 1966, p. 227-248. Publié aussi dans Ramsay Cook, Donald Grant Creighton et Carl Berger (dir.), *Minorities, Schools, and Politics*, Toronto, Toronto University Press, 1969, p. 63-84.

Beaulne, François, « Le processus d'extinction du Règlement 17 en Ontario », thèse de maîtrise, Ottawa, Université d'Ottawa, 1970, 275 p.

Begley, Michael F., *Le Règlement XVII. Étude d'une crise*, Ottawa, Association des enseignants franco-ontariens, 1979, 41 p.

Begley, Michael F., *Le Règlement XVII. Guide pédagogique*, Ottawa, Association des enseignants franco-ontariens, 1979, 38 p.

Bélanger, Réal, *L'impossible défi. Albert Sévigny et les conservateurs fédéraux, 1902-1918*, Québec, Presses de l'Université Laval, 1983, 265 p.

Bernard, Roger, *Le travail et l'espoir*, Hearst, Éditions du Nordir, 1988, 185 p.

Blais, Gérald, « Le Collège du Sacré-Cœur, Sudbury, Ontario », thèse de maîtrise, Ottawa, Université d'Ottawa, 1968, 89 p.

Bock, Michel, « "Le Québec a charge d'âmes" : *L'Action française* de Montréal et les minorités françaises (1917-1928) », *Revue d'histoire de l'Amérique française*, vol. 54, n° 3, 2001, p. 345-384.

Bock, Michel, « Les Franco-Ontariens et le "réveil" de la nation : la crise du Règlement XVII dans le parcours intellectuel de Lionel Groulx », *Francophonies d'Amérique*, n° 13, 2002, p. 157-177.

Bock, Michel, « Sociabilité et solidarité : la crise du Règlement XVII et l'insertion de Lionel Groulx dans les milieux nationalistes de l'Ontario français », *Revue du Nouvel-Ontario*, n° 28, 2003, p. 5-49.

Bock, Michel, « Le sort de la mémoire dans la construction historique de l'identité franco-ontarienne », *Francophonies d'Amérique*, n° 18, 2004, p. 119-126.

Bock, Michel, *Quand la nation débordait les frontières. Les minorités françaises dans la pensée de Lionel Groulx*, Montréal, Hurtubise HMH, 2004, 454 p.

Bock, Michel, « Se souvenir et oublier : la mémoire du Canada français, hier et aujourd'hui », dans Joseph Yvon Thériault, Anne Gilbert et Linda Cardinal (dir.), *L'espace francophone en milieu minoritaire au Canada. Nouveaux enjeux, nouvelles mobilisations*, Montréal, Fides, 2008, p. 161-203.

Bock, Michel, « De la solidarité canadienne-française à l'éclatement des références : la mutation des identités québécoise et franco-ontarienne », dans Jean-François Savard, Alexandre Brassard et Louis Côté (dir.), *Les relations Québec-Ontario. Un destin partagé ?*, Québec, Presses de l'Université du Québec, 2011, p. 83-105. Traduction anglaise : « From French Canadian Solidarity to Shattered References : The Transformation of Québécois and Franco-Ontarian Identities », dans Jean-François Savard, Alexandre Brassard et Louis Côté (dir.), *Québec-Ontario Relations : A Shared Destiny ?*, Québec, Presses de l'Université du Québec, 2013, p. 77-97.

Bock, Michel, « Le Vatican et l'ACFÉO au moment du Règlement XVII », dans Martin Pâquet, Matteo Sanfilippo et Jean-Philippe Warren (dir.), *Le Saint-Siège, le Québec et l'Amérique française*, Québec, Presses de l'Université Laval, 2013, p. 257-275.

Bourdon, Léo Michel, « Dix-sept : une étude du combat mené contre le règlement XVII : échec des moyens juridiques, réussite des moyens politiques et participation du journal *Le Devoir* », thèse de maîtrise, Ottawa, Université d'Ottawa, 1980, 151 p.

Brault, Lucien, *Bref exposé de l'enseignement bilingue au XXe siècle dans l'Ontario et les autres provinces*, Kingston, s.é., 1966, 36 p.

Brown, Robert Craig, *Robert Laird Borden : a Biography*, Toronto, Macmillan of Canada, 2 volumes, 1975.

Brown, Robert Craig, et Ramsay Cook, *Canada 1896-1921 : A Nation Transformed*, Toronto, McClelland & Stewart, 1974, 412 p.

Cameron, Brian, « The Bonne Entente Movement, 1916-1917 : From Cooperation to Conscription », *Journal of Canadian Studies*, vol. 13, n° 2, été 1978, p. 42-68.

Cécillon, Jack, « Turbulent Times in the Diocese of London : Bishop Fallon and the French-Language Controversy, 1910-1918 », *Ontario History*, vol. 87, n° 4, décembre 1995, p. 369-395.

Cécillon, Jack, *Prayers, Petitions, and Protests : The Catholic Church and the Ontario Schools Crisis in the Windsor Border Region, 1910-1928*, Montréal / Kingston, McGill-Queen's University Press, 2013, 336 p.

Centre de recherche en civilisation canadienne-française, *Le Règlement XVII* [en ligne] http ://www.crccf.uottawa.ca/passeport/IV/IVD1a/IVD1a.html, consulté le 14 novembre 2013.

Choquette, Robert, « Facteurs linguistiques et ethniques dans les rapports entre Canadiens-irlandais et Canadiens-français », *Studies in Religion / Sciences religieuses*, vol. 2, n° 4, 1973, p. 303-314. Traduction anglaise : « Linguistic and Ethnic Factors in the French Irish Catholic Relations in Ontario », *Canadian Catholic Historical Association Study Sessions*, n° 39, 1972, p. 35-43.

Choquette, Robert, « The Roman Catholic Church and English-French Conflict in Ontario », thèse de doctorat, Université de Chicago, 1972, 385 p.

Choquette, Robert, *Langue et religion. Histoire des conflits anglo-français en Ontario*, Ottawa, Presses de l'Université d'Ottawa, 1977, 268 p.

Choquette, Robert, *L'Ontario français, historique*, Montréal, Études vivantes, 1980, 272 p.

Choquette, Robert, *La foi gardienne de la langue en Ontario*, Montréal, Bellarmin, 1987, 282 p.

Clavel, Michel, *et al.*, *À la recherche d'une identité franco-ontarienne. Tome II : La question scolaire*, Toronto, Éditions Champlain, 1984, 214 p.

Comité franco-ontarien d'enquête culturelle [Comité Saint-Denis], *La vie culturelle des Franco-Ontariens. Rapport du Comité franco-ontarien d'enquête culturelle*, Ottawa, [s.é.], 1969, 259 p.

Comité sur les écoles de langue française de l'Ontario, *Rapport du comité sur les écoles de langue française de l'Ontario*, Ontario, ministère de l'Éducation, 1968, 87 p.

Cook, Ramsay, Donald Grant Creighton et Carl Berger (dir.), *Minorities, Schools and Politics : Essays*, Toronto, University of Toronto Press, 1969, 111 p.

Coulombe, Danielle, *Coloniser et enseigner. Le rôle du clergé et la contribution des Sœurs de Notre-Dame du Perpétuel Secours à Hearst, 1917-1942*, Hearst, Le Nordir, 1998, 253 p.

Courteau, Guy, « Le docteur Joseph-Raoul Hurtubise, M. D., Sénateur », *Rapport-Société canadienne d'histoire de l'Église catholique*, vol. 28, 1960, p. 53-70.

Courteau, Guy, *Le docteur J.-Raoul Hurtubise M. D. – M. P. 40 ans de vie française à Sudbury*, Montréal, Bellarmin / Sudbury, Société historique du Nouvel-Ontario, 1971, 135 p.

Davison, John Morris, « New Ontario and the Association canadienne-française d'éducation d'Ontario, 1909-1928 », thèse de maîtrise, Kingston, Queen's University, 1988, 136 p.

Dionne, René, « 1910. Une première prise de parole collective en Ontario français », *Cahiers Charlevoix. Études franco-ontariennes*, n° 1, 1995, p. 15-124.

Dorais, François-Olivier, « "L'Ontario français, c'est le nom d'un combat" » : Gaétan Gervais, acteur et témoin d'une mutation référentielle (1944-2008) », thèse de maîtrise, Ottawa, Université d'Ottawa, 2013, 249 p.

Dumont, Fernand, « Essor et déclin du Canada français », *Recherches sociographiques*, vol. 38, n° 3, 1997, p. 419-467.

Dutil, Patrice, « Against Isolationism : Napoléon Belcourt, French Canada, and "La grande guerre" », dans David Mackenzie (dir.), *Canada and the First World War : Essays in Honour of Robert Craig Brown*, Toronto, University of Toronto Press, 2005, p. 96-138.

Farrell, John K. A., « The History of the Roman Catholic Church in London, Ontario, 1826-1931 », thèse de maîtrise, London, University of Western Ontario, 1949, 203 p.

Farrell, John K. A., « Michael Francis Fallon, Bishop of London Ontario, Canada, 1909-1931. The Man and His Controversies », *Canadian Catholic Historical Association Study Sessions*, n° 35, 1968, p. 73-90.

Fitzpatrick, Michael Joseph, « The Role of Bishop Michael Francis Fallon and the Conflict Between the French Catholics and Irish Catholics in the Ontario Bilingual Schools Question 1910-1920 », thèse de maîtrise, London, University of Western Ontario, 1969, 188 p.

Fleming, W. G., *Education : Ontario's preoccupation*, Toronto, University of Toronto Press, 1972, 330 p.

Foucher, Pierre, « Le droit à l'instruction en français en dépit de la loi ou avec la loi », *Revue du Nouvel-Ontario,* n° 10, 1989, p. 67-81.

Frenette, Yves, *Brève histoire des Canadiens français*, Montréal, Boréal, 1998, 211 p.

Gaffield, Chad, *Language, Schooling, and Cultural Conflict : the Origins of the French-Language controversy in Ontario*, Montréal, McGill-Queen's University Press, 1987, 249 p. Traduction française : *Aux origines de l'identité franco-ontarienne. Éducation, culture et économie*, Ottawa, Presses de l'Université d'Ottawa, 1993, 284 p.

Gaudreau, Guy (dir.), *Bâtir sur le roc : de l'ACFÉO à l'ACFO du grand Sudbury : 1910-1987*, Sudbury, Prise de parole / Société historique du Nouvel-Ontario, 1994, 223 p.

Gervais, Gaétan, « La stratégie de développement institutionnel de l'élite canadienne-française de Sudbury ou le triomphe de la continuité », *Revue du Nouvel-Ontario,* n° 5, 1983, p. 67-92.

Gervais, Gaétan, « Aux origines de l'identité franco-ontarienne », *Cahiers Charlevoix. Études franco-ontariennes*, n° 1, 1995, p. 125-168.

Gervais, Gaétan, « Le Règlement XVII (1912-1927) », *Revue du Nouvel-Ontario*, n° 18, 1996, p. 123-192.
Gervais, Gaétan, « L'Ontario français et les grands congrès patriotiques canadiens-français (1883-1952) », *Cahiers Charlevoix. Études franco-ontariennes*, n° 2, 1997, p. 9-155.
Gervais, Gaétan, *Des gens de résolution. Le passage du Canada français à l'Ontario français*, Sudbury, Éditions Prise de parole, 2003, 230 p.
Gervais, Gervais, et Michel Bock, *L'Ontario français. Des Pays-d'en-Haut à nos jours*, Ottawa, Centre franco-ontarien de ressources pédagogiques, 2004, 271 p.
Godbout, Arthur, *Nos écoles franco-ontariennes. Histoire des écoles de langue française dans l'Ontario des origines du système scolaire (1841) jusqu'à nos jours*, Ottawa, Presses de l'Université d'Ottawa, 1980, 144 p.
Grimard, Jacques, *L'Ontario français par l'image*, Montréal, Études vivantes, 1981, 257 p.
Grisé, Yolande, « Ontarois : une prise de parole », *Revue du Nouvel-Ontario*, n° 4, 1982, p. 81-88.
Groulx, Lionel, *Le français au Canada*, Paris, Delagrave, 1932, 234 p.
Groulx, Lionel, *Enseignement français au Canada. Tome II : Les écoles des minorités*, Montréal, Éditions Granger Frères, 1935, 272 p.
Guénette, René, « Histoire de Sturgeon Falls (1868-1960) », thèse de maîtrise, Québec, Université Laval, 1966, 101 p.
Hamelin, Jean, et Nicole Gagnon, *Histoire du catholicisme québécois. Le XXe siècle. Tome I : 1898-1940*, Montréal, Boréal Express, 1984, p. 87-100.
Harvey, Fernand, « Le Québec et le Canada français : histoire d'une déchirure », dans Simon Langlois (dir.), *Identités et culture nationales. L'Amérique française en mutation*, Québec, Presses de l'Université Laval, 1995, p. 49-64.
Hébert, Pierre, *Lionel Groulx et* L'appel de la race, Montréal, Fides, 1996, 204 p.
Humphries, Charles W., « Honest Enough to Be Bold ». The Life and Times of Sir James Pliny Whitney, Toronto, University of Toronto Press, 1985, 276 p.
Hurtubise, Raoul, *Les écoles bilingues de Sudbury*, Sudbury, Société historique du Nouvel-Ontario, 1954, 48 p.
Jackson, John D., « A Study of French-English Relations in an Ontario Community », *Canadian Review of Sociology and Anthropology*, n° 3, 1966, p. 117-131.
Jackson, John D., *Community & Conflict : A Study of French-English Relations in Ontario*, Toronto, Canadian Scholars' Press, 1988, 216 p.
Jaenen, Cornelius J. (dir.), *Les Franco-Ontariens*, Ottawa, Presses de l'Université d'Ottawa, 1993, 443 p.
Johnston, Charles Murray, *E. C. Drury : Agrarian Idealist*, Toronto, University of Toronto Press, 1986, 299 p.
Kingsley, Marie-France, « Le rôle de l'ACFO dans la production et l'institutionnalisation légale et politique de l'identité franco-ontarienne », thèse de doctorat, Québec, Université Laval, 1999, 336 p.
Lacasse, Maurice, *Le lion de la Péninsule. Biographie et poèmes du Sénateur Gustave Lacasse. (1890-1953)*, chez l'auteur, 1975, 178 p.

Lacombe, Sylvie, *La rencontre de deux peuples élus. Comparaison des ambitions nationale et impériale au Canada entre 1896 et 1920*, Québec, Presses de l'Université Laval, 2002, 291 p.

Lacoursière, Jacques, *Histoire populaire du Québec. 1896-1960*, Sillery, Septentrion, 1995, 411 p.

Laliberté, G.-Raymond, *Une société secrète. L'Ordre de Jacques-Cartier*, Montréal, Hurtubise HMH, 1983, 395 p.

Lalonde, André, *Le Règlement XVII et ses répercussions sur le Nouvel-Ontario*, Sudbury, Société historique du Nouvel-Ontario, 1965, 71 p.

Lamonde, Yvan, « Rome et le Vatican : la vocation catholique de l'Amérique française ou de l'Amérique anglaise ? », dans Jean-Pierre Wallot (dir.), *Constructions identitaires et pratiques sociales*, Ottawa, Presses de l'Université d'Ottawa, 2002, p. 324-343.

Lamonde, Yvan, *Histoire sociale des idées au Québec. Tome II : 1896-1929*, Montréal, Fides, 2004, 323 p.

Lamontagne, Léopold, « Ontario. The Two Races », dans Mason Wade (dir.), *La dualité canadienne. Essais sur les relations entre Canadiens français et Canadiens anglais*, Toronto, University of Toronto Press, 1960, p. 351-373.

Lang, Stéphane, « La communauté franco-ontarienne et l'enseignement secondaire, 1910-1968 », thèse de doctorat, Ottawa, Université d'Ottawa, 2003, 302 p.

Lapalme, Denis, « Le minoritaire franco-ontarien », *Revue du Nouvel-Ontario*, n° 11, 1989, p. 201-208.

Lavallée, Martin, « "Assumer la haute direction de la vie de la race" : la Société Saint-Jean-Baptiste de Montréal (1915-1924) », *Mens : revue d'histoire intellectuelle et culturelle*, vol. 12, n° 1, automne 2001, p. 7-55.

Legault, Michelle, « Les Canadiens français de Pembroke, 1828 à 1941 », thèse de maîtrise, Sudbury, Université Laurentienne, 1995, 217 p.

Levasseur, Gilles J. L., *Le statut juridique du français en Ontario*, Ottawa, Presses de l'Université d'Ottawa, 1993, 296 p.

Longpré, Alfred, *L'éveil de la race. Un épisode de la résistance, Pembroke, 1923-1927*, Ottawa, Imprimerie du « Droit », 1930, 63 p.

Martel, Marcel, *Le deuil d'un pays imaginé. Rêvés, luttes et déroutes du Canada français*, Ottawa, Presses de l'Université d'Ottawa, 1997, 203 p.

Martel, Marcel, « Usage du passé et mémoire collective franco-ontarienne : le souvenir du Règlement 17 dans la bataille pour sauver l'hôpital Montfort », *Mens :Revue d'histoire intellectuelle de l'Amérique française*, vol. 6, n° 1, automne 2005, p. 69-94.

Martel, Marcel, et Martin Pâquet, *Langue et politique au Canada et au Québec. Une synthèse historique*, Montreal, Boréal, 2010, 335 p.

McCutcheon, J. M., *Public Education in Ontario*, Toronto, s. é., 1941, 283 p.

McLean, Lorna R., « Education, Identity, and Citizenship in Early Modern Canada », *Revue d'études canadiennes*, vol. 41, n° 1, hiver 2007, p. 5-30.

McLeod Arnopoulos, Sheila, *Voices from French Ontario*, Kingston / Montréal, McGill-Queen's University Press, 1982, 201 p. Traduction française: *Hors du Québec, point de salut?*, Montréal, Libre expression, 1982, 287 p.

McNeil, Neil, *La question scolaire de l'Ontario*, s. l., s. é., 1931, 30 p.

Michaud, Nelson, « Les écoles d'Ontario ou le dilemme des conservateurs québécois: confrontation des principes nationalistes et de la réalité politique », *Revue d'histoire de l'Amérique française*, vol. 49, nº 3, 1996, p. 395-417.

Moïse, Claudine, « L'histoire franco-ontarienne ou les discours de la légitimité », *Études canadiennes / Canadian Studies*, nº 44, 1998, p. 90-113.

Oliver, Peter, « The Making of a Provincial Premier: Howard Ferguson and Ontario Politics, 1870-1923 », thèse de doctorat, Université de Toronto, 1969, 492 p.

Oliver, Peter, « Tory Hatchet Man: Howard Ferguson on the Whitney Backbenches », *Ontario History*, vol. 61, nº 3, septembre 1969, p. 121-136.

Oliver, Peter, « Sir William Hearst and the Collapse of the Ontario Conservative Party », *Canadian Historical Review*, nº 53, 1972, p. 21-50.

Oliver, Peter, « The Resolution of the Ontario Bilingual Schools Crisis, 1919-1929 », *Journal of Canadian Studies*, nº 7, 1972, p. 22-45.

Oliver, Peter, *Public & Private Persons: the Ontario Political Culture 1914-1934*, Toronto, Clarke, Irwin, 1975, 291 p.

Oliver, Peter, *Howard Ferguson: Ontario Tory*, Toronto, University of Toronto Press, 1977, 501 p.

Paul-Émile (sœur), *Les sœurs grises de la Croix d'Ottawa. Mouvement général de l'institut, 1876-1967*, Ottawa, Maison mère des sœurs grises, 1967, 390 p.

Pelletier-Baillargeon, Hélène, *Olivar Asselin et son temps. Tome I: Le militant*, Montréal, Fides, 1996, 780 p.

Pelletier, Lucien, « Les Jésuites de Sudbury vers 1960: une mutation difficile », *Revue du Nouvel-Ontario*, nº 37, 2012, p. 13-81.

Pennefather, R. S., « The Orange Order and the Farmers United League of Ontario », *Ontario History*, vol. 69, nº 3, septembre 1977, p. 169-184.

Pharand, Donat, « Le statut juridique de l'école dite "bilingue" en Ontario », *Présence*, nº 1, septembre 1965, p. 1-11.

Plante, Albert, *Les écoles séparées d'Ontario*, Montréal, Bellarmin, 1952, 103 p.

Plante, Albert, et J. Raoul Hurtubise, *Écoles bilingues d'Ontario. Écoles bilingues de Sudbury*, Sudbury, Société historique du Nouvel-Ontario, 1954, 40 p.

Pleau, Jean-Christian, « Polémique sur un "mauvais livre". *L'appel de la race* de Lionel Groulx », *Voix et images*, vol. 28, nº 2, 2003, p. 138-159.

Prang, Margaret, « Clerics, Politicians and the Bilingual Schools Issue in Ontario. 1910-1917 », *Canadian Historical Review*, vol. 41, nº 4, décembre 1960, p. 281-307. Aussi publié dans Ramsay Cook, Donald Grant Creighton et Carl Berger (dir.), *Minorities, Schools, and Politics*, Toronto, University of Toronto Press, 1969, p. 85-111.

Provencher, Jean, *Québec sous la loi des mesures de guerre, 1918*, Montréal, Boréal Express, 1971, 146 p.

Richer, Geneviève, « "L'apôtre infatigable de l'irrédentisme français". La lutte de Napoléon-Antoine Belcourt en faveur de la langue française en Ontario durant les années 1910 et 1920 », *Francophonies d'Amérique*, n° 31, printemps 2011, p. 87-108.

Robillard, Denise, *L'Ordre de Jacques-Cartier*, Montréal, Fides, 541 p.

Rumilly, Robert, *Histoire de la province de Québec. Vol. XVII : Les écoles du Keewatin*, Montréal, Fides, 1940, 244 p.

Rumilly, Robert, *Histoire de la province de Québec. Vol. XVIII : Le Règlement 17*, Montréal, Fides, 1940, 282 p.

Rumilly, Robert, *Histoire de la province de Québec. Vol. XIX : 1914*, Montréal, Fides, 1940, 192 p.

Rumilly, Robert, *Histoire de la province de Québec. Vol. XX : Philippe Landry*, Montréal, Fides, 1940, 211 p.

Rumilly, Robert, *Histoire de la province de Québec. Vol. XXI : Courcelette*, Montréal, Fides, 1940, 269 p.

Rumilly, Robert, *Histoire de la province de Québec. Vol. XXII : La conscription*, Montréal, Fides, 1940, 256 p.

Rumilly, Robert, *Histoire de la Société Saint-Jean-Baptiste de Montréal. Des Patriotes au Fleurdelisé, 1834-1948*, Montréal, L'Aurore, 1975, 564 p.

Saint-Denis, Yves, « *L'appel de la race.* Édition critique », thèse de doctorat, Université d'Ottawa, 1992, 1422 p.

Savard, Pierre, « Relations avec le Québec », dans Cornelius J. Jaenen (dir.), *Les Franco-Ontariens,* Ottawa, Presses de l'Université d'Ottawa, 1993, p. 231-263.

Schull, Joseph, *Ontario Since 1867*, Toronto, McClelland and Stewart, 1978, 400 p.

Séguin Kimpton, Lise, « La langue, gardienne de la foi. Enjeux, stratégies derrière le souci de préserver la langue française minoritaire en Ontario. 1900-1930 », thèse de doctorat, Ottawa, Université Carleton, 1991, 454 p.

Simon, Victor, *Le Règlement XVII. Sa mise en vigueur à travers l'Ontario, 1912-1927*, Sudbury, Société historique du Nouvel-Ontario, 1983, 58 p.

Sissons, C. B., *Church and State in Canadian Education : an Historical Study*, Toronto, Ryerson Press, 1959, 414 p.

Stamp, Robert M., *The Schools of Ontario, 1876-1976*, Toronto, University of Toronto Press, 1982, 293 p.

Sylvestre, Paul-François, *Le discours franco-ontarien*, Ottawa, L'Interligne, 1985, 114 p.

Talbot, Robert, « Une réconciliation insaisissable. Le mouvement de la Bonne Entente, 1916-1930 », *Mens : revue d'histoire de l'Amérique française*, vol. 8, n° 1, automne 2007, p. 67-125.

Terrien, Chantal, « Le Règlement 17 et l'affaire Montfort. L'apport de la perspective des cadres à l'étude des enjeux linguistiques au Canada », thèse de maîtrise, Ottawa, Université d'Ottawa, 2010, 194 p.

Tessier, Jules, « Les Franco-Ontariens vus à travers leur littérature », dans Simon Langlois (dir.), *Identité et cultures nationales. L'Amérique française en mutation*, Québec, Presses de l'Université Laval, p. 179-204.

Thériault, Joseph-Yvon, *Francophonies minoritaires au Canada. L'état des lieux*, Moncton, Éditions d'Acadie, 1999, 489 p.

Thériault, Joseph Yvon, *Faire société. Société civile et espaces francophones*, Sudbury, Prise de parole, 2007, 384 p.

Tremblay, Laurent, *Entre deux livraisons, 1913-1963*, Ottawa, Imprimerie du « Droit », 1963, 216 p.

Tremblay, Louis, et Hervé Boudreault, *Règlement XVII. Point culminant d'une époque*, Ottawa, Centre franco-ontarien des ressources pédagogiques, 1983, 57 p.

Trofimenkoff, Susan Mann, *Action Française. French Canadian Nationalism in the Twenties*, Toronto, University of Toronto Press, 1975, 157 p. Traduction française : Susan Mann, *Lionel Groulx et L'Action française*, Montréal, vlb éditeur, 2005, 200 p.

Urbain-Marie (frère), *Jeanne Lajoie. L'héroïne de Pembroke*, Laprairie, Éditions de l'Abeille, 1942, 96 p.

Vallières, Gaetan, *L'Ontario français par les documents*, Montréal, Études vivantes, 1980, 280 p.

Wade, Mason, *The French Canadians, 1760-1945*, Toronto, Macmillan, 1955, 1136 p. Traduction française : *Les Canadiens français de 1760 à nos jours. Tome II : 1911-1963*, Ottawa, Cercle du livre de France, 1963, 579 p.

Wagner, Serge, avec la collaboration de Pierre Grenier, *Analphabétisme de minorité et alphabétisation d'affirmation nationale. À propos de l'Ontario français. Volume I : Synthèse théorique et historique*, Ontario, ministère de l'Éducation, 1990, 506 p.

Walker, Franklin A., *Catholic Education and Politics in Ontario*, Toronto, Federation of Catholic Education Associations of Ontario, 1964, 514 p.

Weir, George M., *The Separate School Question in Canada*, Toronto, Ryerson Press, 1934, 298 p.

Welch, David, « The Social Construction of Franco-Ontarian Interests Towards French Language Schooling, 19th century to 1980s », thèse de doctorat, Université de Toronto, 1988, 400 p.

Welch, David, « Early Franco-Ontarian Schooling as a Reflection and Creator of Community Identity », *Ontario History*, vol. 85, n° 4, décembre 1993, p. 321-347.

Zucchi, John, *The View from Rome. Archbishop Stagni's 1915 Reports on the Ontario Bilingual Schools Question*, Montréal / Kingston, McGill-Queen's University Press, 2002, 131 p.

NOTICES BIOGRAPHIQUES

Gratien Allaire

Gratien Allaire (Ph.D. Histoire, Université Concordia, 1983) a enseigné l'histoire du Canada, du Canada français et de la francophonie canadienne de 1976 à 2011, d'abord à la faculté Saint-Jean de l'University of Alberta, puis à l'Université Laurentienne de Sudbury. Il a fait partie de l'administration supérieure et dirigé l'Institut franco-ontarien. Sa contribution à la connaissance et à la diffusion du savoir sur la francophonie canadienne est très variée : publication de dizaines d'articles dans des périodiques scientifiques et dans des revues spécialisées, codirection de plusieurs collectifs, participation à la rédaction de manuels d'histoire du Canada et à des émissions de radio et de télévision... Professeur émérite, il fait partie de l'équipe qui prépare une histoire de l'Assemblée de la francophoie ontarienne (ACFÉO / ACFO / AFO). Il est l'auteur de *La francophonie canadienne : portraits* (Québec / Sudbury, CIDEF-AFI / Prise de parole, 2001). Trois articles viennent de paraître : une synthèse historique de « La francophonie de l'Ouest : perennité, diversité et rapport à l'autre » (dans Robert Papen et Sandrine Hallion (dir.), *À l'ouest des Grands Lacs : communautés francophones et variétés de français dans les Prairies et en Colombie-Britannique*, Presses de l'Université Laval, 2014 ; une étude sur l'« Aménagement linguistique avant la lettre : La place du français dans les Prairies canadiennes au cours des premières décennies du XXe siècle » (dans Sophie Bouffard et Peter Dorrington (dir.), *Le statut du français dans l'Ouest canadien : la cause Caron,* Éditions Yvon Blais, 2014) ; et un essai sur « La francophonie canadienne : un ensemble légitime en changement » (*Minorités linguistiques et société / Linguistic Minorities and Society*, n° 5 (2015)).

Pierre Anctil

Pierre Anctil est professeur titulaire au département d'histoire de l'Université d'Ottawa, où il enseigne l'histoire canadienne contemporaine. Il a été directeur de l'Institut d'études canadiennes de l'Université d'Ottawa de juillet 2004 jusqu'en juillet 2008, date à laquelle il a obtenu une bourse Killam pour une période de deux ans. Il détient un doctorat en anthropologie sociale de la New School for Social

Research de New York (1980) et a fait un stage postdoctoral au département d'études juives de l'Université McGill (1988-1991). En 2010, il a publié: *Fais ce que dois, 60 éditoriaux pour comprendre* Le Devoir *sous Henri Bourassa, 1910-1932* (Septentrion) et *Trajectoires juives au Québec* (Presses de l'Université Laval). En collaboration avec Ira Robinson, il a aussi fait paraître en 2010 un ouvrage collectif intitulé *Les communautés juives de Montréal, histoire et enjeux contemporains* (Septentrion). En 2011, il a publié en collaboration avec Howard Adelman un ouvrage collectif intitulé *Religion, Culture, and the State, Reflections on the Bouchard-Taylor Report* (University of Toronto Press). En 2013 il a publié *Soyons nos maîtres, 60 éditoriaux pour comprendre* Le Devoir *sous Georges Pelletier, 1932-1947* (Septentrion).

Hélène Beauchamp
Hélène Beauchamp, historienne et analyste, s'intéresse à l'évolution du théâtre professionnel au Québec et au Canada français au XXe siècle. Du «jeune théâtre» aux compagnies productrices de saisons théâtrales, c'est le théâtre de création qui retient son attention. Sa recherche a aussi porté sur le théâtre jeune public et la pédagogie artistique. Elle a participé à la fondation du département de théâtre de l'Université d'Ottawa, de la Maison Théâtre à Montréal, et mis en place le Centre de recherches théâtrales de l'École supérieure de théâtre de l'UQAM.

Damien-Claude Bélanger
Damien-Claude Bélanger est professeur adjoint d'histoire du Canada à l'Université d'Ottawa et cofondateur de *Mens: revue d'histoire intellectuelle et culturelle*. Diplômé de l'Université de Montréal et de l'Université McGill, ses recherches portent sur la vie intellectuelle du Canada français et sur les relations canado-américaines. University of Toronto Press a récemment publié sa première monographie, *Prejudice and Pride: Canadian Intellectuals Confront the United States, 1891-1945.*

Michel Bock
Michel Bock est professeur agrégé au département d'histoire de l'Université d'Ottawa, titulaire de la Chaire de recherche sur l'histoire de la francophonie canadienne et directeur de la collection «Amérique française» aux Presses de l'Université d'Ottawa. Il est également membre du comité éditorial de *Mens: revue d'histoire intellectuelle et culturelle* et directeur de recherche au Centre interdisciplinaire de recherche sur la citoyenneté et les minorités de l'Université d'Ottawa (CIRCEM). Ses recherches portent sur la transformation des référents identitaires et politiques des minorités franco-canadiennes au XXe siècle. Ses travaux lui ont valu le prix du Gouverneur général, le prix Michel-Brunet de l'Institut d'histoire de l'Amérique française, le prix Champlain du Conseil de la vie française en Amérique et une médaille de l'Assemblée nationale du Québec.

Jack Cécillon
Jack Cécillon est chercheur. En 2008, il a fini son doctorat en histoire à l'Université York sur la résistance contre le Règlement 17 entre 1912 et 1927. Il enseigne des